»*Österreich ist nun einmal Deutschlands Haupt.*«
Preußenkönig Friedrich Wilhelm IV.

Peter Rohregger

PREUSSISCHE FALOTTEN

1866 – jener Bruderkrieg,
der Österreich von Deutschland trennte

Bibliographische Information der Deutschen Nationalbibliothek:

Die Deutsche Nationalbibliothek verzeichnet diese Publikation in der Deutschen Nationalbibliographie, detaillierte bibliographische Daten sind im Internet über http://dnb.de abrufbar.

1. Auflage, September 2016
© Peter Rohregger 2016

Herstellung und Verlag:
BoD – Books on Demand, Norderstedt

Umschlagbild: Die Schlacht bei Königgrätz: »Erstürmung von Chlum durch das 1. Garde-Regiment«. Aquarell von Richard Knötel. Foto: akg-images

ISBN 978-3-741-27948-5

INHALT

Prolog 7
Habsburgs Adler über Deutschland 8
Der preußische Emporkömmling 14
Die dreisten Dänen 16
Trügerische Herzlichkeiten in der Salzachstadt 21
Bismarck drängt dem Krieg entgegen 25
Holstein – der Zündfunke im Pulverfass 34
Tod dem welschen Erzfeind 41
Die papierene 800.000-Mann-Armee 45
Spione im ganzen Land 53
Akkurater Truppenaufmarsch 56
Mit der Preußenhymne ins Böhmische hinein 64
Getrennt marschieren, vereint schlagen 69
Wilhelms Wunderwaffe 73
Trügerische Siegesträume 79
Hiobsbotschaften für den Kaiser 85
Mehr als 400.000 Gewehre vor Königgrätz 87
Ein Übermaß an Tapferkeit 98
Hauen und Stechen im Horrorwald 106
Österreichs Waterloo zwischen Bistritz und Elbe 112
Schauriger Ritt über das große Totenfeld 124
Freimütige Überlegungen eines Kriegsreporters 134
Preußische Ulanen gegen kaiserliche Husaren 147
Durchhalteparolen der Zeitungspresse 150

Kulturschock in Böhmen und Mähren 155
Am Main und an der Adria 158
Das letzte preußisch-österreichische Gefecht 161
Grimmiger Wilhelm, bedachtsamer Bismarck 164
Berlin feiert die heimkehrenden Helden 168
Heimatlos in der Vielvölkermonarchie 174
»Reicht die Hände euch, Germanen …« 182
Das große Vergessen 189

Zeitungsmeldungen aus dem Kriegssommer 1866 .... **193**

Anhang
Zeittafel 397
Was ist des Deutschen Vaterland? 402
Bibliographie 404
Ein Brief über die Schlacht bei Königgrätz 407

Die Rechtschreibung im 19. Jahrhundert unterscheidet sich zur heutigen Schreibgewohnheit relativ deutlich. Um die Originalität der für dieses Buch ausgewählten Zeitungstexte möglichst weitgehend zu bewahren, wurden nur geringfügige Textkorrekturen vorgenommen: Das »ß« ist gegen das heute gebräuchliche »ss« ausgetauscht, und das damals in vielen Hauptwörtern eingeschobene »h« (Beispiel: Abtheilungen anstatt Abteilungen) ist aus allen entsprechenden Wörtern entfernt (mit Ausnahme des Briefes am Ende dieses Buches). Ansonsten wurden die Zeitungstexte von 1866 in der Originalform übernommen.

Prolog

Unter dem Sammeltitel »Österreichs Kämpfe im Jahre 1866« gab das »Generalstabs-Bureau für Kriegsgeschichte« in den Jahren von 1867 bis 1869 insgesamt fünf Bände heraus, in denen die kriegerischen Ereignisse des Sommers 1866 auf der Grundlage der »Feldacten« akribisch genau dokumentiert sind. Mit den einleitenden Worten des ersten Bandes ist es den Autoren bemerkenswert gut gelungen, sowohl die machtpolitischen Grundlagen als auch die Folgen des blutigen Konfliktes in bündiger Form sehr trefflich zu beschreiben. Die Worte von damals vermitteln eine Ahnung von Österreichs einstiger Stellung in Deutschland. Deshalb soll dieses Buch mit dem Vorwort des »Generalstabs-Bureau für Kriegsgeschichte« aus dem Jahr 1867 beginnen:

»Das Jahr 1866 hat mitten im Herzen Europas einen Kampf entstehen sehen, von dessen Erschütterungen heute und wohl für lange Zeit noch der gesamte Kontinent vibriert.

Zwei große Staaten, das eben entstandene Italien und das nach größerer Macht und der Führerschaft in Deutschland strebende Preußen, griffen, unter sich verbündet, den Kaiserstaat Österreich, diesen beständigen Verfechter des vertragsmäßigen Rechtes, im Süd und Nord seiner Grenzen an.

Der Kampf war ein ungleicher, und die Würfel fielen zum Nachteile Österreichs.

Einer der glänzendsten Feldzüge der kaiserlichen Waffen gegen dreifache Übermacht im Süden – der Sieg bei Custoza und die große See-Tat bei Lissa – gingen spurlos unter in dem Missgeschicke, dem Österreichs Heer im Norden erlag.

Die beiden Gegner des Kaiserstaates haben ihre Ziele erreicht. Der kaiserliche Soldat steht nicht mehr auf italischem Boden, den er in hundertfältigen Kämpfen zum Ruhme und zur Größe des deutschen Namens errungen hatte.

Im Norden ist mancher deutsche Thron gefallen, manches bisher selbständige Staatsleben vernichtet; der deutsche Bund liegt zertrümmert; Österreich steht in keinem politischen Zusammenhange mehr mit dem deutschen

Wesen, und die Krone Preußens, bereichert durch die schleswig-holsteinischen, hannover'schen, kurhessischen, nassauischen Lande und andere ehemals freie Gebiete, hat nun die Führerschaft und auch die Verantwortlichkeit für die weiteren Geschicke Deutschlands allein übernommen.

Die Zeit wird lehren, was von den neuen Verhältnissen gesund und lebensfähig ist und was nicht; – sie wird erweisen, ob Deutschland ohne Österreich, das durch Jahrhunderte sein bestes Blut und seinen ganzen Wohlstand für Deutschlands Größe und Unabhängigkeit geopfert hat, stark genug sei, sich inmitten der europäischen Staatengesellschaften zu konsolidieren und zu erhalten; – die Zeit endlich wird zeigen, ob das große deutsche Volk jener strammen Zentralisation fähig ist, der es unterworfen werden soll.

Wie dem nun sei, Österreich wird in der Zukunft frei und unabhängig, mit seiner ganzen ungeteilten Kraft da eintreten können, wo es sein eigenstes Interesse erheischt, und das Heer Österreichs wird sich dabei – nach wie vor – seiner großen Aufgabe bewusst bleiben.«

Habsburgs Adler über Deutschland

Von den Süddeutschen, also von den Österreichern, Bayern, Württembergern, Badenern, Hessen, Pfälzern und auch den Sachsen, wurde im Schicksalsjahr 1866 angezweifelt, ob die Preußen überhaupt »richtige« Deutsche sind, denn sie benahmen sich in deren Augen niederträchtig und undeutsch, indem sie gegen das »wahre« und ehrliche Deutschland, bestehend aus den vorgenannten Ländern (sowie Hannover, Schleswig-Holstein und noch andere Territorien), hetzten und drohten und schließlich jenen »Bruderkrieg« provozierten, der in die größte Schlacht des 19. Jahrhunderts mündete.

Propagandistisch blieben sich die Gegenseiten nichts schuldig. Ein nicht geringer Teil der österreichischen Presse gefiel sich darin, die Preußen als »undeutsche Falotten« verbal zu prügeln. Die »Innsbrucker Nachrichten« waren sich schon am 28. Mai 1866 mit einer Frankfurter Zeitung einig, dass große Gebietsteile Preußens unter dessen Nachbarn aufgeteilt werden sollten und dass die Bevölkerung »Kernpreußens« kaum den Gattungsbegriff »Deutsche« verdient. Eine Blutauffrischung durch »richtige« Deutsche wäre also das Gebot der Stunde: »Die Familie Hohenzollern behält ein Gebiet von etwa 4 bis 5 Millionen Einwohner; da aber diese aus germanisierten Slawen bestehen und ganz eigentlich jenen preußischen Kartoffelschnapsgeist erzeugen, welcher als innerer Düppel und Fusel die Großmachtgelüste und das Berlinertum hervorbringe, so werden zwanzig Jahre lang Truppen der rein deutschen Staaten: österreichische Kaiserjäger, baierische Kürassiere und Chevauxlegers, württembergische Ulanen, hessisches und kurhessisches Militär in der Mark Brandenburg einquartiert, damit dort die Rasse gekreuzt und eine neue Generation erzeugt werde.«

Die Gegenseite blieb den Lästerern aber auch nichts schuldig. Der preußische Ministerpräsident Graf Otto von Bismarck ließ keine Gelegenheit aus, um von den Österreichern abfällig als »slawisches Mischvolk« zu sprechen, und Herr v. Usedom, der preußische Gesandte in Italien, verstieg sich vor einer gegen Österreich pöbelnden Volksmenge in Florenz zu der mit großem Beifall bedachten Behauptung: »Der wahre und einzige Vertreter Deutschlands ist Preußen, die Österreicher sind Bastard-Deutsche.«

»Es blutete der Brüder Herz, ganz Deutschland, ach, in Schmach und Schmerz« – diese Zeilen aus der Tiroler Landeshymne wären auch der Stimmung der Deutschen Nation in den Kriegswochen des Sommers 1866 gerecht geworden. Der vom Vogtländer Julius Mosen 1831 verfasste Text dieser Hymne bezieht sich allerdings auf die Exekution des Tiroler Volkshelden Andreas Hofer im Jahr 1810. Als der Dichter und Schriftsteller Julius Mosen (bis 1844 Moses) an diesem Text feilte, setzte sich das Deutschland des mit der »Bundesakte« am 8. Juni 1815 (Wiener Kongress) gegründeten »Deutschen Bundes« aus den Territorien von 35 souveränen und gleichberechtigten Potentaten sowie vier freien Städten zusammen. Teile der Staatsgebiete Österreichs und Preußens, den zwei größten deutschen Mächten, befanden sich außerhalb des Bundesgebietes, wie etwa Ostpreußen, Galizien, Ungarn, Dalmatien, u. a.

Im Jahr 1865 lebten an die 48 Millionen Menschen innerhalb der Grenzen des Bundes, der sich mehr oder weniger als Erbberechtigter des 1806 unter dem Druck Napoleons verblichenen »Heiligen Römischen Reiches Deutscher Nation« verstand. Dem »Deutschen Bund« gehörten kleinste Herrschaften an, wie etwa die Fürstentümer Lippe und Waldeck, die Königreiche Sachsen, Bayern, Württemberg und Hannover zählten zu den »Mittelstaaten«, Österreich und Preußen waren die »Großmächte« innerhalb dieses Bundes, dessen

Gremium, die »Bundesversammlung«, seinen Sitz in Frankfurt am Main hatte.

Mit der Wahl des Habsburgers Rudolf I. zum deutschen König am 1. Oktober 1273 begann die lange Reihe der deutschen Könige und Kaiser aus dem österreichischen Haus Habsburg. Jahrhunderte lang (mit wenigen Unterbrechungen) befand sich das Machtzentrum Deutschlands in der Person des Königs und Kaisers nun in Wien (zeitweilig im böhmisch-österreichischen Prag) und unter Maximilian I. auch in Innsbruck. Vor diesem Hintergrund einer Epochen überdauernden machtpolitischen Tradition war es für die fürstlichen und königlichen Herrscher der einzelnen deutschen Staaten nahezu selbstverständlich, dass Österreich auch im »Deutschen Bund« den Vorsitz führte und der Kaiser in Wien (mit Unterbrechung während der Revolutionsjahre 1848/49) als das eigentliche Oberhaupt Deutschlands angesehen wurde.

Nur der »Emporkömmling« Preußen neidete dem Kaiserstaat Österreich seine starke Position in Deutschland. Ab dem Zeitpunkt, als der konservative Landjunker Graf Bismarck von König Wilhelm I. am 24. September 1862 zum preußischen Ministerpräsidenten ernannt wurde, bekam die Rivalität zwischen den beiden großen deutschen Staaten eine neue Qualität und unheilschwangere Dynamik. Der Respekt vor dem höherrangigen Kaiser in Wien und vor der Jahrhunderte alten »deutschen Sendung« Österreichs, den der Preußenkönig trotz aller Rivalität immer noch besaß, bedeutete Bismarck absolut gar nichts. Er wollte Preußen auf Biegen und Brechen an der Spitze Deutschlands sehen, und deshalb gab es kein Wenn und Aber für ihn: Österreich musste aus Deutschland raus. Ganz nach machiavellistischer Manier waren zur Erreichung dieses Zieles alle Mittel heilig. Sehr bald sprach Bismarck vom notwendigen Krieg gegen die nachbarliche Monarchie. Dass eine »heiße« Konfliktaustragung auch die meisten anderen deutschen Staaten involvieren würde, das passte in das Kalkül des »eisernen Kanzlers« (in Österreich und in den anderen süddeutschen Staaten bald auch »Blutkanzler« genannt), denn seine Absicht der »Neuordnung« Deutschlands würde ja alle betreffen. Die erforderliche Gewalt zur Umsetzung dieses Zieles nahm der Gutsherr und ehemalige Deichgraf aus der Altmark billigend in Kauf. Otto von Bismarck spielte oft und gerne mit dem Wort »Deutschland« herum. Seine Gegner wie auch seine Bewunderer waren sich jedoch in dem einen Punkt einig, dass alles Denken und Handeln des Ministerpräsidenten (und späteren Reichskanzlers) einzig und allein auf die Machterweiterung, Größe und Herrlichkeit Preußens gerichtet war. Entgegen den Argumentationen der späteren nationalen Heiligsprechung Bismarcks war dieser kein »deutscher«, sondern ein »preußischer« Patriot. Erst wenn Österreich empfindlich geschwächt sei, wird der andere Teil Deutschlands vor Preußen kuschen und sich dessen Machtanspruch fügen – so die zutreffende Analyse des altmärkischen Junkers.

Aus österreichischer Sicht galt Preußen schon lange als undankbarer Emporkömmling. Es blieb unvergessen, dass im »Türkenjahr« 1683 aus Berlin keine Waffenhilfe kam, als die osmanischen Heerscharen vor den Mauern Wiens standen und nicht nur diese Stadt, sondern das Deutsche Reich insgesamt massivst gefährdet war, zur Beute des »türkischen Blutegels« zu werden. Der als Habsburger in Wien residierende deutsche Kaiser Leopold I. (der während der Türkenbelagerung nach Passau flüchtete) hatte den Eroberungswillen des Osmanenherrschers Mohammed IV. zu spät erkannt. Seine politische und militärische Energie war während seiner langen Amtszeit meist durch Frankreich und dessen landhungrigen König Ludwig XIV. gebunden, der im Westen des Reiches Stück für Stück deutschen Bodens raubte (u. a. Straßburg im Jahr 1681).

Nicht wenige deutsche Regenten, wie etwa die erzbischöflichen Kurfürsten des Rheinlandes sowie auch Friedrich Wilhelm von Brandenburg, gefielen sich darin, mit Ludwig XIV. (laut Titel der »allerchristlichste König«) gemeinsame Sache gegen den Habsburger Leopold zu machen und verkannten oder ignorierten dabei die Gefahr, die im Frühjahr 1683 vom Balkan herauf vorrückte. Der französische König zeigte keine Scheu, sich mit den »Knechten des Teufels« (so Martin Luthers Charakterisierung der Türken 154 Jahre vor der zweiten Belagerung Wiens) gegen Österreich und somit gegen das Deutsche Reich zu solidarisieren.

Es waren schließlich die Sachsen, die Bayern, sowie Reichstruppen des fränkischen und schwäbischen Kreises, die sich gemeinsam mit polnischen Truppen daran beteiligten, die symbolträchtige Donaustadt aus den Klauen des Erbfeindes der Christenheit zu befreien.

Dass man in Berlin untätig blieb und der brandenburgische Kurfürst Friedrich Wilhelm auf seine »Liebesdienerei« gegenüber dem österreichfeindlichen Frankreich nicht verzichten wollte, als 150.000 muslimische Streiter auf österreichischem Territorium und somit auf dem Boden des

Deutschen Reiches vorrückten, dieser »Verrat« blieb in Wien – wie vorhin bemerkt – auch nahezu zwei Jahrhunderte später noch unvergessen.

Knapp 20 Jahre nach der »Türkensache« zeigte man sich in Berlin gewogen, den Kaiser zumindest in einer anderen Sache zu unterstützen – allerdings nicht uneigennützig. Seit 1697 war August der Starke von Sachsen zugleich König in Polen; das Haus Hannover besaß Aussicht auf den englischen Thron, da wollten die Brandenburger und somit das Haus Hohenzollern nicht allzu mickrig daneben stehen. Der Spanische Erbfolgekrieg eröffnete die Möglichkeit für einen politischen Handel, denn der Kaiser benötigte für diesen Krieg dringend Soldaten. Der brandenburgisch-preußische Kurfürst Friedrich III. stellte nun ein Kontingent von 8000 Mann zur Verfügung, als Belohnung dafür wurde das Herzogtum Preußen zum Königreich erhoben. Prachtvolle Feierlichkeiten begleiteten die Zeremonie, als sich der Kurfürst am 18. Januar 1701 in Königsberg die Krone aufsetzte und fortan als »König Friedrich I.« regierte. Brandenburg-Preußen wechselte damit in eine neue und höhere Liga und scheute sich künftig immer weniger, das alte und große Österreich anzurempeln.

An der Spitze seiner Truppen brach der Preußenkönig Friedrich II. am 16. Dezember 1740 unter dem fadenscheinigen Vorwand von Erbansprüchen und ohne Kriegserklärung in das seit 200 Jahren zu Österreich gehörende Schlesien ein (»Erster Schlesischer Krieg«). Friedrich (»der Große«) bezeichnete diesen Eroberungszug ganz ungeniert als ein »Rendez-vous des Ruhmes«. Von nicht wenigen Mitmenschen wurde ihm der Titel »Raubkönig« verliehen. Nach dem »Dritten Schlesischen Krieg« (Friede von Hubertusburg am 15. Februar 1763) musste Österreich endgültig auf die reiche Provinz Schlesien und die Grafschaft Glatz verzichten. Preußen wurde nun zur europäischen Großmacht und zum beharrlichen Rivalen und Gegenspieler Österreichs innerhalb Deutschlands – das politische Klima zwischen Wien und Berlin wird künftig vom »Deutschen Dualismus« bestimmt.

Wenn von der Treue eines Volkes gegenüber seiner Herrschaft gesäuselt wird, kann etwas Skepsis nicht schaden. Als das mehrheitlich katholische Schlesien noch bei Österreich war, gehörte die tief verwurzelte Abneigung gegen die Preußen zum alten Erbgut der Schlesier. Ein Wettersprichwort, das zwischen Breslau und Gleiwitz in aller Munde lebte, charakterisiert diese Abneigung in wenigen Worten: »Aus Preußen kommt kein guter Wind, viel weniger ein gutes Kind!« Ein Jahrhundert der preußischen Herrschaft hatte offenbar genügt, um die gute Erinnerung an die frühere Heimstatt Österreich zu tilgen und um preußischer als die Preußen zu werden. Jedenfalls die schlesischen Zeitungsschreiber und nicht wenige Honoratioren in den Städten und auf dem platten Land gebärdeten sich im Jahr 1866 vehement und mit aller Verve antiösterreichisch. Die Berliner Hofpresse wusste diese Orientierung und das Engagement der Schlesier für den kommenden Krieg zu würdigen. So war auch der »Staatsanzeiger« am 25. Mai 1866 voll des Lobes:

»Ein Blick auf Schlesiens Haltung im Angesicht der drohenden Kriegsgefahr erfüllt unser preußisches Herz mit Stolz und Freude.

Wenn eine Provinz Grund hätte, Besorgnissen wegen eines Krieges mit Österreich Raum zu geben, so ist es Schlesien. Alle Provinzen leiden in Handel und Wandel bei der drohenden Kriegsgefahr; aber Schlesien ganz besonders. Andere Hauptstädte des Staates sind ängstlich, zaghaft; – aber Breslau, die Hauptstadt Schlesiens, sagt ihrem Könige, dass sie zu Opfern wie 1813 bereit sei, um Preußens Unabhängigkeit zu retten. Aus allen Provinzen eilen die Söhne des Vaterlandes auf den Ruf ihres Königs zu den Waffen, aber nirgends mit größerem Opfermut, als dort. Schlesische Männer von hoher Stellung entschließen sich, aus eigenen Mitteln Kavallerie- und Jäger-Regimente ihrem Könige zur Verteidigung der heimatlichen Provinz zu stellen.

In Schlesien ist die unwürdige Angst vor dem Kriege, welche in diesen Tagen öfters bei den Kommunalbehörden anderer Provinzen hervortrat, nicht bekannt, und doch sind Schlesiens Gefilde zunächst von der Brandfackel des Krieges bedroht.

Wem ein preußisches Herz im Busen schlägt, der spreche den Bewohnern Schlesiens für diese patriotische Haltung, welche auch auf die andern Provinzen des Vaterlandes ihre zündende Kraft ausüben wird, seinen Dank aus.

Schlesien bleibt die glänzendste Perle in der preußischen Krone.«

Am Beginn des 19. Jahrhundert wirbelte der Franzosenkaiser Napoleon Bonaparte das europäische Machtgefüge so elementar durcheinander, dass insbesondere in Deutschland kaum ein Stein auf dem anderen blieb. Sowohl Preußen als auch Österreich führten gegen den korsischen Imperator und dessen mächtige und scheinbar unbesiegbare Armee Schlachten und Kriege, die verloren und später in größerer Allianz (Völkerschlacht bei Leipzig) auch wieder gewonnen wurden. Das nahezu Tausendjährige »Heilige Römische

Reich Deutscher Nation« (der Begriff »Regnum teutonicum« – Deutsches Reich – taucht erstmals im Jahr 920 auf) endete am 6. August 1806, als der römisch-deutsche Kaiser Franz II. auf die Kaiserwürde verzichtet (das 1804 neu geschaffene Amt des »österreichischen Kaisers« hat er als Franz I. inne) und die Kurfürsten, Fürsten und sonstigen Reichsstände sowie die Reichsbeamtenschaft und die Mitglieder der Reichsgerichte ihrer Pflichten entbindet. Die gemeinsame Klammer für die in den deutschen Gebieten lebenden Menschen existierte nicht mehr.

Neun Jahre später, nach der endgültigen Niederwerfung des napoleonischen Frankreich, wurde im Zuge des »Wiener Kongresses« ein modifizierter und den neuen Gegebenheiten angepasster Ersatz für das verblichene alte »Reich« geschaffen. Am 8. Juni 1815 unterzeichneten die Repräsentanten von 35 deutschen Fürstenstaaten und vier freien Städten die »Deutsche Bundesakte«, und damit war der »Deutsche Bund», der bis zum 23. August 1866 manchmal mehr schlecht als recht existieren sollte, aus der Taufe gehoben. Als Heimstätte der Bundesversammlung (Bundestag) wurde die freie Stadt Frankfurt auserkoren. Die »Bundesakte« kam den kleineren Staaten entgegen, denn die Stimmverteilung in der Bundesversammlung war so festgelegt, dass eine hegemoniale Vormachtstellung der »Großen« weitgehend ausgebremst wurde – zumindest in der Theorie.

Der preussische Emporkömmling

Bis zu den Revolutionsjahren 1848/49, also im »Vormärz« bzw. im »Biedermeier«, harmonisierten Preußen und Österreich relativ gut und weitgehend konfliktfrei. Berlin und Wien verband in diesen Jahren der »Restauration« das gemeinsame Interesse am Niederhalten bzw. auch Niederknüppeln jeglicher republikanischer, demokratischer oder nationalstaatlicher Ideen, die von unten – also aus dem Volk – kamen. Die französische Zeit und die Befreiungskriege hatten bei nicht wenigen Bürgern politisch-emanzipatorisches und auch nationalstaatliches Denken freigesetzt, das den absolutistisch herrschenden monarchischen Machthabern nicht gefallen konnte. Die »März-Revolution 1848«, die sich in unterschiedlicher Intensität und Form bis in das Jahr 1849 hinzog, sollte das absolutistische System vor allem in Österreich und Preußen zertrümmern und Deutschland auf parlamentarischer Grundlage vereinen (Paulskirchen-Versammlung in Frankfurt). Die Bajonette der Herrschenden behaupteten sich gegen die leidenschaftlich vorgetragenen Ideale der Revolution. Die »Ordnung« innerhalb des Deutschen Bundes wurde wieder hergestellt; und doch war es nicht mehr wie vorher. Die relative Einigkeit zwischen den beiden deutschen Großmächten Österreich und Preußen im »Vormärz« zerbröselte nun zusehends, insbesondere seit im Konflikt um Kurhessen (Kurhessischer Verfassungsstreit) die Spannung zwischen Österreich und Preußen bis hin zum Krieg zu eskalieren drohte. In diesem Zusammenhang kam es am 8. November 1850 zu einem kurzen Schusswechsel zwischen preußischen und bayerischen Vorposten, die einem Schimmel das Leben kosteten.

Preußen musste – auch bei seinem Plan einer »norddeutschen Union« – klein beigeben und stand gedemütigt da. Sein Hegemonieanspruch scheiterte wieder einmal an Österreich. In der »Olmützer Punktation«, die am 29. November 1850 in der mährischen Stadt Olmütz zwischen Österreich und Preußen abgeschlossen wurde, verzichteten die Berliner Gegenspieler (vorerst) darauf, die deutsche Einheit unter preußischer Führung verwirklichen zu wollen. Preußen erklärte sich auch zum gemeinsamen Vorgehen mit Österreich in der leidigen Schleswig-Holsteinischen Frage bereit. Wenigstens für einige Zeit war der Dynamik des »Deutschen Dualismus« durch Olmütz etwas der Schwung genommen.

In Preußen wurde die Zeit des Stillhaltens zur Modernisierung und strafferen Organisation des Heereswesens genutzt. Neue Erfindungen, wie der Telegraph und die Eisenbahn, wurden in die militärstrategischen Planungen konsequent miteinbezogen. Mit der Übergabe der Regentschaft am 7. Oktober 1858, als der 61-jährige Prinz Wilhelm von Preußen von seinem erkrankten Vater Friedrich Wilhelm IV. die Amtsgeschäfte übernahm und nachdem Wilhelm am 26. Oktober vor den vereinigten Kammern in Berlin den Eid auf die Verfassung leistete (von dieser Eidesleistung hatte ihm sein Vater abgeraten), begann in Preußen die mit Hoffnungen befrachtete »Neue Ära« mit ihrem (zumindest eine Zeit lang) gemäßigt liberalen Kurs. Das Bürgertum war nun im Unterschied zur früheren Restaurationspolitik mehr und direkter an der Politik beteiligt, und das gab dem preußischen Patriotismus neue Impulse und eine breitere Basis.

In Österreich sah die Sache etwas anders aus. Franz Joseph, der junge Kaiser in Wien, hielt noch länger an alten Zöpfen und der obrigkeitlichen »Vormärz«-Gesinnung fest. Der Gedanke an eine Mitsprache des Volkes an Angelegenheiten der Gesetzgebung und an Politikgeschäften war bis zu den verlorenen Schlachten 1859 in Norditalien aus seiner Vorstellungswelt noch ausgesperrt. Erst die Niederlage der österreichischen Armee 1859 gegen die Franzosen in Solferino und Magenta und die daraus resultierende machtpolitische Schwäche des Kaisers und seiner Regierung erzwang ein Umdenken Franz Josephs, und im »Laxenburger Manifest« vom 15. Juli 1859 versprach der Kaiser seinen Untertanen endlich eine Änderung der machtpolitischen Rahmenbedingungen. Tiefgreifende Verbesserungen in der Möglichkeit der politischen Mitsprache wurden aber erst ab 1866, nach dem verlorenen Krieg gegen Preußen, also unter dem Druck der Verhältnisse, in Angriff genommen. Mit dem »Staatsgrundgesetz über die allgemeinen Rechte der Staatsbürger für die im Reichsrat vertretenen Königreiche und Länder«, das Kaiser Franz Joseph I. am 21. Dezember 1867 unterzeichnete, wurde Österreich schließlich doch noch zu einem vorbildhaften und im Sinne der Rechtssicherheit, der politischen Willensbildung und des Bildungswesens modernen Verfassungsstaat.

Die dreisten Dänen

1864 braute sich ein außenpolitisches Gewitter hoch im Norden des Deutschen Bundes zusammen. Die vom dänischen Reichstag in Kopenhagen im März 1863 beschlossene und am 1. Jänner 1864 in Kraft getretene Vereinigung des Herzogtums Schleswig mit Dänemark konnte vom Deutschen Bund und somit von dessen zwei größten Mächten – Österreich als Vorsitz führender Staat und Preußen als nachbarlicher »großer Bruder« Schleswigs und Holsteins – nicht hingenommen werden.

Im »Londoner Vertrag« vom 8. Mai 1852, von Österreich, Preußen, England, Frankreich, Russland, Schweden und Dänemark unterzeichnet, war in einer neuen Thronfolgeordnung festgelegt worden, dass Prinz Christian August von Sonderburg-Glücksburg zwar Erbe sowohl Dänemarks als auch der deutschen Herzogtümer Schleswig, Holstein und Lauenburg sein sollte, eine Einverleibung der Herzogtümer in das Königreich war jedoch strikt ausgeschlossen. Erbberechtigt in Schleswig-Holstein war eigentlich der Herzog von Augustenburg, der aber gegen eine Entschädigung auf seine Ansprüche verzichtete.

Die ganze Besitztums- und Machtfrage in diesem zwischen Dänemark und Deutschland und der Nord- und Ostsee eingeklemmten platten Stück Land war traditionell sehr kompliziert, so dass der britische Premier H. J. Temple Palmerston laut dem Historiker Werner Maser resignierend geklagt haben soll, »dass es jemals nur drei Menschen gegeben habe, die in der Lage gewesen seien, sich durch die jeweiligen und vielfach einander widersprechenden Bestimmungen des Fürsten-, Bundes-, Landes- und Erbfolgerechts hindurchzufinden: Ein Prinz, und der sei gestorben, ein deutscher Gelehrter, und dieser sei darüber verrückt geworden – und schließlich Palmerston selbst, der aber wieder alles vergessen hätte«.

In Kopenhagen gewannen die nationalliberalen »Eiderdänen« zunehmend an Macht. Deren beharrliches Bestreben ging dahin, Schleswig umfänglich in den Staat Dänemark einzugliedern. Am 13. November 1863 gab sich Dänemark eine neue Verfassung, die als »eiderdänische Gesamtstaatsverfassung« nun auch vollinhaltlich für Schleswig galt – bis hin eben zur Eider, jenem Fluss zwischen Schleswig und Holstein. Als der dänische König an einem kalten Januartag des Jahres 1864 die Verfassung paraphierte und die Schleswiger damit *de jure* zu »richtigen« Dänen wurden und das *ewig ungeteilt* der Schleswiger und Holsteiner die alte Gültigkeit dieser Worte verlor, war in Deutschland – von der Etsch bis an den Belt und von der Maas bis an die Memel – Feuer am Dach. Galt doch schon der Sängergruß der Augsburger Liedertafel beim ersten gesamtdeutschen Sängerfest im Sommer 1845 in Würzburg den deutschen Brüdern im Norden:

»Wo an den Marken deutscher Erde
Die Nordsee ihre Wogen rollt,
Dort wo mit drohender Gebärde
Um unser Recht der Däne grollt,
Auch an der Eider wohnen Brüder:
Da tönet deutscher Bardensang,
Herbei! lasst schallen eure Lieder,
Zum Bruder ist der Weg nicht lang.«

Am 16. Januar 1864, wenige Tage nach des Königs Unterschrift, richteten die beiden deutschen Großmächte Österreich und Preußen an die dänische Regierung eine Note mit der ultimativen Aufforderung, bis zum 18. Januar die verfassungsmäßige Vereinigung Dänemarks mit Schleswig aufzuheben, ansonsten sei mit unangenehmen Folgen zu rechnen: »Sollte die Königlich dänische Regierung dieser Aufforderung nicht entsprechen, so würden die beiden genannten Mächte sich genötigt sehen, die ihnen zu Gebote stehenden Mittel zur Herstellung des *Status quo* und Sicherung des Herzogtums Schleswig gegen die widerrechtliche Vereinigung mit dem Königreiche Dänemark in Anwendung zu bringen.«

Die Dänen lehnten die Forderungen des Ultimatums ab, da sie fälschlicherweise auf die englische Unterstützung hofften. Graf Bismarck, der geschickte Taktiker, der inzwischen ja preußischer Ministerpräsident war, überredete die Regierung in Wien zur gemeinsamen militärischen Aktion gegen die Dänen. Österreich, als bis dahin der mächtigste Staat Deutschlands, musste schon aus Gründen der Ehre und Reputation den Brüdern (und Schwestern) »da oben« zu Hilfe kommen. Das erwarteten die Deutschen, in Tirol oder Kärnten ebenso wie etwa im Rheinland oder in Ostpreußen. Mehr als die Ehre und eine gute Nachrede war für die Österreicher nicht zu gewinnen, aber allein schon wegen der machtpolitischen Auswirkungen – »Deutscher Dualismus« – konnte man die Preußen südlich und nördlich der Eider nicht alleine werkeln lassen. Der gewiefte Bismarck dachte schon etwas weiter: Er wollte, dass das österreichische Militär mithalf, den Dänen *Mores* zu lehren, früher oder später sollten Schleswig und Holstein aber von Preußen geschluckt werden, um dessen Macht und Glorie zu vergrößern und um neue – ideal positionierte – Häfen für die Marine und die Handelsschifffahrt zu gewinnen. Der Gedanke an diese Häfen raubte wiederum den Politikern in England etwas an Schlaf. Die Sache drohte, international zu eskalieren. Die Zeitung »Lokomotive an der Oder« aus dem preußisch-niederschlesischen Oels beschäftigte sich in ihrer Ausgabe vom 4. Februar 1864 mit der englischen Haltung in diesem Konflikt:

»Von allen europäischen Mächten tritt England am lautesten für die dänische Regierung auf; ja lebhafter sogar, als dies ein großer Teil der Dänen selbst tut. Von London gehen jene Nachrichten und telegraphischen Depeschen aus, welche bestimmt sind, die Deutschen einzuschüchtern. Als vor einigen Wochen nur die deutschen Mittelstaaten Truppen in Holstein hatten einrücken lassen, da schrieb Lord Russel als Minister des Auswärtigen seine groben, anmaßenden Noten an die Regierungen dieser Staaten, auf welche wenigstens der sächsische Minister Beust den hoffärtigen Engländer gebührend bedient hat. Jetzt, wo Österreich und Preußen Schleswig ebenso in Pfand nehmen wollen, wie der deutsche Bund Holstein schon genommen hat, jetzt versucht die englische Regierung, die genannten beiden Großmächte mit der Drohung eines Krieges von größtem Umfange und unberechenbaren Folgen zu erschrecken. Die Times vom 29. Januar berechnet, dass 38.000 Mann Dänen schon jetzt vom besten Geiste beseelt in Schleswig stehen und dass zu ihrer Verstärkung 35.000 Mann Schweden und 30.000 Engländer bereit seien, für den Fall, dass die Deutschen in der Tat in Schleswig vor Ablauf von fünf Wochen einrücken. Da auch dieser Schreckschuss die Österreicher und Preußen vom Vordringen nicht abhielt, so folgen jetzt versteckte Drohungen mit Frankreich.«

Am 20. Januar 1864 rückten österreichische und preußische Truppen in Holstein ein, und am 1. Februar überschritten die verbündeten Waffenträger die dänische Grenze. Die Dänen wurden in mehreren Gefechten rasch zurück gedrängt. Schon am 7. Februar zogen österreichische und preußische Truppen gemeinsam in Flensburg ein. Die Leser der »Wiener Abendpost« konnten schon am 5. Februar mit Stolz vernehmen:

»Ein Teil unserer tapferen Armee steht unter den Waffen, um, dem Rufe ihres Kaisers und erhabenen Kriegsherrn gehorsam, an den Nordgrenzen Deutschlands für Österreichs Ehre und deutsches Recht zu kämpfen. Mit innigster Teilnahme folgen unsere Gedanken den wackeren Kriegern, die auf fernen Schlachtfeldern unter den Unbilden der Jahreszeit mutvoll der Gefahr und dem Tode ins Auge blicken.

Wir haben schon die ersten Waffentaten unserer Armee zu verzeichnen gehabt. Es bedarf wohl keiner ausdrücklichen Hervorhebung, dass es mit den Gefühlen voller patriotischer Befriedigung, mit den Gefühlen des Stolzes und der Freude geschehen ist. Die Tapferkeit der österreichischen Truppen war über alles Lob erhaben. Diese Worte, dessen sind wir sicher, werden so oft wiederholt werden, als österreichische Fahnen im offenen Felde wehen, als österreichische Soldaten diesen Fahnen auf der Bahn der Ehre und hoffentlich des Sieges folgen werden. Das Vertrauen in die Kraft und den Wert der österreichischen Armee ist selbst in trüben Tagen nie erschüttert worden, an den Schanzen des Dänenwerks wird es neue und kräftige Blüten treiben.«

Dieser Krieg gegen die Dänen, der die Deutschen in nationaler Hochstimmung einte, könnte auch die innerdeutschen Querelen zum Erliegen bringen – das hoffte man zumindest in der Redaktion der »Wiener Abendpost« (eine Beilage zur »Wiener Zeitung«) am 3. Februar:

»Das deutsche Volk, das sich in seiner Friedensmuße in hunderterlei theoretische Streitigkeiten und Verfassungsfragen vertieft und in endlose Formalien verloren hat, kann nun endlich einmal Gelegenheit finden, mit ernster Teilnahme einen Kampf zu verfolgen, den die von jenem Meinungsstreit glücklicher Weise unberührten Krieger Preußens und Österreichs für die Ehre und Interessen Deutschlands ausfechten werden. Da wird ja wohl endlich Hader und Zwiespalt schweigen, und jeder wird wissen, was er für sein Vaterland zu tun und zu wünschen hat.«

Nach dem Sturm der Preußen auf die Düppeler Schanzen am 18. April war die Widerstandskraft der Dänen gebrochen. Im »Wiener Frieden« vom 30. Oktober 1864 musste Dänemark die Herzogtümer Schleswig, Holstein und Lauenburg an Österreich und Preußen abtreten. Eine gemeinsame preußisch-österreichische Regierung für diese Territorien wurde vereinbart. Die in diesem Krieg zusammen arbeitenden beiden deutschen Großmächte handelten in dieser Sache »herrisch« und ohne tiefere Einbindung der Bundesversammlung in Frankfurt. Das kostete insbesondere Österreich einige Sympathien bei den deutschen Klein- und Mittelstaaten (heute könnte man dies mit der Situation in der Europäischen Union vergleichen, wenn etwa die beiden »Großen«, Deutschland und Frankreich, richtungweisende Entscheidungen »von oben herab« treffen, welche die kleineren Mitgliedsstaaten willig akzeptieren sollen).

Mit der Harmonie zwischen den beiden Großen war es bald wieder vorbei. Bismarck machte sich kaum mehr die Mühe, seine Absicht, Schleswig seinem über allem geliebten Vaterland Preußen einzuverleiben, zu verbergen. Nicht nur deshalb führte das sogenannte »Kondominium«, die gemeinsame preußisch-österreichische Herrschaft über Schleswig-Holstein, innerhalb kürzester Frist zu Spannungen zwischen Berlin und Wien. Der »Deutsche Dualismus« brandete wieder mächtig auf. Am 19. August 1865 warnte das »Neue Fremden-Blatt« die österreichische Regierung, sich nur ja nicht noch einmal vor den preußischen Karren spannen zu lassen: »Österreich muss mit der deutschen Frage zu Ende kommen, wenn der deutsche Bund nicht ein Gewicht an seinen Füßen, anstatt einen Machtzuwachs bedeuten soll. Das System,

Preußen überall hin als überwachende Gouvernante zu folgen, wie man es sich unter der Kooperation in den Herzogtümern gedacht hat, ist ein unnützes und aufreibendes.«

Trügerische Herzlichkeiten

Mit der »Gasteiner Konvention« vom 14. August 1865, die am 20. August von den Monarchen Österreichs und Preußens in Salzburg unterzeichnet wurde, gelang noch einmal eine kurzzeitige Hintanstellung der gegenseitigen Gereiztheiten: Österreich verwaltete nun Holstein und Preußen Schleswig. Das geldklamme Österreich trat das Herzogtum Lauenburg gegen eine erkleckliche Summe an Preußen ab. Die »Wiener Abendpost« (Wiener Zeitung) klärte ihre Leser über dieses weitgehend unbekannte kleine Herzogtum auf: »Das Herzogtum Lauenburg hat einen Flächeninhalt von 18,05 Quadratmeilen ohne die Enklave von 3 Quadratmeilen, die zu Hamburg gehört. Es zählt gegen 50.000 Seelen in 3 Städten, 1 Marktflecken, 150 Dörfern, darunter 8 Kirchdörfer, oder überhaupt 4 städtischen und 24 Landkirchspielen und 22 adeligen Gütern. Von den 3 Städten haben Ratzeburg 39.898, Mölln 3401, Lauenburg 1072 Einwohner. Das Herzogtum ist westlich und nordwestlich von Holstein begrenzt, nördlich von Lübeck und dem mecklenburg-strelitz'schen Fürstentum Ratzeburg, östlich von Mecklenburg-Schwerin, südlich von Hannover, und davon durch die Elbe geschieden, südwestlich von Hamburg.

Das »Neue Fremden-Blatt« mit seinen beiden Herausgebern Isidor Heller und Wilhelm Wiener fand diesen Verkauf aus patriotischer Sicht nicht recht koscher: »Einen eigentümlichen, beinahe wehmütigen Eindruck macht der Verkauf Lauenburgs. Mit gerechtem Stolze hat bisher Österreich jede freche Zumutung zurückgewiesen, gegen pekuniäre Entschädigungen sein Besitztum zu schmälern. Nun ist Lauenburg kein Erbland, aber unseren Feinden wird dieser Handel bequemen Anlass geben, willkommene Parallelen zu ziehen.« (23. August 1865).

Nur eine Zeitungsausgabe später beklagte dasselbe Blatt die Vereinbarungen von Gastein (»Gasteiner Konvention«) als Versagen der österreichischen Diplomatie:

»Der 14. August 1865 wird fortan als einer der merkwürdigsten Tage in der Geschichte Österreichs, in der Geschichte Deutschlands angesehen werden. Mit der Unterzeichnung des Gasteiner Abkommens am 14. August hat sich ein weltgeschichtliches Ereignis von ungeheurer Bedeutung vollzogen. Es war gleichfalls im Monate August, man zählte den 6. August 1806, als Kaiser Franz I. die deutsche Kaiserwürde niederlegte. Das deutsche Reich hatte tatsächlich zu existieren aufgehört, der Partikularismus der deutschen Fürsten hatte den Rheinbund hervorgerufen, – sie haben bitter ihre Sünden am deutschen Genius gebüßt. Das deutsche Kaiserreich ist nicht wieder erstanden. Mit der Gründung des Deutschen Bundes im Jahre 1815 ging das Präsidium des deutschen Bundestages an Österreich über, der abgeblasste Schatten der deutschen Kaiserwürde. Auch auf diese Schattenwürde sah das langgestreckte Preußen mit Missgunst hin und die Blätter der Geschichte seit jenen Tagen verzeichnen viele Taten, in denen sich diese Missgunst dokumentiert. Mit aller Beharrlichkeit hat Preußen seither gesucht, das Übergewicht in Deutschland zu gewinnen, und es ist noch nicht lange her, als ein österreichischer Minister, es ist Graf Mensdorff, im österreichischen Parlamente zu verstehen gab, dass auch die gegenwärtige preußische Regierung nationalvereinliche Tendenzen verfolge. Was Preußen bisher vergeblich erstrebt, es ist ihm am 14. August d. J. gelungen. Freiwillig tritt Österreich vor Preußen zurück.

Mit der Unterzeichnung der Gasteiner Konvention datiert das tatsächliche Übergewicht Preußens in Deutschland. Was zählt denn das Präsidialrecht Österreichs in Frankfurt gegenüber den Bestimmungen der Gasteiner Konvention? – Preußen hat an Gebiet gewonnen und es steht ihm ein noch größerer Gebietszuwachs in Aussicht, Preußen erhält einen der besten Häfen der Welt und dominiert militärisch über den ganzen Norden Deutschlands. Denn zu glauben, dass Kiel wirklich einmal ein deutscher Bundeshafen werden sollte, wie es die Konvention bestimmt, dazu fehlt uns das kindliche Gemüt. Da müsste der deutsche Bund nicht der deutsche Bund sein und Deutschland dürfte keinen Hannibal Fischer erzeugt haben. Wenn aber, was geradezu unmöglich ist, die deutschen Fürsten sich wirklich zu einer Tat aufraffen und die Gründung einer deutschen Flotte beschließen wollten, so wird sich Preußen erst recht die Hände reiben können, denn diese deutsche Flotte wird eine preußische sein müssen.

Auf die einzelnen Punkte der Konvention einzugehen, halten wir nach dem Gesagten für überflüssig. Wo es sich um so große Dinge handelt, feilscht man nicht um Kleinigkeiten. Die Militärstraßen, die Telegraphendrähte, ja selbst der Nord-Ostsee-Kanal, der Verkauf Lauenburgs sind verschwindend kleine Zugeständnisse gegenüber der Tatsache, dass Preußen der erste Platz in Deutschland eingeräumt wird.

Uns sei nur die bescheidene Frage gestattet: Welches sind die Gegenkonzessionen, die Preußen Österreich macht und wo sind sie verzeichnet?«

In der Stadt Schleswig fanden solch kritische Überlegungen am 18. August keinen Raum, denn dort wurde unter »allgemeiner und herzlicher« Teilnahme der 35. Geburtstag des österreichischen Kaisers Franz Joseph I. gefeiert. Der Bericht eines Augenzeugen:

»Kanonensalven verkündeten den Anbruch des Festtages, zu welchem die Stadt ihren vollsten Flaggenschmuck angelegt hatte. Viele von den Fahnen waren mit Kränzen und Blumensträußen geziert. Vormittags war feierlicher Gottesdienst, wozu sich Se. Exzellenz der österreichische Zivilkommissär Freiherr v. Halbhuber, der preußische Zivilkommissär Freiherr v. Zedlitz und die übrigen Autoritäten eingefunden hatten. Der weite Raum des altehrwürdigen Domes war von der Menge Andächtiger aus allen Klassen der Bevölkerung gefüllt. Propst Hansen gab in einer ergreifenden Rede den gegenüber dem Herrscher Österreichs beseelenden Gefühlen des Dankes und des Vertrauens der Bevölkerung würdigen Ausdruck. Nach Beendigung der Andacht erschienen der preußische Zivilkommissär, die Mitglieder der schleswig-holstein'schen Landesregierung, die sonstigen Zivil- und geistlichen Autoritäten und die hier stationierten preußischen Offiziere vor dem österreichischen Zivilkommissär, um ihre ehrerbietigen Glückwünsche für Se. Majestät den Kaiser abzustatten. Zahlreiche Deputationen, Schreiben und Telegramme aus verschiedenen Gegenden Schleswig-Holsteins sprachen gleichfalls Glückwünsche der einzelnen Bezirke, Kommunen und Vereine für Se. Majestät aus und bezeugten die innige Teilnahme des Landes an der frohen Feier.«

Auch in Salzburg schien am 19. August alles eitel Wonne, als sich die Monarchen von Österreich und Preußen am Tag vor der Unterzeichnung der von Bismarck und Graf Blome (österreichischer Gesandter in Bayern) erarbeiteten »Gasteiner Konvention« in der Mozartstadt begrüßten: »Über die Zeit, zu welcher der König von Preußen eintreffen werde, lauteten die Angaben verschieden. Schon vor sechs Uhr hatten sich Ihre Exzellenzen die Grafen Crenneville und Mensdorff und andere höhere Offiziere vor der Einfahrt des Hotels zum »Erzherzog Karl« eingefunden, in dessen zweitem Stockwerk die Zimmer Sr. Majestät des Königs sich befinden. Um 6 Uhr erschien Se. Majestät der Kaiser in der Uniform Allerhöchstseines preußischen Regiments, bald darauf Herr v. Bismarck, und die Herrschaften begaben sich nun in den ersten Stock des Hotels hinauf. Zehn Minuten nach sieben Uhr fuhr der König in österreichischer Generaluniform im offenen Wagen sitzend und von der Menge lebhaft begrüßt vor, sprang schnell aus dem Wagen und umarmte und küsste den ihm entgegeneilenden Kaiser wiederholt aufs Herzlichste. Nach zehn Minuten kehrte Se. Majestät der Kaiser, Allerhöchstwelcher seinen hohen Gast in dessen Appartements geleitet hatte, in die Residenz zurück, auf dem ganzen Wege von brausend sich fortwälzenden Hochrufen begleitet. Bald darauf erwiderte der König den Besuch.«

Zur Nachfeier des »Allerhöchsten Geburtsfestes« und auch zur Ehre der hohen preußischen Gäste hatte die Stadt Salzburg am Abend dieses denkwürdigen Tages ein rauschendes Ballfest ausgerichtet.

Die Idylle während des Treffens der zwei mächtigsten deutschen Herrscher ließ auf einen konfliktarmen Fortgang der politischen Geschäfte innerhalb Deutschlands schließen. Dieser arglosen Hoffnung stand allerdings Bismarcks eiserner Wille entgegen, Preußen baldmöglichst zum absoluten Beherrscher Deutschlands zu machen. Dazu war es unumgänglich, den Erzrivalen Österreich aus diesem ohne weiteres Zaudern hinaus zu drängen – wenn nötig, auch mit Gewalt

Die Gasteiner Vereinbarung, die auf die Forderung der öffentlichen Meinung in Deutschland, aus den Herzogtümern Schleswig, Holstein und Lauenburg einen deutschen Mittelstaat unter der Herrschaft des Prinzen Friedrich von Augustenburg zu errichten, keine Rücksicht nahm, war nirgends besonders populär. Sie diente Bismarck auch nur dazu, etwas Zeit zur idealen Umsetzung seiner Pläne zu gewinnen.

Am 15. September trat der Gasteiner Vertrag in Kraft, und zum österreichischen Gouverneur von Holstein wurde Feldmarschallleutnant Ludwig Freiherr v. Gablenz ernannt. Schon im ersten Monat des neuen Jahres 1866 (am 26. Januar) warf der preußische Ministerpräsident und Außenminister Otto von Bismarck erneut verbale Brandbomben gegen Österreich. In einer scharfen Note an Wien kritisierte er die österreichische Politik in Holstein.

Bismarck drängt dem Krieg entgegen

Nur knapp fünf Wochen später, am 28. Februar, entschied sich der preußische Ministerrat, den gordischen Knoten des »Deutschen Dualismus« gewaltsam zu lösen. Erfolgreich plädierte Bismarck in dieser Sitzung für den Krieg gegen den Rivalen Österreich:

»Preußen ist die einzige lebensfähige politische Schöpfung, die aus den Ruinen des alten Deutschen Reiches hervorgegangen ist, und hierauf beruhe sein Beruf, an die Spitze von Deutschland zu treten. Österreich habe das nach diesem Ziele gerichtete natürliche und wohlberechtigte Streben Preußens aus Eifersucht von jeher bekämpft, indem es die Führung Deutschlands, obwohl selbst dazu unfähig, Preußen nicht gegönnt habe. [...] Österreich gönne Preußen nicht den gebührenden Einfluss in Deutschland, nicht seine für Preußen und Deutschland gleich notwendige gesicherte Stellung in den Elbherzogtümern, nicht die Frucht seiner Siege. Diese Frucht sich zu erhalten, sei für Preußen eine durch politische Motive und ebenso durch die allgemeine Stimmung im Lande und in der Armee begründete Notwendigkeit.

Es wäre eine Demütigung, wenn Preußen sich jetzt zurückziehen wollte. Eine solche Demütigung müsse um jeden Preis vermieden werden. Dann aber sei der Bruch mit Österreich wahrscheinlich. Es gelte also jetzt, die Frage zu beraten und sich darüber zu entschließen, ob Preußen vor diesem Hindernis – Bruch und eventuell Krieg mit Österreich – zurückschrecken solle? [...] Der gegenwärtige Moment sei für Preußen günstig wegen der Stellung Italiens, das seine für Österreich bedrohlichen militärischen Kräfte nicht mehr lange werde zusammenhalten können, wegen des bestehenden freundschaftlichen Verhältnisse zu Kaiser Napoleon [III.], wegen der jetzt noch vorhandenen Überlegenheit unserer Bewaffnung, ja selbst wegen unserer Dienstzeit bei der Fahne, die jetzt faktisch von längerer Dauer sei als in Österreich. Die ganze historische Entwicklung der deutschen Verhältnisse, die feindselige Haltung Österreichs treibe uns dem Krieg entgegen. Es würde ein Fehler sein, ihm jetzt aus dem Weg zu gehen.«

Nun beschleunigten sich die Ereignisse. Am 14. März ordnete Kaiser Franz Joseph die Aufstellung einer Nord- (gegen Preußen) und einer Südarmee (gegen Italien) an. Preußen schloss am 8. April ein Schutz- und Trutzbündnis mit Italien ab. Italien verpflichtete sich darin zur Kriegserklärung an Österreich, sobald Preußen die Feindseligkeiten gegen Österreich eröffnet.

Den Italienern ging es um die Gewinnung Venetiens, das sie zur territorialen Abrundung ihres noch jungen Staatsgebildes und natürlich wegen des nationalen Prestiges unbedingt und um jeden Preis wollten. Tatsächlich waren die Italiener noch im Februar bereit, den Österreichern Venetien abzukaufen. Der Kaiser in Wien lehnte dieses monetäre Anerbieten aus Gründen der Ehre kategorisch ab. Wenn die *Welschen* das seit 1797 (mit kurzen Unterbrechungen) Österreich zugehörige Venetien schon unbedingt haben wollten, dann sollten sie wenigstens versuchen, es sich mit Waffengewalt zu holen.

Giuseppe Garibaldi, der italienische Revolutionär und Freiheitsheld, lästerte wider besseren Wissens schon seit Jahren in ganz Europa über den österreichischen »Völkerkerker«, in dem die Venetianer und die »Welschtiroler« geknechtet würden. Nicht wenige europäische Schwärmgeister hielten diese Verleumdungen für bare Münze.

Als Gegenleistung für die italienische Kriegsbereitschaft versprach Preußen dem Zitronen- und Apfelsinenstaat, jeglicher Landräuberei seinen Segen zu geben.

Durch Geheimverhandlungen wusste Bismarck schon seit einiger Zeit, dass Frankreich im Fall des Krieges mit Österreich neutral bleiben würde, das gab ihm Schneid beim weiteren Anschüren des Konfliktes. Als das Schutz- und Trutzbündnis mit Italien bekannt wurde und zugleich auch in die deutsche Öffentlichkeit durchsickerte, dass Bismarck als Preis für das französische Stillhalten möglicherweise bereit war, Teile der linksrheinischen deutschen Gebiete an Frankreich abzutreten, wogte ein Sturm der Entrüstung durch die deutschen Lande. Das altehrwürdige deutsche Österreich ausgerechnet den *Welschen* zum Fraß vorzuwerfen und kerndeutsches Land im Westen des »Deutschen Bundes« dem französischen Erbfeind zu versprechen, das war eines Deutschen absolut unwürdig – so die einhellige Stimmung des Volkes und der Presse in Österreich und in den deutschen Klein- und Mittelstaaten. Den Preußen und deren Staatslenker Bismarck wurde vielfach verbal der Status »Deutsch« aberkannt.

Am 21. April wurde die österreichische Südarmee mobilisiert. Zu deren Oberbefehlshaber ernannte der Kaiser Erzherzog Albrecht, den Sohn Erzherzog Karls, des Siegers gegen Napoleon bei der Schlacht von Aspern.

Die Rüstungsspirale drehte sich rasch schneller. Das militärische Fachblatt »Der Kamerad« verwies am 28. April auf die notwendigen Reaktionen:

»Angesichts der Kriegsrüstungen Italiens, welche nach den letzten Nachrichten einen äußerst drohenden Charakter angenommen haben, war es für Österreich ein Gebot der Vorsicht, entsprechende Gegenmaßregeln, die jedoch rein defensiver Natur sind und bleiben werden, zu treffen. Die Geschichte liefert genug Beweise dafür, dass die Anerkennung und Beobachtung des Staaten- und Völkerrechtes bei den piemontesischen Machthabern stets ein überwundener Standpunkt war, und oft genug verbargen sich die Absichten der beutelustigen neuen Regierung Italiens hinter kläglichen Putschversuchen abenteuerlichen Gesindels. Österreich hat in Rücksicht hierauf Anordnungen getroffen, welche genügende Bürgschaft dafür bieten, dass jeglicher Versuch eines Einfalles in unser italienisches Gebiet scheitern wird. Preußen, welches dem schönen Beispiele des neuen Italiens folgt, Verträge, Recht, Gesetz und Ehrlichkeit höhnisch mit Füßen tritt, und unter dem Deckmantel des Protestes gegen angebliche österreichische Rüstungen seine Streitkräfte an unseren Nordgrenzen konzentriert, lüftet mit jedem Tage die Maske etwas mehr und zeigt bereits ziemlich offen das Gesicht des raublustigen Feindes. Es tritt auch gegen diesen Feind das unabweisbare Gebot der Vorsicht an Österreich heran, sich für jede Eventualität vorzusehen und mit den täglich an Umfang zunehmenden Rüstungen Preußens so weit gleichen Schritt zu halten, als es die rein defensive Haltung Österreichs gebietet.«

Jeder warf dem anderen vor, an der Eskalationsschraube zu drehen. Vorschläge zur Konfliktlösung wechselten sich in rascher Folge mit Kriegsdrohungen ab. Die Zeitungen in Österreich, in Preußen und in Italien leckten Blut und gerieten sehr bald in patriotische Raserei. Als Österreich Mitte April seine Rüstungsanstrengungen gegenüber Preußen etwas verlangsamte, um den Konflikt mit dem Kontrahenten möglicherweise etwas zu entschärfen (gleichzeitig wurde aber das Aufrüsten gegenüber Italien intensiviert), heulte das Wiener »Fremden-Blatt« gleich missmutig auf: »Wohin soll, wohin kann eine solche Situation des fortdauernden Krieges ohne Schlachten führen? Dieses schleichende Friedensfieber muss endlich den Staatskörper entkräften und für jenen entscheidenden Moment kampfunfähig machen, wo es gälte, die Existenz, die Machtstellung, die Ehre und Zukunft des Reiches gegen die andräuenden Feinde mit überlegener Gewalt zu verteidigen. Entweder den vollen Frieden oder den ganzen Krieg!«

Als der Frühling des Jahres 1866 sich von seiner schönsten Seite zeigte, kam das Mobilmachungs-Karussell in vollen Gang: 21. April – Mobilmachung der österreichischen Südarmee; 26. April – Mobilmachung der italienischen Armee; 27. April – Mobilmachung der österreichischen Nordarmee; 3. Mai – Mobilmachung der preußischen Armee.

Feldzeugmeister Ludwig Ritter von Benedek wurde vom Kaiser zum Oberbefehlshaber der gegen Preußen gerichteten Nordarmee ernannt. Der mit seinem Truppenteil am 24. Juni 1859 in Solferino erfolgreiche Benedek war beim Volk und bei den Soldaten populär und beliebt. Die Aussicht, als oberster Kommandeur gegen die Preußen zu ziehen, bereitete ihm allerdings einiges Unbehagen, denn als altgedienter Offizier im österreichischen Teil Italiens kannte er dort nach eigenem Bekunden jeden Steg und Weg, während er für den geplanten Marsch auf Berlin erst die preußische Landkarte studieren musste.

Die Tiroler wurden in diesen Tagen hellwach, »denn es unterliegt wohl gar keinem Zweifel, dass, wenn der Krieg in Italien ausbricht, welsche Freischaren sich sogleich in die Tiroler Berge werfen werden.« (Volks- und Schützen-Zeitung vom 30. April 1866). Als passendste Waffen gegen italienische Freischärler empfahl diese in Innsbruck erschienene Zeitung den Prügel, die Sense, den Dreschflegel und den Morgenstern.

Die Könige der »ruhigen Hand«, die Schützen und Jäger, sollten aber auf jeden Fall zur Flintenbüchse – egal ob mit Kugel- oder Schrottlauf – greifen. Kein Schuss soll umsonst abgefeuert werden: »Anführer und Offiziere des Feindes müssen vor allen andern abgeschossen werden. Bringt der Feind Geschütz und Munitionswägen, passt sie ab und schießt die Pferde weg. Ein Gaul ist leicht zu treffen, fällt die Bespannung, so hat die Kanone ausgebrummt. Trompeter und Tambure sollen ebenfalls gleich aufs Korn genommen werden. [...] Zu nächtlichen Überfällen ist die Flinte besser geeignet als der Stutzen. Eine Flinte mit grober Mücke versehen und gehackten Bleistücken oder Pfosten geladen, kann in der Hand des Schützen auch bei Nacht nicht fehlen. Auf ein größeres oder kleineres Loch in der Haut kommt es ohnedies nicht an.«

Dass die Preußen, die angeblich Deutsche sein wollten, ausgerechnet mit den Italienern gemeinsame Sache machten, das konnte im kerndeutschen Tirol absolut niemand verstehen. Deshalb richteten sich die Blicke eher noch zorniger gegen Norden als gegen Süden: »Und wenn wir diesen Krieg führen müssen, so wollen wir ihn nicht aufgeben, als bis die Zustände, aus denen er entsprungen, gründlich vernichtet worden, bis unser Feind im Norden auf ein Jahrhundert hinaus die Fähigkeit verloren haben wird, einen

Bürgerkrieg anzufachen und deutsches Land an den Fremden zu verraten.« (Volks- und Schützenzeitung, 2. Mai).

Tirol, das seit 1797 wiederholt aus dem Süden bedroht war, sah sich durch die ungesättigte italienische Eroberungslust nun neuerlich in unmittelbarer Gefahr. Es waren erst 18 Jahre vergangen, seit am 18. März 1848 in Mailand der Aufstand gegen die österreichische Herrschaft ausbrach und lombardische Freischärler vom Südwesten her in Tirol einbrachen. Schon damals forderte der radikale Erneuerungspolitiker Giuseppe Mazzini die Brennergrenze für Italien. Gemeinsam konnten die österreichische Armee und die Tiroler Schützen den frechen Landnahme-Versuch der Italiener abwehren. 1859 galt es neuerlich, die Grenzen gegen die *Welschen*, gegen Garibaldis Freischaren zu schützen.

Das Tiroler Verteidigungswesen war seit dem Beginn der Neuzeit in Europa einzigartig. Mit dem »Landlibell« vom 23. Juni 1511 wurde die überkommene Ordnung des Tiroler Wehrwesens zusammengefasst und zeitgemäß adaptiert. Diese Wehrverfassung, ausgehandelt zwischen dem römisch-deutschen Kaiser Maximilian I. und den Tiroler Landständen, sah vor, dass die Tiroler für die Verteidigung ihres Landes eigenverantwortlich sind, dass sie einfallende Feinde aus eigener Kraft und eigenen Stücken abwehren müssen. Als Gegenleistung für diese Pflicht waren sie fürderhin von jeglichem Kriegsdienst außer Landes befreit. Das Fundament für diese Regelung war der Patriotismus, die Liebe und Hingebung für das eigene Land. Maximilian wusste, dass Heimatverteidiger eine völlig andere Qualität besitzen als die zur damaligen Zeit üblichen Söldner, die ohne Skrupel zu jener Streitpartei überliefen, die mehr bezahlte. Das Tiroler System mit seinen Schützenkompanien in jedem Dorf bewährte sich auch noch im Kriegssommer 1866, als der italienische Feind erneut mit Waffengewalt an die Felsenpforten des Landes klopfte.

Am 8. Mai, als sich die Gebirgler schon eifrig auf den Waffengang vorbereiteten, sagte Graf Bismarck gegenüber einer ihn huldigenden großen Volksmenge in Berlin in seiner markigen Dankesrede: »Ich glaube, dass wir Alle gern bereit sind, für König und Vaterland zu sterben, sei es auf dem Straßenpflaster oder auf dem Schlachtfelde.« Mit dem »Straßenpflaster« dachte er vermutlich an jenen Anschlag auf ihn, als der Student Cohen-Blind nur wenige Tage zuvor auf offener Straße und aus direkter Nähe mehrere Revolverschüsse auf Bismarck abfeuerte. Der Ministerpräsident blieb (vermutlich zum Bedauern vieler seiner Gegner) unverletzt, da die Kugeln in seiner dicken Kleidung stecken blieben.

Am 7. Mai ließ der Preußenkönig in einer Ansprache an die Offiziere des ersten Garderegimentes in Potsdam schon deutlich erkennen, dass der Krieg gegen Österreich vor der Tür steht: »Die Aufgabe der Diplomatie sei erschöpft und der Augenblick gekommen, wo dem Schwerte die Entscheidung zufalle.« Der König versprach seinen Offizieren, dass er selbst an der Spitze der Armee deren Gefahren teilen werde.

Preußische Blätter echauffierten sich derweil über die auf der »allerniedrigsten Stufe der Kultur« stehende österreichische Zeitungspresse, die mit »abscheulichen Schmähungen« gegen das arme Preußen hetzt und sich im »Schlamm der Gemeinheit« wälzt. Es überrascht nicht, dass die österreichischen Blätter mit ähnlichen Wortkalibern konterten. Der erbittert geführte Krieg der Worte war schon Wochen vor den ersten Schüssen entbrannt. Die tagtäglich schärfer werdenden Töne aus dem Norden waren nicht nur auf die Österreicher gemünzt, sondern auch gegen die Sachsen. Berlin nahm diesen besonders übel, dass sie sich offen und von allen deutschen Staaten am klarsten auf die Seite Österreichs stellten. Der sächsische Ministerpräsident v. Beust wurde von der preußischen Presse permanent und vehement als Kriegstreiber und willfähriger Handlanger der Wiener Politik diffamiert, der die österreichischen Ziele – Preußen verkleinern, Sachsen vergrößern und Schlesien wiedergewinnen – bedingungslos unterstütze.

Als Beispiel für Österreichs Gier auf Schlesien erwähnte die »Lokomotive an der Oder« am 18. Mai die Karikatur in einer Wiener Zeitung, die zwei Tiroler Väter zeigt, die sich von ihren einrückenden Söhnen mit den richtungsweisenden Worten verabschieden: »Habt's Acht, Ihr Buben, dös sag ich euch, dass Ihr mir nit heimkommt, ohne diesen malefiz Preußen Schlesien abgenommen zu haben.«

Das einhundert Jahre zuvor an Preußen verlorene Schlesien zurück zu gewinnen, davon war in Österreich offiziell keine Rede. Die in patriotischer Hochstimmung badende Presse zwischen Bregenz, Wien und Krakau hatte in dieser Besitzangelegenheit schon weniger Scheu, mit der Rückholung des einst von Preußen geraubten Landes zu liebäugeln.

Dem Bismarck wurde von seinen Gegnern gerne die Vorhaltung gemacht, dass er vielleicht »tatarisch«, aber keinesfalls deutsch handelte und dachte. Die Replik aus Preußen war in einer ähnlichen Preisklasse: »Was wird jetzt nicht alles getan, um den Fanatismus, ich will absichtlich nicht das andere Wort Patriotismus gebrauchen, der österreichischen Soldaten zu entflammen? Es werden bei den polnischen und böhmischen Regimentern eigens jetzt gedruckte Volkslieder verteilt, in denen die Soldaten aufgefordert werden, gegen die Preußen, welche die Mutter Gottes schmähen wollten, in das Feld zu ziehen und alle deutschen Hunde schonungslos zusammen zu schlagen. Gott gnade unserem Deutschland, wenn diese wilden, rohen fanatisierten slawischen Massen, die Österreich jetzt gegen uns in Bewegung setzt, wirklich bei uns einbrechen sollten!« (Lokomotive an der Oder, 19. Mai).

Ende Mai sanken die Aktienkurse an den Börsen in Frankfurt und Wien ins Bodenlose. Deutlich anders wirkte sich die Kriegsgefahr für das gewerbliche Handwerk aus. Die Auftragsbücher der Gewehrfabrikanten, Büchsenmacher, Riemer, Sattler und Wagner waren bis zur letzten Seite voll. Die Lieferzeiten wurden von Tag zu Tag länger. Der Lederpreis stieg um 25 Prozent und der Hafer verteuerte sich innerhalb weniger Wochen sogar um 100 Prozent. Die österreichische Armee kaufte in einer ersten Tranche 60.000 Pferde an.

In Bayern wunderten sich die Leute einmal mehr über ihren König Ludwig, der in einer Zeit der fieberhaften Rüstung und des Mobilisierens, als auch vom Mittelstaat Bayern eine klare Position in der »deutschen Frage« erwartet wurde, wenig Interesse an seinem eigenen Heer zeigte, und der statt dessen lieber mit einem Extrazug ins schweizerische Luzern zu seinem Freund Richard Wagner fuhr, um mit diesem in künstlerischen Visionen zu schwelgen.

Währenddessen begannen Tausende unzufriedene Untertanen des bayerischen Königs einen »Volkskrieg« wegen einer als Frevel empfundenen Bierpreiserhöhung. Zahlreiche Münchner Brauhäuser, insbesondere in der Sendlingerstraße und Neuhausergasse, wurden am Abend des 1. Juni vom Mob gestürmt und demoliert. Erst mehreren Kompanien Soldaten gelang es nach Stunden des Radaus, die Ruhe und Ordnung in der Isarstadt wieder herzustellen.

Der Advokat Dr. Hundegger im steirischen Murau lobte 100 Gulden für denjenigen österreichischen Krieger aus, »der den Grafen Bismarck ergreift, und sei es allein oder mit Hilfe Anderer, sei es mit ganzem oder durchlöchertem Fell, sei es tot oder lebendig zum Gefangenen macht«. (Innsbrucker Nachrichten, 4. Juni).

An jenem 4. Juni, einem Montag, als diese kuriose Kopfgeld-Auslobung zu lesen war, wurde das Publikum auch darüber informiert, dass Österreich – laut offizieller Erklärung – die Rüstungen gegen Preußen »abbestellen« werde, sobald es wieder Sicherheit gegen die Kriegsgefahr erlange. Gleichzeitig erklärte sich auch Preußen bereit, auf den »Friedensfuß« zurückzukehren, wenn der Deutsche Bund Österreich und Sachsen zur »Abstellung« der Rüstungen bewegen kann.

Am gleichen Tag rückte der Gefreite Theodor Vatke mit seiner Truppe von Berlin an die einige hundert Kilometer entfernte preußisch-österreichische Grenze in Niederschlesien ab. Der Bahntransport bis Brieg erfolgte erst ab der Stadt Sommerfeld in der Niederlausitz, bis dorthin wurde marschiert. Schon auf den ersten Kilometern außerhalb Berlins entwickelte sich der Marsch in Richtung Krieg zur Tortur, wie der preußische Gefreite in seinen 1867 erschienenen Erinnerungen »Mein Sommer unter Waffen« schrieb:

»Immer wieder hinausgeschoben, war der Tag unseres Ausrückens aus Berlin mit dem 4. Juni nunmehr herbeigekommen. Seit dem 9. Mai waren wir Reservisten wieder bei unserm Kaiser-Franz-Regiment eingezogen worden. Mehr als drei Wochen militärischer Übungen lagen hinter uns. Der Vorabend unseres Abmarsches war bei Vielen in übermütiger Ausgelassenheit verstrichen, während Andere, Abschiedslieder, oft weicher Art, zu singen, bei einander saßen: ich hatte es vermieden, dabei zugegen zu sein; der noch heiteren Stimmung glaubte ich nicht recht Herr zu bleiben unter solchen Klängen. Die Nacht in der Kaserne, auf ungewohntem Strohlager zugebracht, hatte nicht viel Ruhe und Schlaf bringen können. Und so standen wir denn in früher Morgenstunde des 4. Juni, nur wenig gestärkt, in Reih und Glied. Der Kasernenhof füllte sich allmählich mit Angehörigen der Soldaten. Die Offiziere sahen sich genötigt, die Damen zu ersuchen, die militärische Ordnung nicht zu stören. Die »Vergatterung« war geschlagen: wir standen unter Kriegsartikeln; die in ganz neuen Uniformen glänzende Kolonne setzte sich in Bewegung, während besonders der weibliche Teil der Begleitenden doch nicht überall den Tränen Einhalt zu gebieten vermochte.

Von der Hasenheide bis zum Frankfurter Tor war bereits eine heiße Strecke; die beträchtliche Last des marschmäßig beschwerten Tornisters erhöhte nicht wenig der gerollte Mantel: die Brust ist gedrückt, das Atmen erschwert. Am Tore hielt um 6 Uhr Se. Majestät Revue über uns ab. Berlin lag hinter uns, die sandige Mark, eine ungewisse Zukunft tat sich vor uns auf. Allmählich waren die uns Begleitenden umgekehrt, die Gespräche wurden sparsamer, immer unbehaglicher fühlte man sich – wir hatten 23 Grad im Schatten – auf der schattenlosen Chaussee, deren aufgewirbelten, heißen Staub wir in beengtem Atem fast ununterbrochen zu uns nehmen mussten. »Welche Wonne jetzt eine Kugel!« hörte ich jemand sagen. Nach mehrstündigem Marsche, der schon Manchen in den Chausseegraben geworfen, ward, beinahe mitten im Sonnenbrande, ein Halt von wenigen Minuten gemacht, welches nicht sehr dazu beitragen konnte, der Erschöpfung wieder Herr zu werden. Doch wurde in Mützen weitermarschiert, die Helme an den Mantel gehängt: eine bedeutende Erleichterung! Mir und vielen Anderen konnte dieselbe indes nicht mehr helfen: das Blut drang so stark zum Herzen hinauf, dass ich einen Blutsturz nahe glaubte, auf der Brust fühlte ich so heftige Schmerzen, wie ich dieselben niemals gekannt hatte. Mehr und mehr füllten sich rechts und links die Chausseegräben; man sah die Lazarettgehilfen herbeieilen, den Ohnmächtigen den Kragen zu öffnen, die Brust vom Tornister zu befreien, die Stirn mit Salmiakgeist zu reiben. In seiner 16jährigen Dienstzeit, sagte ein Offizier, habe er eine so allgemeine Ermattung nicht erlebt. Auch ich unterlag der Beschwerde und hunderte gleich mir. Viele Gespanne wurden teils aus Berlin, teils aus den Dörfern requiriert. In Kurzem hatte ich mich indes soweit erholt, den Wagen wieder zu verlassen, den Fußkranken den Platz einzuräumen: doch ließ ich den Tornister auf dem Wagen zurück, da mir nur die furchtbare Spannung auf der Brust, die derselbe erzeugte, nicht das Marschieren schmerzlich war. Und so erreichte ich das Bataillon denn kurz vor dem Einmarsch in Rüdersdorf, unserem Ziele am 4. Juni. Als wir um die letzten Sand- und Kalkhügel in den ausgedehnten Ort einbogen, so stürzte wieder Einer zusammen: man trug ihn für tot fort. So verlief der erste Marsch: wenig einladende Pforten zu niederschlagenden Aussichten hatten sich vor uns eröffnet. Die heißen, ungewohnten und eintönigen Märsche durch die Mark waren die trübsten des ganzen Feldzuges: nicht durch hervorragende Naturschönheiten oder das Bewusstsein der Teilnahme an großen Dingen wurden diese Mühen gemindert, welche doch andererseits das Gute hatten, die geistige Frische zu nehmen, uns mit den immer wieder anders lautenden Gerüchten über Krieg und Frieden zu beunruhigen.«

Holstein – Der Zündfunke im Pulverfass

Um »gut Wetter« bei den deutschen Klein- und Mittelstaaten zu machen und um diese (zumindest die meisten) in der vor der Tür stehenden »heißen« Phase im Machtkampf zwischen Österreich und Preußen an der eigenen Seite zu wissen (und vor allem auch, da Österreich infolge einer Reihe von preußischen Provokationen an den Grenzen Holsteins die Geduld verlor), widerrief die österreichische Regierung die im Vorjahr vereinbarte Teilung und übertrug die schleswig-holsteinische Frage am 1. Juni an den Bundestag in Frankfurt. Die Klein- und Mittelstaaten waren ja schon immer gegen den aus der Arroganz von Großmächten heraus praktizierten preußisch-österreichischen Alleingang in der Frage der Elbherzogtümer. Für den 11. Juni berief Österreich die Landstände Holsteins nach Itzehoe ein, um deren Wünsche zu hören. Die Landstände sollten möglichst auch den »Augustenburger« zum Herzog ihres Landes ausrufen (mit entsprechender machtpolitischer Sogwirkung natürlich auch für Schleswig). Durch Österreichs – aus Berliner Sicht – *perfiden* Akt sah Preußen an der Eider und an der Schlei seine Felle davonschwimmen und klagte *de jure* zu Recht, dass Österreichs Vorgehen in Frankfurt einen Bruch des Vertrages von Gastein darstellt, der vorgesehen hatte, dass die schleswig-holsteinische Frage nur von Preußen und Österreich einvernehmlich und unter Ausschaltung sonstiger Beteiligter gelöst werden dürfe.

Insgeheim freute man sich in Berlin über den einseitigen Schritt Österreichs, denn nun konnte man den Beleidigten und Betrogenen spielen und die ungeliebte »Gasteiner Konvention« war auch wieder vom Hals. Ohne Umschweife machte Preußen nun »Nägel mit Köpfen« und ließ am 7. Juni seine Truppen in Holstein einmarschieren. Die 3000 österreichischen Soldaten dort waren von 20.000 preußischen förmlich umstellt. Durch eine Depesche erfuhr der »Tiroler Bothe« noch am selben Abend von dieser ernsten Sache, die als Brandbeschleuniger in der preußisch-österreichischen Konfrontation wirken wird: »Die Preußen sind heute in Holstein eingerückt. Die Österreicher haben sich unter Protest nach Altona zurückgezogen. Daselbst befindet sich auch die Landesregierung und der Herzog von Augustenburg.«

In Tirol und auch anderswo waren sich die Leute sicher, dass durch diesen rigorosen Schritt Preußens – sozusagen durch das Überschreiten des Rubikon

– die österreichische Nordarmee unter Feldzeugmeister Ludwig August Ritter von Benedek sofort vorrücken und sich das »im Riesengebirge an den Quellen der Oder angesammelte Ungewitter nach Preußen hinüberwälzen würde«. Zur Enttäuschung vieler, regte sich in Böhmen jedoch nichts. Die aus Holstein abgerückten 3000 Mann wurden mit der Bahn über die Territorien der Königreiche Hannover und Sachsen zur Nordarmee in Böhmen transportiert. Jedenfalls hatten nun beide Streitparteien den Gasteiner Vertrag des Vorjahres zu Makulatur gemacht.

Der zu sonstigen Zeiten eher träge Bundestag in Frankfurt wurde in diesen Tagen von allen Seiten aufgescheucht. Durch den preußischen Gesandten ließ Bismarck dort am 10. Juni einen neuen Verfassungsentwurf für den (schon ziemlich maroden) Bund präsentieren, der einen erneuerten Deutschen Bund unter Ausschluss Österreichs vorsah.

Der damals 26-jährige Vorsitzende des Leipziger Arbeiterbildungsvereins (und spätere Mitbegründer und Führer der sozialdemokratischen Arbeiterpartei) August Bebel hielt in Frankfurt eine flammende Rede gegen Bismarck und die Politik Preußens, das er des Wortbruches und der Sucht nach Landraub zieh: »Ist das Preußen des Herrn von Bismarck mit seiner Missachtung von Recht und Verfassung der Staat, zu dem das deutsche Volk Vertrauen haben kann? Sicher nicht! Und dieses Preußen will man jetzt an die Spitze Deutschlands stellen, den Staat, der nach seiner ganzen Geschichte mit Ausnahme jener Periode von 1807 bis 1810, wo er zerschmettert am Boden lag, nie ein liberaler Staat gewesen ist und nie ein solcher sein wird! Wer anders darüber urteilt, kennt Preußen nicht!«

Auf den preußischen Vorstoß im Bundestag revanchierte sich die Habsburgermonarchie am 11. Juni in Frankfurt mit dem Antrag auf Bundesexekution (Mobilmachung der Bundestruppen) gegen Preußen. Dieses Begehren wurde dort drei Tage später mit einer deutlichen Stimmenmehrheit angenommen. Daraufhin erklärte der preußische Gesandte, dass sein Land den Deutschen Bund als aufgelöst betrachte. Keine 24 Stunden später wurden die diplomatischen Beziehungen zwischen Wien und Berlin abgebrochen. Parallel dazu schloss das von Preußen und Italien in die Zange genommene Österreich am 12. Juni mit Frankreich einen Geheimvertrag, um sich von diesem freie Hand in Deutschland zusichern zu lassen und um wenigstens von dieser Seite her den Rücken frei zu haben. In diesem später unter nicht wenig Häme kritisierten Vertrag verpflichtete sich die Monarchie, unabhängig davon, ob Österreichs Waffen siegreich wären oder nicht, Venetien zum Zeitpunkt des Friedensschlusses an Frankreich abzutreten. Dieses wird es an Italien weiterreichen.

Der Geheimvertrag war nicht sehr lange geheim, und wenige Wochen später, als die blutige Schlacht bei Custoza schon siegreich für Österreich geschlagen war, fragte sich das Volk zu Recht, weshalb es wegen Venetien vorher noch Tausende Tote und Verwundete geben musste, wenn schon vor dem Beginn der bewaffneten Auseinandersetzung feststand, dass (entgegen der kaiserlichen Beteuerung) Österreich Venetien auf jeden Fall »verschenkt«. Es war eine Sache der »Ehre« auf beiden Seiten. Italien wollte Venetien unbedingt, jedoch nicht geschenkt. Und Österreich konnte und wollte aus dem schon auf dem diplomatischen Weg aufgegebenen Venetien »ehrenvoll« abziehen, indem es vorher den neuen Besitzern auf dem Schlachtfeld noch eine anständige Klatsche verpasst.

Den neutral gehaltenen Franzosen wurde von Seite Österreichs angedeutet, im Fall der preußischen Niederlage und der damit verbundenen Neuordnung Deutschlands keine Einwände gegen die Errichtung eines aus den Rheinprovinzen gebildeten neuen deutschen Staates zu erheben – wohl ahnend, dass dieser Staat zu einem französischen Vasall werden könnte. Alternativ war auch die Abtretung linksrheinischer Gebiete an Frankreich angedacht. Als dieses nicht konkretisierte Angebot bekannt wurde, schrie die Regierung in Berlin Zeter und Mordio und zieh Österreich des Hochverrates an Deutschland. Dabei hatte Bismarck mit hoher Wahrscheinlichkeit, wie in diesem Text vorher schon angemerkt, einige Zeit vor den Österreichern die mögliche »Französisierung« linksrheinischer Gebiete ins Spiel gebracht, allerdings in derart findiger Form, dass er zu dieser Frage nie so richtig »festgenagelt« werden konnte.

In Bozen wurde am Herz-Jesu-Sonntag, dem 10. Juni, der Landsturm in zehn starke Kompanien organisiert und das Tiroler Bündnis mit dem »heiligsten Herzen Jesu« auf die feierlichste Weise erneuert.

Am Abend des darauffolgenden Tages fuhr »Sissi«, Ihre Majestät die Kaiserin, mittelst Separathofzug von Wien nach Ischl im Salzkammergut ab. Ihre Majestät die Kaiserin wurde nur von der Frau Gräfin Königsegg und mehreren Hofdamen begleitet. »Allerhöchstdieselbe« nahm den Weg über Mariazell und wurde am Dienstag Mittag in Ischl erwartet. Nun konnte sich Franz Joseph I. uneingeschränkt dem Konflikt mit Preußen und Italien widmen, ohne dass die ungarnnärrische Elisabeth ihm beständig wegen der Wünsche und Forderungen des Pusztavolkes in den Ohren lag.

Nun drehte sich das Eskalationskarussell immer schneller. Am 15. Juni forderte Preußen die Königreiche Hannover und Sachsen sowie das Großherzogtum Hessen-Kassel ultimativ auf, vom Exekutionsbeschluss der Bundesversammlung zurückzutreten. Diese wiesen das Ultimatum schon am nächsten Tag zurück, worauf Preußen allen drei Staaten den Krieg erklärte und seine Truppen unverzüglich dort einrücken ließ. In Sachsen fiel kein Schuss, denn die etwas weniger als 30.000 Mann zählende sächsische Armee vermied im eigenen Land die militärische Konfrontation und marschierte zum großen Verbündeten – zur österreichischen Nordarmee in Böhmen. Die Gewehre der sächsischen Soldaten waren mit Eichenlaub aus den heimischen Wäldern geschmückt, und als die disziplinierte Truppe – deren Schneid schon wenige Tage später von ihren österreichischen Kameraden sehr gelobt wurde – die Grenze überschritt, musterte König Johann seine Soldaten und folgte ihnen mit den Worten: »Nun denn, mit Gott, meine Herren!«

Unter diesem König wandelte sich Sachsen zu einem der fortschrittlichsten deutschen Teilstaaten. Für die »Großdeutsche« Lösung der Reichseinigung – eben unter Einschluss Österreichs – setzte er sich (gemeinsam mit seinem Minister Beust) seit geraumer Zeit vehement ein. Für die Sachsen war daher die Waffenbrüderschaft mit Österreich ganz selbstverständlich.

Die Familie des sächsischen Königs war schon samt Entourage im Sonderzug nach Prag geflüchtet und logierte dort in einem standesgemäß vornehmen Hotel. Bevor die Preußen im Juli auch dort eintrafen, flohen die königlichen Exilanten weiter nach Wien.

Der Scholl-Latour des 19. Jahrhunderts, der preußische Schriftsteller, Journalist und Kriegsreporter Hans Wachenhusen rückte mit der von General Herwarth v. Bittenfeld geführten »Elb-Armee« in Sachsen ein. In Bischofswerda blickte er in scheue und unfreundliche Gesichter: »Es roch nach Verrat. Ich hatte keine Ahnung davon, dass man sich hier bereits die tollsten Gerüchte über die gänzliche Vernichtung der preußischen Okkupations-Armee zuflüsterte, dass man auch uns schadenfroh bereits als Todes-Kandidaten betrachtete.«

Am 18. Juni war die 16. Division der Elb-Armee in Dresden eingerückt. Auch in der sächsischen Hauptstadt wucherten die wildesten Gerüchte, denn die Untertanen des Königs Johann glaubten nur allzu gern, dass die eigene Armee gemeinsam mit den Österreichern und Bayern den Preußen schon die verwegensten Schlachten auf sächsischem Gebiet lieferte. Der Einzug der verbündeten und bald siegreichen Armeen in Berlin wäre nur mehr eine Sache von wenigen Tagen. Dabei war zu diesem Zeitpunkt außer auf der sächsischen Festung Königstein kein einziger eigener Soldat mehr im Land, geschweige denn ein Österreicher oder Bayer.

Dem Kriegsreporter fiel auf, dass schon am ersten Abend des Einmarsches preußische Musketiere mit Dresdener Mädchen am Arm fidel durch die Straßen spazierten.

Am 17. Juni erschien das Kriegsmanifest »An meine Völker!« des Österreichischen Kaisers Franz Joseph I., das in allen Zeitungen des Landes abgedruckt wurde und das man in Preußen – wenig überraschend – als »lügenhafte Schmähschrift« abqualifiziert. Der König von Preußen erließ sein Manifest nur einen Tag später, und dieses wurde von der österreichischen Presse als eine »Ausgeburt übelster Heuchelei« diffamiert.

Am Tag des preußischen Manifestes, dieser 18. Juni war ein sehr heißer Sommertag, verließ FZM Ritter von Benedek den mährischen Versammlungsraum Olmütz und marschierte mit einer knappen Viertelmillion Mann seiner Nordarmee (Verpflegsstand der gesamten Nordarmee zu diesem Zeitpunkt: 283.184 Mann und 66.847 Pferde) in drei parallelen Kolonnen in die Richtung der nordböhmischen Festung Josephstadt an der oberen Elbe. Dort in der Nähe sollte die Vereinigung mit den verbündeten sächsischen und bayerischen Truppen stattfinden, um so den Preußen in mächtiger Waffenallianz gegenüber treten zu können. Die Bayern kamen aber nicht. München ließ mitteilen, dass man einzig die Verteidigung der Mainlinie übernehmen werde, weitere militärische Aufgaben werden nicht übernommen. Aber auch schon die Verteidigungsaktivitäten gegen die Preußen am Main schien die zögerlich ausrückende bayerische Armee zu überfordern. Sowohl in Österreich als auch beim Gegner Preußen wurde bald über Ludwigs Truppe gespottet und gelästert, dass man volle Bierkrüge als Wegmarkierungen aufstellen müsste, damit die bayerischen Truppen den Weg zum Feind finden würden.

Die Mehrheit des bayerischen Volkes (v. a. auf dem Land und in den Provinzstädten) war gut österreichisch gesinnt und wünschte sich ein energisches Vorgehen gegen die den Frieden störenden Preußen. Auch das Heer war in seiner Masse kampfwillig. Bei den Gefechten gegen den preußischen Feind, etwa bei Bad Kissingen am 10. Juli, hatten sich die bayerischen Soldaten bravourös geschlagen, – das Übel nistete in den höheren Führungsetagen. Über das halbherzige Agieren und unverständliche Fehlentscheidungen der höheren und höchsten Ränge wunderten sich auch die bayerischen Zeitungen. Das Heer wurde oft ohne nachvollziehbaren Sinn vor, zurück und nach den Seiten kommandiert, es kam kaum vorwärts und kam selten (oder zu spät) dort hin, wo es gebraucht wurde. Die Bayern sollten den von den Preußen stark bedrängten Hannoveranern zu Hilfe kommen, diese warteten ebenso wie die Österreicher und Sachsen vergebens auf die bajuwarischen Verbündeten und mussten kapitulieren.

Die bayerischen Provinzzeitungen, die wie ihre ländlich geprägte Leserschaft eher antipreußisch orientiert waren, äußerten den Verdacht, dass das Denken der »Großkopferten« in München schon zu sehr vom preußischen Geist infiltriert war, so dass der Krieg gegen Bismarck und seine Leute mehr als halbherzig geführt wurde. In der Tat werkelten nicht wenige preußische Professoren, Wissenschaftler, Künstler, Verleger und Wirtschaftstreibende in München und beeinflussten durch ihre Leistungen mit hoher Wahrscheinlichkeit die Geisteshaltung so mancher bayerischer Entscheidungsträger.

Das junge Königreich Italien erklärte am 20. Juni den Krieg an den Kaiserstaat Österreich. Nur vier Tage später prallte das Hauptkontingent der italienischen Armee südwestlich von Verona, im Raum zwischen Peschiera und Villafranca, auf die nur halb so starke österreichische Südarmee, die vom militärisch sehr fähigen Erzherzog Albrecht, einem Neffen des Kaisers, geführt wurde. In der kleinen Stadt Custoza (auch Custozza) und deren Umgebung entbrannte eine Schlacht, die durch ihr Ausmaß und ihren Blutzoll in die Kriegsgeschichte einging. Als sich am Abend dieses Tages die italienische Armee hastig über den Fluss Mincio auf eigenes Territorium zurückzog, stand der Sieg der Österreicher außer Zweifel. Gekämpft wurde verbissen, Mann gegen Mann, und bevorzugt mit dem Bajonett und dem Gewehrkolben als Schlagwaffe. Eine gehörige Portion Tapferkeit war den einfachen (gemeinen) italienischen Soldaten nicht abzusprechen, doch ihre unfähigen obersten Führer, wie etwa der italienische Ministerpräsident und gleichzeitige Generalstabschef La Marmora, waren nicht in der Lage, die zahlenmäßig deutliche Überlegenheit der Italiener gegen die Österreicher auszuspielen. Aber auch Erzherzog Albrecht verpasste am Spätnachmittag dieses Schlachttages die Gelegenheit, den panisch über die wenigen Brücken des Mincio flüchtenden Italienern nachzusetzen und den endgültig vernichtenden Schlag zu versetzen. Die Verluste der Österreicher in und um Custoza waren zwar höher als jene ihrer Feinde (dafür gingen diese in viel höherer Zahl in Gefangenschaft), auch waren die Truppen nach Stunden des härtesten Gefechtes müde und abgekämpft, dennoch hätte der besondere Schwächemoment der flüchtenden Italiener die ideale Gelegenheit zur ihrer wirksamen Ausschaltung geboten. Gleichwohl war der Stolz auf diesen Sieg am 24. Juni nur allzu berechtigt. Vom Bauernknecht bis zum Hochadeligen freuten sich die Österreicher fürstlich über die so deutliche Niederlage der hochtrabenden Italiener. In stolzen Worten trugen die Zeitungen den Sieg bis in den letzten Winkel der Monarchie hinein. Wie ein »Labetrunk dem Fieberkranken« erschien der Bevölkerung die Siegesbotschaft aus Italien, vermeldete die »Klagenfurter Zeitung« zufrieden und konnte sich eine Prise Hohn auf der Seite 1 am 26. Juni nicht verkneifen: »Die Siegesnachricht vom südlichen Kriegsschauplatze hat für den Augenblick alle anderen Nachrichten in den Hintergrund geschoben. Österreichs tapferes Heer hat für die verlorne Schlacht von Solferino Rache genommen, und die Wälschen, welche sich an dem österreichischen Besitz vergreifen wollten, auf die Finger geklopft. Wie ertappte Diebe sind sie schleunigst über den Mincio zurückgegangen.«

Der große Dämpfer kam nur neun Tage später, als die österreichische Nordarmee nahe des nordostböhmischen Königgrätz kriegsentscheidend geschlagen wurde. In aller Eile wurden nun große Teile der Südarmee aus Venetien abberufen, damit sie im Norden des Reiches verstärkend gegen den preußischen Feind eingesetzt werden könnten. Das Versäumnis, dass die neue Bahnstrecke von Innsbruck über den Brenner bis nach Bozen noch nicht fertig gestellt war, rächte sich nun, denn zwischen diesen zwei Tiroler Städten quälte sich die Militärlogistik mit einem verkehrstechnischen Nadelöhr, innerhalb dem die Truppen nur zu Fuß, zu Pferd oder mit dem Fuhrwerk vorwärts kamen, auf jeden Fall sehr langsam. Ab Innsbruck wurden Soldaten, Pferde und Wagen dann per Zug über Kufstein, Rosenheim und Salzburg in Richtung Wien transportiert. Der zivile Zugverkehr war im Tiroler Inntal während dieser Tage komplett eingestellt. Die Verlegung des größten Teiles der Südarmee konnte allerdings den Kriegsverlauf in Böhmen und Mähren nicht mehr beeinflussen. Es war zu spät, die Preußen waren »unritterlich« rasch.

Der welsche Erzfeind

Die Tiroler beobachteten die Verlegung der Südarmee mit größter Sorge, denn ob die wenigen noch verbleibenden kaiserlichen Truppenteile (1 Korps mit rund 25.000 Mann) und die landeseigenen Schützen die nach Zahl weit überlegenen Italiener (reguläre Armee und die mit roten Hemden als Markenzeichen gekleideten Freischaren Garibaldis) von einem Eindringen nach Tirol und somit in das Territorium des Deutschen Bundes abwehren könnten, darüber waren trotz aller überlaut beschworener Wehrbereitschaft nicht wenige Leute im Zweifel. Die italienische Armee hatte zwar die von ihr initiierte Schlacht verloren, war aber im Großen und Ganzen noch weitgehend intakt, und Garibaldis fanatisierte Scharen, von der Droge des italienischen Nationalismus (»Risorgimento«) permanent aufgeputscht, irrlichterten in einer Zahl von rund 38.000 Freiwilligen schon gefährlich nahe an Tirols Grenzen herum.

In die nach der Schlacht von Custoza einige Tage lang im Schock erstarrte italienische Armee kam wieder etwas Leben, als die Nachricht von der österreichischen Niederlage bei Königgrätz am 3. Juli Italien erreichte. Im freudigen Wissen, dass inzwischen der größte Teil der österreichischen Südarmee abgezogen war, kam der Kampfgeist der Italiener wieder hervorgekrochen, und so beschloss der italienische Kriegsrat am 14. Juli, die militärischen Operationen wieder aufzunehmen. Ein Teil der Armee sollte gegen Osten in Richtung Isonzo vorstoßen (die Optimisten in Florenz glaubten sogar an einen Weitermarsch durch Österreich und an die Eroberung von Wien); der italienische Ministerpräsident Alfonso (»Marchese«) La Marmora höchstselbst behielt sich die Besetzung Venetiens und die Eroberung des Festungsvierecks vor. Eine italienische Division sollte über die Valsugana ins welschtirolische Trient vordringen und sich dort mit den Freischaren Garibaldis vereinen.

Schon drei Tage nach seinem Sieg bei Custoza ahnte der Erzherzog-Feldmarschall Albrecht offenbar, dass die Sache hier an der Südwestgrenze des Kaiserreiches trotz des momentanen Siegestaumels noch nicht ausgestanden sein dürfte und richtete daher am 27. Juni aus seinem Hauptquartier in Verona einen Aufruf an die »Treuen und tapferen Männer von Tirol und Vorarlberg!«: »Eine Regierung ohne Treu und Glauben hat uns einen ungerechten Krieg erklärt. Der Boden Tirols, Euer engeres Vaterland, die berühmte alte

Burg altösterreichischer Ehre, Treue und Biederkeit, ist erneuert angegriffen. Scharen abenteuernder Müßiggänger, von regulären Truppen unterstützt, brechen in Euere friedlichen Täler herein, um Euere Kirchen zu entweihen, Euer Familienleben zu zerstören, Euch Hab und Gut zu rauben, mit der eingestandenen Absicht, den tausendjährigen Zusammenhang der Landschaften Tirols zu zerreißen und seine uralten Grenzpfähle zu verrücken.

Biedere Tiroler und Vorarlberger! die Gefahr von 1848 und 1859 steht neuerdings an Euern Pässen. – Auf denn zu den Waffen. Ruft die Enkel des Andrä Hofer's, ruft die Enkel all' jener Helden auf, die einst an dem Beispiele tirolischer Treue und Tapferkeit die zagende Welt wieder hoffen gelernt hatten. Schon kämpfen an den angegriffenen Pässen Euere wackeren Landesschützen-Kompagnien für Kaiser, Vaterland und die Integrität von Tirol.

Ruft Eueren Landsturm auf; eilt Eueren Brüdern zur Unterstützung herbei in der flammenden Begeisterung Euerer glorreichen Tage, um mit diesen vereint, wie der Wetterstrahl von allen Seiten vernichtend, auf den frechen Eindringling zu fallen.

Der Feind, dessen Ehrgeiz euch neuerdings dem väterlichen Herde entreißt, hat Euer friedliches Gedeihen schon zu wiederholtenmalen gestört; aber Euere mannhafte Tapferkeit hat den verwegenen Frevel jedes Mal blutig gestraft.

Auch uns hat er erst vor wenigen Tagen, auf seine Überzahl vertrauend, in der italienischen Ebene mit seiner Hauptmacht anzugreifen gewagt; aber es hat nur einer einzigen Schlacht bedurft, um ihn über unsere Grenzen zurückzutreiben.

Nehmt darum den aufgezwungenen Kampf auch diesmal mit Herzhaftigkeit und Gottvertrauen an. In hingebender, treuer Waffenbrüderschaft werden Euch darin die Truppen zur Seite stehen. So im Vereine mit euch wollen wir im Angesicht Europa's den Beweis führen, dass die Grenzmarken Tirols am Caffaro und Tonale stehen müssen, nicht an der Brennerwand und dass die alte Heimat der Treue nur Tirolern angehören kann.«

Der gewiefte Erzherzog wusste, dass die Tiroler beim Reizwort »Brenner« den letzten verrosteten Schießprügel vom Dachboden holen und in Schuss bringen würden.

Neben dem Kaiserhaus und der Armee war die katholische Kirche die dritte tragende Säule der Monarchie. Niemand musste sie bitten, wenn es galt, an den Wehrwillen des Volkes mit allem Nachdruck zu appellieren.

Am 13. Juli, zehn Tage nach der Schlappe bei Königgrätz (der größere Teil der Südarmee hatte Venetien schon verlassen), ermahnte Vinzenz, der Fürstbischof von Brixen, die Priesterkollegen seiner großen Diözese, den Kampfeswillen von der Kanzel herab mit besonderer Hingebung anzufachen:

»Die Faust eines übermütigen Feindes pocht an die Felsentore unsers Vaterlandes. Zunächst dürfte das Pustertal einer der bedrohtesten Punkte sein. Die Abwehr fällt außer den Schützen-Kompagnien dem Landsturm zu. Da kommt aber Alles darauf an, dass nichts Vereinzeltes versucht werde. Nur eine massenhafte Erhebung kann zum Ziele führen. Reichen wir einander die Hände und blicken wir der drohenden Gefahr mit dem Mannesmute des Tirolers und dem Gottvertrauen des Christen ins Auge. Eure Sache, ehrwürdige Brüder, ist es, diesen Mut und dieses Vertrauen in der Bevölkerung zu beleben und im Einvernehmen mit den Sturmführern auf ein einträchtiges Zusammenwirken hinzuarbeiten. – Gott schütze Österreich! Gott schütze das Vaterland! – Gelobt sei Jesus Christus und die unbefleckte Empfängnis Mariä.«

Meist in der Stunde höchster Not erinnerten sich die Monarchen aus dem Haus Habsburg wieder an ihre »braven Tiroler«. Das Gebirgsvolk besaß nahezu eine kindlich-naive Anhänglichkeit an das angestammte Herrscherhaus. Schon im März 1848, als rebellische »Studentenbuben und anderes gottloses Gesindel« in Wien auf die Barrikaden ging, um eine Veränderung der verkrusteten politischen Verhältnisse herbeizuführen, konnte der nach Innsbruck flüchtende Kaiser Ferdinand sicher sein, dass er bei seinen Tirolern Ruhe und Geborgenheit findet. Wenn der Kaiser rief, waren diese mit »lodernden Herzen« rasch zur Stelle. Der Regent musste gar nichts versprechen, außer dass er die altüberlieferte Religion weiterhin beschützte, und das war für die bigotten Habsburger sowieso eine Selbstverständlichkeit.

Am 17. Juli, fünf Tage bevor der Waffenstillstand zwischen den preußischen und österreichischen Truppen in Kraft treten sollte, richtete Kaiser Franz Joseph einen Aufruf an sein »allzeit getreues Tiroler Volk« und forderte, nun mit verdoppelter Kraft zur Verteidigung des heimatlichen Bodens einzustehen.

Trotz der enormen Überzahl gelang den Italienern kein nennenswerter Gebietsgewinn. Mit einem Gefecht bei Vigolo in Val Sorda am 25. Juli 1866 fanden die Kämpfe um Tirol ihr Ende. An diesem Tag besetzten zwei italienische Bataillone und eine Bersaglieriekompanie diesen Ort, um von hier aus in das Etschtal vorzustoßen. Dieses Vorhaben wurde ihnen allerdings durch eine Abteilung Kaiserjäger, die Zell-Fügener Landesschützenkompanie und die Erste Freiwillige Innsbruck-Sonnenburger Scharfschützenkompanie mit gut gezieltem Feuer verwehrt. Als das mit großer Hartnäckigkeit geführte Gefecht am späten Nachmittag durch die Bekanntgabe des Waffenstillstandes zum Erliegen kam, hatten die Tiroler einen Toten und acht Verwundete zu verzeichnen, während die Verlustliste der Italiener 80 Tote und Verwundete zählte. Das Truppenkommando Trient kabelte stolz an Fürst Lobkowitz, dem österreichischen Statthalter in Tirol: »Bei diesem Gefecht wurden dem Feinde eine Regimentsfahne und 50 Gefangene abgenommen.«

Während all dieser Kämpfe im Grenzraum Tirols waren die Verluste der Italiener immer deutlich höher als jene der Tiroler. Auf dem böhmischen Kriegsschauplatz war wiederum der Blutzoll der Österreicher etwa drei bis vier Mal höher als jener der Preußen. In Österreich wurde über die preußischen Infanteristen gespottet, dass selbige »kleinlich nach Deckungen für sich suchen«. Diese eigentlich logische Überlebensmaßnahme war den blind vorwärts stürmenden Helden der Nordarmee offenbar suspekt und zu weibisch.

Einen weiteren Beweis für die *welsche Tücke* lieferte General Medici, der die am 25. Juli in Vigolo kämpfenden italienischen Truppen kommandierte. Anders als die Tiroler Verteidiger wusste er schon von dem an diesem Tag eingetretenen Waffenstillstand zwischen Österreich und Italien, er hatte die aktuelle Meldung in der Tasche. Doch im Glauben an einen leichten Sieg und den damit verbundenen Lorbeeren behielt er das Wissen vom Waffenstillstand für sich. Erst als seine Männer vor der totalen Niederlage standen, holte er das Papier mit der Meldung des Waffenstillstandes hervor, damit das Feuer auf beiden Seiten eingestellt wurde.

Einen Tag nach dem Waffenstillstand im Süden und vier Tage nach dem Waffenstillstand zwischen Österreich und Preußen schwelgten die klerikalen »Tiroler Stimmen« noch im vollsten Kampfgeist und wollten von einer Ruhe an der Front nichts wissen. Der »Endkampf«-Sprachstil erinnert an die Volkssturmaufrufe im April 1945:

»Es gilt jene schändlichen Untaten von deutscher Erde abzuwenden, womit die welschen Raubritter ihre Spuren bezeichnen, es gilt die Ehre unserer Mütter und Jungfrauen vor arger Gewalttat zu schützen. Wer gegen einen solchen Feind nicht in tiefster Seele sich erbittert fühlt, wer einen solchen

Feind ruhig hereinbrechen sehen könnte, der trage das Kruzifix aus seiner Stube – der höre auf sich einen Tiroler zu nennen, er wäre zum feigen Verräter an Allem geworden, was uns heilig ist und sein soll. Zu Hilfe also unseren bedrängten Heldensöhnen [an den Südgrenzen unseres Landes]. Wer kein Erbarmen mit diesen Männern fühlt, die nun schon länger als einen Monat keine Nacht geschlafen, die Sieg auf Sieg erfochten haben, wen es nicht drängt und treibt, in ihre Reihen einzutreten, der hat nicht bloß kein patriotisches, er hat überhaupt kein Herz! Fort also mit dem Wenn und Aber, mit dieser Memmensprache ist unser Land nicht gerettet. Von den Bergen Tirols aus wollen wir dem ganzen Reiche verkünden, eher Alles opfern, als jetzt mit solchen Feinden einen entehrenden Frieden schließen, der am Ende doch nur uns die Daumenschrauben vielleicht auf Jahrhunderte anlegen würde.«

Diesem kriegerischen Text blieb letztendlich nur mehr das Merkmal einer redaktionellen Fleißaufgabe beschieden, denn durch den Waffenstillstand mit Preußen und dem »Vorfrieden von Nikolsburg« (26. Juli 1866) hatte Österreich den Rücken im Norden frei und Erzherzog Albrecht konnte innerhalb kürzester Zeit annähernd 160.000 Mann von der Donau an den Isonzo verlegen. Den Italienern war dadurch die Lust an weiteren Aktivitäten genommen. Sie erhielten Venetien, wie mit den Franzosen vereinbart, alle weiteren italienischen Begehrlichkeiten wurden von Österreich entschieden zurückgewiesen. Erst am Ende des Ersten Weltkrieges gelang den »Welschen« der schon 1866 beabsichtigte »erweiterte« Landraub unter tatkräftiger Unterstützung der Briten und Amerikaner.

Die papierene 800.000-Mann-Armee

Die Wiener Tageszeitung »Die Presse« spottete über die »affenähnliche Beweglichkeit« der preußischen Truppen, als diese Sachsen, Hannover und Kurhessen überrannten. Tatsächlich erfolgte auch der Aufmarsch gegen Österreich in bis dahin nie gekannter Schnelle und mit der Präzision eines Uhrwerks. Die Reform der Armee, die allgemeine Dienstpflicht und nicht zuletzt die geistige Verankerung des Wehrgedankens im Volk hatte sich bezahlt gemacht. Bei der Mobilisierung wusste jeder, vom höchsten bis zum niedrigsten Rang, was zu tun war. Auch das noch junge Transportmittel Eisenbahn und der Telegraph als neues Kommunikationsmittel wurden für den Aufmarsch äußerst effektiv genützt. Drei Eisenbahnlinien erleichterten und beschleunigten den Antransport der für den Einmarsch in Österreich aufgestellten drei Armeen.

Die Kriegsvorbereitungen der österreichischen Nordarmee verliefen angesichts der drohenden Gefahr erstaunlich behäbig und nicht selten unkoordiniert, da widersprüchliche Befehle ausgegeben wurden und oft die eine Hand nicht wusste, was die andere macht. Die Armee des Kaisers marschierte, marschierte und marschierte, oft von einer Ecke des Reiches in die andere. Truppen, die schon im Norden standen, wurden in den Süden kommandiert und umgekehrt. Dieser »logistische Wahnsinn« war der umständlichen »Dislozierungsmanie« der österreichischen Armee zu verdanken, wie Gerd Holler in »… für Kaiser und Vaterland« schreibt. Nur ein sehr kleiner Teil der Armee wurde mit der Bahn transportiert. Angeblich trafen in Böhmen noch Truppen ein, als der Feldzug schon längst beendet war.

Spekulationen über den streng geheimen Plan, wie der geschätzte und beliebte Heerführer Benedek die frechen Preußen vor sich her bis weit hinter Berlin treiben wird, wucherten in Österreich sehr heftig. Die vielen Millionen Stammtischstrategen waren sich einig, dass »unsere fesche Armee« die Preußen »mit dem nassen Fetzen« zum Teufel jagen wird. Dass Sachsen unverzüglich befreit wird, das war für alle selbstverständlich, ebenso wie der gleichzeitige wuchtige Einmarsch der kaiserlichen Armee in Schlesien. Ein anderes Szenario, etwa dass den Preußen ein Eindringen in Böhmen gelingen könnte, kam in den Überlegungen überhaupt nicht in Frage, denn dass »unsere« kriegserfahrene stolze Armee unbesiegbar sei, darüber war sich das österreichische Volk und seine Presse einig. Jene hochrangigen Offiziere, die nur zu gut wussten, dass hinter der glänzenden Fassade einiges im Argen lag, behielten dieses Wissen lieber für sich, denn niemand wollte als Defätist erscheinen. 800.000 Mann trugen des Kaisers Rock auch zu Friedenszeiten – zumindest nach der offiziellen Lesart. Mit dieser Zahl wurde den Österreichern Selbstvertrauen und dem Ausland (selbst den Russen) Respekt eingeflößt. Diese Armee schien tatsächlich unbesiegbar. Das Debakel von Solferino nur sieben Jahre zuvor war schon vergessen. Das geschönte Bild der glorreichen Armee verbarg elementare Schwächen. Die 800.000 Mann standen nur auf dem Papier, denn die stets geldklamme österreichische Monarchie besaß nicht annähernd die Mittel, eine so große Armee zu unterhalten. Das Heeresbudget wurde noch einmal drastisch gestutzt, als die Liberalen im Reichsrat zu Wien das Sagen hatten. Diese wollten das eingesparte Geld lieber für die Bildung und die Förderung von Gewerbe und Industrie ausgeben. Auch in Preußen waren es die Liberalen, die ihrem König weiteres Geld für die Armee verweigerten. Dafür wurden sie als schlechte Patrioten denunziert und erhielten bei der Wahl zum preußischen Landtag am 3. Juli 1866 (der Tag der Schlacht bei Königgrätz) die Quittung, als die Wähler mehrheitlich den Konservativen ihre Stimme gaben.

Die in den letzten Maiwochen und im Juni in Österreich anwesenden Reporter ausländischer Zeitungen wunderten sich über die vielen »Urlauber« der österreichischen Armee, die aus ihren Heimatorten zu den Sammelstellen ihres jeweiligen Truppenteiles strömten. Diese Abertausenden Männer waren keine Urlauber im Sinn dieses Wortes, die für zwei bis drei Wochen ihr Zuhause besucht hatten, denn sie waren von der Armee oft für viele Jahre »beurlaubt« und konnten während dieser Zeit ihrem zivilen Leben und Beruf in ihrer Heimat nachgehen. Offiziell waren sie nach wie vor aktiver Teil dieser »papierenen« 800.000-Mann-Armee. Der Staat sparte sich den Sold und den Unterhalt der Männer, das war der pekuniäre Grundgedanke des Systems der Langzeiturlauber, die keine Reservisten waren. Theoretisch konnte die Wehrpflicht in Österreich ja bis zu zehn Jahre dauern, *de facto* führten nicht wenige Soldaten während eines großen Teiles dieser Zeit ein ziviles Leben. Dieses System war naturgemäß nicht ohne negativen Einfluss auf die militärische Qualität. Die Dienstpflicht in des Kaisers Armee stand auf eher wackligen Füßen (Zufallsprinzip!) und konnte sich mit der straffen und »tatsächlichen« Wehrpflicht in Preußen, die »nur« drei Jahre betrug, nicht vergleichen. In Österreich konnte man sich vom Wehrdienst mit einem »Taxerlag« freikaufen oder indem man einen Ersatzmann stellte. Diese Möglichkeit nutzten viele der vermögenderen oder/und gebildeteren Männer, die lieber an ihrer Karriere arbeiteten, als die kostbaren Jahre bei der Vielvölkerarmee zu vertrödeln. Die für die Armee und die Wehrkraft ungünstige Folge war, dass der Anteil der Mannschaften mit geringstem Bildungsstand und bescheidener geistiger Regsamkeit die Kasernen zu einem großen Teil füllte. Die von den ursprünglich Wehrpflichtigen gekauften »Ersatzmänner« fanden sich in der Regel ja in ärmlichen Dörfern in der hintersten Provinz, dort wo bessere Bildung keinen besonderen Wert darstellte und ja auch kaum zu erlangen war. Vor den neuen fünf »Staatsgrundgesetzen«, die der Kaiser am 21. Dezember 1867 sanktionierte, lag das Bildungssystem der unteren Ebene fest in der Hand der Kirche, und diese besaß kein Interesse an aufgeklärten und klugen Bürgern. Obschon die allgemeine Schulpflicht in Österreich seit dem 18. Jahrhundert galt, war diese ähnlich schwammig und löchrig wie die Wehrpflicht. Insbesondere an den Rändern der Monarchie, wie etwa in Galizien oder Dalmatien, war die Zahl der Analphabeten erschreckend hoch.

Erst die Niederlage im Juli 1866 war der Weckruf für eine umfassende Heeresreform, die mit dem Wehrgesetz vom 5. Dezember 1868 umgesetzt wurde. Nun sollte die bisher ständisch gestufte Armee tatsächlich zu einem »Volksheer« umgeformt werden, indem der Wehrdienst zu einer *allgemeinen* und von jedem wehrfähigen Staatsbürger *persönlich* zu erfüllenden Pflicht erklärt wurde.

Ganz anders stellte sich die Situation im Sommer 1866 in Preußen dar. Die Analphabetenquote war relativ gering, und vom Wehrdienst war niemand ausgenommen – egal ob arm oder reich, ob besser gebildet oder nicht. Die im Vergleich zu Österreich relativ kurze Wehrdienstzeit nutzten die Preußen vortrefflich zur militärischen Ausbildung. Der Begriff des »Kadavergehorsam«, der den preußischen Soldaten bis heute gerne angeheftet wird, wäre eher auf deren österreichischen Kollegen anwendbar gewesen. Natürlich besaßen der Gehorsam und die Disziplin eine sehr hohe Priorität in der Armee des Königs. Der einzelne Soldat hatte innerhalb des straffen Systems aber immer noch so viel persönlichen Raum, dass er seine individuellen Talente in die jeweilige militärische Situation zu Gunsten der Truppe einbringen konnte. Dass eine militärische Einheit auch unter widrigen Umständen nicht selten geschickt reagierte, war eben auch dem Umstand zu verdanken, dass sich durch die rigide allgemeine Wehrpflicht in Preußen schon die kleinste Kompanie aus den unterschiedlichsten Schichten der Bevölkerung zusammensetzte und so der aktivere und geistig regere Teil der Einheit die Anderen im Sinne der gemeinsamen Sache beeinflussen konnte.

Wenn auch von den Gegnern Preußens viel über die »Militarisierung« der dortigen Gesellschaft gelästert wurde, als Soldat identifizierte sich der preußische Bürger mit seinem Staat und dem Willen des Königs. Als die drei preußischen Armeen in Böhmen einmarschierten, fühlte sich auch der einzelne kleine (»gemeine«) Mann als Teil eines großartigen Teams, das für sein

Land das Beste wollte. Ein stolzer Patriotismus war hier keine leere Formel.

Natürlich fegte auch in Österreich ein Orkan des Patriotismus durch alle Kronländer der Monarchie, geschürt von einer fiebrigen Presse, die den Krieg selbstverständlich schon gewonnen sah, bevor auch nur der erste Schuss fiel. Der Patriotismus in Österreich zeigte allerdings sehr unterschiedliche Qualitäten, denn in den großen nichtdeutschen Territorien der Monarchie war die Identifikation mit dem Staat meist deutlich geringer als etwa in Tirol, in Wien oder anderswo im deutschen Gebiet. Das ideelle Element innerhalb der papierenen 800.000-Mann-Armee hatte also auch so seine Schwächen.

Für die »Meinungsbildner« war es vor dem tatsächlichen Kriegsbeginn – als der baldige Sieg der Eigenen eine ausgemachte Sache war – ein Gebot der Stunde, die Mängel der eigenen Armee großzügig zu ignorieren, dafür aber die Soldaten des Feindes als lächerliche Figuren darzustellen. So beschäftigte sich auch das »Znaimer Wochenblatt« in seiner Ausgabe vom 10. Juni 1866 mit der preußischen Armee:

»Wer schon verschiedene Heere betrachtet hat, wird, sobald er nach Preußen kommt und hier das erste beste Militär zu Gesicht bekommt, sofort die Wahrnehmung machen, dass die preußischen Soldaten eine ganz ungemein strenge, straffe Haltung haben. Diese Haltung, die schon so oft auf das frühzeitige Verschlucken des landesüblichen Ladestockes zurückgeführt worden ist, hält genau die Mitte zwischen selbstständiger Starrheit und eingedrillter Maschinenhaftigkeit. Sie ist ein spezifisch preußisches Produkt, so gut wie die Teltower Rübe, die durchaus nur auf Sande gedeiht. Wie leicht und ungezwungen schreitet der Franzose her, wie lebendig und martialisch zugleich bewegt sich der Ungar, wie ungeniert gebärdet sich gar der italienische Soldat. Aber der Preuße, selbst wenn er nicht im Dienste ist, kann die Korporalsmiene nicht ablegen und den Storchgang nicht einstellen, der oft schon die glänzendsten Paraden an einem einzigen fatalen Maulwurfshügel hat scheitern lassen. Mit scientifischer Genauigkeit ist jeder Messingknopf spiegelblank an seiner Uniform geputzt, jede Schnalle in die wahre Lage gerückt, jede Falte vermieden. Wie die Soldaten, die man eben erst aus einer Schachtel mit zinnernen Vaterlandsverteidigern Nürnberger Fabrikation genommen, so blank mit Lack angestrichen, so kerzengerade, so paradeappetitlich sieht der äußere Mensch des preußischen Kriegers aus. Die Form macht in Preußen den Mann, und in dieser Beziehung hatte jener gute Unteroffizier ganz recht, als er in sittliche Entrüstung darüber geriet, dass ein einjähriger Freiwilliger bei strömenden Regenwetter auf dem Marsche den Mantel aufgerollt und ordentlich umgetan hatte: ›Was nützt mich der Mantel, wenn er nicht gerollt ist!‹ schnaubte er den Zivilpraktiker an, der diese Art des Mantelnutzens noch nicht begriffen hatte. Und der preußische Soldat findet sich bewunderswert schnell in das Gamaschentum, in die starre Form hinein. Hat er doch ihren ersten Vorschmack unter freilich etwas radikaler Nachhilfe des spanischen Rohres, auch Bakel genannt, bereits in der Schule gekostet. Selbst der ausgelassenste Mensch, der so lange er Zivilist war, nichts als Suiten kannte und kein ernstes Wort zu reden im Stande war, wird sofort ein Anderer, sobald er ›des Königs Rock‹ angezogen. Der Soldat darf nicht mehr lachen, das schickt sich für seine erhabene Stellung nicht mehr, und die Herren Unteroffiziere sorgen im Übrigen nach besten Kräften dafür, dem etwa noch ein wenig am zivilen Mutwillen krankenden Rekruten den Teufel des Humors schon energisch auszutreiben. Für des ›Königs Rock‹ ziemt sich nur die ernste königlich preußische Soldatenmiene, jener unübertreffliche Ausdruck, der den Mann zu jeder Frist so aussehen lässt, als ob er ein halb Lot Spinnen verschluckt hätte. Aber der preußische Soldatengeist vermag noch ganz andere Wunder zu wirken, nicht nur, dass er die schlimmsten Spaßvögel in gesetzte Leute mit Philosophengesichtern umwandelt, er besitzt auch die magische Kraft, die schlimmsten Demokraten um ihr ganzes politisches Alphabet zu bringen und mit wahrer Begeisterung für: ›unseren juten König!‹ zu erfüllen.«

Als der deutsche »Bruderkrieg« zu Ende war, wurden in Österreich zwar immer noch spöttische aber zugleich anerkennende Stimmen laut, die behaupteten, dass es der preußische Schulmeister war, der den Krieg gewann. Damit wurden im Nachhinein jene Eigenschaften des nördlichen Feindes verklausuliert bestätigt, auf die der preußische Kriegsreporter Hans Wachhusen schon vor Kriegsbeginn seine Siegeszuversicht stützte: »die preußische Intelligenz und Zähigkeit«.

Zwölf Tage nach der bitteren Niederlage bei Sadowa / Königgrätz erlaubte sich die Linzer »Tages-Post« so einige ketzerische Gedanken unter dem Titel »Wissen ist Macht«:

»Es wäre jedoch eine Täuschung, wenn man annehmen wollte, dass die Wehrhaftigkeit eines Staates unabhängig sei von dessen politischen und geistigen Fortschritten. So lange man Dinge, die sich auf die Wehrverfassung eines Staates beziehen, dem Urteil der öffentlichen Meinung entzieht und alle militärischen Dogmen über den gewöhnlichen Laien-Verstand des Menschen erhaben betrachtet, so lange wird es möglich sein, dass die alten Überlieferungen der militärischen Zopfzeit dem raffinierten Fortschritte unserer Tage auch bei militärischen Dingen Widerstand leisten.

Wie ist es möglich gewesen, dass eines der herrlichsten, tapfersten, kampflustigsten Heere im Verlaufe von sieben Tagen fast aufgerieben wurde? ... Diese Frage, die heute in Jedermanns Munde ist und auf deren Beantwortung zu dringen die Völker Österreichs allerdings ein Recht haben, wird durch die darüber angeordnete Untersuchung ihre Erledigung finden (?); allein abgesehen von den Resultaten derselben kann man wohl die Behauptung wagen, dass die völlige Unterdrückung der öffentlichen Meinung in Bezug auf die Kriegsführung die Katastrophe von Königgrätz mitverschuldet habe.

Das Geheimnis dieser Katastrophe ist in diesem Augenblicke durch den Mund von tausend und tausend heimkehrenden Kriegern dem Publikum enthüllt, und nur die öffentliche rückhaltlose Besprechung derjenigen Übelstände, die unseren militärischen Misserfolg herbeigeführt haben, kann uns vor der Fortdauer dieser Übelstände und der Wiederkehr ähnlicher Katastrophen sichern.

Wir dürfen uns in diesem Momente durchaus keiner Täuschung mehr hingeben. Dass Österreich heute am Rande des Abgrundes steht, dass Österreich sich heutigen Tages nicht nur von Preußen, sondern selbst von seinem Vermittler Napoleon III. den Rat geben lassen muss, sich aus Deutschland fortzutrollen, all dieses Missgeschick haben wir dem unseligen Festhalten an feudalen, aus dem Mittelalter herrührenden, ultramontanen Traditionen zu verdanken.

Das sind die beiden Körperschaften, welche die Früchte dieses Jammertales für sich behalten und allein verzehren möchten, indem sie das Volk stets auf ein besseres Jenseits vertrösten!

Soll uns eine bessere Zukunft erblühen, so muss vor Allem mit dem noch in manchen Köpfen spuckenden Grundsatze weiland Sr. Durchlaucht des Herrn Fürsten v. Windischgrätz gebrochen werden, welcher erklärte: ›Der Mensch fängt erst beim Baron an.‹

Soll es in Österreich besser werden, so muss die Schule aus der bisherigen Vormundschaft kommen, welche die Kinder durch sechs und mehr Jahre an die Schulbank fesselt, um sie sitzen zu lehren und anständig älter werden zu lassen.

Für Österreich gibt es nur Ein Heil, das ehrliche und unumwundene Bekennen zu dem Grundsatze: ›Wissen ist Macht!‹ Der Leibeigenschaft ist Österreich ledig geworden, möge man auch auf die Knechtung des Geistes verzichten.«

Der Historiker, Journalist und Dramaturg Friedrich Heer beschäftigte sich in seinem Buch »Der Kampf um die österreichische Identität« etwas erzürnt mit den Schwächen der österreichischen Armee: »1866 ist die halbe Armee aus Ersparnisgründen beurlaubt, die einrückenden Urlauber werden ohne jede Schulung an den Feind geführt.« Im Zusammenhang mit der unterlegenen Bewaffnung zitierte Friedrich Heer den General der Kavallerie Graf Lamberg: »… noch nie hat eine Armee gegen eine andere mit so ungleichen Waffen gekämpft, außer die Völker in Asien und Afrika gegen die englische Winchester.« Im genannten Buch wurde auch das bittere Urteil von Hugo Kerchnawe über Österreichs Verantwortliche des Jahres 1866 nicht vergessen: »Solche Scharen in den Kampf für das Vaterland zu senden, sie so flüchtig ausgebildet, einem solchen Feinde entgegenzustellen, war Mord.«

Drei preußische Armeen (achteinhalb Korps) standen am 21. Juni mit rund 280.000 Mann in einem weiten Bogen, der von Sachsen bis zur schlesischen Neiße reichte, im Grenzraum zu Böhmen, um ab dem Morgen des kommenden Tages und in den Folgetagen in drei Heeressäulen in Österreich einzumarschieren. Die westlichste und zugleich kleinste der drei Armeen war die »Elb-Armee« unter dem Kommando des General Herwarth von Bittenfeld, die mit 144 Geschützen von Sachsen aus in Richtung Rumburg nach Böhmen hinein strömte.

Die Erste Armee unter dem Prinzen Friedrich Karl (300 Geschütze) war in der Lausitz versammelt und marschierte auf den Straßen, die von Zittau, Seidenberg und Marklissa zur böhmischen Grenze führten, in Richtung auf das österreichische Reichenberg.

Die vom 35jährigen Kronprinzen Friedrich Wilhelm kommandierte Zweite Armee stand mit 352 Geschützen in Niederschlesien (im Großraum zwischen Riesen- und Eulengebirge) bereit, um von hier aus die Grenze in Richtung Trautenau und Nachod zu überschreiten. Friedrich Wilhelm (als späterer deutscher Kaiser: Friedrich III.) war im Gegensatz zu seinem Vater und Graf Bismarck strikt gegen den Krieg mit Österreich. Als Soldat und Heerführer erfüllte er aber loyal und erfolgreich seine Pflicht und wurde noch auf dem Schlachtfeld von Königgrätz – Sadowa von König Wilhelm, seinem Vater, hoch dekoriert. Bei seinen militärischen Entscheidungen verließ er sich umfänglich auf seinen Generalstabschef Blumenthal.

Drüben in Österreich wartete die kaiserliche Nordarmee mit rund einer Viertelmillion Kämpfern und 736 Geschützen auf den preußischen Feind mit seinem interessanten Zündnadelgewehr. Der größte Teil der österreichischen Geschütze besaß »gezogene« Rohre und waren damit den Glattrohrkanonen der Preußen in der Reichweite und Treffsicherheit überlegen. Bei den Österreichern befanden sich laut offiziellem »Verpflegsstand« 26.265 sächsische Kameraden (mit 58 Geschützen und 7560 Pferden), die darauf brannten, es den Preußen »heimzuzahlen«.

Die Preußen wussten aber nicht, wo Benedeks Nordarmee auf den Feind wartete. War das Gros der »Kaiserlichen« noch bei Olmütz versammelt oder bei der Festung Josephstadt? Zogen die Österreicher an die Iser, um den eindringenden Feind dort zu stellen oder warteten sie in großer Zahl schon an den grenznahen Gebirgspässen, um dort aus günstiger Position die Falle zu schließen?

Spione im ganzen Land

Das Handwerk der Aufklärung und somit eine möglichst zuverlässige Information über die Bewegungen und Absichten des Gegners ließ auf beiden Seiten zu wünschen übrig. Um so mehr wucherten die Gerüchte und blühten die Spekulationen. Eine Spionage-Hysterie erfasste das Volk sowohl in Österreich als auch in Preußen. Wären wirklich so viele Spione, wie überall vermutet, ihrer verdeckten Arbeit nachgegangen, hätten die Heerführer hüben wie drüben bestens informiert sein müssen, dem war aber nicht so. Preußische Zeitungen warnten vor österreichischen »Rastelbindern« (Kesselflicker, Siebmacher, Mäusefallenverkäufer) und Fuhrleuten, die in den Dörfern nahe der Grenze die Ohren spitzten und die Augen neugierig durch die Gegend streifen ließen, um militärisch wertvolle Informationen zu sammeln. In Böhmen und vor allem auch in Wien genügte es, etwas besser gekleidet zu sein und möglicherweise noch ein Buch unter dem Arm zu tragen, um als Auskundschafter verdächtig zu sein. Wenn sich etwa gar jemand in der Öffentlichkeit schriftliche Notizen machte, waren die misstrauischen Bürger sehr rasch zur Stelle, um den vermeintlich spionierenden Schuft mit Hilfe der Obrigkeit dingfest zu machen. So manch reisender Geschäftsmann, der eine Rast im Gasthaus nützte, um seine Bestell- und Auftragszettel durchzusehen und Notizen zu machen, fand sich unversehens als verdächtiges Individuum auf der Gendarmeriewache oder auf einem Militärstützpunkt wieder.

Der bei der österreichischen Nordarmee akkreditierte Kriegskorrespondent der englischen »Times« wollte in einem einfachen böhmischen Dorfgasthaus nur zu Mittag speisen, als er und sein Begleiter von Gendarmen zu einem stundenlangen Verhör weggeschleppt wurden. In der Gaststube trafen sie zufällig auf die hier Rast machende Gemahlin eines österreichischen Oberst und tauschten mit der Dame abwechselnd in Deutsch und Englisch einige Höflichkeiten aus. Die unbekannte eigenartige Sprache war den in der Gaststube zechenden Dörflern so suspekt, dass sie sofort die Gendarmen holten. Der Spionageverdacht wurde noch dadurch erhärtet, dass die zwei Reporter eine Landkarte auf dem Wirtshaustisch aufgebreitet hatten und während des Gespräches mit der Dame mit den Fingern auf dieser Karte herumfuhren. Ein mitgeführtes Fernglas fachte den Argwohn zusätzlich an.

Dem »Neuen Fremden-Blatt« wurde am 28. Juni aus dem nordböhmischen Teplitz gemeldet: »Heute gelang es dem hiesigen Sattlermeister Herrn Jakob Kreibich zwei Spionen auf die Spur zu kommen; dieselben waren sehr anständig gekleidet, kamen aber in einem bettelhaften Wagen in die Stadt herein, wodurch sie obgenannten Sattlermeister verdächtig schienen, er beobachtete sie auf allen ihren Wegen und ging ihnen Schritt für Schritt nach, bis er bei dem Einen von ihnen eine Landkarte zu bemerken glaubte, – dies steigerte nun seinen Verdacht. Nachdem sie sich Teplitz nun genau besichtigt und sich über die Stellungen des österreichischen Militärs genau befragt hatten, verließen sie die Stadt, um übers Gebirge in das nahe gelegene Sachsen zu kommen. Ihr Verfolger eilte ihnen aber mit mehreren seiner Bekannten nach, und es gelang ihnen, in dem eine halbe Stunde entfernten Kühlbusche ihrer habhaft zu werden und sie in die Stadt zurück zu transportieren. Es wurden bei ihnen mehrere Landkarten, verdächtige Zeichnungen und ein Notizbuch, worin die Stellung unserer Armee französisch geschrieben war, vorgefunden – sie wurden sogleich verhaftet. Der Eine von ihnen ist angeblich ein Württemberger und der Andere aus der Schweiz.

Wie man hört, sollen sie morgen nach Theresienstadt kommen, um dort vors Kriegsgericht gestellt zu werden.«

Der »Präliminarfriede von Nikolsburg« zwischen Österreich und Preußen war seit zwei Tagen in Kraft, als das in Wien erschienene Wochenblatt »Hans Jörgel von Gumpoldskirchen« (das sich gerne mit gesellschaftspolitischen Unzulänglichkeiten beschäftigte) sich der unsäglichen »Spionriecherei« annahm:

»Die Spionriecherei hat schon einige sehr unangenehme Folgen gehabt. Es sein anständige Leute, die sich aufs Beste legitimieren konnten, von Dorf-Bürgermeistern wie Verbrecher behandelt, eingesperrt und von den Dorfbewohnern gröblich insultiert worden. Ich hoffe, dass derlei Dorfneronen nachträglich zur Verantwortung gezogen werden und dass der Hyper-Patriotismus, der sie zu solchen Dummheiten hingerissen hat, höchstens als mildender Umstand geltend gemacht wird.

Was haben sich die Leut' selber für'n Narren gehalten mit der Spionseherei. Wenn Einer ein bissl in einer fremden Mundart gesprochen, sich um eine Gassen erkundigt oder sich die Adresse von einer Handschuhmacherin in seiner Brieftaschen aufgeschrieben hat, so hat er müssen ein Spion sein. Die Bauern und Bürgermeister um Wien herum waren den ganzen Tag auf der Spionjagd – die Preußen hätten bald mehr Spion als Soldaten gehabt, und da sie einem Spion per Tag 2 Dukaten gezahlt haben sollen, so ist ihnen am End' nix Anders überblieben, als in Frankfurt ohne Anweisung Geld einzukassieren.

In einem Orte vor der Hernalser Linie sollte auf einem freien Platze am Abhang des Gebirges, welcher auf 3 Seiten von Wald umschlossen ist, ein Notspital errichtet werden, um den Verwundeten den Genuss der frischen, freien Waldluft zu verschaffen. Natürlich muss so etwas rasch geschehen. Es fährt also ein Kleeblatt von Fachmännern hinaus, – der Archtekt, der Baumeister, der Polier. Sie begeben sich auf den einsamen Platz an waldigen Berghang, ziehen ihre Pläne heraus, stecken Hölzer ab, machen Notizen und zeichnen. Diese Tätigkeit wird von ein paar Bauern bemerkt, diese holen andere und wieder andere und endlich dringt ein ganzer Haufen auf die Erstaunten ein, mit wildem Geschrei:

›Nöt rühren! nöt widersetzen! mitgeh'n! Ös seid's preußische Spionierer!‹

Vergebens waren alle vernünftigen Vorstellungen und Aufklärungen über den Zweck ihres Hierseins, vergebens haben sie den schönsten Wiener

Dialekt von der Welt gesprochen, – s'war Alles umsonst. ›Dös könnt a Jeder sagen!‹ und man hat Architekt, Baumeister und Polier zum Bürgermeister geführt, wo endlich das Missverständnis eine glückliche Lösung gefunden hat.«

Diese Spionen-Hysterie fand ein halbes Jahrhundert später, während des Ersten Weltkrieges, eine ebenbürtige Fortsetzung. Die erhitzte Volksphantasie erspähte selbst noch auf den höchsten Tiroler Almen als Viehhirten oder Kapuzinerpater verkleidete russische Spione.

Akkurater Truppenaufmarsch

Zurück zum 22. Juni: An jenem Freitag schlug die Erste Armee ihr Hauptquartier in dem »malerisch gelegenen« aber nicht »allzu reinlichen« sächsischen Dorf Hirschfeld auf. Der die Erste Armee während des Böhmenfeldzuges begleitende Kriegskorrespondent der Londoner »Times«, Henry M. Hozier, blickte von hier aus in gespannter Erwartung nach Süden:

»Sechs englische Meilen nordöstlich von Zittau und ungefähr 17 Meilen in südwestlicher Richtung von Görlitz, liegt das Dorf Hirschfeld an der Neiße, an einem Punkte, wo dieser Fluss einen kleinen Nebenstrom, die Kipper genannt, in sich aufnimmt.

Gerade nach Süden hin erblickt man die kühnen, schwellenden Massen der böhmischen Gebirge, welche hier höher emporragen, als an irgend einem anderen Punkte dieser Kette, ausgenommen da, wo die Schneekoppe sich über die nach Schlesien führenden Pässe erhebt. Die Öffnung der Gebirgszüge, die den Pass bezeichnet, durch welchen sich der Weg nach Reichenberg hindurchzieht, ist von hier aus deutlich zu sehen. Manches Auge wendet sich nach jener Öffnung in dem klaren Relief der Hügel, und Viele möchten gern erfahren, ob Prinz Friedrich Karl nach dem Süden gekommen ist, um durch jenen Pass hindurchzubrechen, oder ob er erwartet, dass die Österreicher aus demselben hervorbrechen werden. – Doch können Diejenigen, welche heute auf staubigem Wege den siebzehn Meilen langen Marsch von Görlitz zurückgelegt haben, kaum noch in Zweifel sein über den Zweck, zu welchem die Erste Armee hier ist. Der ungeheure Transportzug, welcher sich in einer fast ununterbrochenen Reihe über 12 Meilen des Weges ausdehnte, verriet in der unzweideutigsten Weise, dass er einer Armee angehöre, die für etwas mehr, als die bloße Verteidigung einer Grenze bestimmt ist.«

Der Engländer Hozier fühlte sich wohl bei den Preußen. Seine Berichte, die er während des böhmischen Feldzuges nach London sandte, zeugten von einem hohen Respekt gegenüber den Leistungen dieser Armee, und er sympathisierte mit der Truppe, die er begleiten durfte.

Als von Görlitz in das schon sehr grenznahe Hirschfeld marschiert wurde, staunte der ausländische Kriegsreporter, wie wacker und in welch »heiterer Stimmung« die Soldaten einen munteren Schritt vor den anderen setzten, trotz der drückenden Hitze und des durch die Tausenden Marschierenden, die Pferde und Wagen aufgewirbelten Staubes der Straßen und Wege: »Ihre Gesichtszüge glühten vor Erregung; sie wussten, dass jeder Schritt sie dem Feinde näher brachte und sehnen sich nach dem Beginn des Kampfes.«

Das Gute an der preußischen Disziplin war für den genauen Beobachter Hozier auch daran erkennbar, dass die marschierenden Kolonnen trotz der enormen Staubentwicklung brav auf den Wegen blieben, um nur ja die angrenzenden Wiesen, Felder und Feldfrüchte zu schonen. Nur in schon abgemähten oder abgeernteten Flächen erlaubten sich die Soldaten kurz zu rasten und ihre Füße zu kühlen. Die sächsischen Bauern bedankten sich für diese preußische Rücksicht mit den besten Glückwünschen für den Krieg.

Prinz Friedrich Karl und sein Stab bewohnten in Hirschfeld das Dorfwirtshaus. Die Masse der Ersten Armee kampierte in dieser Nacht vom 22. auf den 23. Juni in den Städten Zittau und Friedland sowie längs des die beiden Städte verbindenden Weges. Im eben erwähnten Dorfwirtshaus beobachtete Hozier etwas verwundert, dass die Rangunterschiede schon jetzt am Beginn des Feldzuges nicht mehr so streng beachtet wurden, denn hohe Offiziere saßen mit einfachen Soldaten beisammen und teilten sich mit dem Taschenmesser das ergatterte Brot und Fleisch und tranken aus denselben Bechern. Wie der Reporter für die Leser der »Times« allerdings beruhigend hinzufügte, wurde trotz dieser Kameraderie die eigentliche und wahre Disziplin nicht gelockert.

Am 23. Juni war sehr frühe Tagwache und der Marsch hinüber ins Österreichische begann:

»Prinz Friedrich Karl hat heute mit der Ersten Armee die Grenze überschritten und böhmisches Gebiet betreten. Die Truppen standen schon früh unter Waffen und traten bald nach Tagesanbruch in Reihe und Glied, während ein leichter aber beständiger Regen herabrieselte. Sie hatten einen weiten Marsch von ihren Quartieren bis nach den Orten, wo sie sich zum Vorrücken in Kolonnen formieren sollten. Dessen ungeachtet und trotz des schlüpfrigen Bodens, schritten sie wacker vorwärts und bald nach sieben Uhr standen Alle in gehöriger Ordnung, hart an der sächsischen Grenze, aber noch auf sächsischem Boden. Um 6 Uhr brach der Oberbefehlshaber aus seinem Nachtquartier in Hirschfeld auf und erreichte gegen 8 Uhr auf dem über Zittau führenden Wege die Grenze. Die Letztere ward auf der Landstraße durch ein Chausseehaus bezeichnet, vor welchem eine lange Stange die Stelle eines Tores vertritt. In der Nähe des von dem Hause entfernten Endes balanciert diese Stange auf einem Stiftnagel und kann vermittelst eines an dem kürzeren Arme angebrachten Gewichtes zu einer fast senkrechten Stellung aufgerichtet werden, wenn der Weg der freien Passage geöffnet werden soll. Die Stange ist mit schwarzen und gelben Streifen – den österreichischen Farben – bemalt. Heute nun war die Stange zwar empor gerichtet, stand aber nicht ganz senkrecht; – hoch genug, einen Mann zu Pferde hindurchzulassen, war sie doch in schräger Richtung über den Weg geneigt.

An dieser Stelle nahm Prinz Friedrich Karl Position, um seine Truppen über die Grenze marschieren zu sehen. Kaum war er an diesem Punkte angelangt, so erteilte er die notwendigen Befehle und wenige Augenblicke später hatten die Ulanen, welche die Avantgarde der auf dieser Linie vorrückenden Regimenter bildeten, die Grenze überschritten. Dann folgte die Infanterie. Als die vorderen Reihen jedes Bataillons den ersten Punkt des Weges erreichten, an welchem sie die als Grenzbezeichnung dienenden österreichischen Farben zu Gesichte bekamen, erhoben sie einen Freudenruf, der sogleich von den hinteren Reihen aufgenommen und immer aufs Neue wiederholt wurde, bis die Leute das Chausseehaus erreichten und ihren Soldaten-Prinzen auf der Grenzscheide stehen sahen; bei seinem Anblick ging das bisher ausgestoßene Hurrarufen in ein jubelndes Entzücken über, dessen laute Demonstrationen endlich nur aufhörten, um durch den Gesang eines Kriegsliedes ersetzt zu werden, das von jedem einzelnen Bataillon aufgegriffen und wiederholt wurde, so wie es den böhmischen Boden betrat. Der Befehlshaber selbst stand ruhig und gesammelt an der Landstraße; doch blickte er mit Stolz auf die vorübergehenden Abteilungen, – und wohl durfte er Stolz fühlen, denn noch nie überschritt eine Armee eine feindliche Grenze besser ausgerüstet, besser verpflegt und von höherem Mute beseelt, als diejenige, welche heute aus Sachsen marschierte. [...]

Die Zusammenziehung der Truppen und der Einmarsch in Böhmen sind in musterhafter Weise durchgeführt worden. Diese nämliche Armee marschierte gerade vor acht Tagen in Sachsen ein, in der Erwartung, in jenem Lande den Feind zu bekämpfen. Innerhalb dieses kurzen Zeitraums ist Sachsen vollständig besetzt worden, und gestern wurde der größere Teil der Truppen abermals konzentriert und begann den Einmarsch in Österreich. Der Vormarsch ist in folgender Weise ausgeführt worden: Gestern Abend wurden die Truppen an der Grenze zusammengezogen; diesen Morgen führte Herwarth von Bittenfeld, zur Rechten, zwei Kolonnen von Dresden aus durch das Elbtal nach Böhmen hinein. Die Truppen des Prinzen Friedrich Karl marschierten in fünf Kolonnen. Die Kolonne auf der äußersten Rechten folgte der Heerstraße von Zittau, die rechte Mittelkolonne marschierte längs der Eisenbahn, welche links von jener Heerstraße liegt; die Zentrumskolonne folgte einem links von der Eisenbahn gelegenen Wege. Die linke Mittelkolonne marschierte längs der Friedländer Chaussee, die Kolonne zur äußersten Linken benutzte eine andere, östlich von dieser Chaussee befindliche Straße. So hat denn die Armee auf verschiedenen Wegen, die jedoch einander so nahe waren, dass die verschiedenen Korps sich in wenigen Stunden zu konzentrieren im Stande waren, den Vormarsch mit breiter Fronte und in einer Weise ausgeführt, dass ihre Führer sie vollkommen zu ihrer Verfügung hatten, während gleichzeitig die Truppen selbst keine Mühseligkeiten und Entbehrungen zu erdulden brauchten.

Der Marsch innerhalb des österreichischen Gebietes ist durch dieselbe gewissenhafte Achtung für Privateigentum ausgezeichnet, welche bereits in Sachsen so streng beobachtet wurde. Anfangs betrachteten die österreichischen Dorfbewohner den Einfall der Armee ihrer nordischen Stammverwandten mit einer Mischung von Furcht und Neugier, doch entspann sich bald ein Verkehr zwischen ihnen und den Soldaten und bald sah man, wie sie den Letzteren Trinkwasser reichten und ihnen andere freundliche Dienste erwiesen. [...]

Was die Österreicher tun werden, ist immer noch Gegenstand der Mutmaßung. Ihre Patrouillen streifen in dieser Gegend umher, doch ist dies überhaupt auf der ganzen Grenzlinie der Fall; sie scheinen nach dieser Richtung hin nicht in größeren Massen als an irgend einem anderen Punkte versammelt zu sein. Ob Benedek sich nach Schlesien zu wenden oder in Böhmen zu kämpfen beabsichtigt, vermögen nur Diejenigen zu wissen, welche in seine Geheimnisse eingeweiht sind.

Wir stehen nun vor der Nordseite des Gebirges und ein Tagesmarsch wird uns, wenn wir nicht auf Widerstand stoßen, durch die Pässe bringen. Wir befinden uns jetzt in solcher Nähe der höchsten Hügel, dass wir mit einem Fernrohr die Stämme der Tannenbäume, mit welchen jene Höhen bewachsen sind, genau unterscheiden können. Der Weg nach Reichenberg liegt gerade vor uns und es scheint, dass wir dorthin unsere Schritte richten werden. Wer aber vermag im Kriege vorauszusagen, was der nächste Tag bringen wird?«

Der Gefreite Karl Vatke hatte mit seiner Truppe, dem Kaiser Franz-Garde-Grenadier-Regiment Nr. 2, am 26. Juni die Grenze nach Böhmen überschritten. Dieses Regiment war Teil der Zweiten Armee unter Kronprinz Friedrich Wilhelm, jenes linken Flügels der Preußen, der von Niederschlesien aus in Österreich einmarschierte. Drei Wochen vorher verließ das Regiment des Karl Vatke Berlin und marschierte in mehreren Tagesetappen über Cottbus bis Sommerfeld in der Niederlausitz. In einigen auf der Marschroute liegenden Rast- und Übernachtungsstationen wurde die Aufenthaltszeit für militärische Übungen genutzt, um »dem etwaigen Kriege bedeutend gestählter entgegen zu gehen«. (Das Mobilisierungs- und Aufmarsch-Wirrwarr in Österreich verhinderte dort eine umfassendere militärische Einübung der »Urlauber« und Reservisten.)

Auch das Gebiet der Sorben lag auf der Marschstrecke des Regiments. Trotz der von Theodor Vatke extra erwähnten Schönheit der Wendinnen, gefiel es ihm und seinen Kameraden bei diesen Leuten nicht besonders: »Drachhausen ist uns übrigens in nicht sehr wohltuender Erinnerung geblieben: mit der großen Zuvorkommenheit unserer Deutschen Landsleute verglichen, verhielten sich die Wenden ziemlich gleichgültig gegen uns und verleugneten häufig ihre Kenntnis der Deutschen Sprache. Auch an die Wendische Küche sich zu gewöhnen ist eine Aufgabe, ja zum Teil war jene so mangelhaft und so unsauber, dass ich bei bloßen Brote blieb: doch auch das war oft nicht recht genießbar.«

Am Vormittag des 18. Juni (an diesem Tag ließ König Wilhelm sein Kriegsmanifest verlauten) marschierte das Kaiser Franz-Garde-Grenadier-

Regiment Nr. 2 zum Bahnhof des damals 8000 Einwohner zählenden Städtchens Sommerfeld, um mit der Eisenbahn über Breslau bis in das niederschlesische Brieg transportiert zu werden. Während des kurzen Zwischenaufenthaltes in Breslau wurden die Soldaten mit Bouillon und Fleisch »aufs Beste« bewirtet. Die Zugfahrt durch Niederschlesien gestaltete sich für den Gefreiten Vatke und seine Kameraden zum schönen Erlebnis:

»In der besten Stimmung, laut singend und froh der schönen Fahrt nach den eintönigen und angreifenden Märschen, fliegen wir nun, nachdem Sorau passiert ist, durch Schlesien: mit der Mark verglichen, recht ein Land, da Milch und Honig fließt. In heitrem Sonnenschein breitet sich das Land vor uns aus: vieltürmig präsentieren sich die Städte, in reichem Grün verbergen sich die roten Dächer der Dörfer in der Umgebung der wogenden Felder. Dass Friedrich der Große 7 Jahre um ein solches Land kämpfen konnte, begreift man, wenn man diese reichen und gesegneten Ebenen durcheilt. Wir berührten Bunzlau und Liegnitz: vorzüglich an diesem Orte ließ man auf dem Perron des Bahnhofs an Bier und Zigarren die erwünschtesten Erquickungen den Soldaten zu Teil werden. Damen höherer Stände teilten davon aus: auf ihren Gesichtern lag Besorgnis und der ängstliche Wunsch, für uns Alles tun zu wollen, da wir im Begriffe standen, zunächst für dieses Land, für Schlesien, das Leben einzusetzen.«

In Brieg war die fidele Eisenbahnfahrt zu Ende und es wurde auf lehmigen Feldwegen nach Süden marschiert. Während eines zweitägigen Aufenthaltes in Tschöplowitz gab es zusätzlichen Gesprächsstoff für die Truppe, denn in diesem Dorf wurde am 20. Juni ein angeblicher österreichischer Spion gefasst: »Im Übrigen wirbeln falsche Gerüchte auf wie der Staub auf der Landstraße.«

Theodor Vatke erfuhr, dass die Kriegserklärung durch Vorposten schon übergeben ist.

Währenddessen war General Herwarth von Bittenfeld drüben in Sachsen schon bereit, mit seiner Streitmacht unverzüglich über die Grenze zu gehen. Der Kriegsreporter Hans Wachenhusen, der das 1. Bataillon des der »Elb-Armee« zugehörigen 33. Regiments begleitete, wartete am Abend des 21. Juni mit den Soldaten oberhalb des Flecken Neustadt, eine knappe Stunde von der österreichischen Grenze entfernt, auf den Marschbefehl:

»Bis nach Mitternacht saßen wir um eins der riesigen Biwakfeuer, unser Bierfass leerend, das den Offizieren sehr willkommen gewesen. Es fehlte wirklich an jeder Verpflegung. Die Offiziere hatten sich zu dem noch von Dresden mitgebrachten Speck einige Kartoffeln gekocht, das war das Abendmahl. Vor uns knisterte die große Flamme, ihre Rauchwirbel zum dunkeln Abendhimmel hinauf sendend. Wir plauderten bis in die Nacht hinein. Der Nebel ward empfindlich kalt; eine Holzklobe ward nach der andern in das Feuer geworfen; die Soldaten lagerten sich fröstelnd in das spärliche Stroh. Immer stiller und einsilbiger ward's in unserem Kreise. Einer nach dem Andern begann zu gähnen, indes man musste den Befehl noch erwarten.

Da trat der Major, der zum Obersten gerufen worden, wieder zu uns.

»Morgen früh ein Viertel nach fünf Uhr steht das Bataillon marschfertig! Wir rücken in Österreich ein!«

Die Nachricht wurde mit Jubel empfangen. Jeder suchte das Zelt. Ich ward der Gast des die 1. Kompagnie führenden Premier-Lieutenants Krusemark, dessen Kompagnie ich mich vorläufig für die Kampagne attachierte.

Eine schlaflose Nacht für die Offiziere. Die Füsiliere waren die ganze Nacht hindurch um ihre Feuer in so lebhafter Unterhaltung, dass der Schlummer fast unmöglich war.

Der Morgen des 22. brach an und versprach einen heitern, sonnigen Tag.

Um 3 Uhr schon waren wir mobil. Die Zelte wurden abgebrochen. Das Bataillon setzte sich in Marsch. Der Oberst hielt beim Rendezvous seinen Füsilieren eine Rede, in welcher er denselben erklärte, die Kriegserklärung zwischen Österreich und Preußen sei geschehen. Man werde sofort über die Grenze rücken.

Der Rede folgte ein enthusiastisches Hurra, und kampflustig bewegte sich die Kolonne zu den waldigen Höhen hinauf, während gleichzeitig die andern Kolonnen der Elb-Armee in der Richtung auf Hainsbach marschierten.

Die Sonne brannte heiß. Die Leute, reich mit Brot versorgt, waren zum Teil leichtsinnig genug, die ihnen lästigen Brote auf die Landstraße zu werfen. Vergeblich war jede Mahnung, man komme jetzt in ein armes Land und wer seine Vorräte vergeude, werde es bereuen müssen. Viele warfen dennoch von sich, was ihnen eine unnötige Last erschien.

Nach zwei Stunden eine kurze Rast. Vor uns auf der Höhe standen die Grenzpfähle.

›Bataillon Marsch!‹ hieß es. Ein lautes, donnerndes Hurra, und die Spitze überschritt die österreichische Grenze.

Es war ein eigentümliches, erhebendes Gefühl, das uns Alle beseelte, als wir den feindlichen Boden betraten. Die Diplomaten hatten jetzt vorläufig nichts mehr zu sagen, das ›Fackeln‹ hatte ein Ende, die Waffe musste jetzt entscheiden.

Mit uns sollten auch die I. und II. Armee sich in Marsch nach der böhmischen Grenze setzen. Es galt einen konzentrischen Vormarsch durch die böhmischen Engpässe, in welchen die Fühlung schwierig, jede Kommunikation nur mühselig zu erhalten war. Unser Ziel war der Gabel-Pass, während die erste Armee im Zentrum auf Reichenberg vordrang, der Kronprinz mit der zweiten Armee von Neiße aus marschierte.

Alle drei Armeen hatten die gefährlichsten Pässe zu durchschreiten, in denen man jeden Augenblick eines Überfalls gewärtig sein musste. Benedek, der sich auf sein ›altes Soldatenglück‹ berief, hatte uns zwar den Einmarsch in Sachsen sehr leicht gemacht und die großen Vorteile nicht benutzt, welche ihm geboten waren, wenn er uns zuvor kam, in Sachsen einrückte und von dort die Provinz Brandenburg zu bedrohen suchte; er hatte es geschehen lassen, dass Preußen ihm das Präveniere hier spielte, in vier Tagen ohne Schwertstreich drei der ersten deutschen Mittelstaaten besetzte und ihre Souveräne entthronte; er hatte uns gestattet, von drei, anstatt von zwei Seiten in Böhmen einzurücken – dass er es aber versäumen werde, uns jetzt die erprobtesten und besten Regimenter, welche er in seiner Nord-Armee vereinigte, sofort entgegen zu werfen, uns in den böhmischen Wäldern, in die wir so zuversichtlich hinein drangen, mit seiner ganzen Macht beim Kopf zu fassen, das war nicht zu erwarten.

Wir waren in lustiger Laune. Die Soldaten sangen ihre Lieder, die Bewohner der Dörfer, durch welche wir marschierten, standen mit verblüfften Mienen vor den Türen und bildeten ein Spalier, aus dem uns manch' niedliches Mädchengesicht bange und mit klopfendem Herzen entgegenblickte. Waren wir doch hier noch unter deutsch-böhmischer Bevölkerung, die uns nicht, wie es später geschah, für Menschenfresser hielt! Sie waren nicht davon gelaufen, sie brachten den Soldaten Wasser in großen Töpfen und suchten sich mit ihnen auf gutem Fuß zu erhalten.«

Mit der Preussenhymne ins Böhmische hinein

Bei der Kronprinzen-Armee (Zweite Armee) in Niederschlesien war sich derweil der Gefreite Theodor Vatke mit seinen Kameraden einig, »dass Milch und Butter im reichen Schlesien sehr trefflich sind und die Nahrung im Ganzen derart, dass man sich an dieselbe gewöhnen konnte«.

Beim Morgenappell in Mollwitz wurde gefragt, ob in der Truppe jemand »böhmisch« (tschechisch) spricht. Es fand sich ein Soldat, der diese Sprache verstand.

Dass die Sache bald ernst werden kann, ahnten die Männer, als die zu Krankenträgern bestimmten Grenadiere weiße Armbinden mit rotem Kreuz anlegten und der Truppe mitgeteilt wurde, dass die Verbandsplätze durch ebenfalls weiße Fahnen mit rotem Kreuz erkennbar sein würden: »Und wer mag sich beim Anblick dieser Vorbereitungen, dieser Kreuze, welche die Farbe des Blutes trugen, eines leichten Schauers wohl ganz erwehrt haben.«

Die von vielen Kruzifixen und Heiligenbildern angefüllten niederschlesischen Dörfer in Grenznähe machten auf die Soldaten aus Berlin und der Mark Brandenburg bereits einen »unheimischen« Eindruck. Erste Spöttereien machten die Runde, was die katholischen Kameraden – etwa aus dem Rheinland und Westfalen – ärgerte.

Beim Dorf Lorenzberg war das Marschieren auf ebener Strecke vorbei, denn das Flachland ging hier allmählich in das Gebirge über (was die Brandenburger und Berliner eben unter »Gebirge« verstanden): »Und so gesellte sich die ungewohnte Beschwerde des Steigens heute zum aufgewühlten Staube der schattenlosen Straße. [...] Aber die Beschwerde des Marsches, welcher sich rechts ab auf trefflicher Bergstraße über das Eulengebirge entwickelte, fand heute reichliche Vergütigung durch die erfreuliche Landschaft, die, wennschon unter vielem Regen, den Reichtum ihrer Schönheit entfaltete. Denn ich habe kein Land gesehen, das eine solche Fülle großartiger, gebirgiger Natur mit der äußersten Fruchtbarkeit der ebenen Teile verbindet, wie diese herrliche Grafschaft Glatz.«

Am 25. Juni war Mittel-Steina, eine der letzten Ortschaften auf preußischem Boden, erreicht. Die Spannung stieg, denn jeder wusste, dass es am frühen Morgen des kommenden Tages ins »Österreichische« hinüber geht, dass die »feindlichen Grenzpässe« überschritten werden. Gottlob fand sich in Mittel-Steina eine Brauerei und eine Schenke, und so konnte der letzte

Abend innerhalb des heimatlichen Königreiches bei Brot, Käse, Bier und Ungarwein zugebracht werden. In den Gesprächen war man bemüht, die nahenden kriegerischen Ereignisse möglichst zu ignorieren, denn, so der Gefreite Theodor Vatke, »die Vorstellungen waren doch einigermaßen angefüllt von Tyroler Schützen und Kaiserjägern, die da mit leichter Mühe den anrückenden Truppen den Weg durch diese Gebirge streitig machen würden«.

Es war noch dunkel an diesem Dienstag, den 26. Juni, als nach wenigen Stunden Schlaf auf dem Heuboden eines großen Gutshofes warmer Kaffee auf die bald Ausrückenden wartete. Es wurde ernst. Der Hauptmann befahl, die Patronen lose zu machen und die Tornister abzugeben, um mit gerolltem Mantel und Kochgeschirr zu marschieren, denn nun geht es über die Grenze.

Dass die österreichische Südarmee nur zwei Tage vorher den zahlenmäßig weit überlegenen Italienern bei Custoza eine schwere Schlappe zufügte, davon wussten der Gefreite Vatke und seine Kameraden noch nichts. Daher völlig unbelastet von diesem Ereignis bei den welschen Verbündeten, ließ der nunmehrige Einmarsch in das Feindesland die Preußenherzen höher schlagen:

»Es dämmert, als auf dem großen Gutshofe die Tornister auf die Bauernwagen, die uns ins feindliche Gebiet zu folgen bereit stehen, verpackt werden. Unter dem Warten vorm Dorfe ist es hell geworden. Der Hauptmann der 1. Kompagnie redet dieselbe mit einigen Worten an: ›Grenadiere, ich führe euch ins Gefecht hinein, aber verlasst euch darauf, ich führe euch auch wieder heraus!‹ ›Unser Hauptmann soll leben‹, heißt es darauf, und ein lautes Hoch wird ausgebracht. Alles erwartet nahe bevorstehenden Kampf. Noch bedeckt graues Gewölk den Himmel. Die Truppen setzen sich in Bewegung: langsam wird der Marsch, wo die breite, treffliche Gebirgsstraße im Zickzack sich an den Bergen empor windet. Das letzte Preußische Dorf liegt hinter uns, in schnellerem Marsche geht es auf der jetzt weniger steigenden Chaussee vorwärts. Das trübe Morgengewölk vergoldet sich hie und da, und bald brechen die Strahlen des Gestirnes hervor in blendendem Glanze: tausend Bajonette blitzen, tausend Helmspitzen glänzen, ununterbrochen sich vorwärts bewegend. Die Kompagnie begleitet ein Landsmann, Bruder eines Grenadiers aus dem letzten heimatlichen Dorfe: er ist der Gegend genau kundig, und als wir vielleicht eine Stunde im Gange sind, so weist er links herüber auf die bewaldeten Höhen: ›Die Bäume dort sind schon kaiserlich.‹ ›Wo?‹ Jeder will die Bäume sehen, die kaiserlich sind. Den gefälligen Führer mahnt man nun umzukehren, damit er sich keiner Gefahr aussetze; denn bald erwartet man den Beginn der Feindseligkeiten. Der Landsmann fordert zuvor die Soldaten auf, ihm Briefe mitzugeben und viele werden hervorgezogen; mancher aber entschließt sich doch etwas schwer den seinigen dem Unbekannten anzuvertrauen. ›Aber gut besorgen, Landsmann, der ist an – ‹ ›Verstehe schon!‹ Vor uns marschieren bereits andere Truppen: ein Hurra und wieder ein kerniges Hurra lässt sich aus der Ferne vernehmen und bezeichnet den Moment, in welchem eine Gruppe die Grenze überschreitet. In schnellem Marsche nähern auch wir uns: der schwarzgelbe Grenzpfahl wird sichtbar, deutlich erkennbar. Als sei aber derselbe eine Herausforderung – ein Sturm aller Preußengefühle ist heraufbeschworen durch den Anblick: ›Ich bin ein Preuße, kennst du meine Farben‹, bricht es wie mit einem Schlage hervor aus der heraneilenden Kolonne. Am Grenzpfahl ist ein mächtiges Musikkorps aufgestellt. Die Instrumente blinken im Morgenglanze und durch die reine, herrliche Luft der Schlesischen und Böhmischen Berge erschallen volltönig die schwellenden Klänge, die schmetternden Takte der Preußenhymne. Der Moment gewinnt geweihten Boden, und als wir nun ganz nahe sind dem Schwarzgelben, da bricht die Begeisterung aus in energische Spitze, in ein Hurra, das durch Mark und Bein geht: so leicht möchte der Schritt wohl nicht wieder rückwärts gegangen werden, der jetzt vorwärts getan wird. Ein Leutnant stürzt auf den Pfahl zu, ein Stückchen des schwarzgelben Holzes sich auszuschneiden; ich sehe nach der Uhr: es ist genau halb sieben. Eilig, eilig, immer mehr Österreichischen Boden unter die Füße zu bekommen, immer mehr Truppen sich entwickeln zu lassen in diesem Defilee, geht es nun vorwärts; rechts und links die Blicke auf die Berge schweifen lassend nach den etwaigen Tyroler Schützen, nach den aufgefahrenen Batterien, die uns in unschwerer Arbeit die Fortsetzung des Weges so blutig machen könnten, ergießt sich die Heersäule in das Böhmische Land. ›Und wo sind sie denn nun?‹ höre ich die Grenadiere fragen. Augenscheinlich ist der Feind getäuscht, er hat uns an anderer Stelle oder zu anderer Stunde erwartet. – Musik und Lieder sind längst verklungen: immer heißer brennt die steigende Sonne auf die angestrengt Marschierenden. Die ersten Böhmischen Gehöfte zeigen sich: die Häuser verrammelt, Alles öde, leer und verlassen. Aber nein – da blicken sie neugierig hervor, Weiber, Kinder und Greise, hinter der Ecke des Hauses, hinter dem aufgeschichteten

Holze: an anderer Stelle, wo die Häuser in einiger Entfernung von der Straße liegen, steht man sprachlos und perplex vor den Türen, als traute man seinen Augen nicht. Und unser Grenadier aus dem letzten Preußischen Dorfe ist mit jenen Leuten, als seinen Grenznachbarn, wohlbekannt: ›Guten Morgen, wie geht's denn noch?‹ ruft er mit kräftiger Stimme hinüber: aufs Erstaunteste und Herzlichste wird der Gruß erwidert. Bald wird das Bild ein wenig lebhafter: die alten Leute des Dorfes, besonders Frauen, eilen, ohne ein Wort zu sagen, in ängstlicher Beflissenheit herbei mit bereitgehaltenem Wassertrunke: was sie nur haben an Trinkgefäßen scheint angefüllt worden zu sein. Hier und da sind die Lechzenden so unbesonnen, zu trinken. Die Offiziere winken den Frauen, sich nicht zu bemühen: ›Wir dürfen nicht trinken, Mutter!‹

Diese verrammelten Häuser, die neugierig dahinter Hervorlugenden, die angstvolle Dienstfertigkeit der unkräftigen Bewohner, während die kräftigeren geflohen sind, Alles dies – wenn es auch hier gestattet ist unter Wiedergabe des Allgemeinen das Persönliche vorblicken zu lassen – Alles dies machte in seinem Ineinandergreifen auf mich den seltsamsten Eindruck: als ob ein Schauspiel hier aufgeführt werde und der erste Aufzug wirklich äußerst natürlich in Szene gesetzt sei.

Wieder nähern wir uns einem Dorfe, linker Hand auf vorspringender, das Land beherrschender Anhöhe, liegt nebst einigen Häusern die Kapelle, und weithin sieht und hört man die Glocken derselben, Sturm läutend, auf und ab schwingen. Einige Ulanen gehen im Trabe vor, dies Alarmzeichen, das sich fortsetzend den Feind von unserem Anmarsche unterrichten musste, zu untersagen. Ein Zug der 4. Kompagnie folgt: jener Kapelle nahe, machen wir Halt, die Gewehre werden geladen, das laute Rasseln des Chargierens geht durch die Reihen. Mit warmen Worten mahnt der Offizier, nicht ins Blaue zu feuern, jeder Schuss könne das Leben retten: ›Immer zielen und um Gotteswillen ruhig.‹ Wir sahen nun bald den rekognoszierenden Offizier oben bei der Kapelle und den Häusern; eine Frau mit dem häuslichen Schlüsselbunde öffnet alle Räume und Keller, wie man es verlangt; es findet sich nichts vom Feinde, wir setzen den Marsch fort. Indes nun das Gros rechts in die Ebene nach Braunau, das wir unten vor uns liegen sehen, hinabsteigt, so geht unser Bataillon als Avantgarde voran. Aber das ist kein Marschieren mehr, das ist ein Eilen, als wolle man das Böhmerland im Sturmlaufe nehmen; immer wieder geht der Anschluss verloren, mühsam schleppt man sich nach, die Stiche in der Seite sind kaum mehr erträglich. Unter hartem Kampf mit solchen Schmerzen bietet sich etwas hoch Erfreuliches dar. Denn während die Infanterie in dieser Beschleunigung vorgeht, so sind kleine Detachements der Ulanen – der dritten gelben Garde-Ulanen – in voller Tätigkeit rechts, besonders links des Weges die Höhen, von welchen aus sich ein Überblick über die Straße gewinnen lässt, wieder und wieder zu erklimmen. Kaum hätte ich geglaubt, dass die Kavallerie dies leisten könne. Das Zusammenwirken des kletternden Pferdes mit dem, in Körperbewegung und Zügelführung dasselbe unterstützenden, lanzenführenden Reiter, zu geschlossener und elastischer Einheit ist bewundernswert. Und wenn nun die Ulanen wieder eine Höhe erreicht hatten und wieder das Land offen vor sich liegen sahen, dann schallte ein lautes Hurra herab zu den Marschierenden: ›Die braven Ulanen!‹ sagen diese. Aber der Marsch behält seine verzweifelt geschwinde Kadenz bei, Alles lechzt und ist erschöpft. Auf feuchter Wiese, dicht hinter einem Dorfe wird endlich zum ersehnten Rendezvous abgeschwenkt, und indes sich Alles eines Trunkes Wasser oder Milch versichert, so steht mein Verlangen nicht darnach: von heftigen Schmerzen geplagt, finde ich Minderung an einem glühend heißen Strohbunde, vor Mattigkeit schlafe ich ein. Sehr bald erwache ich indes, denn ein Offizier probiert dicht neben mir seinen Revolver: ›Es scheint doch wirklich Ernst zu werden!‹ merke ich. Wir verweilen noch eine Zeit lang; vor uns und neben uns in einiger Entfernung dehnen sich bläulich dunkle Waldberge von beträchtlicher Höhe aus. Endlich verlautet, der Feind stehe 40.000 Mann stark bei Nachod, das aber soll noch einige Meilen von hier entfernt sein. Uns links wendend schlagen wir die Richtung auf die Höhen ein; grässlicher Gedanke, dieselben erklettern zu müssen. Kaum noch einige Schritte glaube ich leisten zu können. Man bleibt ja doch immer ein Mensch: freilich ist man andererseits auch ein Preuße, und bevor wieder Rendezvous stattfindet, liegen zu bleiben, ist mit Aufbietung aller Kräfte zu vermeiden. Und glücklicherweise sind wir nicht sobald im Walde und am Fuße jener Höhen, als wieder Halt gemacht wird. Die Gewehre werden zusammen gesetzt. Man legt sich nieder, der Schatten ist hochwillkommen, aber ich wage es doch nicht, mich dem Boden anzuvertrauen, denn derselbe ist von fast quellender Nässe. Alles schläft oder ruht wohl eine Stunde lang. Dann ging's ›An die Gewehre!‹ und weiter hieß es ›Entladen!‹ Der Feind war also nicht in der Nähe. Auf dem weiteren Marsche, auf der Chaussee durch den Wald, sah man das erste Blut des Feldzuges. Von unseren Ulanen eskortiert, kam uns ein Wagen entgegen, der einen verwundeten Österreichischen Ulanen enthielt, der unsrige hatte ihm die Lanze durch den Arm gerannt.«

Getrennt marschieren, vereint schlagen

Die Strategie des preußischen Generalstabschef Helmuth von Moltke, mit drei räumlich weit auseinander liegenden Armeen in jeweils mehreren Heeressäulen von Sachsen und von Schlesien aus in Österreich einzumarschieren, war nicht ohne Risiko. Seine Generalskollegen bezweifelten, dass dieses unkonventionelle Vorgehen Erfolg haben könnte, denn bis dahin waren die Militärs nach altem Brauch eher gewohnt, dass ein Feldzug durch die Gesamtarmee in einer einzigen kompakten Masse durchgeführt wird. Eine Zersplitterung der Kräfte galt als militärische Todsünde. Die weit auseinander liegenden und durch die Aufteilung in ihrer Schlagkraft geschwächten drei Armeegruppen mit ihren wiederum zersplittert marschierenden Heeressäulen wären einzeln eine leichte Beute für die massiert angreifenden Österreicher – so das Credo der Skeptiker.

Moltke konnte die Argumente der Bedenkenträger ignorieren, denn er wusste seinen König hinter sich. Der preußische Generalstabschef kalkulierte mit der Trägheit der österreichischen Armee, und die weitere Entwicklung der Ereignisse bestätigte ja auch die Richtigkeit seiner Überlegungen, die vor allem die Bedeutsamkeit der Geschwindigkeit berücksichtigten. Ein räumlich getrennter Einmarsch in Böhmen durch das aufgeteilte Heer ermöglichte eben einen viel rascheren Gebietsgewinn im Feindesland, als wenn die Preußen in einer einzigen großen Masse über die Grenze und über die böhmischen Pässe gerückt wären. »Getrennt marschieren, vereint schlagen« – das war die richtige Überlegung des Helmuth Moltke, der als Generalstabschef ein Glücksgriff für sein Land und seinen König war. Nahe des nordostböhmischen Gitschin sollten die Erste Armee und die Elb-Armee zusammentreffen, und nur wenig später und nicht sehr weit entfernt von Gitschin war auch das »Andocken« der Zweiten Armee als linker Flügel der hier nun vereinten preußischen Heeresmacht geplant, um gemeinsam der Hauptmacht der österreichischen Nordarmee gegenüber zu treten. Bei Sadowa – Königgrätz ist dieser Plan letztlich aufgegangen, die Zweite Armee des Kronprinzen Friedrich Wilhelm stieß hier allerdings erst in letzter Sekunde zu den beiden anderen Armeen.

Der von allen erwartete große Schlachtenlärm blieb in den ersten Tagen des preußischen Einmarsches noch aus. Wo bleibt die mächtige österreichische Armee? Weshalb waren die Gebirgspässe, die von Sachsen und Schlesien nach Böhmen führen, nicht abgesperrt? Diese Fragen beherrschten sehr bald die Gespräche, sowohl hüben wie drüben. Vorerst mussten sich die Leute mit Nachrichten über noch unbedeutende Plänkeleien zufrieden geben, wie dem kleinen Kavallerie-Gefecht zwischen fünf preußischen Ulanen und 15 österreichischen Kavalleristen. Nach preußischen Angaben suchten die Österreicher nach drei abgegebenen Salven die Flucht, fünf der Fliehenden und drei Pferde gerieten aber in preußische Gefangenschaft.

Der »Spaziergang« der Preußen in den ersten Tagen in das Territorium des österreichischen Feindes hinein, ohne mit diesem richtig auf Tuchfühlung zu kommen, wurde von der Linzer »Tages-Post« am 29. Juni nicht als Versäumnis der eigenen Armee, sondern als »feige« Kriegsführung der Preußen getadelt:

»Das Hereintreten der Preußen in Böhmen war entweder nur eine müßige Demonstration preußischen Hochmutes oder eine große Rekognoszierung. Da sie weder österreichischen Truppen in nennenswerter Zahl begegneten, noch letztere sich vor den preußischen Eindringlingen zurückgezogen haben, so scheint es fast, dass die Preußen sich nur da sehen lassen, wo sie sicher sind, dass die österreichischen Waffen ihre räuberischen Spaziergänge nicht stören werden. Das ist eine ruchlose und feige Art Krieg zu führen, ganz gegen den Geist der Kriegsführung unserer Zeit, die es nur auf die Vernichtung feindlicher Streitkräfte, aber nicht auf die Verwüstung des Privatbesitzes und auf unnütze Quälereien bürgerlicher Familien abgesehen hat.«

Erste nennenswerte Scharmützel gab es am 26. Juni bei Hühnerwasser und in der Nacht zum 27. bei und in Podol. Schon bei diesen ersten ernsthaften Gefechten zeichnete sich ab, dass es mit dem von den nichtpreußischen Deutschen erwarteten Marsch auf Berlin wohl schwierig werden könnte. Beim Nachtgefecht von Podol zeigte sich zum ersten Mal die gewaltige Überlegenheit des preußischen Hinterladers, des »Zündnadelgewehrs«, mit dem der Pickelhauben-Träger drei- bis viermal schoss, während der österreichische Infanterist in dieser Zeit seinen Lorenz-Vorderlader einmal abfeuerte.

Die mit Fortschrittsgedanken wenig belastete österreichische Generalität hatte wenige Jahre zuvor die Einführung des modernen Zündnadelgewehrs in die kaiserliche Armee abgelehnt, da man einen zu hohen Munitionsverbrauch befürchtete und sowieso die Sturmtaktik mit dem Bajonett bevorzugte.

Die im Vergleich zu den Preußen wesentlich höheren Verluste der Österreicher zeigten sich schon am Morgen des 27. Juni in Podol: 1048 Tote, Verwundete und Vermisste; die preußischen Verluste: 32 Tote und 98 Verwundete und Vermisste. Dieses ungleiche Verhältnis der Verluste setzte sich bis zur Einstellung der Feindseligkeiten vier Wochen später fort.

Dass die Wahrheit immer das erste Opfer jeden Krieges ist, zeigt sich sehr eindrucksvoll bei der Berichterstattung über das Gefecht bei Podol. In der deutschsprachigen »Prager Zeitung« vom 28. Juni 1866 wurde der dortige Kampf gegen die preußischen Eindringlinge als erfolgreich für die Österreicher beschrieben:

»Gestern Nachts kam es bei Podol (unweit Turnau) zu einem größeren Gefechte. Wir kennen noch nicht alle Details desselben, entnehmen aber verschiedenen Privat-Mitteilungen, dass unsere braven Truppen mit wahrem Löwenmute gegen den in Überzahl ihnen gegenüberstehenden Feind gekämpft und denselben am weiteren Vordringen gehindert haben. Der Angriff der Preußen geschah um 9 Uhr Abends, und hatten dieselben es, wie alle Anzeichen dafür sprechen, auf einer Überrumplung der österreichischen Position bei Brzezina abgesehen, welche jedoch total misslang. Der Kampf wurde mit einem Vorpostengefechte an der Iser eingeleitet. Zunächst kamen drei Kompagnien Martini-Infanterie ins Feuer, später nahm der Kampf, da man es mit einer Überzahl von etwa 8000 Preußen zu tun hatte, immer größere Dimensionen an, und kamen, nachdem der Feind von allen Seiten Sukkurs erhalten, die beiden Brigaden Poschacher und Piret, sowie ein Teil des Regimentes Ramming ins Gefecht. Die österreichischen Truppen nahmen im Isertale Stellung und versuchten von dort den Übergang über den Fluss zu erstürmen, wogegen der Feind Brzezina und die umliegenden Gebäude besetzte. Von der Mühle und dem Wirtshause an der Iser aus unterhielt der Feind ein ununterbrochenes Gewehrfeuer auf unsere Truppen, bis es diesen gelang, die Zugänge zu erstürmen. Es musste jedes Zimmer buchstäblich erobert werden. Nach einem mörderischen Kampfe und einem zweimaligen Angriffe wurde die Iserbrücke genommen und der Feind nach verzweifelter

Gegenwehr aus Brzezina und Podol vertrieben. Mit sehr bedeutendem Verluste zog sich derselbe gegen Swihan zurück. Leider war auch der Verlust unserer Truppen ein bedeutender.«

Henry M. Hozier, der die preußische Armee auf ihrem Feldzug begleitende Kriegsreporter der Londoner »Times«, beobachtete den Kampf um Podol aus direkter Nähe, und dieser sah – anders als die »Prager Zeitung« – die Preußen als Sieger des Nachtgefechts:

»Die Eisenbahn und die Chaussee, welche durch das Isertal von Turnau nach Münchengrätz führen, laufen eine Strecke von fünf Meilen von der ersteren Stadt auf der Nordseite des Flusses; beim Dorfe Podol jedoch kreuzen sie nach dem südlichen Flussufer vermittelst zweier ungefähr 200 Ellen von einander entfernten Brücken. Die Iser ist bei Podol über hundert Ellen breit und ihre Gewässer strömen mit reißender Heftigkeit zwischen steilen Ufern dahin, welche sich nur etwa vier Fuß über die Wasserfläche erheben. Drei Wege führen von dem Plateau von Sichrow nach der durch das Isertal führenden Chaussee. Der östliche ist ein Landweg, welcher von dem Plateau in der Nähe des Schlosses Sichrow ausläuft und bei dem Dorfe Swierzin in die Chaussee mündet; in der Mitte trifft die Chaussee von Liebenau auf halbem Wege zwischen Swierzin und Turnau mit der Heerstraße zusammen, und der Weg von Gentschhowitz, im Westen, vereinigt sich mit ihr in unmittelbarer Nähe dieser Stadt.

Gestern Abend [26. Juni] warf Prinz Friedrich Karl eine leichte Pontonbrücke unterhalb der abgebrochenen Brücke von Turnau über den Fluss und besetzte die Stadt ohne auf Widerstand zu stoßen. Gleichzeitig marschierte Horn's Division über den östlich gelegenen Landweg, besetzte das Dorf Swierzin und schob ihre Avantgarde gegen Podol vor. Die nach diesem Punkte dirigierten Truppen bestanden aus zwei Kompagnien des 4. Jägerbataillons, den Füsilier-Bataillonen des 31. Regiments und einem Bataillon des 71. Die voranmarschierenden Jäger konnten sich bis auf dreiviertel Meilen der Podolbrücke nähern, bevor sie auf österreichische Vorposten stießen. Hier aber fanden sie den Feind und ein heftiges Gefecht entspann sich, denn die Österreicher hatten sechs Bataillone im Dorfe und waren entschlossen, den Ort zu behaupten und den Flussübergang zu verteidigen.«

Wilhelms Wunderwaffe

»Es war acht Uhr und die Abenddämmerung nahte heran, als die Jäger von ihrem Feinde Fühlung gewannen. Zur rechten Seite der Landstraße, ungefähr eine halbe Meile vor der Brücke, steht das erste Haus des Dorfes. Es ist ein großes quadratförmiges Gehöft mit Fenstern ohne Glasscheiben, aber mit soliden Gittern versehen. Eine bedeutende Anzahl von Österreichern hatte dieses Gehöft besetzt und ihre im Freien befindlichen Wachtposten, vor den heranrückenden Preußen retirierend, formierten sich in Linie quer über den Weg neben dem Hause. Als die preußischen Jäger in Sicht kamen, eröffneten die Besatzung des Gehöftes und die formierten Piquets ein verheerendes Feuer auf jene. Aus den vergitterten Fenstern und von den auf der Landstraße postierten Soldaten kam eine schnelle Salve, welche manchen der preußischen Schützen niederstreckte; die Letzteren gingen jedoch schnell ans Werk und hatten dreimal geschossen, bevor die nur mit ›Mündungsladern‹ bewaffneten Österreicher das Feuer zu erwidern vermochten. Der Tumult des Gewehrfeuers wurde nun betäubend; doch traten auch Zwischenräume ein, während welcher das Ohr die einzelnen Schüsse unterscheiden konnte. Doch dauerte dieser Auftritt nicht lange. Major von Hagen, der das 2. Bataillon des 31. Regiments befehligte, das den Jägern beim ersten Schalle des Gewehrfeuers gefolgt war, hatte seine Truppen mit verdoppelter Schnelligkeit marschieren lassen und erschien bald zur Verstärkung auf dem Kampfplatze. Es war nun beinahe völlig dunkel, und das Aufblitzen des Pulvers, das Knallen der Schüsse und die Ausrufungen der Kämpfenden waren fast die einzigen Andeutungen über die Position der Truppen. Doch konnte man wahrnehmen, dass das schnelle Feuern des Zündnadelgewehrs in der auf der Landstraße aufgestellten österreichischen Linie verheerend wirkte und das weiter vorschreitende ›Hurra‹ der Preußen bewies, dass sie Terrain gewannen. Und nun, während das Austauschen von Schüssen aus den Fenstergittern des Gehöftes und von den preußischen Schützenabteilungen, die sich zur Rechten der Landstraße über ein Kornfeld verbreitet hatten, noch rüstig vor sich ging, entstand in dem Schießen auf der Landstraße eine plötzliche Pause; denn die durch das 31. Regiment verstärkten Jäger hatten sich in Sturmschritt gesetzt und drängten die Österreicher jenseits des Gehöftes zurück bis zu der Stelle, wo die Hütten des Dorfes zu beiden Seiten der Landstraße standen und wo sich die Verteidigenden in der Eile einige gefällte Weidenbäume als Barrikade quer über die Straße geworfen hatten.

Und nun vermehrte sich der Tumult des Kampfes. Die Dunkelheit war nun vollständig eingetreten und der Mond noch nicht aufgegangen. Die Preußen stürmten gegen die Barrikade an, die Österreicher behaupteten hinter derselben ihre Stellung und drei Schritte von einander entfernt schossen Angreifer und Verteidiger sich gegenseitig ihre Kugeln in die Brust. Sehen konnte man wenig; nur das Aufblitzen des Pulvers warf ein schauerlich unbestimmtes Licht auf die wogenden Massen. Doch in den zwischen den Feuern eintretenden Pausen hörte man die Stimmen der Offiziere ihre Leute aufmuntern, und halb ersticktes Schreien oder dumpfe Gurgeltöne verrieten, dass die Kugeln ihr Ziel getroffen hatten. Dies musste endlich ein Ende nehmen. Den viel schneller feuernden Preußen, welche in der schmalen Straße, wo keine der beiden Parteien ihre ganze Stärke zeigen konnte, ihre geringere Anzahl nicht fühlten, glückte es endlich, die Barrikade hinwegzuräumen, und nun begannen sie, ihre Gegner langsam durch die Dorfstraße zurückzudrängen. Dessenungeachtet kämpften die Österreicher tapfer und ihre Pläne zur Verteidigung der Häuser waren mit Geschicklichkeit, obgleich in großer Eile, entworfen worden. Aus jedem Fenster wurden Musketen abgefeuert, fuhren Kugeln in die dicht zusammengedrängten Reihen der vordringenden Preußen, während auf jedem Balkon hinter hölzernen Barrikaden Jäger niedergekauert lagen, um das tödliche Geschoss auf ihre Feinde anzulegen. Doch in der Straße konnten die österreichischen Soldaten, gegen einander gepfercht und durch plumpe, schwerfällige Ladestöcke belästigt, nicht mit Leichtigkeit laden und das Feuer der Preußen nicht angemessen erwidern, während diese, vermöge des Vorteils einer besseren Waffe, ihre schnellen Salven gegen eine fast wehrlose Masse abzuschießen im Stande waren.

Während der Kampf sich zollweise immer weiter nach der Iser hinschob, wurde den Österreichern in jedem Hause, an welchem die vordersten Reihen der Preußen vorüberkamen, der Rückzug abgeschnitten, so dass sie früher oder später zu Gefangenen gemacht wurden; denn die Häuser des Dorfes grenzen nicht unmittelbar an einander; sondern ein mehrere Ellen breiter Zwischenraum trennt jedes von dem andern. Die ganze preußische Truppenmacht war nun herbeigekommen und jedes einzelne Haus, an welchem die ersten Kämpfenden vorüber waren, wurde umzingelt und der Garnison jedes einzelnen Gebäudes ward die Flucht abgeschnitten.

Mit lärmenden Ausrufungen, inmitten des Krachens zerbrochener Fenster, des Dröhnens stürzender Balken und des beständigen Prasselns des Gewehrfeuers, wälzte der Kampf sich langsam die schmale Straße hinab. Um halb zwölf Uhr ging der Mond auf und sein helles, klares Licht verriet die Tatsache, dass die hinteren Reihen der Österreicher eben eine Schwenkung machten, um den Preußen den Zugang zur Brücke zu verlegen. Das in dem Strome reflektierte Mondlicht zeigte den Angreifenden, dass sie dem Ziele der Anstrengungen nahe waren, und den Österreichern, dass der Feind jetzt oder nie zurückgeschlagen werden müsste. Beide Parteien warfen Tirailleure längs dem Flussufer aus und der Mond spendete ihnen Licht genug, über den Fluss hinüber und herüber zu zielen. Während die Österreicher auf der ersten Brückenplanke sich zu abermaligen Kampfe umwandten und die Preußen einige Schritte vor ihnen stehen blieben, blickten die Kämpfenden während einiger Sekunden sich gegenseitig in die Augen. Dann begann das Gefecht grimmiger, als je, zu toben. Schneller folgten die Schüsse auf einander, und in dem engeren Durchgange trafen die Kugeln sicherer als bisher. Herr von Drygalski, der dass Füsilier-Bataillon des 31. Regiments anführte und erst vor zwei Tagen zum Oberstleutnant avanciert war, fiel von zwei Kugeln, die ihn in die Stirn getroffen hatten, und ein Hauptmann an seiner Seite wurde an beiden Beinen verwundet. Mancher Tapfere fiel; der Grauschimmel eines preußischen Offiziers stürzte, von einer Kugel durchbohrt, gegen die Mauer und schlug mit den Hufen unter den Reihen umher; doch wurde er bald für immer beruhigt, und in jenem Augenblicke wurden solche Verletzungen, die von einem beschlagenen Pferdehuf verursacht werden konnten, nur wenig beachtet. Die Österreicher leisteten tapferen Widerstand und machten einen Versuch, die Brücke anzuzünden. Doch der Unterschied zwischen ihrer Bewaffnung und derjenigen der preußischen Truppen machte sich auch hier wieder geltend und durch ihr Missgeschick erbittert, versuchten sie einen Bajonett-Angriff; aber ohne Zögern griffen auch die Preußen zu derselben Waffe und die Veränderung der Kampfart brachte in dem Ausgange des Gefechtes keine Veränderung hervor: die Verteidiger der Brücke waren endlich in die Notwendigkeit versetzt, sich über dieselbe zurückzuziehen.

Während dieser Kampf sich langsam durch die Dorfstraße hinzog, fand auf der Eisenbahn ein ähnliches Gefecht statt und führte zu einem ziemlich ähnlichen Ergebnis. Eine Abteilung von Österreichern hatte sich von dem Punkte, wo die ersten Schüsse gefallen waren, nach der Eisenbahn zurückgezogen. Einige preußische Detachements drängten sich ihnen nach, doch war keine der beiden Parteien hier in starker Anzahl vertreten und der Hauptkampf ging auf der Landstraße vor sich. Aber auch hier bewies das Zündnadelgewehr seine Überlegenheit gegenüber der altmodischen Waffe der Österreicher, denn die Letzteren fielen in dem Verhältnisse von sechs gegen einen Preußen. Die Eisenbahnbrücke wurde nicht abgebrochen; die sich zurückziehenden österreichischen Truppen rissen jedoch die Schienen auf und die Eisenbahn ist für Züge augenblicklich nicht passierbar. Die Preußen setzten über beide Brücken den zurückweichenden Österreichern nach; die Letzteren warfen ein starkes Detachement in ein noch unvollendetes großes Haus, das eine Viertelmeile jenseits der Brücke an der Chaussee steht, – und hier suchten sie abermals Stand zu halten. Sie hatten viele Tote, Verwundete und Gefangene verloren; viele ihrer Offiziere lagen als Leichen auf dem Kampfplatze oder waren in Gefangenschaft geraten; dessen ungeachtet hielten sie noch so lange Stand, bis sie alle aus den Häusern des Dorfes entkommenden Nachzügler an sich gezogen hatten, und von den verfolgenden Preußen beunruhigt, zogen sie mürrisch auf der nach Münchengrätz führenden Landstraße davon.

So endete ein Gefecht, das, obgleich auf beiden Seiten mit der größten Energie und Entschlossenheit gekämpft wurde, dennoch zu einem entscheidenden Siege der Preußen führte; denn als um 4 Uhr des Morgens die letzten vereinzelten Schüsse aufhörten, war außer den Verwundeten und Gefangenen kein Österreicher innerhalb von drei Meilen von der Podolbrücke zu sehen. [...]

Der Weg nach Podol war diesen Morgen mit Lazarett- und Ambulanzwagen bedeckt, welche die Verwundeten aufnahmen. Jede Hütte des Weges war in ein temporäres Lazarett verwandelt und das kleine Dorf Swierzin war mit Verwundeten überfüllt. Die Krankenträger, eins der nützlichsten Korps, das irgend eine Armee besitzt, waren seit erstem Anfange des Gefechtes in Tätigkeit. Während die Kämpfenden vordrangen, entfernten jene hochherzigen Männer, ohne die Kugeln zu beachten und durchaus unbekümmert um ihre persönliche Sicherheit, mit gleich hilfreicher Hand Freunde und Feinde, die, von ihren Wunden gepeinigt, sich auf dem Erdboden krümmten, und trugen sie sorgfältig hinter die Schlachtlinie, wo die Militärärzte in ihrer Fürsorge für Preußen sowohl wie für Österreicher keinen Unterschied machten. Auch zeichneten sich nicht bloß Diejenigen, denen die Sorge für die Verwundeten als Dienstpflicht obliegt, durch regen Wetteifer in der Fürsorge für die Opfer des Kampfes aus; Soldaten, die augenblicklich nicht Dienst hatten, sah man für die Verwundeten beider Armeen Wasser herbeiholen und ohne Unterschied Allen helfend beispringen, die noch vor wenigen Sekunden die tödlichen Geschosse gegen einander abgefeuert hatten. Auch liegt hierin nichts Überraschendes, denn wenn das Gewühl des Kampfes vorüber ist, vermögen die Soldaten der preußischen Armee nicht zu vergessen, dass das Band einer gemeinsamen Sprache sie und ihre Gegner umschlingt und dass, wo ein Österreicher verwundet liegt, es in den meisten Fällen deutsches Blut ist, welches über die weiße Uniform des Hauses Habsburg aus den Wunden träufelt.

In dem Dorfe bildete die dort herrschende wilde Unordnung ein sprechendes Zeugnis für die Heftigkeit des stattgefundenen Kampfes. Österreichische Proviantbeutel, Tschakos, Kleider und Waffen sah man überall. Tote Pferde lagen in den Gräben an der Landstraße. Weiße Röcke und Mäntel, die in der Aufregung des Gefechtes abgeworfen worden, waren auf dem Erdboden umhergestreut. Die Bäume, aus welchen die Österreicher die Barrikade errichtet hatten, lagen auf der Landstraße herum und manche Kugel war in sie hineingedrungen. Die Hütten waren von Mobiliar entblößt und ihre Balken und Dachsparren hatte man herabgerissen, um sie zur Verrammelung der Türen und Fenster zu benutzen. Auf der ganzen Ausdehnung der Straße und an den Ufern des Flusses lagen Gegenstände, die, aus der Ferne gesehen, wie beschmutzte Uniformen erschienen, in denen man aber bei näherer Besichtigung Leichen gefallener Soldaten erkannte. Zuweilen lagen sie in Gruppen von zwei oder drei Mann, in einander verflochten, als hätten sie im Todeskampfe sich gegenseitig ergriffen; an anderen Stellen sah man einzelne Leichen auf dem Rücken ausgestreckt, das bleiche Gesicht und das brechende Auge zur glühenden Morgensonne empor gewendet. Die dunkelblaue, rot eingefasste Uniform Preußens und die weiße mit blau besetzte Österreichs lagen friedlich nebeneinander; doch ist die Zahl der Letzteren bei weitem vorherrschend, und an einem Punkte der Eisenbahn bilden drei preußische Leichen gegenüber neunzehn österreichischen eine düstere Trophäe der Überlegenheit des Zündnadelgewehrs.«

Dass sich die Kriegsgegner in und um Podol gegenseitig nichts schenkten, wurde den Bürgern weit abseits des Kampfplatzes durch den Anblick der Verwundeten vor Augen geführt. Als die ersten *Blessierten* von Podol mit dem Zug in Prag eintrafen, wurden zumindest einige Zivilisten mit der blutigen Wahrheit des Krieges konfrontiert. Für diejenigen Bürger, die nicht am Bahnhof sein konnten, als der erste Verwundeten-Transport in der böhmischen Metropole ankam, schilderte die »Wiener Zeitung« am 28. Juni (auf der Grundlage eines Textes der »Prager Zeitung«) die Situation am Bahnsteig:

»Die ersten jener tapferen Scharen, welche in dem vorgestern um 9 Uhr Abends bei Podol (nächst Münchengrätz) begonnenen Kampfe ruhmreich gestritten und auf dem Felde der Ehre ihr Blut vergossen, sind am 27. d. M. um 12 Uhr Mittags in Prag eingetroffen. Es war ein ernster, tief ergreifender Moment, als der Zug, welcher uns die ersten Verwundeten nach Prag brachte, in die Bahnhofshalle einfuhr. Im ganzen waren 10 Waggons mit 152 Verwundeten, darunter 7 Offiziere. Zum Empfange derselben hatten sich bereits um 10 Uhr Morgens Se. Exzellenz der Herr Stadt- und Festungskommandant Baron Melczer, die Herren Generale von Wurmb und Supanchich von Haberkorn, der Spitaloberst Herr Rosborsky, die den Dienst habenden Mitglieder des Hilfskomitee nebst anderen Komiteemitgliedern, den Herrn Bürgermeister Dr. Belsky an der Spitze, dann die Herren Spitalsärzte eingefunden. Als der Zug heranfuhr, brach die versammelte Menge in schallende Hochrufe aus. Die Verwundeten gehörten mit Ausnahme von 7 Sachsen durchwegs der jüngst in Prag in Garnison gelegenen Brigade und den Infanterieregimentern König von Preußen, Baron Martini und dem 18. Jägerbataillon an. Die meisten derselben hatten Hiebwunden an den Händen und den Häuptern. Ein Offizier war an beiden Füßen schwer verletzt. Die Angekommenen wurden teils auf Tragschemmeln, teils auf Personen gestützt aus den Waggons gehoben und ihnen vom Hilfskomitee Likör, Wein, Pomeranzen und andere Erfrischungen verabfolgt. Die Mehrzahl derselben hatte das Riemenzeug und die Uniform mit Blut befleckt, vielen war wegen der Kürze der Zeit bloß ein Notverband angelegt worden. Eine Anzahl musste daher im Bahnhof neuerdings verbunden werden. Die wackeren Kämpfer, welche den sie quälenden Schmerz mit einer Seelenruhe ertrugen, die ihresgleichen sucht, wurden in die bereit gehaltenen Omnibusse, Droschken, Fiakerwägen, Sanitätsgespanne gebracht und in das Spital der Karls-Kaserne überführt. Das Publikum stand in den Straßen dicht gedrängt und gab seinen Sympathien lauten Ausdruck.«

Trügerische Siegesträume

Ein bei Oswiecim errungener Erfolg und die kurzfristige Rückeroberung einiger zuvor übereilt und ohne Not aufgegebener Höhenkuppen bei Trautenau am 27. Juni durch das X. österreichische Korps des Feldmarschallleutnants Freiherr von Gablenz waren die einzigen Siege, die das Habsburgerheer im Krieg gegen die Preußen verbuchen konnte. Die Erstürmung des »Kapellenberges« bei Trautenau durch die »Kaiserlichen« mit der altgewohnten – allerdings gegenüber dem Zündnadelgewehr nicht mehr zeitgemäßen – »Stoßtaktik« (in Sturmkolonnen mit gefälltem Bajonett) forderte den Österreichern einen enorm hohen Blutzoll ab. Die österreichischen Verluste in Trautenau beliefen sich auf 5000 Tote und Verwundete. Mit etwas weniger als 1400 Toten und Verwundeten fiel die Verlustbilanz auf der preußischen Seite aus. Der Sieg in Trautenau durch die zahlenmäßig hier überlegenen Österreicher war von Gablenz (einem gebürtigen Sachsen, der bis vor wenigen Wochen die österreichischen Truppen in Holstein befehligte) also sehr teuer erkauft, insbesonders weil Trautenau nur wenig später wieder aufgegeben werden musste. Dieser fragwürdige Sieg ließ die Wiener »Neue Freie Presse« schon vom Siegesmarsch auf Berlin träumen:

»Die Nordarmee hat lange ihre brennende Kampflust zurückhalten müssen, und die öffentliche Meinung sah kopfschüttelnd die nördlichen Reichsgrenzen, die blühendsten Industrie-Bezirke dem plündernden Feinde preisgegeben. Seit gestern (26.) ist Alles klar geworden, und der heute gegen den Feind geführte erste Vernichtungsschlag ist die Rechtfertigung der gewählten Zentralstellung. Die Nordarmee steht auf wenige Quadratmeilen zusammengedrängt in der Stärke von 300.000 Mann konzentriert und kann nun gegen die auf fünfzig Meilen hin zerstreuten preußischen Truppen nach allen Seiten schreckliche Streiche führen.

Die Aktion hat mit dem heutigen Tage glänzend begonnen; schon binnen Kurzem wird der entscheidende Kampf auf der ganzen Linie entbrennen und unser Land in wenigen Tagen von den Preußen gesäubert sein. Ob unser Feind nach einer ersten Hauptniederlage noch viele auszuhalten vermag, scheint uns sehr zweifelhaft. Sind die Preußen erst von unserem Boden verjagt, dann wird den unblutigen preußischen Triumphen über die rasche Besetzung von Sachsen, Hannover, Kurhessen bald ein Ende gemacht sein, und die österreichische Nordarmee sowie ihre deutschen Bundesgenossen werden ihre Heere gegen das Ziel des gegenwärtigen Krieges, gegen Berlin, in Bewegung setzen.«

Hier war der Wunsch, wie so oft, der Vater des Gedankens.

Die Masse der Nordarmee war nun bei Josephstadt in Ostböhmen versammelt. Deren Oberkommandierender Benedek, der innerlich nie wirklich von einer Siegeschance gegen die Preußen überzeugt war, da er die Schwächen der sich nach außen hin stark darstellenden österreichischen Armee nur allzu gut kannte, ergriff sich bietende strategische Chancen nicht rasch genug. Er zauderte in den falschen Momenten und war innerlich mehr auf Verteidigung als auf Angriff disponiert. Die in den Tagen vor Königgrätz oft weit auseinandergezogenen Preußen befanden sich nicht wenige Male in sehr verwundbaren Positionen, wo ein energisches und konzentriertes Vorgehen der Österreicher den Verlauf dieses Krieges durchaus zu Gunsten des Kaiserstaates und seiner deutschen Verbündeten verändern hätte können. Grundsätzlich richtige militärische Entscheidungen wurden ja auch getroffen, doch meist zu zögerlich und damit zu spät.

Am Kampfgeist und am Mut der österreichischen Offiziere und Mannschaften (insbesondere jener aus den deutschsprachigen Gebieten der Monarchie) mangelte es nicht, das beglaubigten die preußischen Kontrahenten unbefangen. Der Fisch begann jedoch buchstäblich am Kopf zu stinken, denn für den Hochadel waren 500 der höchsten Positionen bei der österreichischen Armee reserviert. Hier zählte die Herkunft und nicht die Eignung. Der in Böhmen riesige Besitzungen sein Eigen nennende Eduard Graf von Clam-Gallas, der als Generalleutnant das 1. Österreichische Armeekorps befehligte, war einer jener Aristokraten, die ihre militärische Betätigung eher als Zeitvertreib und Sport betrachteten, denn als ernsthaften Beruf und Berufung. Der Kriegsreporter Hans Wachenhusen bewertete die militärischen Fähigkeiten dieses österreichischen Generalleutnants dahingehend, dass er diesem nicht einmal eine Korporalsstelle anvertrauen würde.

Der Kaiser, die Regierung, die Presse und nicht zuletzt das Volk erwartete von Benedek ein offensiveres Vorgehen. Deshalb wurde die bei der ostböhmischen Festung Josephstadt anscheinend festgeklebte Hauptmasse der Nordarmee endlich in Bewegung gesetzt, um das Vordringen des Feindes über die Iser und somit weiter nach Zentralböhmen zu verhindern.

Es war zu spät. Am 27. Juni siegte die preußische Zweite Armee bei Nachod über die Österreicher. Deren Verluste waren mit 5782 Toten und

Verwundeten auch hier wieder um fast das Fünffache höher als jene der Preußen.

Die österreichischen Soldaten trugen ihre Paradeuniformen in den Tornistern, diese waren für die Siegesparade in Berlin gedacht. Dass es mit der stolzen Zurschaustellung dieses schmucken Textils nichts mehr werden würde, zeichnete sich nun Ende Juni zunehmend deutlicher ab. Die österreichischen Truppen wurden bei Skalitz geschlagen und zogen sich notgedrungen über die Elbe nach Josephstadt zurück. Am 28. Juni zogen die Preußen neuerlich in Trautenau ein. Damit war es der Hiobsbotschaften dieser Tage noch nicht genug, denn aus dem Gefecht bei Münchengrätz zwischen Teilen der nun mit der Elb-Armee vereinten Ersten Armee und den Truppen des General Clam-Gallas gingen letztere als Verlierer hervor und zogen sich nach Gitschin zurück.

Etwa zur selben Zeit, am Morgen des 28. Juni, gelangte der im Hauptquartier der österreichischen Nordarmee akkreditierte Sonder-Korrespondent der Londoner »Times« in Josephstadt ein. Schon am dortigen Bahnhof wurde ihm der bittere Ernst des Krieges durch die dort wartenden Verwundeten sehr nahe gebracht. Beim dem in der Festung Josephstadt logierenden Oberkommando wurde die angespannte Situation noch durch tadellose altösterreichische Umgangsformen überspielt:

»Eine luxuriöse Stadt am Abende zu verlassen und dann am Morgen nach einem tiefen und festen Schlafe in der Nähe eines Schlachtfeldes zu erwachen und sich mit allen Schrecknissen des Krieges in unmittelbare Berührung gebracht zu sehen, ist etwas so Peinliches, dass die Überraschung über die plötzliche Veränderung während einiger Zeit jedes andere Gefühl verdrängt. Nach einer einzigen in Wien angetretenen Nachtreise eben aus der Schlacht gebrachte Verwundete zu erblicken, zu erfahren, dass die Preußen bereits im Angesichte der Stadt wären, die Kanonenschüsse der kämpfenden Armeen zu hören, nachdem man erst am vorigen Nachmittage durch die Kärntner-Gasse in Wien promeniert war, hatte gewiss nichts Erfreuliches für einen Menschen, welcher sich der Erwartung hingegeben hatte, mit einer österreichischen Armee in Berlin einzuziehen und Unter den Linden zu lustwandeln.

Der Bahnhof von Josephstadt liegt in einiger Entfernung von der Festung dieses Namens. Die vor dem Gebäude stehenden Bänke und Tische waren nun von den Verwundeten besetzt; viele lagen auf dem Erdboden, und die meisten waren am Fuße, der Hand oder dem Arme verletzt, was mich vermuten ließ, dass man die schwerer Verwundeten in einigen der Bahnzüge, welche während der Nacht abgefahren waren, hinweg transportiert hatte. Innerhalb der Passagierzimmer begegnete mir derselbe Anblick. Bei meinem Eintritt in den inneren Saal wurde ich von einem Offizier begrüßt, der eine Zigarette rauchte; schon war ich im Begriff, an seiner Seite Platz zu nehmen, als ich eine Blutlache unter der Bank bemerkte, und nun erst machte ich die Wahrnehmung, dass einer seiner Füße schrecklich zerschmettert war. Alle anderen Plätze waren in ähnlicher Weise besetzt, und in Zwischenräumen von wenigen Minuten wurden neue Unglückliche hereingebracht und von den Ärzten untersucht; – Andere wurden hinausgetragen und in den Eisenbahnzug gesetzt, der nach Süden abgehen sollte. Ein Tyroler sagte mir, es habe gestern ein heftiges Gefecht mit den Preußen bei Skalitz stattgefunden; ein österreichisches Korps sei von einer dreifachen feindlichen Truppenmacht überfallen worden und hätte schwere Verluste gehabt. Die Zündnadelgewehre, bemerkte er, setzten den Feind in den Stand, so schnell zu feuern, dass es unmöglich sei, ihm mit dem Bajonett zu Leibe zu gehen. ›Wir schießen besser,‹ fügte er hinzu; ›aber die Preußen feuern dreimal für unser einmaliges Schießen.‹ Ein anderer Soldat, dem beide Hände zerschossen waren, bat um eine Zigarre; doch konnte er sie mit eigener Hand weder anzünden, noch in den Mund stecken. Er sagte: ›Die Preußen sind Teufel, voller Finten; sie fechten nicht ehrlich.‹ – Es müssen mindestens 150 Personen mehr oder weniger schwer Verwundete in den Passagierzimmern gewesen sein; doch hörte man kein Stöhnen, außer wenn die Sonde des Wundarztes in der Wunde umherwühlte. Es war kein angenehmer Aufenthalt, und sobald als es tunlich war, begab ich mich nach der Stadt, die auf einer Anhöhe an der Mettau, oberhalb ihres Vereinigungspunktes mit der Ober-Elbe steht und eine ziemlich wichtige strategische Position ist. Ich hatte über viele Gräben und Zugbrücken zu schreiten, bevor ich in die Stadt gelangte. Der Feldzeugmeister Benedek und sein ganzer Stab waren nach dem Schauplatze des Kampfes hinausgeeilt, der einige Meilen außerhalb der Stadt vor sich ging. Als ich dem Platzkommandanten, Major Brock, meine Aufwartung machte und meine Briefe überreichte, wurde ich mit Artigkeit empfangen, und der Bürgermeister wurde angewiesen, mir ein Quartier zu verschaffen; doch war es leichter, eine solche Weisung zu erteilen, als sie auszuführen, denn die Häuser waren überfüllt, und erst nach vielem suchen und durch vielfache

Vermittelung wurde ich in einige Zimmer geführt, in denen mehr Raum als Mobiliar enthalten war, die aber dennoch weit besser waren, als ich unter den obwaltenden Umständen hätte erwarten können. Ein zweiter Besuch bei dem Platzkommandanten war erforderlich, um mich in den Stand zu setzen, überhaupt in dem Orte umherzugehen. Zunächst musste ich meinen Pass abgeben, der für einen anderen von der hiesigen Militärbehörde ausgetauscht werden soll. Dann wurde mir mitgeteilt, dass ich mir sofort ein Abzeichen verschaffen müsse (das ich aus naheliegenden Gründen nicht beschreiben werde), welches ich stets tragen muss, um mich als dem österreichischen Hauptquartier attachiert, zu legitimieren. Ich begab mich nach dem Festungswalle, um von dort aus das, wie man sagte, noch vor sich gehende Gefecht anzusehen. Kaum aber hatte ich die Nase über die Brustwehr erhoben, als ein Oberst, der mit seinem Ordonnanz-Offizier die Runde machte, mich höflich aber entschieden ersuchte, mich zurückzuziehen, und da mein Abzeichen noch nicht fertig war, so hatte ich keine andere Wahl, als von Straße zu Straße zwecklos umherzuwandern. Das Gefecht war übrigens weder ausgedehnt, noch sehr heftig, und das einzige Resultat desselben war die nun gewonnene Überzeugung, dass die Preußen in großer Anzahl eine sehr starke Position inne hatten und dass Skalitz nicht mit Vorteil behauptet werden konnte; – wenigstens hörte ich dies; – obgleich man jedoch nur wenig hört, darf man dies Wenige nicht einmal nacherzählen. Alles und Alle werden sehr streng überwacht, und wenn Heimlichkeit zum Siege führt, so unterliegt es gewiss keinem Zweifel, dass die österreichischen Waffen endlich doch noch triumphieren werden.

Um 4 Uhr kehrte der Stab des Hauptquartiers zurück, und um 5 Uhr kam eine Ordonnanz des Feldzeugmeisters von Benedek mit einer Einladung zum Mittagessen, das um 6 Uhr beginnen sollte. Da ich noch eine Stunde Zeit hatte, so ging ich in der Stadt umher, um ein Reitpferd zu kaufen; doch fand ich kein passendes. Eben wurde eine kleine Zahl preußischer Gefangener in die Stadt gebracht. Sie trugen die Zahl 41 auf der Schulter und sahen bestaubt, erschöpft und, wie es bei Gefangenen gewöhnlich der Fall ist, niedergeschlagen aus. Die Österreicher behandelten sie freundlich und eilten mehr als einmal zum Brunnen, um ihnen Trinkwasser zu bringen, während sie, in der Sonne stehend, auf ihren Weitertransport warteten.

Endlich nahte die sechste Stunde heran, und es war Zeit, nach dem im Rathause befindlichen Hauptquartier zu gehen. Der Polizei-Direktor, der am Eingange seine Zigarre rauchte, empfing mich und zwei andere in Josephstadt anwesende Fremde, welche ebenfalls Einladungen erhalten hatten, und führte uns die massive Steintreppe hinauf; dann schritten wir durch gewölbte Gänge bis in die mit Offizieren und Ordonnanzen angefüllten Vorzimmer. Die Flügeltüren des Speisesaales gingen auf und vor uns erblickten wir eine Halle von riesenhaften Dimensionen; eine lange Tafel war gedeckt; auf jeder Seite derselben waren etwa 60 oder 70 Offiziere soeben im Begriff, sich zum Essen niederzulassen. Feldzeugmeister Graf von Benedek saß auf der linken Seite in der Mitte der Tafel; er sprach laut und mit großer Lebendigkeit. Als er mich erblickte, erhob er sich und begann eine kurze Anrede an einen Herrn, der als Berichterstatter für eine der Wiener Zeitungen fungierte, ein ehemaliger Ingenieur-Offizier, den er warnte, briefliche oder telegraphische Nachrichten abzusenden, die nachteilige Folgen herbeiführen könnten. Als der Feldzeugmeister diese Warnung beendet hatte, wendete er sich mit einer Verbeugung zu mir und hieß mich in deutscher Sprache willkommen. Dann fügte er die Frage hinzu, ob ich seine Worte verstände. Nachdem ich bejahend geantwortet hatte, sagte er, er rechne auf die Erfüllung meines Versprechens, der Armee, bei welcher ich Zutritt erhalten hatte, durch meine Berichte keine Nachteile zu bereiten.

Das Mittagsmahl bestand aus einfacher Soldatenkost: einer Reissuppe, Gemüse, Fleisch, Gänsebraten und Käse, nebst ungarischen Weinen und Wasser. Dann kam Kaffee und ein Glas Likör. Während der Mahlzeit sprach der Feldzeugmeister von Benedek mit klarer, kräftiger Stimme wiederholentlich zu Offizieren, die von Zeit zu Zeit hereinkamen; er las Depeschen und nahm Berichte entgegen, – alles während der Tafel. Das Gespräch an derselben war zwanglos und gemütlich. Offiziere aller Grade waren zugegen: Generale, Hauptleute, Obersten, Lieutenants. Da war der junge Fürst Esterhazy, Festetics und viele andere Repräsentanten historischer Namen und Familien, – einige bejahrt und mit vielen Orden geschmückt, andere jung und nach Auszeichnung lechzend. Zigarren wurden umhergereicht und geraucht, und nach einer bei Tische verlebten Stunde brach die Gesellschaft auf, – der Feldzeugmeister zog sich in seine Privatzimmer zurück. Seine Gesichtszüge sind scharf markiert, Gebärdenspiel und Stimme verraten Energie; seine Gestalt ist hager, die dunklen Augen sind durchdringend und feurig, – seine ganze Gestalt verrät den Soldaten.«

Hiobsbotschaften für den Kaiser

Es ging Schlag auf Schlag. Schon am folgenden Tag (Freitag, 29.) entschieden Einheiten der preußischen Zweiten Armee das Gefecht bei Schweinschädel für sich. Die zahlenmäßig überlegenen Österreicher und Sachsen unter dem sächsischen Kronprinzen Albert und Clam-Gallas wurden von Teilen der Ersten Armee in Gitschin eingeholt und in einem mörderischen Nachtgefecht geschlagen.

In seiner Untersuchung über die österreichische Niederlage von 1866 verwies Heinrich Friedjung auf die negativen Eigenarten des »österreichischen Charakters«, die am damaligen Debakel mitschuldig waren: Ungenauigkeit, Lässigkeit, Zaudern und Saumseligkeit. Beim Kampf um Gitschin, einem hübschen Städtchen inmitten der anmutigen Gegend des »böhmischen Paradieses«, hatte die Bündelung dieser Untugenden besonders fatale Auswirkungen auf die militärischen Ereignisse. Es lag nicht am Einsatzwillen der dort den Preußen gegenüberstehenden Österreicher und Sachsen, doch nicht selten widersprüchliche und oft auch zu spät eintreffende Meldungen und Befehle aus dem Hauptquartier führten zu operativen Fehlern, die verhängnisvolle Folgen nach sich zogen. So glaubte Kronprinz Albert am 29. Juni, Gitschin verteidigen zu müssen und zu können, da laut Benedeks Anordnungen das Gros der Nordarmee am nächsten Tag dort eintreffen sollte. In der Erwartung der Verstärkung stellten sich die Österreicher und Sachsen hier den Preußen und machten denen die Sache in und um Gitschin nicht leicht – ohne zu ahnen, dass in Benedeks Hauptquartier der ursprüngliche Plan schon nicht mehr galt und die Verstärkung nicht kommen wird. Denn jener Kurier, der die Meldung von Benedeks ursprünglicher und innerhalb weniger Stunden wieder hinfällig gewordener Absicht überbrachte, benötigte für die Entfernung von dreieinhalb Reitstunden zwischen dem Hauptquartier in Josephstadt und Gitschin neunzehn Stunden. Der Meldereiter im Offiziersrang hatte es offenbar nicht eilig. Unverbürgter Überlieferung zufolge, besuchte dieser Offizier unterwegs gute Bekannte und ließ es sich dort bei Speis und Trank gut gehen. Die aus der Zeit gefallene Nachrichtenübermittlung (ähnliches passierte auch anderswo) wirkte sich naturgemäß ungünstig auf die militärischen Entscheidungen vor Ort aus. Als Kronprinz Albert und die sächsischen und österreichischen Kommandeure durch nachfolgende Meldungen endlich erfuhren, dass Gitschin aufgegeben werden soll und die Truppen in Richtung Königgrätz zurück zu ziehen sind, war das Gefecht noch in vollem Gang. Die eigenen Truppen aus einem laufenden Gefecht herauszulösen und den Rückzug anzutreten ist ein sehr schwieriges Unterfangen, denn nur allzu leicht artet ein solcher Rückzug in eine panikartige Fluchtbewegung aus.

Das sächsische Korps deckte den Rückzug aus Gitschin gegenüber den angreifenden Pommern der preußischen 5. Division so gut es ging und marschierte sodann trotz der widrigen Umstände diszipliniert und in Gefechtsordnung nach Smidar (im Nahbereich von Königgrätz) ab. Österreichische Truppenteile dagegen flohen in wirrem Durcheinander. Dieses Ereignis ließ die schon lädierte Zuversicht des kaiserlichen Heeres noch weiter schwinden.

Telegramme mit Hiobsbotschaften trafen in zunehmend dichterer Folge in Wien ein. Der Sieg der Hannoveraner beim thüringischen Langensalza am 27. Juni blieb ein wieder rasch erlöschtes Strohfeuer, denn da keine Aussicht mehr auf bayerische Hilfe bestand, musste die von 40.000 preußischen Soldaten umringte Welfenarmee am 29. Juni kapitulieren. Die Armee des blinden König Georg war laut den Kapitulationsbedingungen bis zum 5. Juli komplett aufzulösen. Die Soldaten erhielten Bahnfahrkarten, um nach Hause zu fahren.

Die Schlacht in und um Langensalza war ein von den Hannoveranern mit 400 Toten und über 1000 Verwundeten sehr teuer erkaufter Achtungserfolg, mehr aber auch nicht. Wie die Kapitulation zwei Tage später zeigt, blieb dieser in den Zeitungen enorm hochgejubelte »Sieg bei Langensalza« militärisch absolut bedeutungslos.

Während des »Deutschen Bruderkrieges« von 1866 hatten die Preußen nur zwei militärstrategisch eher unbedeutende Niederlagen einzustecken – beide am 27. Juni: zum einen der fluchtartige Rückzug aus dem nordostböhmischen Trautenau und zum andern die Niederlage gegen die (zahlenmäßig dort überlegenen) Hannoveraner in Langensalza (das Geplänkel von Oswiecim zählt eher nicht).

Benedek telegraphierte an den Kaiser: »Dèbacle des ersten und des sächsischen Armeekorps nötigt mich, den Rückzug auf Königgrätz anzutreten!« In Wien herrschte Konfusion. Franz Joseph und der Kriegsminister ließen umgehend (allerdings nur sinnbildlich) einige Köpfe im Armeeoberkommando rollen. Generalstabschef Henikstein und der Kommandierende des

1. Korps Clam-Gallas wurden nach Wien beordert, um sich dort einer kriegsgerichtlichen Untersuchung zu stellen. Der Personalaustausch an der Armeespitze in diesem heiklen Moment war einer günstigen Wende der militärischen Situation alles eher als dienlich.

Das nächste Telegramm des Oberkommandierenden der Nordarmee ging wegen seines dramatischen Inhaltes in die Geschichte ein: »Bitte Eure Majestät dringend, um jeden Preis Frieden zu schließen. Katastrophe für Armee unvermeidlich!« Franz Josephs Antwort erfolgte postwendend: »Einen Frieden zu schließen unmöglich. Ich befehle – wenn unausweichlich – Rückzug in größter Ordnung anzutreten. Hat eine Schlacht stattgefunden?«

Hühnerwasser, Podol, Trautenau, Soor, Nachod, Skalitz, Burkersdorf, Münchengrätz, Gitschin – bei den dortigen Gefechten und Scharmützeln hatte die Nordarmee bis Ende Juni schon mehr als 30.000 ihrer Offiziere und Mannschaften durch Tod, Verwundung und Gefangenschaft eingebüßt. Die große Schlacht stand allerdings noch aus.

Am 29. Juni, während die Truppen von Clam-Gallas ohne Ordnung in Richtung Josephstadt und Königgrätz flohen, ritt Benedek mit seinem Stab nach Dubenitz (nordwestlich der Stadt und Festung Josephstadt). Zwischen diesem Ort und dem etwas westlicher gelegenen Miletin wurde nun für den nächsten oder übernächsten Tag die alles entscheidende Auseinandersetzung mit den *preußischen Falotten*, den »Verrätern an Deutschland«, erwartet. Noch waren die beiden preußischen Armeen des Prinzen Friedrich Karl (Erste Armee) und des Kronprinzen Friedrich Wilhelm (Zweite Armee) nicht vereint.

Mehr als 400.000 Gewehre vor Königgrätz

Etwas mehr als 200.000 Mann der österreichischen Nordarmee marschierten nun im Großraum zwischen Josephstadt und Königgrätz auf (mit der Bistritz vor sich und der Elbe im Rücken). Der Anblick dieser marschierenden Massen blieb nicht ohne Eindruck auf die Dabeigewesenen. Die flotten Märsche der den Regimentern voranmarschierenden Musikkapellen und der energische Takt der Paukenschläge stimulierte die Stimmung und den Kampfgeist.

Gitschin, Podol und die anderen Negativplätze wurden in solchen Momenten aus den Gedanken der Krieger verdrängt.

Aus mindestens zwei Richtungen drang der Kanonendonner zu den Infanteristen, Jägern und Kavalleristen. Dieses Grollen aus einigen Kilometern Entfernung wurde mitunter auch als gutes Omen aufgefasst, denn die österreichische Artillerie, die hier in diesem geografisch nicht sehr weiten Raum mehr als 700 Geschütze auffahren ließ, war ihrem preußischen Gegenüber ebenbürtig, wenn nicht sogar überlegen, da die Kanonen der kaiserlichen Artillerie zum größten Teil mit den sehr treffsicheren »gezogenen« Rohren ausgestattet waren.

Der überwältigende Eindruck, den diese wogende Heeresmasse auf jeden Einzelnen machte, ließ die Siegeszuversicht erneut aufflammen. Auch der Feldzeugmeister Benedek konnte sich diesen Momenten der Euphorie nicht entziehen und vermittelte seiner *Suite* Siegeszuversicht für die nun kurz bevorstehende große Schlacht.

Das Schwierigste war, einen halbwegs ordentlichen Überblick über das Geschehen zu behalten – diese Problematik galt auch auf der preußischen Seite.

Etwas getrübt wurde das schöne Bild des Aufmarsches der Hauptmacht der Nordarmee durch jene bei Gitschin sinnlos dem teuflischen Kugelhagel der preußischen Zündnadelgewehre ausgesetzten Truppen, die nun durch ihre panikartige Absatzbewegung Unruhe an den Rändern der ihre Stellung suchenden Hauptarmee hinein brachten.

Der das Hauptquartier der österreichischen Nordarmee begleitende Sonderkorrespondent der »Times« geriet am 29. und 30. Juni mitten hinein in das Brodeln der in Richtung ihrer zugeteilten Positionen marschierenden Regimenter der Nordarmee. Planänderungen, Improvisationen und auch Irrtümer in der Befehlsübermittlung erzwangen aber nicht selten auch ein sinnloses Hin- und Hermarschieren, das an den Kräften der Soldaten zehrte. Der Bericht des Kriegsreporters beginnt hier mit einem der zahlreichen Zwangshalte in der Nähe von Dubernitz, bedingt durch die durch die marschierenden Massen verstopften Wege und Straßen:

»Da ich mittlerweile nichts Besseres zu tun hatte, als den unaufhörlichen Truppenbewegungen zuzusehen, so stellte ich mich in den Schatten eines Baumes und beobachtete den Vorbeimarsch der zahllosen Bataillone, die mit klingendem Spiele vorüberzogen. Viele waren eine weite Strecke hermarschiert und durch die Hitze nicht minder als durch ihr schweres Gepäck erschöpft. Doch gab Keiner der Ermüdung nach, so lange er sich noch aufrecht zu erhalten vermochte. Sogar die riesenhaften Hunde, welche große Pauken hinter sich einher zogen – ein für mich ganz neuer Anblick – schienen vom besten Geiste beseelt und schleppten sich mit heraushängender Zunge und weit aufgerissenen starren Augen mit ihrer geräuschvollen Last mühsam weiter, als wären sie begierig, über einen Preußen herzustürzen. Die Pauke liegt auf einer Art von Räderkarren und während der Hund denselben vorwärts zerrt, trommelt der Paukenschläger auf dem Schaffelle herum.

Es war etwa 3 ½ Uhr des Nachmittags, als das Hauptquartier aufbrach, und da dasselbe die Richtung nach links einschlug, so glaubten Einige, dass Benedek doch wohl einen Flankenangriff gegen die Preußen beabsichtige, während Andere der Ansicht waren, dass die Sachsen und das 1. Armee-Korps genügten, um diesen Teil der Linie zu bewachen und möglicherweise eine gesonderte Operation ausführen würden, wenn die Preußen etwa ihren rechten Flügel schwächten, um Benedeks Angriff zu begegnen oder ihn ihrerseits anzugreifen. Wir Alle hielten es für unzweifelhaft, dass vor Dubernitz eine Schlacht stattfinden würde, und für mehr als wahrscheinlich, dass auch zur Linken, etwa bei Miletin, ein Kampf entbrennen möchte.

Kaum hatte der das Hauptquartier bildende Zug die Landstraße betreten, als er in ein enormes Truppenkorps hineingeriet, welches vom Westen nach Osten marschierte. Während eines Zeitraumes von zehn tötlich langen Stunden konnten wir uns nicht von der Stelle bewegen. Der Tag verging, der Abend brach herein, dann kam die Nacht, der Mond ging auf, der Morgen dämmerte, – und immer noch, wie ein von der Meeresflut umbraustes Felsenriff, standen die Wagen, die Pferde und die Bagagefuhrwerke unbeweglich an ein und derselben Stelle.

Dieser nun angebrochene 30. Juni war ein Tag, der für einen Menschen in meiner Lage unvergesslich bleiben muss. Der Morgen begann mit einer Gewitter-Ouvertüre und in das Rollen des Donners mischte sich der dumpfe Schall von Kanonenschüssen, der durch die Hügel dermaßen vervielfältigt und abgelenkt wurde, dass er von unserer Linken und von der Nachhut zu kommen schien. Wo aber auch der Kampf stattfinden mochte, erschien es doch in gleicher Weise unmöglich, zum Schauplatze desselben zu gelangen oder seinen Folgen zu entgehen. In einem schmalen Weg eingepfercht, der zu beiden Seiten von steilen Bodenerhöhungen begrenzt war, blieb der lange Zug des Hauptquartiers, dem ich attachiert war, Stunde nach Stunde an derselben Stelle, ohne das es ihm möglich war eine Bewegung zu machen. Dann endlich fuhr er etwa hundert Schritt, kam abermals zum Stillstande, setzte sich aufs Neue in Bewegung; – und so wanden wir uns in einer Reihenfolge ähnlicher Anläufe und Unterbrechungen, wie eine verwundete Schlange, durch die merkwürdigste Szene hindurch, die man in irgend einem Kriegsstadium erblicken kann. Denn der Feldzeugmeister von Benedek, der für den nächsten Tag einer großen Schlacht entgegensah, konzentrierte seine Streitkräfte nach seinem Zentrum und rechten Flügel und zog von seiner Linken Streitkräfte heran. Ein Regiment nach dem anderen defilierte durch den Hohlweg, durch welchen wir uns langsam vorwärts schoben; seit 2 Uhr des vorigen Tages war die Truppenflut an uns vorübergeströmt und bei Sonnenaufgang war sie noch immer in Bewegung. Die durch die Gewitterwolken hindurchdringenden Mondstrahlen beleuchteten einen in ununterbrochener Bewegung befindlichen Strom von Gewehrläufen, Degen und Helmen. Jedes Regiment führte seine besondere Bagage bei sich; dann war die Divisionsbagage, die Bagage des Armee-Korps, die Feldtelegraphen-Wagen, die Artilleriefuhrwerke, die Reserve-Munition und der ganze übrige Apparat, der für die Kriegsführung einer Armee der Neuzeit erforderlich ist, der Artillerie selbst und der Pferde gar nicht zu erwähnen.

Als der Wagen vorrückte, konnte der Zug des Hauptquartiers mit weniger Unterbrechungen vorwärts schreiten und bald wurde die Landstraße breiter. Doch hörte der Truppenmarsch in der Richtung auf Dubernitz noch immer nicht auf. Trotz der frühen Stunde waren die Leute in den Dörfern schon auf und an der Landstraße aufgestellt; Schrecken war auf jedem Gesichte ausgeprägt, während sie die Soldaten durch Spenden von Trinkwasser freundlich zu stimmen suchten. Viele baten uns, ihnen zu raten, wohin sie gehen sollten. ›Die Preußen! Die Preußen!‹ – wie ihnen ausweichen, diesen schrecklichen Feinden, welche plündern und Alles niederbrennen sollten, wohin sie kämen, und deren Taten man in jedem Tale in Ausdrücken geschildert hatte, die auf das Verfahren eines Attila oder Genserich anwendbar sein würden. Die Äußerungen des Kummers der Weiber waren erschütternd und die Kinder stimmten in das Jammergeschrei ein, welches von der Schwelle jeder ärmlichen Hütte uns entgegentönte. Nicht minder beklagenswert war es, Getreide genug zum Unterhalt einer ganzen Nation, für die Sichel reif auf den Feldern zu sehen, ohne dass eine Hand vorhanden war, den Segen der Vorsehung abzumähen und in die Scheunen zu bringen. Ein Hungriger, wie ich, der seit 2 Uhr des vorigen Tages nichts zu essen gehabt, vermochte die schreckliche Vergeudung ganz besonders zu würdigen.

Es war 7 ½ Uhr des Morgens, als der Zug des Hauptquartiers in eine feuchte Wiese ablenkte, um für den Tag Halt zu machen. Der Ort, in dessen Nähe wir hielten, heißt Sadowa, ein nicht fern von der Bistritz und unmittelbar an der Landstraße nach Königgrätz gelegener Weiler. Nachdem wir ein wenig ausgeruht hatten, wünschte ich einen Ausflug zu machen, um, wenn möglich, zu sehen, was auf unserer linken Fronte vorging. Doch war der gefällige Oberst, der mir versprochen hatte, sich nach einem Pferde für mich umzusehen, außer Stande gewesen, ein solches zu finden, und so blieb mir denn nichts Anderes übrig, als mich in einem Zimmer im Hause des Müllers niederzulegen, wo ich durch die Gewandheit des Majordomo meines Freundes Quartier erhalten hatte. Die Müllerin packte unter Tränen ihre Effekten ein, während sie gleichzeitig im reinsten Böhmisch und mit unvergleichlicher Zungengeläufigkeit auf die Preußen schimpfte. Mittlerweile versank ich in einen von unruhigen Träumen gestörten Schlaf, aus welchem ich nach ungefähr zwei Stunden durch ein lauteres Geräusch, als das Klappern des Mühlenrades, emporgeschreckt wurde. Die durch das Stubenfenster sichtbare Landstraße war mit Soldaten angefüllt, die eilig in der Richtung nach Dubernitz vorbeimarschierten. Der Majordomo trat in mein Zimmer. ›Wir müssen sofort aufbrechen; der Zug des Hauptquartiers ist schon auf dem Wege nach Nechanitz.‹ Dann kam die Nachricht, dass die Preußen an diesem Morgen die Österreicher und Sachsen in einem bei Gitschin und Neustädtl stattgefundenen Gefechte geschlagen hatten, das 1. Armee-Korps unter Clam-Gallas und etwa 2500 Sachsen waren gegen drei preußische Armee-Korps im Kampfe gewesen und hatten eine tüchtige Schlappe davongetragen. In der Tat gingen die Trümmer des 1. Armee-Korps soeben durch Sadowa und man erwartete, die preußische Kavallerie würde sehr bald nach ihnen erscheinen. Es hieß, dass Graf von Clam-Gallas vermisst würde und dass sein Korps beinahe vollständig vernichtet sei. – Während ich schnell einpackte, passierten einige Reiter und ein Reisewagen eilig auf der Landstraße vorüber und man sagte mir, – doch will ich für die Richtigkeit der Angabe nicht bürgen – dass einer der Reiter der König von Sachsen wäre.

Auf dem Wege nach Nechanitz überholten wir eine Abteilung österreichischer Soldaten, die etwa 30 oder 40 preußische Gefangene eskortierten. Die Letzteren sollten zur Garde gehören. Schönere Soldaten hatte ich noch nie gesehen; alle waren wenigstens sechs Fuß hoch; kerzengerade, jung und kräftig, marschierten sie mindestens eben so gut und rüstig wie ihre Wachen. Der Schrecken der Einwohner hatte nun den Höhepunkt erreicht. Der Anblick der retirierenden Armee, und namentlich des Rückzuges des Hauptquartiers, zerstörte die letzte Hoffnung. Die Tatsache, dass die Preußen nahe zur Hand wären, konnte nicht länger bezweifelt werden. Von allen Seiten sahen wir Landleute in heftiger Bestürzung über die Felder zu uns eilen, während sie, über die Schulter zurückblickend, abgebrochene Worte einander zuriefen. Es war nur zu klar, dass der Sieg bei Gitschin und Eisenstadt die Preußen in den Stand gesetzt hatte, die linke Flanke der österreichischen Position zu umgehen und uns mit Kavallerie in den Rücken zu kommen, auf diese Weise unsere Verbindungen gefährend. Ein langer Wagenzug belästigte die Landstraße auf eine Strecke von dritthalb Meilen, doch bewegte er sich mit größerer Schnelligkeit als gewöhnlich und allmählich kam mein leichteres Fuhrwerk vorwärts (obgleich die Pferde nicht galoppieren durften, damit der Staub nicht die Aufmerksamkeit des Feindes erregen möchte), bis ich den Zug des Hauptquartiers wieder einholte.

Um 3 ½ Uhr traten unverkennbare Anzeichen der Nähe der Preußen ein. Auf dem höchsten Punkte einer zu unserer Rechten liegenden Ebene kam aus einem in der Nähe befindlichen Gehölz eine Gruppe von Reitern in Sicht. Sie machten Halt und blickten auf den ungeheuren Zug herab; doch war die Beute zu groß für ihren Rachen. Glücklicherweise für uns war es nur eine Patrouille der blauröckigen Herrschaften, die so unangenehm nahe waren; es schien indes mehr als wahrscheinlich, dass in der Richtung, aus welcher sie kamen, mehr vorhanden waren und als sie galoppierend hinter dem Gipfel der Anhöhe verschwand, schien es nur zu gewiss, dass der Zug sich durchfechten oder einer Übermacht in die Hände fallen müsse, die uns vielleicht den Weg nach Königgrätz versperren würde. Es wurde jedoch beschlossen, den Weg gerade auf Königgrätz zu nehmen, ohne in Nechanitz Halt zu machen. Es war eine nichts weniger als angenehme Lage. An einen Rückzug war nicht zu denken; ebenso hoffnungslos erschien es, der feindlichen Reiterei in einem langen Wettrennen den Rang abzugewinnen. So traf denn der Oberst Radozsy, der die Eskorte des Zuges befehligte, seine Anordnungen zur Verteidigung, indem er Vedetten weit über die Fronte hinaussandte und Infanterie-Tirailleure in die Wiesen zur Rechten auswarf. Als die Nachricht kam, dass der Weg vor uns frei sei, setzte der Zug sich in möglichst schnelle Bewegung. Bald darauf entstand ein Alarm, dass der Feind in der Nähe wäre; es wurde Halt gemacht, die Infanterie konzentrierte sich, die Reiterei der Vorhut und des Nachtrabes setzte sich zum Gefecht in Bereitschaft. Jeder verdächtige Punkt auf dem Felde ward aufmerksam gemustert, und mehr als ein Mal wurden Bauern, die in Hemdärmeln umherliefen, für ihrer Pferde beraubte österreichische Dragoner gehalten. Abermals zeigten sich Preußen zu unserer Rechten; doch waren dieses Mal ihrer nur fünf oder sechs, und wir hatten nun Infanterie genug bei uns, um mit mindestens zwei Schwadronen fertig zu werden, – vorausgesetzt, dass sie keine Artillerie mit sich führten. Die Lage hatte viel Aufregendes, aber nichts sonderlich Angenehmes. Es waren Wald- und Baumgruppen in Fülle vor und neben uns, und von einem Augenblicke zum andern konnten wir von einer Kartätschensalve oder einer Bombe, als Aufforderung, Halt zu machen, begrüßt werden. Um 4 Uhr erreichte der Zug Nechanitz, eine bedeutende Stadt, die jetzt aber von den meisten ihrer Bewohner verlassen war; die Häuser und Läden waren verschlossen; Leute der ärmeren Klassen saßen weinend in der Hauptstraße oder waren damit beschäftigt, Kleiderbündel auf mit Ochsen bespannte Karren zu laden, während Frauen mit ihren Kindern verzweifelnd umherrannten oder mit ängstlicher Spannung auf die zwischen ihren Männern und den Soldaten gepflogenen Gespräche lauschten.

Diese Stadt war ursprünglich zum Halteplatz ausersehen; doch glaubte der Oberst, dass, da dieselbe ganz offen war, die Preußen ihn noch vor dem Abend sicherlich überfallen und den ganzen Zug als gute Beute in Beschlag nehmen würden. Er beschloss daher, den Marsch nach dem zwei Stunden entfernten Königgrätz unverzüglich fortzusetzen, denn dieser letztere Ort ist stark befestigt und von den Überschwemmungen der Ober-Elbe umgeben. Unser Marsch wurde demnach fortgesetzt. Um 6 Uhr hieß es abermals, dass preußische Patrouillen sich rechts von uns zeigten. Doch machten sie keine Demonstrationen, und bald erreichte der Zug eine langgestreckte Anhöhe, welche, soweit das Auge reichte, eine herrliche Aussicht auf die freundlichen Felder darbot, aber auch auf Städte, die des menschlichen Jammers und menschlicher Furcht so voll waren. In der Mitte dieses Panorama stand Königgrätz, etwa sechs Meilen von uns entfernt, in allem Pompe von Türmen und Domkuppeln auf einer von dem Flusse umspülten Anhöhe emporragend.

Wir waren noch etwa eine Wegstunde von der Stadt entfernt, als ich durch mein Fernrohr eine lange Staubwolke wahrnahm, die sich schnell die Landstraße entlang wälzte. Mein Wagen befand sich in diesem Moment in unmittelbarer Nähe der Vorhut, und ich erkannte deutlich, dass jener Staub durch eine bedeutende Kavallerie-Abteilung aufgewühlt wurde, die Alles aufzubieten schien, um uns von Königgrätz abzuschneiden. Auch Wagen waren sichtbar, – Laffetten und Munitionskarren. Der Oberst beschloss, es auf ein Wettrennen ankommen zu lassen, und die leichteren Wagen erhielten die Weisung, links vom Zuge abzuschwenken und in fliegender Eile der Richtung auf Königgrätz zu folgen. Die Aufregung hatte nun den höchsten Grad erreicht; doch das peinliche Gefühl, in ein Fuhrwerk eingesperrt zu sein und sich nicht zu Pferde frei bewegen zu können, vermehrte das Unbehagliche der Situation. Mein Kollege, der fast den ganzen Tag im Sattel gewesen war, hatte kurz vorher den Zug eingeholt. Er hatte mich vor Tagesanbruch verlassen und war nach Dubernitz zurückgeritten, um das zur Rechten und im Zentrum erwartete Gefecht anzusehen; doch war dort Nichts vorgefallen, und nachdem er ein unbestimmtes Gerücht über die Schlacht von Gitschin vernommen, hatte er die Umgebungen des Feldzeugmeisters von Benedek früh am Nachmittage verlassen und war uns nach Nechanitz gefolgt, wohin er ersucht worden war, einen Brief mit der Nachricht zu bringen, dass die Preußen ganz nahe wären. Sein Pferd war totlahm; er stieg daher in meinen Wagen, und auf der Weiterfahrt hatten wir zuweilen auch die Gesellschaft eines österreichischen Stabsoffiziers, dessen Pferd ebenfalls gänzlich erschöpft war.

Mittlerweile waren wir nahe genug gekommen, um die Kavalkade sehen zu können, die bereits in die Chaussee eingebogen war; anstatt jedoch zu unserem Empfange Halt zu machen, sprengte sie weiter der Stadt zu, und nun sahen wir, weit zu unserer Rechten hinausschauend, dass jener Zug aus allen Gattungen Kavallerie, nebst Artillerie und Pulverkarren zusammengesetzt war und dass Massen von Infanterie in Doppelschritt ihm folgten. In der Mitte erblickten wir weiße Jacken. ›Es sind Österreicher! – Es sind unsere eigenen Leute!‹ Dies war allerdings erfreulich; doch schien es nur zu offenbar, dass irgend ein großes Unglück geschehen war und dass Königgrätz als Zufluchtsort für mehr als einen Teil der Armee benutzt wurde. In wilder Unordnung kamen sie heran, – in wirrem Durcheinander geriet unser Zug inmitten des ihrigen. ›Um Gottes willen! was hat das Alles zu bedeuten?‹ –

›Nun, wir sind von den Preußen wieder geschlagen; sie haben 60 Wagen von der Reserve-Munition genommen und 30 Schwadronen ihrer Kavallerie verfolgen uns in vollem Galopp.‹ – ›Alle schnell nach der Festung!‹ hieß es nun von allen Seiten, und in rasender Eile ging es weiter, durch Dorf und Vorstadt hindurch; Jäger und Infanteristen eilten längs den Seiten der Landstraße, Artillerie und Reiterei galoppierte, bis wir eine Art von Feldschanze erreichten, die in der Eile vor den überschwemmten Feldern aufgeworfen war, durch welche die Chaussee nach der Stadt führt. Hier waren Feldgeschütze so gerichtet, dass sie die Chaussee beherrschten, und die Laufgräben waren mit Infanterie besetzt. Weiterhin sahen wir Truppen durch die Wiesen ziehen, und die von Kanonen starrenden Wälle waren von den Tschakos der österreichischen Artilleristen überragt. An dem äußeren Tore herrschte eine Verwirrung, die jeder Schilderung spottet. Eine Pistole in der Hand, fluchten und zankten Offiziere auf die Fuhrleute, welche zwei Wagen in einen Raum zu zwängen suchten, der nur für einen groß genug war. Doch würde es überflüssig und zwecklos sein, bei dieser Unordnung zu verweilen; überdies gelang es uns endlich, hindurchzukommen, und nun ging es über Gräben, Zugbrücken und durch Tore, bis die keuchenden Pferde um 8 ½ Uhr des Abends auf dem ›großen Ring‹ von Königgrätz hielten. Es war ein kriegerisch unruhiger Tag gewesen, und wir fühlten die volle Gewissheit, dass wir in dieser Festung eine Belagerung auszuhalten haben würden, bis Benedek zu unserem Entsatz herbeikommen könnte.

Ein Unterkommen war nicht zu finden; die meisten Häuser waren verschlossen, und wir hörten, dass viele der Einwohner bereits vor einiger Zeit geflohen waren. In den Straßen herrschte ein buntes Gewühl von Soldaten aller Waffengattungen; die Gasthäuser waren von hungrigen, durstigen und müden Leuten überfüllt, die Fußböden mit bestaubten und zu Tode ermatteten Schläfern, welche in dem Augenblicke, in welchem sie den Boden berührten, die Augen schlossen und einschlummerten.

Während voller zwei Stunden wanderten wir von Straße zu Straße, von Gasthof zu Gasthof, bis endlich der Kurier ermittelte, dass der ›Rathof‹ eine Anzahl von Zimmern enthielt, welche der König von Sachsen soeben geräumt hatte. Nachdem wir hier ein willkommenes Obdach gefunden, suchten wir uns Nahrung zu verschaffen; es war indes nicht einmal Brot zu haben und von Bier allein, allem Anscheine nach das einzige Nahrungsmittel, das in dem Orte zu haben war, kann der Mensch nicht leben. Vor einem Cafe (von der tschechischen, nicht der Pariser Art) trafen wir mit einem Offizier des Hauptquartiers zusammen, der uns die Ursache der auf der Landstraße und am Prager Tore entstandenen Verwirrung erklärte. Wir erfuhren von ihm, dass eine auf dem Marsch begriffene österreichische Kolonne plötzlich auf ein sächsisches Korps gestoßen, welches, da es blau uniformiert war, für ein preußisches Detachement gehalten wurde, das die Österreicher von Königgrätz abzuschneiden suche. Die Sachsen sollen auf sie geschossen haben; jedenfalls wurde, als die Österreicher zurückwichen, der von unserem Zuge aufgewirbelte Staub sichtbar, und sogleich entstand die Vermutung, dass ein zweites preußisches Detachement von der anderen Seite herbeikomme, um die Österreicher gänzlich zu vernichten. Die Schnelligkeit unseres Herannahens schien diese Besorgnis zu bestätigen, und erst dann, als wir ganz nahe gekommen waren, wurden Alle über den wahren Sachverhalt aufgeklärt. Doch noch immer hielten die Truppen, denen wir begegneten, die Sachsen für Preußen, die sie in voller Verfolgung auf ihren Fersen glaubten. Mit dieser Überzeugung steckten sie auch unsere Kolonne an und riefen auf diese Weise den ängstlichen Wetteifer hervor, hinter die schützenden Wälle der Festung zu gelangen.

Bei der Rückkehr in unser Logis fanden wir, dass der Wirt die von uns gemieteten Zimmer dem Grafen von Clam-Gallas eingeräumt hatte; doch waren wir froh genug, in einigen bescheidenen Zimmern desselben Hauses ein Obdach zu finden, und kurz vor Mitternacht kehrte der Majordomo von einem mit einem Koch bestandenen Kampfe zurück, indem er als Siegestrophäen zwei mit den Produkten einer namenlosen Kochkunstleistung gefüllte Teller, ein Roggenbrot und eine Kanne Bier mitbrachte.

Das ist Alles, was ich von dem ereignisreichen Tage augenblicklich weiß. Doch wird diese Erzählung jedenfalls die Tatsache konstatieren, dass die Preußen Benedek's linke Flanke bedrohen, dass sie den Sachsen eine schwere Schlappe beigebracht haben und wahrscheinlich so manövrieren, um auch über die Baiern herfallen zu können.«

In den letzten Juni- und ersten zwei Julitagen war die große Frage, die alle bewegte, wo genau prallt das Hauptkontingent der preußischen Ersten Armee und die für dieses *Treffen* vorhandenen gut 200.000 Mann der Nordarmee aufeinander? Und wird es der Kronprinzen-Armee (Zweite Armee) in ihrer Gesamtheit zeitlich noch gelingen, vor der Schlacht die Verbindung zur Ersten Armee herzustellen? Am 30. Juni waren die beiden Armeen etwas mehr als einen Tagesmarsch voneinander entfernt.

Der ungünstige und verlustreiche Ausgang des Gefechtes gegen die Armee des Kronprinzen Friedrich Wilhelm bei Schweinschädel und einige andere Faktoren ließen Benedek die ursprünglich geplante Verteidigungslinie (oder auch Ausgangsstellung für einen Angriff) vergessen, und er gab Order, eine Spur weiter nach Süden zu rücken. Im Verlauf der ersten zwei Tage des Juli wurden nun jene Positionen einige Kilometer nordwestlich von Königgrätz bezogen, von denen aus die österreichischen und sächsischen Soldaten am Morgen des 3. Juli in jene Schlacht eintraten, von der Simon Winder in seinem Buch »Kaisers Rumpelkammer« behauptet, dass es die »größte, aber auch die dümmste Schlacht der europäischen Geschichte« war. Unbestritten ist, dass an jenem regnerisch und kühl beginnenden und erst am späteren Nachmittag klimatisch freundlicher werdenden Dienstag eine Schlacht in der Größenordnung der »Völkerschlacht« bei Leipzig, 53 Jahre zuvor, geschlagen wurde. Immerhin trafen hier auf böhmischem Boden an die 430.000 Mann in wenig freundlicher Absicht auf verhältnismäßig engem Raum aufeinander. 1400 Geschütze sandten ihre tödlichen Grüße in die Reihen der Gegner. Anders als bei Leipzig gegen Napoleon und seine Verbündeten war das Kräfteverhältnis hier vor Königgrätz (tschechisch: Hradec Kràlovè) ziemlich ausgewogen: 221.000 Preußen gegen 208.000 Österreicher und Sachsen. Die Habsburgermonarchie zählte damals etwa doppelt so viele Einwohner als Preußen. Auch unter Abzug des Mannschaftsstandes der Südarmee und des Österreich-Anteiles beim XIII. Bundeskorps, das am Main gegen die Preußen kämpfte, hätte die Zahl der kaiserlichen Soldaten am böhmischen Kriegsschauplatz theoretisch noch deutlich höher sein können – das schwerfällige (marode) österreichische Mobilisierungs- und Aufmarschsystem stand dieser Möglichkeit jedoch entgegen.

Der Begriff der »dümmsten Schlacht« kann sehr unterschiedlich interpretiert werden. Durch ein früheres, energischeres Vorgehen der österreichischen Armee gegen den eindringenden Feind wäre der massive und für Österreich so fatale Aufeinanderprall vor Königgrätz zu vermeiden gewesen; und bei deutlich mehr Gesprächsbereitschaft und Kompromisswillen (unter Hintanstellung des auch heute noch gerne verwendeten Knebelargumentes der »Alternativlosigkeit«) zwischen Preußen und Österreich und innerhalb des »Deutschen Bundes« hätte dieser *Kabinettskrieg* nie stattfinden müssen. Einem ehrlichen Interessensausgleich stand leider Bismarcks Vision von der preußischen Hegemonie in Deutschland entgegen.

Weil die politisierenden Barone, Freiherrn, Grafen, Fürsten, Herzöge, Könige aus allen Teilen des Deutschen Bundes und selbst der Kaiser nicht in der Lage waren, die Situation bis zum Juni 1866 zu entschärfen, wurde »Königgrätz« zur Redefigur für Österreichs »Rauswurf« aus Deutschland.

Ein Übermass an Tapferkeit

Dr. Heinrich Drimmel, österreichischer Unterrichtsminister von 1954 – 1964, ließ sein 1976 erschienenes Buch »Gott erhalte. Biographie einer Epoche« mit dem 3. Juli in der Nähe von Königgrätz beginnen:

»Der Hauptmann setzte das Glas ab. Im Westen stiegen nach einer regennassen Julinacht aus dem Bachgrund der Bistritz dichte Frühnebel auf, die sich in Gräben und Kastenwäldchen verfingen. Es war zwecklos, jene Lücke in dieser Wand zu suchen, durch die er den Feind erspähen wollte. Nach zwei Tagen angestrengtesten Pionierdienstes, den der Hauptmann und seine Kompanie beim Bau von Schanzen und Batteriestellungen, Deckungen für Protzen und Munitionskarren geleistet hatten, war er mit dem vermutlichen Kampfgelände beiderseits der Kaiserstraße, die von Königgrätz nach Sadowa führte, bestens vertraut. Er sah im Moment zwar nicht, was er mit dem Glas gesucht hatte, aber er hätte auf den Grad genau die Richtung angeben können, in der jenseits des Bistritzbachs der Rauchfang der Zuckerfabrik von Sadowa zu finden war. Das war der Punkt, der für die Bereitstellung der Angreifer, der Preußen, wichtig war. Und aus dieser Richtung würde der erste Gefechtslärm des Tages zu hören sein.

In der zweiten Woche nach der Sommersonnenwende drangen um vier Uhr von Osten her die ersten, fast horizontal streichenden Sonnenstrahlen durch die abziehenden Regenschauer und Nebelschwaden. Stunden mochte es wohl dauern, bis die Preußen ins Gefecht traten. Was für den 3. Juli für Sappeure und Pioniere vorläufig zu tun war, war getan. Jetzt kam eine Zeit des Wartens. Tatenlos warten zu müssen, bis man selbst ins Gefecht tritt, während rundum eine schwere Schlacht im Gang ist, will gelernt sein. Es könnte Warten auf den Tod bedeuten. Warten und Grübeln zehren an inneren Kräften. Schon als vierzehnjähriger Kadett im Infanterieregiment Numero 37, in Lemberg, hat der jetzige Hauptmann I. Klasse manchmal mehr gegrübelt, als es der Gamaschendienst erlaubt. Sein Korporal hat ihn deswegen oft dermaßen angefahren, dass einem weichlicheren Grübler das Sinnieren zeitlebens vergangen wäre.

Jetzt, nachdem er das Glas abgesetzt hatte und warten musste, kam er aus verständlichen Gründen ins Nachdenken. War doch dieses Fernglas ein Geschenk, das ihm vor Jahren preußische Kameraden, mit denen er in der Festung Mainz des Deutschen Bundes gedient hatte, als Abschiedspräsent gegeben haben. Damals, Anfang der fünfziger Jahre. Heute ging es um die endgültige Zerschlagung eben dieses Deutschen Bundes, der 1815 in Wien anstatt des alten Reiches der Deutschen geschaffen wurde.

Noch gehörten das Königreich Böhmen, das Markgraftum Mähren, das Herzogtum Schlesien, die Erzherzogtümer Österreich unter und ober der Enns, die gefürstete Grafschaft Tirol, die Herzogtümer Salzburg, Kärnten, Steiermark und Krain sowie das Küstenland und Teile Istriens zum Staatenbund der Deutschen. Seit tausend Jahren war es so. Zuerst im Heiligen Römischen Reich, nachher in eben diesem Reich, das die Deutschen fortan ihrer Nation zurechneten, und zuletzt im Deutschen Bund von 1815. Immer war das Ganze die Ordnungsmacht in der Mitte Europas, selbst in Zeiten der Schwäche und des Zerfalls. Eine Macht, die imstande war, sich der Kontrolle durch die im Osten und Westen groß werdenden Flankenmächte Russland und Frankreich, später England, zu entziehen. Der Dichter Hoffmann von Fallersleben hat 1841 in seinem Lied der Deutschen das weite Land zwischen der Maas und der Memel, der Etsch und dem Belt über alles in der Welt gepriesen. Die Jungen und insbesondere die Studenten an Deutschlands Universitäten sangen dieses Lied – nach der Melodie der österreichischen Volkshymne, die Joseph Haydn 1797 während der Französenkriege komponiert hatte. Das ›Gott erhalte Franz den Kaiser‹.

Wenn es heute, am 3. Juli 1866, zur Schlacht kommt, werden die österreichischen Truppen unter den Klängen des ›Gott erhalte‹ ins Gefecht rücken. Die drüben, in ihren blauen Uniformen, werden bei diesem Anlass gewiss nicht das Lied der Deutschen anstimmen. Ihre Musikkorps hinter dem Schellenbaum werden die preußische Hymne ›Heil Dir im Siegeskranz‹, nach der Melodie der englischen Königshymne ›God save the King‹, intonieren. Denn das war eines der Kuriosa des Tages: Die Österreicher, in deren Armee neben Deutschen noch ein Dutzend anderer Nationen Mitteleuropas kämpften, waren für das ganze Deutschland ins Feld gezogen. Für das Deutschland, das Ernst Moritz Arndt in der Begeisterung für die gegen Napoleon I. geführten Befreiungskriege jedem Stamm der Deutschen – und also auch dem in Österreich – in seinem ganzen Umfang ins Herz schreiben wollte. Die Preußen hingegen verzichteten auf diese große Lösung der, wie man sagte, Deutschen Frage.«

Am 1. Juli wurde im preußischen Hauptquartier im Beisein und unter Mitsprache des Königs der allgemeine Angriff auf die österreichische Hauptarmee für den 3. Juli bestimmt. Um während der entscheidenden Phase des Feldzuges unmittelbar vor Ort zu sein, waren König Wilhelm, Ministerpräsident Graf Bismarck und der Generalstabschef Generalfeldmarschall Helmuth von Moltke aus Berlin an den Kriegsschauplatz gereist und befanden sich nun kurz vor der entscheidenden Schlacht in Gitschin. Alles was in Berlin Rang und Namen hatte wollte im Moment des preußischen Triumphes in der Nähe des Königs sein, und so füllten diese Kriegstouristen aus der preußischen Spitzen-Nomenklatura samt ihren Adjutanten und Leibdienern sechs Eisenbahnzüge. Die letzte Strecke in Richtung des zu erwartenden Gemetzels, dass die meisten dieser Helden zum gegebenen Zeitpunkt aus sicherem Abstand beobachteten, musste natürlich mit Pferd und Wagen zurückgelegt werden. Diese *Großkopferten* (zu denen auch ausländische Diplomaten und Militärattachès gehörten) erhielten für ihre »Teilnahme« am Feldzug Auszeichnungen, von denen die tatsächlich im Kugelhagel stehenden Soldaten nur träumen konnten.

Die von Moltke ausgegebene Tageslosung für den 3. Juli lautete: »Die feindliche Armee gegen die Elbe zu werfen, sie von befestigten Übergängen abzuschneiden und, wenn möglich, ganz zu vernichten!«

Durch die andauernden Regengüsse in der Nacht vom 2. auf den 3. Juli war das Gelände beiderseits des Bistritzbaches, der nächst Sadowa die von Gitschin über Sadowa nach Königgrätz führende »Kaiserstraße« unterquerte, völlig durchweicht. Dadurch kommen die preußischen Angriffsspitzen hier nur sehr langsam voran. Zu ersten Gefechten mit den Österreichern kommt es beiderseits der vorgenannten Straße. Hier an der Bistritz, vor allem etwas südwestlich des Dorfes Sadowa, formte sich am Vormittag das Zentrum der Front, hier trafen die 3., 4. und 5. Division der preußischen Ersten Armee auf die massive Abwehr der Österreicher. Insbesondere deren Artilleriefeuer aus hunderten Geschützen machte den Angreifern schwer zu schaffen. Für die Angriffstruppen der Ersten Armee sah es an diesem Vormittag nicht besonders gut aus. Benedek, der am Morgen mit einem Gefolge von etwa dreihundert Herren auf das Schlachtfeld ritt, konnte vorerst noch zufrieden sein. Auf den befestigten Höhen links und rechts der »Kaiserstraße« befanden sich die Österreicher in nicht ungünstiger Stellung.

Der Berichterstatter der »Times« im österreichischen Hauptquartier war an diesem Schicksalstag meist in der Nähe des Oberbefehlshabers und teilte bis zum Nachmittag dessen Zuversicht. Am Abend dieses in die Kriegsgeschichte eingemeißelten Tages rekapitulierte und notierte der Kriegsreporter die von ihm miterlebten Ereignisse:

»Die Sonne, welche diesen Morgen bei ihrem Aufgange eine von froher Hoffnung und Zuversicht zu sich und ihrem Führer belebte Armee beschien, ist soeben inmitten schwerer Massen scharlachroter Wolken und hinter derselben Armee untergegangen, die nun, besiegt und zersprengt, vor einem früher geringgeschätzten Feinde in voller Flucht begriffen, brennende Dörfer zurücklässt, deren Flammen noch spät in die Nacht hinein den Himmel röten werden.

Nach dem langen Marsche und den großen Entbehrungen, welche die Truppen zu ertragen gehabt, schien eine zweitägige Rast sie in eine vortreffliche Stimmung versetzt zu haben und sie wünschten nichts Anderes, als nur gegen die Preußen geführt zu werden. Dieser Wunsch ist ihnen gewährt worden, – die mit demselben verknüpfte Hoffnung ist vernichtet. Die Schlacht ist so vollständig verloren, wie irgend eine Schlacht ohne vollkommene Auflösung der besiegten Armee es nur sein könnte. Ich schreibe diese Zeilen in einem Gehöfte, wo einige versprengte Mitglieder des Stabes ausruhen, bevor sie den Rückzug fortsetzen.

Um 7 Uhr Morgens wurde die Schlacht des heutigen Tages durch ein Artilleriefeuer von Seite der Preußen eingeleitet. Die österreichische Armee war auf einer niederen Hügelkette zwischen Smiritz und Nechanitz aufgestellt und sieben Armeekorps waren, die Sachsen ungerechnet, innerhalb eines Raumes von neun Meilen zusammengezogen.

Der Zentralpunkt, wo Feldzeugmeister Benedek während des größten Teiles der Schlacht zu finden war, befand sich auf einem Hügel, der die Fronte, den rechten und den linken Flügel beherrschte. Fast unmittelbar unterhalb dieses Punktes lag das kleine Dorf Lipa, das einen hervortretenden

Winkel bildete, von welchem die Flanken nach beiden Seiten hin zurücktraten.

Links standen die Sachsen, diesen zunächst in der ersten Linie das 10. Korps unter dem Befehl des Feldzeugmeister-Lieutenant Gablenz; das 3. unter dem Erzherzog Ernst und das 4. unter dem Grafen Festetics waren im Zentrum aufgestellt; das 2. unter dem Grafen Thun stand auf der Rechten. Hinter den Sachsen war das von dem Erzherzog Leopold befehligte 8. Korps zur Unterstützung postiert. Als Reserve standen, unter Clam-Gallas und Ramming, das 1. und 6. Korps. Die Kavallerie war im Hintertreffen aufgestellt, um eine passende Gelegenheit zum Eingreifen abzuwarten.

Um 10 Uhr Vormittags nahmen der Feldzeugmeister und sein Stab ihre Stellung auf dem oberhalb des Dorfes Lipa gelegenen Hügel. Die Kanonade war auf der ganzen Linie heftig; doch das Interesse des Augenblickes galt dem kleinen Dorfe unter uns, um dessen Besitz ein wütender Kampf stattfand. Da jedoch in das Innere des Ortes Niemand hineinblicken konnte, so will ich nur anführen, dass die Österreicher den Besitz desselben behaupteten. Ein anderes, weiter abwärts gelegenes Dorf und ein jenseits des Letzteren gelegenes Gehölz wurden während des größten Teils des Tages von den Preußen behauptet. Um 10 ½ Uhr marschierten zwei Jäger-Bataillone mit lautem Hurraruf an uns vorüber, um sich an dem Kampfe zu beteiligen. Die tapferen Burschen glaubten, nur mutig und trotz des heftigen feindlichen Feuers vorrücken zu dürfen, um Alles vor sich niederzuwerfen; doch wussten sie wenig von der Taktik des Feindes, noch von der tödlichen Wirkung des Zündnadelgewehrs. Es ist peinlich, ein Übermaß von Tapferkeit tadeln zu müssen; doch habe ich im Allgemeinen gefunden, dass die österreichischen Truppen sich den feindlichen Kugeln aussetzten, wenn sie mit eben demselben Nutzen augenblicklich in gedeckter Stellung hätten bleiben können und beständig die kleinen Vorteile vernachlässigten, die ein unebenes Terrain, Gehölze und Gräben als Schutz gegen feindliche Geschosse darzubieten vermochten. Sie schienen stets bestrebt, zum Handgemenge zu kommen und sich als Waffe des Bajonetts oder des Gewehrkolbens bedienen zu können. Hieraus entsprang eine nutzlose Vergeudung von Menschenleben und eine dementsprechende Scheu vor dem preußischen Feuer. Die Preußen dagegen schossen, wo es nur möglich war, stets aus Gehölzen, Häusern oder Hohlwegen; es schien ihren Leuten eingeschärft zu sein, ihr Leben zu schonen, als den wertvollsten Besitz, den sie ihrem Lande erhalten könnten.

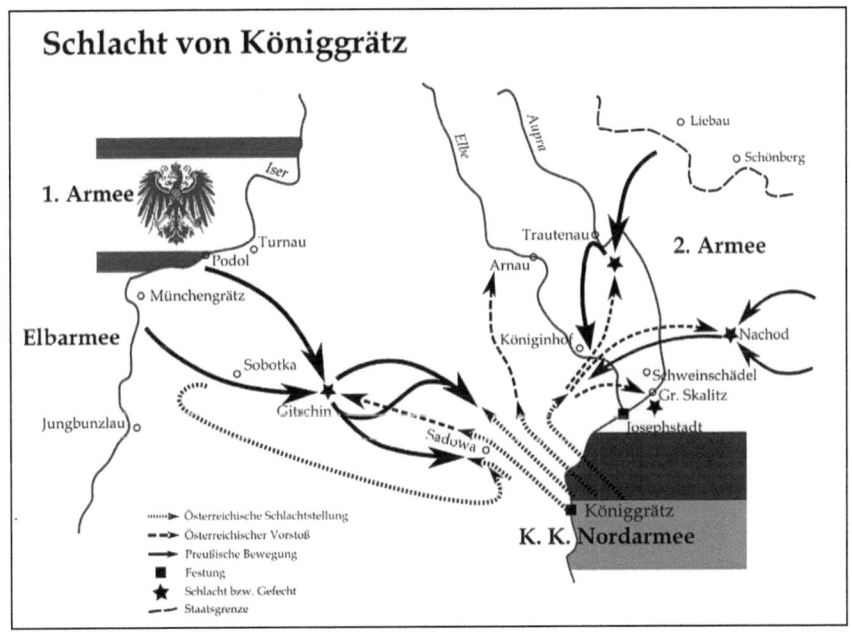

Quelle: Julien Then, Wikipedia

Überdies muss jeder unbefangene Beobachter die Wahrnehmung machen, dass eine sich in der Defensive haltende Armee sich etwas mehr verschanzen könnte. Einige Wagenladungen Spaten würden für die Last ihres Transports durch die größere Sicherheit, welche sie den Truppen gewähren müssten, reichlichen Ersatz bieten. Wollen meine Freunde unter den Offizieren der österreichischen Armee mir ferner die Bemerkung verzeihen, dass mehr Häuser mit Schießscharten versehen und noch manche andere jener Vorsichtsmaßregeln adoptiert werden könnten, welche jedem Kriegskundigen so vollkommen bekannt sind? Niemand kann jemals den Mut der österreichischen Militärs in Zweifel ziehen; wollen sie jedoch niemals die Lehre annehmen, dass Vorsicht und Klugheit den bessern Teil der Tapferkeit bilden?

Um 11 ¼ des Vormittags debouchierten preußische Verstärkungen aus einem Gehölz hinter dem zweiten Dorfe auf ihrer Rechten. Man glaubte anfangs, sie wären auf dem Rückzuge; sie rückten jedoch tirailleurartig gegen Lipa vor, um ihre dort im Gefecht stehenden Kameraden zu unterstützen. Zwei aus Achtpfündern bestehende Batterien, die rechts und links von dem Standpunkte des österreichischen Stabes aufgestellt waren, eröffneten ein ziemlich wirksames Feuer gegen die Anrückenden; doch betrug die Schussweite ungefähr 3000 Schritt und die Batterie zur Linken war unvorteilhaft platziert, so dass das Vorrücken des Feindes nicht gehemmt werden konnte.

Um 11 ½ erhielt Windischgrätz den Auftrag, seine Kavallerie nach der Ebene vorzuschieben und sie zum Angriff bereit zu halten. Drei Kürassier-Regimenter rückten mit dem die österreichische Kavallerie charakterisierenden schimmernden Glanze in guter und fester Haltung vor. Im Kampfe sah ich sie nicht, obgleich sie, gemeinschaftlich mit der übrigen Kavallerie, den Rückzug deckten und schwere Verluste erlitten. Doch nur ein gänzlich kaltes Herz hätte die tapferen Burschen felsenfest unter dem heftigen Feuer der weittragenden preußischen Gewehre so lange sitzen zu sehen vermocht, ohne von Gefühlen der Teilnahme bewegt zu werden. Die Kavallerie hat, außer beim Rückzuge, bisher gar keine Chance gehabt und man hört manchen Seufzer, sieht manche Träne über die mehr als dezimierten Reihen ›unserer herrlichen Reiterei‹.

Unmittelbar darauf sandte Benedek Befehle an die Artillerie, mit ihrem Feuer zurückhaltender zu sein, da sie sonst ihre Munition erschöpfen würde.

Gegen 12 Uhr erhielt der Fürst von Holstein den Auftrag, das Terrain zu rekognoszieren, über welches er mit seiner Kavallerie-Division bald würde vorzurücken haben, und fünf Minuten später traf die Nachricht ein, dass das 5. preußische Armeekorps gegen unsern rechten Flügel vorgehe. Die sogleich gegebene Antwort lautete: Das Terrain müsse behauptet werden und wenn das unmöglich wäre, so solle der rechte Flügel langsam zurückgehen.

In diesem Stadium der Schlacht herrschte vollkommene Gelassenheit und Zuversicht. Die auf dem linken Flügel stehenden Sachsen behaupteten ihre Position. Eine preußische Batterie feuerte gegen die in der Nähe des Stabes aufgestellten Achtpfünder, doch flogen die meisten Bomben hoch über die Batterie und über unsere Köpfe hinweg und fuhren 400 Ellen hinter uns in die Erde, in welche sie, in natürlicher Folge ihres hohen Fluges, sich tief hineinwühlten. Die achtpfündigen Kanonen auf der Linken wurden aus der für sie in der Eile konstruierten Batterie nach einem niedrigern Niveau geschafft, von wo aus sie die preußischen Truppen zwischen Lipa und dem jenseits liegenden Gehölz in der Flanke beschießen konnten. Die Batterie zur Rechten setzte ihr direktes Feuer gegen die links von dem Gehölze stehenden feindlichen Kolonnen fort.

Um 12 ¼ ließ Gablenz sagen, dass seine Munition auf die Neige gehe und bat, dass einige der Reserve-Batterien ihm gesandt werden möchten. Der sehr ruhige und gesammelte Oberbefehlshaber antwortete, gelassen seine Zigarre weiterrauchend, er könne keine entbehren und fügte hinzu, weshalb Gablenz so viel Munition verbraucht habe. Nach wenigen Minuten jedoch, schickte er drei Achtpfünder-Batterien aus der Reserve. Es blieben jetzt nur noch 12 Achtpfünder-Batterien und mehrere Regimenter der schönsten Kavallerie in der Welt (wenn man dem Gerüchte glauben darf) für einen kritischen Augenblick reserviert.

Um 12 ¼ Uhr stand Lipa in Flammen und eine furchtbare Kanonade fand auf der ganzen Linie statt. Nicht weniger als tausend Kanonen öffneten ihre Schlünde auf entgegengesetzten Seiten des Tales. Die weißröckigen Kürassiere saßen wie Bildsäulen auf ihren Pferden, nicht achtend der Bomben, welche in ihren Reihen aufräumten oder vor ihrer Fronte explodierten. Was den szenischen Effekt noch erhöhte, war der Umstand, dass in diesem Augenblicke die aus der Reserve herbeigeholten drei Batterien herankamen, deren Bedienung unter wildem Geschrei und Peitschenschwingen in einer Entfernung von wenigen Ellen an dem Stabe vorüber galoppierte. Die von den Leuten ausgestoßenen Töne waren so verschieden von dem gewöhnlichen Hurraruf der Jäger, dass ich mich erkundigte, wer sie wären. Die mit stolzem Lächeln gegebene Antwort lautete: ›Ungarn‹.

In diesem Moment wendete sich Feldmarschall Benedek im Sattel um und sagte: ›Niemand soll auch nur über eine einzige Batterie weiter verfügen; ich werde sie alle sogleich brauchen.‹ – Die Wolken, welche den ganzen Tag über dem Hügel geschwebt hatten, begannen sich jetzt in feinen Regen aufzulösen und der Rauch hing in gewaltigen Massen über der Schlachtlinie.

Wenige Minuten nach 1 Uhr trabte der Stab davon, um die Lage der Dinge auf dem rechten Flügel in Augenschein zu nehmen. Als die grünen Federn sich schnell fortbewegten, stimmten die Musikchöre die Nationalhymne an und die Leute begrüßten ihren Feldherrn mit lautem Zuruf: Alles schien von der bestimmten Hoffnung auf einen bevorstehenden Sieg beseelt. Benedek jedoch winkte den Leuten, ihre Demonstrationen einzustellen und rief in seinem stets lauten und kräftigen Tone: ›Jetzt nicht; – wartet bis morgen, Kinder.‹

Wir kehrten nach dem früheren Standorte zurück und kamen gerade rechtzeitig an, um das 3. Korps mit Musik und unter lauten Ausrufungen durch das Tal vorrücken zu sehen. Um diese Zeit – 1 ½ Uhr Mittags – ging Alles gut; die Preußen schienen sich zurückziehen zu wollen; die Infanterie war in bester Stimmung, die Kavallerie fast unberührt und in der Nachhut stand eine Artillerie-Reserve, die, wie es schien, vollkommen genügen würde, um alle Hindernisse zu überwinden, so dass alsdann nichts weiter zu tun wäre, als mit Hilfe der Kavallerie den ohnehin schon erschöpften Feind vollständig zu zerstreuen.«

Hauen und Stechen im Horrorwald

Die Gegend um das 15 Kilometer nordwestlich des Stadtzentrums von Königgrätz gelegene kleine Dörfchen Sadowa zeigt sich als leicht wellige Landschaft mit verstreuten hügeligen Erhöhungen. Solch markantere Bodenerhebungen nutzten die Armeeführer beider Seiten, um von dort aus das Geschehen zu beobachten und zu lenken. Wobei die Sicht durch die Unebenheit der Landschaft teilweise auch wieder eingeschränkt war. Die Stäbe der Kriegsgegner konnten oft nur vermuten, was hinter dem nächsten Wald, der nächsten größeren Bodenwelle oder Hügel vor sich ging. Hier konnten nur Meldereiter die Informationslücken (nicht selten etwas mangelhaft) füllen, denn das noch junge Telegraphenwesen konnte im Getümmel einer solchen Schlacht nicht zum Einsatz kommen.

Um zwei bewaldete Hügel in der Nähe von Sadowa (Swiepwald und Holawald) entbrannte ein extrem hartnäckiges und blutiges Ringen. Im dichten Gehölz konnten die Preußen den Vorteil ihres Zündnadelgewehrs nicht umfänglich ausspielen. Hier ging es meist ums Hauen und Stechen – und in diesen Disziplinen waren die Österreicher nicht die schlechtesten. Der Kriegsreporter Hans Wachenhusen, der die Elb-Armee bei ihrem Vordringen in Böhmen begleitete und durch die zwischenzeitlich hergestellte räumliche Nähe zur Ersten Armee auch die Vorgänge bei dieser verfolgte, konnte eines dieser brutalen Waldgefechte aus der Nähe beobachten:

»Die preußische Infanterie, welche die Dörfer Sadowa und Dohalitz genommen hatte, wurde inzwischen gegen das Gehölz gesandt, welches über diesen Plätzen längs der Straße von Sadowa und Lipa hinausläuft; sie ging gegen dasselbe vor, aber ihr Feuer hatte keine Wirkung, da die Österreicher hinter den Bäumen gedeckt waren; auch feuerte eine ganze Batterie vom andern Ende des Holzes zwischen den Bäumen her auf die Preußen, und mit schrecklicher Wirkung. Aber die Angreifer fochten fort, brachen endlich die Hindernisse des Eingangs nieder und gingen dann drauf los. Das Gefecht ging von Baum zu Baum.

Die Österreicher machten manchmal Anlauf, um die verlorene Position des Gehölzes wieder zu gewinnen; aber in diesem Handgemenge fielen ihre Soldaten wie die Kegel vor den starken Männern der 8. Division; doch sobald die Verteidiger sich etwas zurückzogen und ihre Artillerie in die Bäume spielte, litten die Preußen erschrecklich. Etwa halbwegs aufwärts ins Holz kam das Gefecht zum Stehen.

Um diese Zeit führte die österreichische Artillerie ein glänzendes Feuer aus. Um 1 Uhr konnte die ganze preußische Schlachtlinie keinen Boden mehr gewinnen; es galt den verzweifeltsten Kampf, um nur die einmal gewonnene Position zu halten. Endlich schien es sogar, als ob sie dieselbe aufgeben würde, da ihre Kanonen durch das österreichische Feuer demontiert waren, in dem Waldgrunde das Zündnadelgewehr keine freie Bahn fand und das Infanteriegefecht ganz gleich stand.

Da schickte Prinz Friedrich Karl die 5. und 6. Division vor; diese legten ihre Helme und Tornister ab und rückten an den Fluss. Der König war in der Nähe der Bistritz, und die Truppen jubelten ihm laut zu, als sie in die Schlacht zogen. Sie gingen über die Sadowa-Brücke und verschwanden im Walde.

Bald verriet das stärker werdende Gewehrfeuer, dass das Gefecht begonnen; aber die österreichischen Kanoniere schleuderten Salve auf Salve zwischen die Unsrigen hinein, diese brachten das Gefecht kaum einige hundert Schritt weiter vorwärts, denn sie fielen selbst zurück und konnten den Feind nicht erreichen. Nicht nur die Granatsplitter flogen unter sie, Tod und Wunden in ihre Reihen schmetternd, auch die Äste und Splitter der Bäume, zerrissen von den Geschossen, flogen umher und verursachten noch schreckliche Zerfleischungen.

Fransecki's Leute konnten nicht vorausgeschickt werden, um das Sadowaer Gehölz anzugreifen, da sie Gefahr liefen, von hinten durch die Artillerie auf der Rechten der österreichischen Linie vorwärts von Lipa beschossen zu werden. Alle Artillerie war engagiert, außer acht Batterien, und diese mussten zurückgehalten werden für den Fall einer Niederlage, denn zu einer Zeit schien das Feuern im Sadowaer Gehölz und das der preußischen Artillerie auf dem Abhange, als ob es gegen die Bistritz zurückginge. Die Erste Armee war jedenfalls gehemmt in ihrem Vormarsche, wenn nicht wirklich zurückgeschlagen, was Jedem, der dieses Gefecht aufmerksam beobachtete, nur zu glaublich erschien.

Wer beschreibt unsere Aufregung, als wir das Gefecht hin und her schwanken und endlich deutlich auf unserer Seite zurückweichen sahen.

Wir konnten es trotz der trüben Luft deutlich übersehen. Aber auch die Generale im Zentrum blickten ängstlich nach links, von woher der Kronprinz kommen sollte. Der König selbst ward unruhig und richtete sein Fernrohr besorgt nach links; im Generalstabe gab es nur bestürzte Gesichter.«

Es stand nicht so gut für die durch die zurückliegenden gewaltigen Märsche überanstrengten preußischen Truppen.

Die Österreicher gingen zu diesem Zeitpunkt von der zuversichtlichen Erwartung aus, Herwarths Elb-Armee und die Erste Armee des Prinzen Friedrich Karl (die Elb-Armee war seit Reichenberg auch dessen Oberkommando unterstellt) noch vor dem Eintreffen der von Königinhof und aus der Richtung Josephstadt anrückenden Kronprinzen-Armee (Zweite Armee) entscheidend schlagen zu können. Entsprechend nervös waren die führenden Persönlichkeiten auf dem jeweiligen (wechselnden) preußischen Feldherrnhügel (die Anhöhe von Dub und andere Punkte nicht weit von Sadowa). Nur der erkältete Generalstabschef Moltke, auf dessen Genius sich der ganze (umstrittene) Feldzugsplan der Preußen gründete, blieb ruhig und gelassen und vertraute auf seine Strategie und auf das rechtzeitige Eintreffen der Kronprinzen-Armee am rechten Flügel der Österreicher – wenn vielleicht auch in letzter Sekunde.

Gegen Mittag waren die Preußen offenbar schon so ermattet, dass in der Umgebung des Königs angeblich schon über einen Rückzug laut nachgedacht wurde. Bismarcks Traum vom mächtigen Groß-Preußen schien an der hier endlich ihre geballte Kraft zeigenden österreichischen Nordarmee zu zerplatzen. Kein Wunder also, dass auch König Wilhelm Nerven zeigte, als abgekämpfte Soldaten seiner Armee auf der Flucht vor den Österreichern den hart umkämpften Swiepwald verließen. Verärgert scheuchte er sie wieder zurück in den Horrorwald.

Der Flügeladjutant des preußischen Monarchen (und spätere Botschafter des neuen Deutschen Kaiserreichs in Wien), Hans Lothar von Schweinitz, befand sich am Tag der großen Schlacht in unmittelbarer Nähe Wilhelms und so blieb ihm der Zorn seines Königs nicht verborgen:

»Am 3. Juli fuhren wir über Horschitz nach Kleinitz; dort stiegen wir zu Pferde; es regnete, aber nur schwach. Seine Majestät ritt eine dunkelbraune Stute, ziemlich lang und hochbeinig, ich setzte mich auf meinen Schimmel. Wir ritten seitwärts der Chaussee auf eine unbedeutende Erhöhung des Terrains bei Dub; die Eskadron der Stabswache folgte uns. Natürlicherweise zog die Gruppe von Reitern die Aufmerksamkeit der österreichischen Artilleristen auf sich, und ziemlich viele Granaten schlugen in unserer Nähe ein. Später ritten wir mit einer östlich der Straße halblinks vorwärts trabenden Kavallerie-Brigade ein gutes Stück mit und dann langsam an den Batterien der 8. Division entlang, welche nördlich von Sowetitz und auf dem Roskosberge ziemlich gedeckt standen. Schon von der Höhe von Dub aus hatte Seine Majestät den Befehl zum allgemeinen Angriff gegeben.

Man liest in vielen Beschreibungen jener Schlacht, dass wir lange, bange Stunden verlebt, angstvoll nach der ersehnten Hilfe, mit welcher der Kronprinz zögerte, ausgeschaut und sogar den Rückzug schon in Erwägung gezogen hätten; das alles ist nicht wahr. Die Zeit von 9 bis 1 schien mir freilich lang, denn die weißen Rauchwölkchen, welche die Stellung von Herwarths Geschützen bezeichneten, rückten vor, sie blieben stehen, sie gingen teilweise weiter zurück. Die Brigade Gordon von Fransecky's Division begann ½ 9 Uhr den Angriff auf den Wald von Maslowed [Swiepwald], in dem es dann bis gegen 1 Uhr schrecklich zugegangen ist. Ich weiß nicht mehr genau die Stelle zu bezeichnen, wo es geschah, dass ich etwa um die Mittagsstunde fast allein mit dem Könige, welcher abgestiegen war, auf einem freien Felde stand; von allen Adjutanten war außer mir nur noch der Kanitz da, die anderen waren verschickt. Als wir so dastanden, sahen wir aus dem vor uns liegenden Walde erst einzelne Leute, dann lange dünne Reihen heraus und auf uns zu kommen, nicht fliehend, aber völlig erschöpft, apathisch kehrten diese Trümmer verschiedener, fast aufgeriebener Truppenteile aus jener Hölle zurück, in der sie gegen dreifache Übermacht stundenlang ausgehalten hatten und fast alle ihre Führer verloren hatten. Zuerst kam ein langer Zug solcher todmatten Leute; hinter ihnen ritt auf einem müden, mageren Pferde ein krummer Vizefeldwebel mit verbundenem Kopfe und einer Brille; als sie uns sahen, blieben die Leute stehen und nahmen Gewehr ab; der Anblick des Königs brachte aber nicht den geringsten Eindruck auf sie hervor. Nun kamen ihrer immer mehr, darunter auch Offiziere; sie ließen die Köpfe hängen, keiner sprach ein Wort, niemand gab ein Kommando, von taktischer Ordnung war keine Spur mehr vorhanden. Da ergrimmte der alte König und herrschte die Maroden an, wie sie sich unterstehen könnten, ohne Befehl zurückzugehen; mir rief er zu: ›Bringen sie die Leute in Ordnung!‹ Indessen wandte er sich zu den Offizieren und sagte ihnen Worte, die mir hart schienen, die aber nicht ohne Wirkung blieben. Die Offiziere führten ihre Leute wieder gegen den Feind; ich sah ihnen lange nach, wie die guten kleinen Bauernjungen, die Helme schief oder halb im Genick sitzend, dem Walde zuwankten, in welchem alle Stämme krachten und splitterten. Ich konnte mich eines törichten Mitleids nicht ganz erwehren, bald aber sagte ich mir, so muss ein König sprechen und handeln, der friderizianische Politik treibt, und wenn er es nicht kann, dann soll er lieber zu Hause bleiben; es gibt nun einmal solche Fälle, in welchen Härte Humanität ist! Ich glaube, dass nur wenige unseren milden, wohlwollenden König jemals so streng und zornig gesehen haben; es war aber keineswegs ein heftiges Aufbrausen oder nervöse Gereiztheit, erregt durch Hunger, Kälte, Nässe und ungeduldiges Warten auf die Kronprinzliche Armee. Solche Aufwallungen bereut und bedauert man gleich nachher, der König ist aber erst viel später und mit Mühe dazu gebracht worden, jenen Offizieren, die er so scharf angelassen hatte, einige freundliche Worte zu sagen.

Wie lange wir, abgesessen, an jener Stelle verweilten, weiß ich nicht mehr zu sagen; mir schien es ziemlich lang; ich dachte, wir wären dann wieder etwas weiter rechts auf Sadowa zugeritten, wo wir nicht weit von einer Zuckerfabrik halten blieben. Dort war früh ein schönes Weizenfeld gewesen, üppig bestanden; jetzt war der größte Teil des dichten, hohen Getreides zerstampft, der Rest des aufrecht stehenden dunkelgrünen Weizens wurde immer kleiner, aber eine Wachtel, die ich schon früh am Morgen bemerkt hatte, schlug ruhig weiter. Brigaden, Reiterregimenter und Batterien hatten die Halme in den Boden gestampft und an Hufen, Stiefeln oder um die Radspeichen geschlungen mit sich nach vorwärts auf die blutige Stätte getragen; immer kleiner wurde das schützende Dickicht, aber fröhlich erklang daraus das ›Putperlut‹ meiner Wachtel, bis endlich eine Infanterie-Brigade, ich glaube die vorletzte, die wir noch hinter uns hatten, vorrückte, mit klingendem Spiel am König vorbei; bei dem Schalle des ›Heil Dir im Siegerkranz‹ wurden die letzten Halme des Weizenfeldes zertreten, und die Wachtel verstummte.«

Vor allem das steirische 47. und das polnische 57. Regiment gingen mit einem derartigen Elan im Swiepwald vor, so dass der Widerstand der Preußen nahezu gebrochen werden konnte, sie wurden jedenfalls Schritt für Schritt zurückgedrängt. Der dem Vorwärtskommen geschuldete Blutzoll war in und um dieses Gehölz für beide Seiten immens hoch. Mit 3000 Mann und 90 Offizieren drang das 27. preußische Regiment in den Swiepwald hinein, und als es wieder heraus kam, standen nur noch 300 – 400 Mann aufrecht – so wusste es der englische Kriegsreporter Henry M. Hozier zu berichten, der die Erste Armee begleitete. Der wüste Nahkampf kostete die österreichische Seite hier 121 Offiziere und 2044 Mann, wie Anton Graf Bossi Fedrigotti für sein Buch »Kaiser Franz Joseph I. und seine Zeit« akribisch recherchierte.

Fast sah es so aus, als könnten die Österreicher in diesem Bereich die preußischen Linien durchstoßen. Eine im österreichischen Hauptquartier aus Josephstadt eingelangte Eilmeldung vereitelte allerdings ein weiteres Vordringen der Österreicher, denn es wurde der Anmarsch mehrerer Korps der preußischen Zweiten Armee aus nordöstlicher Richtung gemeldet. Drüben bei den Preußen konnte aufgeatmet werden. Für die Nordarmee verhieß dieser mannstarke Feindeszuwachs nichts Gutes, denn Benedeks rechter Flügel war durch die eigenmächtige Initiative der Truppenführer Tassilo Graf Festetics bzw. dessen Stellvertreter Anton von Mollinary und Karl Graf von Thun und Hohenstein geschwächt, denn diese dirigierten entgegen den Intentionen des Generalstabschef die meisten ihrer Bataillone in Richtung des preußischen Zentrums, denn dort waren im Moment Lorbeeren und Orden zu verdienen.

Gegenüber dem ausgedünnten rechten Flügel der Österreicher erreichte die Zweite Armee nun das Schlachtfeld. Deshalb mussten die kaiserlichen Soldaten das erfolgreiche Zurückdrängen der Preußen im Swiepwald und dessen Umgebung auf Befehl stoppen, um unter neuerlich schweren Verlusten einen schwierigen und mühsamen Stellungswechsel in Richtung der bedrohten Flanke zu vollziehen. Das Kind war aber schon in den Brunnen gefallen. Es gehörte zu den Vorzügen des preußischen Systems, dass die Kommandeure auch der unteren Ebene direkt vor Ort relativ autonom entscheiden und daher auf strategische Fehler ihrer österreichischen Kollegen blitzschnell reagieren konnten. Ein Verteidigungswall aus Abertausenden Kämpfern verliert seinen Zweck, wenn sich innerhalb dieses Walles ein fahrlässig ungesicherter Abschnitt befindet. An der Ostseite des Dörfchens Chlum gelang es preußischen Vorhuten in den von österreichischen Soldaten nur schwach besetzten Ort einzudringen. Der Hauptteil der zur Sicherung und Verteidigung dieser Position eigentlich vorgesehenen Truppen kämpfte – unautorisiert – ja weiter drüben, im aktuellen Zentrum des Geschehens. Als Benedek bemerkte, welche bedrohliche Situation sich in Chlum anbahnte, befahl er sofort Reserven dorthin, es war aber zu spät. Die Preußen haben sich diese Lücke des ohnehin gefährdeten rechten österreichischen Flügels ohne Zögern zu Nutze gemacht und sind dort mit rasch verstärkten Truppen ein- und vorgedrungen und konnten die Österreicher auf dieser Seite des Geschehens sehr bald auch in deren Rücken bedrohen.

Inzwischen wurde die Lage auch am linken Flügel bei Nechanitz bedrohlich. Das zur Verwunderung und zum Ärger des Prinzen Friedrich Karl eher noch zögerliche Vorgehen der Elb-Armee des General Herwarth am Vormittag gewann ab den Mittagsstunden an Schwung, die Bistritz wurde überschritten und die in diesem Bereich eingesetzten und tapfer kämpfenden sächsischen Truppen unter Kronprinz Albert mussten sich in Richtung Problus und Niederpriem zurückziehen.

Chlum, das bisher so beschauliche kleine Dorf, ging als Achillesferse der Österreicher in die Kriegsgeschichte ein. Der äußerst verlustreiche Versuch der Rückeroberung dieser exponierten Stellung musste aufgegeben werden. Der Kriegsgott Mars, bis dahin schwankend und unentschieden, wechselte nun am Nachmittag dieses 3. Juli mit fliegenden Fahnen zu den Preußen über.

Österreichs »Waterloo« zwischen Bistritz und Elbe

Als der Kriegsberichter der »Times« bei der österreichischen Nordarmee am Abend dieses »Jahrhunderttages« das bisherige Geschehen gedanklich rekapitulierte, kam es ihm wie ein unwirklicher Traum vor, wie unvermittelt die Österreicher von der Siegeszuversicht in die Niederlage katapultiert wurden:

»Graf Festetics, Kommandeur des 4. Korps, war im Anfange der Schlacht verwundet worden, und sein Unterbefehlshaber, welchem die ehrenvolle

Aufgabe der Vertretung seines Vorgesetzten zufiel, begierig, seinen Eifer und seine Energie zu entfalten, vielleicht auch glaubend, dass der Moment zu einem entschiedenen Handeln nun gekommen sei, ließ seine Leute vorrücken, und das 2. Korps ging zu seiner Unterstützung vor. Nun aber scheint es kaum einem Zweifel zu unterliegen, dass der Hauptangriff der Preußen unserm linken Flügel gelten sollte und dieser war durch das den Sachsen zur Unterstützung beigegebene 8. Korps verstärkt worden. Der preußische linke Flügel muss verhältnismäßig schwach gewesen sein und man darf den General entschuldigen, dass er seine Instruktionen überschritt, – wenn nämlich die Auskunft, welche ich diesen Morgen aus einer sehr zuverlässigen Quelle erhielt, nicht etwa auf einem Irrtum beruht. Wie dem auch sein mag, – hätte Chlum, ein Dorf auf dem Hügel rechts von Lipa, nicht ohne Deckung bleiben dürfen. Man sagt, eine preußische Patrouillen-Abteilung habe, als sie den Posten unbesetzt fand, von ihm Besitz genommen, ein Haus in Brand gesteckt, als Signal für die Ihrigen, in bedeutenderer Anzahl herbeizukommen, und gegen die wenigen in ihrer Nähe befindlichen Truppen jenes schnelle Zündnadelgewehrfeuer eröffnet, welches die Schwäche einer unbedeutenden Streitmacht so wirksam zu verbergen geeignet ist.

Es war 3 Uhr, als Benedek benachrichtigt wurde, dass Preußen hinter ihm stünden. Mit dem ihm eigenen Ungestüm galoppierte er sogleich der ihm bezeichneten Stelle zu, um die zur Vertreibung der Gegner erforderlichen Befehle zu erteilen und deren Ausführung selbst zu überwachen. Von seinem ganzen Stabe gefolgt, sprengte er nach der Richtung zwischen Chlum und den Truppen. Schneller als ich es niederzuschreiben vermag, sank Prinz Esterhazy vom Pferde; – sein Schlachtross war unter ihm erschossen; Graf Grunne erhielt eine, wie man sagt, tödliche Wunde; Baron Henikstein's englische Stute wurde schwer verwundet und viele Unfälle traten unter den Leuten ein. Ich sah den jungen Fürst Esterhazy, das schöne Gesicht mit Schlamm bedeckt, sich mühsam emporraffen, das Pferd eines Dragoners besteigend, der sogleich mit einem andern versorgt wurde. Der ganze Stab ritt nun davon, um eine gesichertere Stellung aufzusuchen; vorher jedoch hatten die Mitglieder desselben die durch den plötzlichen Angriff bestürzten und in Unordnung geratenen Leute wieder gesammelt und formiert.

Der Schlüssel der Position war in den Händen des Feindes und Schrecken war auf jedem Antlitz ausgeprägt. Nur Benedek blieb gefasst und ruhig, während er hinwegritt, um einige Reserven herbeizuholen und die verlorene

Position wieder zu nehmen. Die Kugeln fielen noch massenweise, als der Stab dem Oberbefehlshaber nachritt, und als sie sich einem von Wirtschaftsgebäuden umgebenen Gehöfte näherten, um in demselben Deckung zu suchen, wurden sie von einem neuen Kugelregen begrüßt, den die nunmehrigen preußischen Inhaber ihnen entgegensandten. Eine dieser Kugeln verwundete den Erzherzog Wilhelm am Kopfe, doch ist, wie ich glaube, die Verletzung nicht gefährlich.

Es kann nicht überraschen, dass dieses unerwartete Erscheinen des Feindes – gewissermaßen in unserer Mitte – und das in eben dem Augenblicke, als die österreichische Armee den Sieg schon in ihrem Bereich zu erblicken glaubte, einige Verwirrung hervorrief. Schnell brachte der Feind zwei Batterien herbei und inmitten des Kanonendonners, des Krachens der Bomben und des Pfeifens der Kugeln war es für die im Tale Stehenden überaus schwierig, Freund von Feind zu unterscheiden.

Den zum Vorrücken kommandierten Bataillonen gelang es nicht, Chlum wieder einzunehmen – und in die so unvorsichtig offen gelassene Lücke schob der Feind immer neue Truppen nach, – so dass nach wenigen Minuten die große Nordarmee sich an der Fronte, Flanke und im Rücken angegriffen sah. Nicht nur durch den von dem Feinde wirklich errungenen Vorteil wird eine derartige Lage zum sichern Vorboten größern Unheils: der Glaube, von Feinden umringt zu sein (wie die erregte Phantasie unter solchen Umständen vorzuspiegeln pflegt), erzeugt eine furchtbare moralische Wirkung. Dessen ungeachtet benahm die Armee sich gut. Die Kavallerie avancierte oder machte Seitenschwenkungen, als wäre sie auf der Parade, und wäre es der Infanterie nur geglückt, sich des Dorfes Chlum wieder zu bemächtigen, so hätte der Sieg sich immer noch auf die Seite des österreichischen Heeres neigen können.

Dies sollte jedoch nicht sein. Regiment nach Regiment, Batterie nach Batterie erschien auf den Höhen und beschoss das Hintertreffen der Österreicher. Vergebens warf sich Benedek in das heftigste Feuer der ersten Linie. Der Tod, welchen er suchte, wollte ihm nicht die Augen schließen, ihn nicht blind und unempfindlich machen für den Augenblick, der sich rings umher ihm aufdrängte. Er konnte sich nicht der Aufgabe entziehen, den Rückzug der Armee zu leiten, – und dieser Rückzug war nur unter schweren Verlusten an Leuten, Kanonen und Vorräten auszuführen. Dennoch ward noch nicht Alles aufgegeben. Die Büchsen wurden nicht hingeworfen, die

Kanonen nicht im Stiche gelassen, so lange sie noch vom Schlachtfelde gezogen werden konnten.

Diejenigen Verwundeten, welche bereits auf dem Wege von der Fronte des Schlachtfeldes nach den Festungen waren, wurden sorgfältig weiter getragen. Plünderung oder sonstige Zügellosigkeit fand auf den vom Schlachtfelde hinwegführenden Wegen durchaus nicht statt, und kann die Regierung sie nur von neuem ausrüsten, so wird die Nordarmee bald wieder bereit sein, sich der schrecklichen Waffe, vor welcher sie geflohen ist, abermals entgegen zu stellen.

Um 4 ½ Uhr befand sich die ganze Armee in vollem Rückzuge. Ihre vom Feinde verfolgte Nachhut wurde von der Artillerie und Kavallerie geschützt, welche, wie man sagt, verzweifelte Ausfälle machten und bei diesen Gelegenheiten mehr als dezimiert worden sind. Der Brücken über den Adlerfluss und die Elbe gibt es nur wenige und diese wenigen sind überaus schmal; die an solchen Punkten zusammentreffenden verschiedenen Kolonnen gerieten in Unordnung und mischten sich unter einander. Kanonen, die nicht weiter fortgeschafft werden konnten, wurden von ihren Lafetten hinab und in den Fluss geworfen; auf diese Weise gingen viele verloren, doch sollen verhältnismäßig nur wenige in die Hände des Feindes gefallen sein. Ein Artillerie-Kapitain, der mich nach dem Verluste an Kanonen fragen hörte, sagte: ›Von meiner ganzen Batterie sind nur noch eine Kanone und sieben Pferde übrig und viele andere Batterien sind in ähnlichem Zustande.‹ Ein Anderer sagte: ›Wir haben keine Artillerie mehr.‹ Der Stab des Hauptquartiers wurde während der Unordnung, welche der Verwundung des Erzherzogs Wilhelm folgte, gänzlich zerstreut; Benedek ward von seiner Eskorte getrennt und Niemand wusste, wohin er sich gewendet hatte. Nach einigen vergeblichen Versuchen, ihn aufzufinden, wendeten viele Mitglieder des Stabes – da alle wichtigen Positionen nunmehr in Feindeshand waren – dem Schlachtfelde den Rücken, um sich in Neu-Königgrätz wieder zusammen zu finden. Nach einem langen Ritte dort angekommen, fanden wir, dass der General den Ort bereits verlassen hatte und den ermüdeten Pferden wurde eine Stunde zur Rast und Erfrischung gewährt. Alles war tief entmutigt und niedergeschlagen. Nicht bloß eine Schlacht – nein, ein Reich ist verloren gegangen, es sei denn, dass es den Diplomaten endlich gelinge, das Netz zu vernichten, welches schon früher ihre Bemühungen vereitelte und das nun auch dem Schwerte widerstanden hat.

Von alledem wussten die Soldaten nichts; ihr einziger Kummer war die Ermüdung, an der sie litten, oder der Gedanke, dass nun die heutige Schlacht noch einmal geschlagen werden müsse, bevor sie die angenehmen Ebenen erreichen und in den Genüssen schwelgen könnten, mit denen Benedek's erst vor wenigen Tagen erlassene Proklamation ihre Phantasie erhitzt hatte.

Um 2 ½ Uhr des Morgens holten wir den General Benedek in Holic ein. Die wenigen preußischen Gefangenen sollten zurückgesandt werden, und die Berichte, welche sie den Ihrigen überbringen, werden Berlin in demselben Maße freudig stimmen, in welchem Wien gedrückt sein wird.«

Oft nur einen Granatwurf weit entfernt vom »Times«-Berichterstatter auf der österreichischen Seite, tummelte sich auf der anderen Seite der andauernd in Bewegung befindlichen Front Henry M. Hozier herum, der Mann der »Times« bei der preußischen Armee. Dieser nahm sich am Tag nach »Königgrätz« im nicht weit davon entfernten Höritz die Zeit, das vor wenigen Stunden Geschehene von der preußischen Warte aus zu beschreiben. Jetzt, wo auf diesem blutdurchtränkten Flecken böhmischen Bodens die Waffen schwiegen, wurde ihm auch die Dimension der durch die Kriegsfurie bewirkten Zerstörungen an Leib und Leben umfänglich bewusst:

»Die Schlacht bei Sadowa – oder bei Königgrätz, wie sie in der preußischen Armee bezeichnet wird – ist sogar ein entscheidenderer Sieg gewesen, als die siegreichen Generale selbst bis gestern Abend wussten. Achtzehntausend österreichische Gefangene sind bereits eingebracht worden und noch immer kommen neue an. Der Totalverlust, welchen die Österreicher durch die Schlacht erlitten haben, ist natürlich noch nicht genau bekannt, ich glaube jedoch, dass derselbe an Toten, Verwundeten und Gefangenen auf 40.000 Mann angegeben werden darf. Drei österreichische Fürsten und drei Generale sind verwundet und die Generale Windischgrätz und Lichtenstein gefangen. Der preußische Verlust ist noch nicht festgestellt, doch kann derselbe nicht viel weniger als 6000 Mann an Toten und Verwundeten betragen.

Eine heute vorgenommene weitere Besichtigung des Schlachtfeldes hat dargetan, wie furchtbar die von den Österreichern eingenommene Stellung war, aber sie hat auch gleichzeitig gezeigt, dass sie entsetzlich gelitten haben müssen. Rings um das Dorf Lipa, in welchem sie Position nahmen, nachdem sie aus den Dörfern an der Bistritz vertrieben waren, waren Laufgräben angebracht und Batterien errichtet, deren Kanonen jeden Fußbreit des Terrains bestrichen, über welches ihre Angreifer vorgehen konnten. Das Dorf selbst war von Barrikaden umgeben, die aus gefällten Bäumen gebildet waren; in den Häusern hatte man Schießscharten angebracht, und Kanonen waren so platziert, dass sie jeden Zugang beherrschten. Es erscheint geradezu rätselhaft, wie eine solche Position eingenommen werden konnte.

Auf der österreichischen rechten Flanke, gegen welche die Truppen des Kronprinzen vorrückten, waren die Batterien so stark und standen einander so nahe, dass die Position mehr einer permanenten Festung als einer bloßen Feldschanze glich. Zur Linken und in der Fronte fand sich allerdings mehr offener Raum; doch waren die Batterien ebenso stark, obgleich über einen größeren Raum verteilt. Kein Wunder, dass es einen Moment gab, in welchem die Soldaten der Ersten Armee im Vorrücken zögerten, denn dass Truppen überhaupt gegen eine solche Menge geschickt platzierter Kanonen anzukämpfen vermochten, ohne gänzlich vernichtet zu werden, erscheint in der Tat als ein Wunder. Niemand, der auf der Spitze des Lipa-Hügels gestanden und die jene Position vollständig umschließenden österreichischen Batterien überblickt hat, wird sich der Überzeugung verschließen können, dass die Truppen, welche während so vieler Stunden unter einem solchen Feuer aushielten und endlich solche Verschanzungen erstürmten, aus Männern von nicht geringer Bravour und Soldaten von nicht geringem Werte bestehen müssen.

Als Prinz Friedrich Karl am Abende vor der Schlacht den Kronprinzen um seine Mitwirkung ersuchen ließ, antwortete der Letztere, dass er um zwei Uhr auf dem Schlachtfelde erscheinen würde. Mehr als seinem Versprechen getreu, war er mit zwei Korps bereits um 12 ½ Uhr zur Stelle, und seine Artillerie war zu dieser Stunde mit den Batterien auf dem österreichischen rechten Flügel engagiert. Doch war das Feuer der österreichischen Batterien so furchtbar, dass der Kronprinz mit der Infanterie nicht angreifen konnte, bis Etwas geschehen war, um die feindlichen Kanonen zum Schweigen zu bringen. Die den ersten Angriff dirigierenden Generale konnten von des Kronprinzen Infanterie nichts sehen, da diese durch die Unebenheiten des Terrains gegen die österreichische Kanonade sich zu decken gesucht hatte. Der von der Zweiten Armee abgesandte Adjutant, welcher dem Könige die Nachricht von der Ankunft des Kronprinzen zu bringen beauftragt war, musste einen weiten Umweg machen und kam erst spät am Nachmittage bei den Generalen an, welche den Angriff der Front leiteten. Diese Verzögerung erregte hier große Unruhe, und man hatte zu fürchten begonnen, dass dem Kronprinzen und seinen Truppen irgend ein Unfall zugestoßen sei.

Je weiter der Nachmittag vorrückte, desto größer wurde die Besorgnis, da man nun zu der Einsicht gelangt war, dass die österreichische Position zu stark sei, um durch einen Fronteangriff allein bezwungen zu werden. Der König selbst blickte wiederholentlich und immer vergebens durch sein Fernrohr in die nebelerfüllte Ferne. Von preußischen Infanteristen war auf dem Abhange von Lipa nichts wahrzunehmen; auch die Kanonen befanden sich außer Sicht, da sie auf der anderen Seite des Lipa-Hügels standen oder vor dem Standorte, den der preußische Stab einnahm, durch das Gehölz verdeckt waren, das sich von Benatek den Abhang hinauf bis nach Lipa hinzieht. Alle Besorgnisse waren jedoch grundlos, denn der Kronprinz war, wie bereits erwähnt, vor 1 Uhr auf dem Schlachtfelde, und außer den von ihm mitgebrachten beiden Korps eilten auch seine anderen beiden Korps hinter ihm einher, mit Anschluss einer Brigade, die zur Beobachtung der Festung Josephstadt zurückgelassen worden war. Seine Kanoniere erwiderten energisch das Feuer der österreichischen Batterien, und auf der anderen Seite des Abhanges war die Infanterie des 1. und 5. Armeekorps in heftigem Gefechte, um ein Dorf und ein Gehölz im rechten Hintertreffen der Österreicher zu erobern. Und hier wütete der Kampf mit der größten Heftigkeit, denn der österreichische Befehlshaber wusste, dass der Kronprinz den wichtigsten Punkt seiner ganzen Position bedrohte, und er warf daher starke Truppenmassen dem Angriff desselben entgegen. Doch waren die Männer der Zweiten Armee nach drei jüngst erfochtenen Siegen von hohem Mute beseelt, und es gelang ihnen, den an Zahl überlegenen feindlichen Truppen immer mehr Terrain abzugewinnen. Zwischen 2 und 3 Uhr erschienen die anderen beiden Korps des Kronprinzen, und nun formierte er, ein Korps in Reserve haltend, die übrigen drei zum entscheidenden Angriff gegen die rechte Flanke der Österreicher. Mittlerweile hatte seine Artillerie über die österreichischen Kanonen große Vorteile errungen und einige vom Feinde besetzte Häuser in Brand gesteckt. Um 3 ½ Uhr rückte die Zweite Armee vor. Von der Fronte aus war nur der Angriff eines Korps zu sehen, da die beiden anderen auf dem entgegengesetzten Abhange des Lipa-Hügels zur Attacke vorrückten. Zuerst verriet ein Schwarm schwarzer Punkte, die über die Felder schlüpften, das Vorgehen der Tirailleure, und die österreichischen Scharfschützen, welche im Korn postiert gewesen, sah man vor ihnen da-

Beilage zur Wiener Zeitung.

Mittwoch, Zu Nr. 162. 4. Juli 1866.

Telegramm.

Festungscommando Königgrätz meldet an Se. Excellenz den Herrn Ersten Generaladjutanten Sr. Majestät, 3. Juli 10 Uhr 30 Minuten Abends.

Der Erfolg der heute zwischen Königgrätz und Josephstadt gelieferten Schlacht war bis 2 Uhr Nachmittags den österreichischen Waffen günstig.

Nach dieser Zeit begann der Feind uns zu überflügeln und zurückzudrängen. Das Hauptquartier soll in S w i n i a r e k auf der Straße nach H o h e n b r u c k sein.

Wiener Zeitung vom 4. Juli 1866

voneilen, um sich unter den Schutz ihrer eigenen Linien zu begeben. Unmittelbar hinter den Tirailleuren folgten die dichten Infanterie-Kolonnen; sie glichen kleinen dunklen Vierecken, welche längs der Seite des Hügels einherglitten. Die österreichischen Kanonen eröffneten ein scharfes Feuer gegen sie; doch drangen sie unerschütterlich vor, bis sie sich bis auf eine kurze Entfernung den österreichischen Batterien genähert hatten. Dann sandten einige schnell nach einander abgefeuerte Gewehrsalven eine dichte

Rauchwolke empor, welche, in der trüben Atmosphäre schwebend, die Aussicht versperrte. Indessen verriet das plötzliche Schweigen der österreichischen Kanonen, dass die Preußen zum Handgemenge gekommen waren und in diesem die Batterien erstürmt hatten. Das zu den Letzteren hinaufführende Terrain war steil, und die Kanonen hatten unaufhörlich unter die stürmenden Kolonnen gefeuert, bis die vorderen Reihen der Letzteren unmittelbar vor den Mündungen der Kanonen standen. Die Schützen, welche sich in die neben den Batterien angebrachten Laufgräben gelegt hatten, sandten verheerende Gewehrsalven unter die Angreifenden; die Preußen jedoch, nicht achtend des Feuers der feindlichen Infanterie, noch der Steilheit des Bodens, stürzten geradewegs zu den Kanonen hin, und den österreichischen Kanonieren und Scharfschützen blieb endlich kein anderer Ausweg, als sich umzuwenden und die Flucht zu ergreifen. Und nun begann das tödliche Zündnadelgewehr seine Kugeln den Flüchtenden nachzusenden, und dies geschah mit solcher Präzision, dass der Boden mit toten Österreichern massenhaft bedeckt ist. An einer Stelle sind, auf einem einzigen Morgen Bodens, vierzig Leichen gefunden worden, und die Zahl der Verwundeten stand zu derjenigen der Toten in einem Verhältnis von 3 zu 1.

Die Niederlage der Österreicher war nun unvermeidlich. Sobald der Kronprinz seine Infanterie gegen die österreichische Rechte vorrücken ließ, rückte die Erste Armee abermals vor und eilte unter Trommelschlag und lautem Hurra den vor ihr liegenden Hügel hinauf. Wie auf einen Zauberschlag, wurde die Sadowa-Landstraße überschritten und die Bataillone stürmten gegen die österreichischen Batterien an. Niemand achtete darauf, dass es leichter sein würde, die Kanonen seitwärts anzugreifen; die Soldaten fühlten sich des Sieges gewiss und suchten ihn auf dem kürzesten Wege. Obgleich durch die Unebenheit des Terrains in Unordnung geraten und in Folge des schnellen Anlaufs außer Atem gekommen, eilten die preußischen Truppen mit solcher Schnelligkeit herbei, dass die österreichischen Artilleristen keine Zeit fanden, mit den Kanonen weiter aufwärts zu fahren; sie mussten ihre Geschütze im Stich lassen und sich und ihre Pferde durch die Flucht zu bergen suchen. Die meisten der Kanonen, welche in Batterien aufgestellt worden, fielen den Preußen in die Hände. Diejenigen aber, welche man als Feldartillerie benutzt und, beiläufig gesagt, mit der größten Geschicklichkeit gehandhabt hatte, wurden schnell entfernt und auf einer weiter entfernten Anhöhe formiert, um den Rückzug der Infanterie zu decken.

Die Preußen pausierten nur wenige Augenblicke unter den eroberten Kanonen und gingen sogleich an die energische Verfolgung des Feindes. Schnell war der Gipfel des Lipa-Hügels erstiegen, und von hier aus sahen sie die ganze Strecke zwischen sich und Streselitz mit davoneilenden weißen Uniformen bedeckt. Die siegreichen Bataillone eröffneten ein schnelles Feuer auf die fliehenden Feinde, und viele der Letzteren stürzten nieder und rollten den abschüssigen Boden hinab. Die beiden Korps, welche der Kronprinz mehr gegen das österreichische Hintertreffen dirigiert hatte, fielen den Flüchtlingen nun in die Flanke und richteten durch ihr Feuer entsetzliche Verheerungen unter ihnen an. Auch die preußische Artillerie kam schnell herbei und sandte vom Lipa-Hügel aus Bomben unter die fliehenden Soldaten. Dessen ungeachtet hielten die Österreicher ihre militärische Ordnung aufrecht und ihr Rückzug artete nicht in wilde Flucht aus. Ein solcher Rückzug macht der Tapferkeit der österreichischen Soldaten so viel Ehre, wie eine gewonnene Schlacht. [...]

Die Verfolgung wurde bis nach dem Einbruche der Dunkelheit in der Richtung der Elbe energisch fortgesetzt. Die Österreicher gingen teils nach Königgrätz, teils nach Pardubitz und man erwartete, dass sie, beim Übergange über den Fluss auf den wenigen Brücken zusammengedrängt, von der preußischen Kavallerie eingeholt und ihre Armee beinahe vernichtet werden würde. Sie hatten indessen die sehr kluge Vorsichtsmaßregel getroffen, sieben oder acht Brücken über den Fluss zu werfen, und so gelangten sie ohne großen Verlust zur Nachtzeit über den Strom.

Das heutige Aussehen des Schlachtfeldes zeigt, wie außerordentlich heftig der Kampf gewesen. Die Verwundeten sind bereits entfernt worden; doch hat man bisher nur wenige der Toten begraben können, da die Zahl der Verwundeten so bedeutend ist, dass Jeder der im Dienste entbehrt werden konnte, sich mit ihnen beschäftigen musste. Die ganze Nacht hindurch sind die Krankenträger in Tätigkeit gewesen und eine große Anzahl der Soldaten unterstützte sie bei ihrer Arbeit. Jedes noch stehen gebliebene Haus in den Dörfern der Umgegend ist in ein temporäres Lazarett verwandelt und sämtliche Ärzte in der Armee haben während der ganzen Nacht angestrengt gearbeitet. In den Gehölzen und auf unebenen oder zerrissenen Terrain ist die Zahl der österreichischen und preußischen Leichen ziemlich gleich. Auf offenen Boden jedoch und auf der Rückseite des Lipa-Abhanges liegen die Österreicher in entsetzlich dichten Massen und preußische Uniformen sind fast gar nicht zu sehen. Überall wo die Österreicher in ungedeckten Stellungen kämpften und wo die mit dem Zündnadelgewehr bewaffneten preußischen Infanteristen ihre Feinde sehen konnten, tritt das Missverhältnis zwischen den auf jeder Seite Getöteten sogleich in der auffälligsten Weise hervor. Auf dem ganzen Felde ist das Korn platt niedergetreten und der Boden dermaßen von Bomben durchpflügt und zerrissen, dass man keine dreißig Schritte in gerader Linie reiten kann.

Auf der Spitze des Lipa-Hügels und in der Nähe des Dorfes stehen viele der erbeuteten Kanonen und auf dem Abhange hinter Sadowa sind die übrigen unter Aufsicht des Gardekorps gestellt, welches bei dem vom Kronprinzen dirigierten Angriff die Batterie erstürmte. In allen Richtungen sieht man auf dem Schlachtfelde große Gräber aushöhlen, in welche die getöteten Österreicher und Preußen, mit ihren Uniformen bekleidet, nebeneinander gelegt werden. Ein einfaches hölzernes Kreuz, mit der Nummer des Regiments, zu welchem die darunter Ruhenden gehört haben, bezeichnet die Grabstätte. Die Offiziere werden in besondere, in der Nähe der anderen befindliche Gräber gelegt. Hier und da jedoch sieht man einige Soldaten, die Leiche eines Kameraden nach einem entlegeneren Orte tragen. An einer Stelle des Gefildes bestattete ein von seinem Stabe begleiteter preußischer General seinen Sohn, der bei dem Angriff gegen die österreichische Flanke gefallen war. In der Nähe dieser Stelle ließ die Frau eines Gemeinen, welche ihres Mannes Leiche auf dem Schlachtfelde gefunden hatte, dieselbe von einigen Soldaten begraben. Dann schmückte sie das am Kopfende des Grabes aufgesteckte hölzerne Kreuz mit Eichenlaub, setzte sich auf den frischen Grabhügel und brach in krampfhaftes Schluchzen aus, während der zerbrochene Helm des Mannes auf ihrem Schoße lag. Seit dem Anfange des Feldzuges war sie dem Regimente ihres Gatten von Ort zu Ort auf allen Märschen der Armee gefolgt.

Die weniger schwer Verwundeten sind nach Höritz gebracht worden, wo man beinahe an jedem Fenster und an jeder Türe Männer mit verbundenem Kopfe oder Arme erblickt. Sie sehen halb träumerisch oder stumpfsinnig aus, als hätten sie die erste betäubende Wirkung der erlittenen Verletzungen noch nicht überwunden. Viele von ihnen sind Österreicher und folglich Kriegsgefangene; doch scheint ihnen die größte Freiheit gewährt zu sein; es wird ihnen gestattet, in den Straßen umherzuwandern und sich ganz nach Willkür unter die preußischen Soldaten zu mischen.

Auch sind lange Züge unverwundeter Gefangener auf ihrem Wege zur Nachhut beständig durch die Stadt transportiert worden. Die Österreicher sehen niedergeschlagen und unglücklich aus, marschieren still und in sich gekehrt einher, während die Gefangenen, welche zu italienischen Regimentern gehören, heiter schwatzen und lachen und von ihrer Gefangenschaft nicht eben unangenehm berührt zu sein scheinen.

Hier und da sieht man einen österreichischen Offizier – Gefangenen auf Ehrenwort – gedankenvoll und düster umhergehen; dann und wann bleibt er stehen, um die artigen Grüße der ihm begegnenden preußischen Offiziere zu erwidern. Um die Besorgnis ihrer Verwandten zu beseitigen, schreiben viele der gefangenen Österreicher Briefe mit der Anzeige, dass sie nicht getötet, sondern nur in Gefangenschaft geraten sind. Diese Briefe werden mit einer Parlamentärsflagge zu den österreichischen Linien geschickt. Die preußischen Offiziere kommen ihren unglücklichen Gefangenen mit der größten und rücksichtsvollsten Freundlichkeit entgegen und Alles wird aufgeboten, um sie ihre Lage so wenig als irgend möglich empfinden zu lassen. Mehrere auf dem Schlachtfelde tödlich verwundete österreichische Offiziere baten preußische Rangesgenossen, ihre letzten Botschaften ihren Familien zu übersenden, und es bedarf wohl kaum einer Erwähnung, dass derartige Aufträge bereitwillig ausgeführt wurden. [...]

Die eigentliche Vereinigung des Kronprinzen mit der Armee des Prinzen Friedrich Karl hat auf dem Schlachtfelde von Königgrätz stattgefunden und die Österreicher haben nun die früher sich ihnen darbietende Möglichkeit eingebüßt, jede der beiden Armeen für sich allein anzugreifen. Jetzt sind beide zu einem Heere vereinigt, das ungefähr 250.000 Mann nebst etwa 900 Geschützen zählt. Nach der von den Österreichern erlittenen schweren Niederlage ist es überaus zweifelhaft, ob sie bald wieder im Stande sein werden, mit einer zur Bekämpfung dieser großen Streitmacht genügenden Truppenzahl ins Feld zu rücken; denn seit Anfange des Feldzuges müssen sie an Toten, Verwundeten und Gefangenen beinahe 100.000 Mann verloren haben. Das moralische Band ihrer Armee ist zerstört und überdies vermag ihre Infanterie den besser bewaffneten Preußen in offenem Felde nicht Stand zu halten. Die Österreicher hatten gehofft, durch Bajonett-Angriffe die Wirkungen des Zündnadelgewehrfeuers ausgleichen zu können. Doch die Überlegenheit des Bajonetts, auf welche die österreichische Armee sich viel zu Gute tut, ist eine jener Eitelkeiten, die jeder Nation eigen sind, und dieser

Krieg hat genügend bewiesen, dass im Bajonettkampfe die mit größerer Körperkraft begabten Preußen die Österreicher stets besiegt haben.«

Wie der Engländer Hozier, begleitete auch der umtriebige Kriegsberichter, Reisereporter und Buchautor Hans Wachenhusen das preußische Heer an vorderster Front und widmete sich seiner journalistischen Arbeit dort unerschrocken. Er teilte die Mühen und Strapazen des Feldzuges mit den Soldaten und sammelte seine Eindrücke natürlich auch dort, wo die Kugeln sirrten und die Granaten gefährlich nahe einschlugen. Ein guter Ruf als penibler Beobachter und glaubwürdiger Zeuge des Geschehens eilte Wachenhusen voraus, denn auch den Krieg von 1859 zwischen Österreich und Frankreich und dessen Juniorpartner Sardinien-Piemont beobachtete er hautnah, um darüber ausführlich in Deutschland zu berichten. Kein Wunder also, wenn auch König Wilhelm an der Walstatt vor Königgrätz das Gespräch mit seinem allseits respektierten Landsmann nicht scheute.

Hans Wachenhusen sah und erwähnte auch das Leiden der Tiere, die stillen Opfer eines jeden Krieges. Insbesondere an diesem 3. Juli schleppten sich unzählige Pferde blutend auf dem Schlachtfeld dahin, um endlich irgendwo zum Sterben zusammen zu brechen. Von den vielen ihn umgebenden tragischen Szenen hielt er auch jene mit einem kleinen Hündchen für beachtenswert:

»Am Waldrande liegt ein schwerverwundeter sächsischer Offizier. Man zieht ihm den Waffenrock aus, nimmt ihm seine Waffen und trägt ihn fort.

Plötzlich kommt ein kleines Hündchen, wirft sich auf die zurückgelassenen Kleider seines Herrn und bricht in ein herzzerreißendes Gewinsel aus. Das arme Tier war nicht von der Stelle zu bringen.«

Schauriger Ritt über das grosse Totenfeld

Die Bilanz der Schlachten wurden von den Hauptquartieren in der Regel als reine Zahlenwerke bekannt gegeben – Verluste von 5000 Mann hier, 10.000 Mann dort, usw. Durch die Veröffentlichung dürrer Zahlen wäre der Krieg für die Menschen zu Hause abstrakt geblieben (außer man hatte einen Angehörigen bei der Armee), wenn nicht die in der zweiten Hälfte des 19. Jahrhunderts schon sehr vielfältige und rührige Presse mit ihren Zulieferern – den Kriegsberichtern – die hinter den Zahlen verborgenen Tragödien ins Bewusstsein der Öffentlichkeit transportiert hätte.

Am 4. Juli, einen Tag nach der großen Schlacht, ritt Hans Wachenhusen mit seinem Schimmel über die Schauplätze der Kämpfe. Der ehrenvolle »Heldentod« besaß im Wertekanon der damaligen Zeit einen hohen Rang. Gegen diese sprachliche Würdigung des elenden Krepierens legte auch der schreibende Preuße kein Veto ein. Dennoch verklärte er den Tod auf dem Schlachtfeld nicht als wonniges Sterben für König und Vaterland und sah auf die malträtierten Körper der Gefallenen ganz genau hin, um dieses Grauen für die Öffentlichkeit zu dokumentieren.

Pseudosakrale Gegenstände, wie der von Wachenhusen bei einem toten Soldaten gefundene »Schutzbrief« sowie »geweihte« Medaillons und Heiligenbilder, wurden von nicht wenigen Soldaten mitgeführt, im Glauben, dadurch unter dem besonderen Schutz der Himmelsmächte zu stehen. (Heutzutage gibt es ja auch muslimische Kämpfer, die der sicheren Überzeugung sind, dass irgendwelche heruntergeleierte Suren aus dem Koran vor Tod und Verwundung schützen.) Schlichten Gemütern wurde mit solchem Hokuspokus durch redegewandte Schlawiner das Geld aus der Tasche gezogen.

Während die preußischen Soldaten an diesem Mittwoch noch rätselten, wie es mit der Verfolgung der am Vortag geschlagenen Österreicher weiter gehen wird, machte Hans Wachenhusen seine »Promenade über das große Totenfeld«:

»Es war ein wehmütiger Ritt durch die Täler und Tiefen, über die Höhen, durch die Dörfer, über die aufgegebenen Verhaue, durch die Waldpfade. Überall die fürchterlichste Zerstörung. Wohin sich das Auge wandte, niedergebrannte Häuser, zerschmetterte Bäume, Zäune, Hecken, an denen stückweise die Leichen hingen, Haufen von Toten, Blutlachen, Trümmer von Wagen, Lafetten, zerbrochene Gewehre, Tornister, Käppi's, ja nicht selten traf ich auf einzelne von den Granatstücken abgerissene Gliedmaßen, und das Grauenhafteste, was ich sah: den Kopf eines österreichischen Soldaten, der von seinem Körper getrennt aufrecht dastand, als sei er aus dem Boden gewachsen, das Auge offen, das Käppi unverrückt, in grauenhafter Laune von einer Granate so dahin gewürfelt.

Dort lag ein weißes Papier. Es ist beschrieben und mit Blut überspritzt. Nicht Neugier war's, was mich bestimmte, vom Sattel zu steigen und es aufzuheben. ›Heiliger Schutzbrief‹ steht an der Spitze des Bogens, von ungewohnter Hand geschrieben.

›Im Namen Gottes‹, so las ich, ›des Vaters, des Sohnes und des heiligen Geistes. So wie Christus im Ölgarten still stand, so sollen alle Geschütze still stehen. Wer dieses bei sich trägt, dem wird nichts schaden, es wird ihn nicht treffen des Feindes Geschütz. Denselben wird Gott kräftigen, dass er sich nicht fürchtet vor Dieben und Mördern; es soll ihm nichts schaden Geschütz, Degen und Pistolen. Durch deinen Befehl und durch deinen Tod, Jesus Christus, müssen still stehen alle Gewehre, die man auf mich los hält; es müssen still stehen alle sichtbaren und unsichtbaren Gewehre durch den Befehl des Engels Michael und im Namen Gottes, des Vaters, des Sohnes und des heiligen Geistes. Amen.‹

›Gott sei mit mir! Wer diesen Segen gegen die Feinde bei sich trägt, der wird vor Gefahren beschützt bleiben; wer dieses nicht glauben will, der schreibe es ab und hänge es einem Hunde um den Hals und schieße nach ihm, so wird er finden, dass es wahr ist. Wer diesen Brief bei sich trägt, der wird nicht gefangen noch durch die Waffen verletzt werden. Amen‹

›So wahr es ist, dass Christus gestorben und gen Himmel gefahren und auf Erden gewandelt hat, kann nichts gestochen, geschlagen, noch an meinem Leibe verletzt werden, Fleisch und Gedärme, Alles soll mir unbeschädigt bleiben. Ich beschwöre alle Gewehre auf dieser Welt dem lebendigen Gott, Vater, Sohn und heiligen Geist. Ich beschwöre mich im Namen des Blutes unseres Herrn und Heilandes Jesu Christi, dass mich keine Kugel trifft, sie sei von Gold, Silber oder Blei. Gott im Himmel macht mich vor Allem sicher frei, im Namen Gottes, des Vaters, des Sohnes und des heiligen Geistes. Amen‹

›Dieser Brief ist vom Himmel gesandt und in Holstein gefunden worden 1724. Er war mit goldenen Buchstaben geschrieben und er schwebte über der heiligen Taufe. Wenn man ihn angreifen wollte, wich er zurück, bis 1791 Jemand den Gedanken bekam, ihn abzuschreiben und der Welt zu offenbaren.‹

Hier endete das Blatt. Der Unglückliche, der es als Schutzmittel bei sich getragen, lag gewiss unter den Leichen, deren ich einige sechzig neben- und übereinander zählte. Einer unter ihnen, ein Preuße, hatte sich, wahrscheinlich im Todesschmerz, den Waffenrock aufgerissen, eine rote Brieftasche, von Blut überquollen, lag noch auf seiner Brust, den Schutzbrief mochte der

Wind einige Schritte davongetragen haben. Es war ein junger, bartloser Mann mit einem Kindergesicht, und die Kugel, gegen die er sich vielleicht gefeit glaubte, musste ihm in der Nähe des Herzens in die Brust gedrungen sein.

Ich will aus dieser einen Leichengruppe (und wie unzählige sah ich während der Schlacht und bei diesem Totenritt!) nur eine Szene hervorheben, die so plastisch war, dass ich mich nicht von ihr zu trennen vermochte.

Das Bajonett hatte hier an dieser Stelle stark gewütet. Da kniete ein Österreicher, zurückgebeugt über einen Kameraden, der vor ihm gefallen. Auf die Brust desselben gestützt, war er zusammengesunken, als ihm das Bajonett eines Preußen in die Brust drang, so dass die Spitze hinter seiner Schulter herausschaute. Und vor ihm kniete sein Gegner, der Preuße, dessen Bajonett ihn durchbohrt. Der Preuße hielt noch den Kolben seines Gewehrs in beiden Händen: er war in demselben Augenblick, in welchem er seinen Gegner durchbohrte, im Rücken von einem Österreicher niedergestochen, und so stand denn kniend die entsetzlich schöne Gruppe da wie in einem Wachsfiguren-Kabinett. – O, die Toten auf dem Schlachtfelde sind schön, wenn sie ohne langen Schmerzenskampf geendet und nicht verstümmelt worden; leider aber erfüllt meist dicht daneben die Verwüstung, welche die Granatstücke angerichtet, das Herz mit Grauen, und nur mit starken Nerven sucht man sich immer wieder die heilig schönen, stillen Szenen des Todes heraus, wo einem Braven wenigstens die Wohltat geworden, nicht vom Geschütz zerfleischt zu werden, sondern Auge gegen Auge vor seinem Gegner den Heldentod zu sterben.

Nur der im Bett Gestorbene vermag uns ein heimliches Grauen einzuflößen, wenn das Siechtum, wenn vielleicht langer Schmerz das Leben langsam oder unter schweren Kämpfen innerlich verzehrte. Hier auf dem Schlachtfelde ist Alles jäh im höchsten Affekt des Lebens unterbrochen; Nerv und Muskel sind stehen geblieben, angespannt wie sie waren durch den Kampf, es ist dramatischer Affekt darin, und die Wachsblässe der Gesichter überglänzt dieselben mit dem Nimbus des Heiligen; das Bewusstsein: er starb den Tod des Helden, flößt uns eine fromme Bewunderung ein, und der Gedanke: er hat ausgerungen! gibt uns einen beruhigenden Abschluss unseres Gefühls.

Nicht so bei den Verwundeten. Entsetzlich ist es, sie vom Schlachtfelde auflesen und zum Verbandplatze schaffen zu sehen, noch entsetzlicher die Prozedur auf diesem Platze. Ich habe der schrecklichen Arbeit früher ein einziges Mal zugesehen und seitdem jeden Verbandplatz gerne gemieden. Schon die meist unzureichende Hilfe, die Schmerzensschreie so mancher Schwergetroffenen, das Wimmern und Jammern nach Hilfe, die auf jedem Verbandplatz, in jedem Lazarett zu hörende Bitte: ›Schießt mich doch tot!‹ – dies alles ist herzzerreißend und gewährt eine Szene, von der sich Jeder erschüttert bis ins Tiefste der Seele abwendet.

Selbst die leichten Verwundungen machen auf uns einen fatalen Eindruck. Wie oft bin ich verwundeten und noch kampffähigen Offizieren behilflich gewesen, sie mit dem Taschentuch zu verbinden; jedes Mal aber hat mich dies unangenehm berührt, nicht weil ich zu weichherzig wäre: das Kleben des Blutes, das Eitern, das Wundfieber erzeugt ein gewisses Gefühl, das ich mit Ekel bezeichnen möchte, obgleich es nicht ganz zutreffend ist.

So auch das Einschlagen der Musketenkugeln. Geschähe es mit einem gewissen Geräusch, es würde weniger unheimlich sein, aber dieses entsetzliche, heimliche Antupfen, das lautlose oder mit einem Seufzer begleitete Niedersinken des Unglücklichen, während da und dort ein Kamerad schon an seiner Seite oder über ihn hinstürzt, das Vorschreiten der Anderen über die Verwundeten, die Unordnung, welche die Gefallenen oft momentan in einem ganzen Zuge anrichten, es hat Alles etwas Unheimliches, das ich vergeblich zu beschreiben suchen möchte. Jeder Soldat, der im Gefecht gewesen, wird fühlen, was ich nicht ausdrücken kann.

Ich schweige von den Verwüstungen der Granatsplitter und Stücke, die, wo eine Kugel einschlägt, mindestens ein halbes Dutzend Opfer verlangen, wenn nicht das Schicksal diese wunderbar beschützt. Wer die Zerfleischungen gesehen, welche die Granaten namentlich in und um den Dörfern, wo der Kampf tobte, angerichtet, wird niemals den Anblick vergessen; ich erspare es mir und dem Leser, denselben zu schildern; das schlimmste Phantasiebild wird kaum an die Wirklichkeit streifen, und die Feder des Schriftstellers findet hier ihre Grenze.

Zahllos waren übrigens in dem Acker, namentlich auf den sumpfigen Wiesen, die nicht krepierten Granaten; vielfach waren sie auch im Boden versunken, doch waren die Stellen zu erkennen, wo sie eingeschlagen.

Weiter ging der Weg durch das Totenreich, auf welchem ich überall die Krankenträger beschäftigt fand, die Verwundeten heraus zu lesen. Wo die Leichen in Menge lagen, sah ich oft einen, auch mehrere, sich mühsam bewegen, sich halb aufrichten, um ein Zeichen zu geben. Ich hörte ihren Jammer, ihren Hilferuf und vermochte doch nichts weiter, als die Krankenträger auf die Armen aufmerksam zu machen, die, triefend von Schweiß, mir auch wohl eine mürrische Antwort gaben, denn die Arbeit war schwer und dauerte bis in die zweite Nacht hinein.

So erreichte ich über Rosberitz die Höhe von Chlum. Hier stand eine Kapelle und von hier überschaute und lenkte Benedek den Beginn des heißen Gefechts.

Dort unten lag Benatek, wo so schwer gerungen war. Das wechselnde Terrain machte es schwierig, die Stätten aufzufinden; ich musste mit meiner mangelhaften Karte immer wieder einen günstigen Punkt aufsuchen, und die Krankenträger waren geographisch noch weniger instruiert als ich.

Da gerade vor mir, wo sich das Terrain zum Dorfe hinabsenkt, fand der blutige Kampf um den Besitz desselben statt. Von Leichen garniert war der Weg, den ich da hinab einschlug: das Pferd, gleichgültig gegen die toten Krieger, machte bei jeder Pferdeleiche einen Seitensprung, und da das schon seit einer Stunde wohl hundertmal passiert, das Tier auch bereits scheu geworden war, troff auch mir nachgerade der Schweiß über das Gesicht.

Die Höhe war stark befestigt gewesen; der Kampf war hart und fürchterlich blutig, davon zeugten die zerstörten Verschanzungen und die umherliegenden Leichen. Weiter hinab ein einziges Totenbett, dazwischen nichtkrepierte Projektile, Tornister, Patronen, zerschmetterte Waffen und die Instrumente mehrerer gefallener Hornisten.

Wieder stieg der Weg über einen Bach hinan gen Chlum; die Höhe, geringer als die äußerste, war nicht minder gut verschanzt gewesen. Überall Tote. Die Krankenträger waren hier in emsigster Arbeit. Jetzt erreiche ich das Dorf, einen Weg mit hohen Wänden, die mit Hecken gekrönt waren. Leichenhügel und immer wieder neue entsetzliche Verstümmelungen; selbst die Hecke war zerstört, ganze Lücken waren in den Dorn hinein gerissen, Tote hingen dazwischen oder lehnten wie ägyptische Mumien schlummernd an denselben, aufrecht gehalten durch die Arme der Dornbüsche.

Aber auch die Raben und die Geier hatten sich bereits auf dem Totenfelde eingefunden. Da und dort krochen armselige, halb verhungerte Geschöpfe zerlumpt und mit gierigen Gesichtern umher, sich hebend und niederduckend, um nicht von den Krankenträgern bemerkt zu werden, von einer preußischen Leiche zur andern kriechend, um ihr die Uhr, die Brieftasche abzunehmen, den Ring vom Finger zu schneiden, wenn die geballte Faust ihn nicht gutwillig hergeben wollte. Sie hielt wohl reiche Ernte diese scheußliche Bande von Leichenschändern und vermied wohlberechnend die Berührung ihrer Landsleute, nicht aus Pietät, sondern weil das nicht lohnte. Herzlos und grausam, wie diese Unmenschen waren, haben sie auch wohl manchen Schwerverwundeten nicht geschont und ihm den Gnadenstoß gegeben, wenn er sich zur Wehre setzte.

Einzelne von ihnen wurden allerdings ergriffen und nach Verdienst bestraft, doch das Schlachtfeld war groß und unübersehbar. Entdeckte man doch an diesem Tage noch einen österreichischen Verbandplatz in einer Waldlichtung, in welchem über 1300 Verwundete lagen. Die Ärzte waren geflohen und mehr als die Hälfte der Unglücklichen schon ihren Wunden erlegen, als man sie fand.

Ich hatte genug von dieser traurigen Schau und verschone die Nerven des Lesers, denen ich vielleicht schon zu viel zugemutet. Noch qualmte der Rauch aus den von den Österreichern selbst in Brand geschossenen Häusern und Hütten; die Gärten hinter den Hecken mit ihren Blumen und grünen Geländen bildeten ein Idyll, dass in dieser grausigen Umgebung nur noch trüber stimmen konnte.

Hier hatten die Bewohner in stillem Frieden gelebt, bis der Krieg sie hinaus getrieben, und Trümmerstätten haben sie wieder gefunden, auf denen sie am Bettelstabe um ihren verlorenen Wohlstand weinen.

Hier war auch der König im Gewühl der Schlacht erschienen, um das Gefecht zu leiten; von hier hatte er an der Spitze seiner Suite die Verfolgung des Feindes übernommen und in seinem hohen Alter ein seltenes Beispiel von Kraftaufwand und persönlicher Unerschrockenheit gegeben. Als nämlich gegen 1 Uhr die Schlacht stand und die Armee des Kronprinzen das Gefechtsfeld noch nicht betreten hatte, entstand eine Pause, in welcher der König seine Umgebung fragte, ob Niemand etwas zu essen bei sich habe. Der königliche Reitknecht hatte nur etwas Wein, und so suchte ein Flügel-Adjutant etwas herbeizuschaffen. Ein Offizier gab ein Stückchen Wurst, ein Soldat etwas Brot, womit der König vollkommen zufrieden war. [...]

Es war notwendig, meiner Promenade ein Ende zu machen. Ich schlug also den Rückweg über die Höhen auf der Elbtal-Seite ein, um das Pferd wieder zu beruhigen. Hier kam ich auf die Rückzugslinie der Österreicher; die Felder und Wälder zeigten Spuren genug von den Verlusten, welche die preußischen und österreichischen Geschütze auch hier noch angerichtet.

Reiter samt ihren Pferden, Infanteristen aller Regimenter lagen hier durcheinander; manche mochten sich noch mühselig mit fortgeschleppt haben und brachen unterwegs hilflos, überritten von der flüchtigen Kavallerie oder den Verfolgern, im Kornfeld zusammen.«

Am Abend vor dieser schauerlichen Exkursion des Kriegsberichters über die blutgetränkten Fluren konnten die Preußen von etwas erhöhten Positionen aus auf die vom »rötlichen Abendschein überglänzten« Türme und Wälle des einige Kilometer entfernten Königgrätz schauen. Der weitere Blick auf die ausgedehnte Fläche zwischen dem Schlachtfeld und jener Stadt bestätigte in aller Eindringlichkeit den eigenen Erfolg, denn dort war ähnlich einem panisch in Bewegung geratenem Ameisenvolk die österreichische Nordarmee auf ihrer chaotisch-wilden Flucht in Richtung der Stadt und Festung Königgrätz und auch in Richtung des südlicher gelegenen Pardubitz zu sehen. Die sächsischen Truppen fielen innerhalb dieser Fluchtbewegung aus dem Rahmen, denn diese schritten »gemessen« und in militärischer Ordnung auf die Festung zu, um, wie auch die Österreicher, hinter deren mit vielen Geschützen bestückten Mauern Schutz zu suchen.

Der übervorsichtige Festungskommandant drehte allerdings zum Schaden der eigenen Soldaten auch noch an der Schicksalsschraube, indem er die Zugänge zur Stadt und Festung für einige Stunden schließen und Elbwasser ins unmittelbare Umland fließen ließ, um damit die Annäherung und das Eindringen der Preußen zu vereiteln. Das tragische Ergebnis dieser übereilten Maßnahme war, dass viele österreichische Soldaten, welche die Schlacht überlebt hatten, nun vor Königgrätz jämmerlich ersoffen oder vor den Mauern der Festungsstadt an ihren unbehandelten Wunden starben.

Dabei hatte die preußische Armeeführung gar nicht die Absicht, die schwer angeschlagene Nordarmee sogleich zu verfolgen. Man wollte den eigenen Leuten die dringend benötigte Ruhepause gönnen. Die große Schlacht am 3. Juli saugte ja auch aus den preußischen Soldaten die letzten Kraftreserven ab. Zudem stand es mit dem Munitions- und Verpflegungsnachschub nicht zum Besten (bei aller sonstigen preußischen Präzision – die Versorgungslogistik während dieses Feldzuges war mangelhaft und wurde auch viel kritisiert).

Hinzu kam, dass die preußische Armeeführung die Tragweite dieses Sieges nicht gleich erkannte.

Die Mannschaften und Offiziere waren jedenfalls überrascht, dass die Verfolgung der Österreicher, deren Menschenmasse man in der Ferne noch in fliehender Bewegung sah und denen die preußische Artillerie noch eifrig Granaten hinterher sandte, nicht unverzüglich erfolgte. Offenbar besaßen nicht wenige der Pickelhauben-Träger trotz aller bisherigen Strapazen noch eine gehörige Portion Kampfgeist, zumindest wusste das Hans Wachenhusen in seinen Erinnerungen an diesen Feldzug zu berichten:

»Es mochte 6 Uhr Abends sein, als auch das 1. Bataillon die Fahne entrollte und die Offiziere mir zuriefen, es gehe ins Gefecht, ich möge mich anschließen.

Mir war nicht sehr kriegerisch zu Mute, denn ich war müde zum Umfallen, indes ich hatte die Gastfreundschaft dieses Bataillons genossen; Premier-Lieutenant Krusemark's Auge leuchtete [Hektor, dessen großer schwarzer Hund, fand einige Tage vorher bei den Kämpfen um Münchengrätz den Heldentod], Hauptmann v. Goddenthow, der Schneidigsten einer, glühte von Kampfbegier. Ich nahm mir also meinen Oberstabsarzt Dr. Fröhling beim Arm und mit einem Hurra ging's durch den Wald auf Königgrätz zu, vorbei an der Batterie Eynatten, die eben heftig auf das sich nach Königgrätz zurückziehende sächsische Bataillon feuerte.

Hatte uns am späten Nachmittag schon der plötzlich den trüben Himmel durchbrechende Sonnenschein so wohlgetan, so beglänzte jetzt das Schlachtfeld eine Abendröte von grausig poetischer Wirkung.

Vor uns lag Königgrätz, zur Seite Johannesberg auf seiner Höhe, zu unsern Füßen dehnte sich das reizende Elbtal aus. Die vielen gelben Kornfelder dort – zertreten, zerstampft von den Fliehenden und den Verfolgenden. Die großen Lücken zwischen den hohen Ähren und die dunklen Massen in denselben bezeichneten uns stets eine Gefechtsstelle; und dort hinten an der Elbe entlang bewegten sich lange Reihen, grau und weiß, dazwischen blanke Helme der Kavallerie, die mit den Bajonetten der dahin ziehenden Kolonnen in der Sonne blitzten.

Auch gerade vor uns bewegte sich eine dunkle Kolonne; es waren die Sachsen, die sich der Festung näherten, verfolgt von den Granaten unserer Batterie, die durch wohlgezielte Schüsse gerade in ihre Seiten einschlugen.

Es war ein großartiges, unbeschreibliches Tableau. Das Abendrot leuchtete darauf hinab, als sei es der Widerschein des Blutes, das auf mehr als zwei Stunden weit hin die gelben Ährenfelder färbte.

Starr folgte das Auge dem immensen Schauspiel, das Herz klopfte hoch in der Brust, die sich weitete im Bewusstsein des schwer erkauften, aber herrlichen Sieges, und wohl begreife ich die Freudentränen, welche in den Augen des königlichen Kriegsherrn, der tapferen Prinzen standen, als sie sich am Abend nach so schwerem blutigen Werk auf der Walstatt umarmten.

Da standen wir Angesichts des fliehenden Feindes. Der Adler breitete seine Schwingen über uns, die Siegesfreude und Kampfbegier leuchtete aus den Augen der Offiziere. Unablässig ging die Flucht des Feindes, immer neue Massen wälzten sich tief unten im Elbtal dahin.

Da plötzlich kam eine Ordre, die wie ein kalter Schlag in die Glieder des Bataillons fuhr. Keine Verfolgung mehr! so lautete der Befehl des Königs. Getäuscht stand Alles da und der Adler ließ müde seine Schwingen hängen.

Im Hochgefühl des Dankes gegen Gott für den verliehenen Sieg hatte der König befohlen, die Verfolgung einzustellen.

Das Bataillon marschierte zur Lisière zurück. Ich ging zu den Batterien, die noch lustig ihre Schüsse in die Sachsen hinein feuerten.

Da kam der General und befahl das Einstellen des Feuers. Vergeblich war die Vorstellung, dass ja die Schüsse so wacker einschlügen; es war des Königs Befehl. Noch ein Schuss, der letzte, der heute abgefeuert ward, und – die Schlacht war zu Ende.

Meine Uhr zeigte auf halb acht.

So war denn die Riesenarbeit getan und Preußens Armee feierte einen der glorreichsten Tage ihrer Geschichte.«

Die Verluste der Österreicher an diesem folgenschweren 3. Juli 1866 bei Königgrätz, als Österreich durch die verlorene Schlacht seinen Status als europäische Großmacht verlor:
Tot: 330 Offiziere + 5328 Mann, 2743 Pferde.
Verwundet: 431 Offiziere + 7143 Mann, 739 Pferde.
Gesamtverluste am 3. Juli (inklusive vermisste sowie in Gefangenschaft geratene Offiziere, Mannschaften und Pferde):
1313 Offiziere + 41.499 Mann, 6010 Pferde, 187 Geschütze, 641 Fuhrwerke, 21 Brücken-Wägen. Die preußischen Verluste betragen: ein General, 89 Offiziere und 1830 Mann tot, 260 Offiziere und 6688 Mann verwundet, 276 Mann vermisst. (Das arge Missverhältnis der Verluste zeigt am deutlichsten die Auswirkung des Zündnadelgewehrs.)

Diese Zahlen sind der zwischen 1867 und 1869 erschienenen fünfbändigen Dokumentation »Österreichs Kämpfe im Jahre 1866« des k. k. Generalstabs-Bureau für Kriegsgeschichte entnommen.

Freimütige Überlegungen eines Kriegsreporters

Der aus Irland stammende William Howard Russell gilt als der Ahnherr der in unserer Zeit aus Afghanistan, Irak, Syrien und anderen Schauplätzen des Blutvergießens berichtenden Kriegsreporterinnen und Kriegsreportern. Russell, so schrieb die »Frankfurter Allgemeine Zeitung« in einer Rezension, war der erste Kriegsreporter, der von einer Zeitung – der Londoner »Times« – von Schauplatz zu Schauplatz geschickt wurde, um dem heimischen (britischen) Leser von Aufständen, Belagerungen und Feldschlachten zu berichten: »Es war eine Sensation, als die ›Times‹ erstmals einen Korrespondenten zum Feldzug auf die Krim (1855) entsandte. Die einflussreichste Zeitung der größten Weltmacht war eine Institution. Die Depeschen ihres Reporters machten den fernen Waffengang schlagartig zum öffentlichen Streitfall. Sie durchbrachen das Informationsmonopol der Generäle und sorgten regelmäßig für Ärger unter Kommandeuren und Politikern.«

Abgesehen vom Krimkrieg berichtete Russell vom amerikanischen Bürgerkrieg, vom deutsch-französischen Krieg 1870/71 und von kriegerischen Auseinandersetzungen in Indien und Afrika. Und natürlich war der von den Kriegsparteien nicht selten auch als Spion verdächtigte Reporter, der das Talent hatte, mit Soldaten gut auszukommen, beim »Deutschen Bruderkrieg« im Jahr 1866 mit dabei.

Die »Times« hatte in diesem relativ kurzen Krieg vier Reporter im Einsatz, einer davon war William Howard Russell, der als »Spezial-Berichterstatter« auf der österreichischen Seite unterwegs war. Die Schlacht am 3. Juli verfolgte er von einem Turm aus, unweit des Prager Tors in Königgrätz. Von diesem fabelhaften Ausguck bot sich ihm ein in der Kriegsgeschichte wohl einmaliges Panorama: Die gigantische Masse von mehr als 400.000 Soldaten verrichtete wenige Kilometer vor seinen Augen ihr blutiges Handwerk.

Als sich die Niederlage für die Österreicher zunehmend deutlicher abzeichnete, verließ der für die Engländer arbeitende Ire Russell schleunigst seinen idealen Aussichts- und Beobachtungspunkt, denn er wollte nicht abwarten, bis Königgrätz von den Preußen erobert oder eingeschlossen war. Auf der nun hastig angetretenen Fahrt über das mährische Brünn nach Wien begegnete er in Leitomischl dem österreichischen Außenminister Alexander Graf von Mensdorff-Pouilly, der für den Kaiser die militärische Lage und den Zustand der Armee sondierte. Auf dieser langsamen und strapaziösen Fahrt in Richtung der Reichshauptstadt schloss sich ihm jener der vier »Times«-Berichterstattern an, der bisher das Hauptquartier der österreichischen Nordarmee begleitete.

Es entsprach dem charakterlichen Wesen des William H. Russell, dass er seine Texte ohne Rücksicht auf irgendwelche Empfindlichkeiten formulierte. Schon der am 6. Juli in Brünn begonnene und am darauffolgenden Tag in Wien abgeschlossene Text, in dem er seine Erlebnisse und Beobachtungen der vergangenen Stunden schilderte, widmete sich auch einigen Schwächen der österreichischen Armeeführung, welche für die Katastrophe vom 3. Juli mitverantwortlich waren. Die Briten konnten jenen Text am 12. Juli in der »Times« lesen:

»Wenn ich auf die verschiedenen Ereignisse der jüngst verflossenen drei Tage zurückblicke, so ist mir zu Mute, als suchte ich mir die einzelnen Phasen eines schweren und beängstigenden Traumes in das Gedächtnis zurückzurufen. Die große Schlacht, die so plötzlich eingetretene Niederlage im Augenblicke des erträumten Sieges, der schreckliche Rückzug, das wunderbare Verschwinden eines bewaffneten Heeres, zahllos wie die Horden eines asiatischen Eroberers, in jenem Sumpfe vor Königgrätz, – dies Alles gleicht in der Tat der nächtlichen Vision eines Fieberkranken. Mitgerissen zu werden bei einem so eiligen Rückzuge, dass der Feind ihn fast eine Flucht zu nennen berechtigt wäre, – die immer aufs Neue gemurmelten Worte: ›Die Preußen kommen!‹ zwei Tage hindurch zu hören, – die Soldaten unaufhörlich über die Schulter zurückblicken zu sehen, während sie im Doppelschritte auf der Landstraße dahineilen, – an der Seite des Weges, neben Kornfeldern, während flüchtiger, kurzer Rast in geräuschvollen, mit Soldaten überfüllten Zimmern, in Dorfschänken, wo Jeder so viel gilt als der Andere, einzelne Blätter mit der Erzählung der eingetretenen Kalamität bekritzeln zu müssen und dann doch inmitten dieser Arbeit beim ersten Trompetenstoß oder bei dem oft wiederkehrenden ›Vorwärts‹ emporzufahren, – das Alles ist Nichts. Aber zurückzudenken an das Schauspiel, welches am Morgen des 3. Juli, während ich auf dem höchsten Turme in Königgrätz stand, sich meinen Augen darbot, an jene herrlichen Legionen Reiterei und Fußvolk, welche die Erde zu bedecken schienen, wie die Kornähren das Land ausfüllen – und nun den Blick zu wenden auf die gebrochene verworrene Masse menschlicher Wesen mit und ohne Waffen, durch welche ich meilenweit gereist bin, und mir die Tatsache vor den Geist zu führen, dass diese unordentliche Masse die ehemals so schöne österreichische Armee ist – erfordert eine gewaltige Vernunftanstrengung und eine überaus schwierige Anerkennung des Zeugnisses vollendeter Tatsachen.

Jetzt, da ich ohne Zurückhaltung, aber mit aller der aufrichtigen Achtung sprechen darf, welche der Tapferkeit und dem Unglücke gebührt, jetzt sei es mir gestattet, die Überzeugung auszudrücken, dass, wenn der österreichische Oberbefehlshaber, anstatt wie ein Straußvogel zu handeln und zu glauben, dass Niemand ihn sähe, als er den Kopf in den Sand steckte, – seiner Armee und dem österreichischen Volke die Wahrheit und zwar die ganze Wahrheit über ihre Lage, ihre Pflichten und ihr Missgeschick gesagt hätte, ein solches Verfahren besser für sie, für ihn und für sein Land gewesen wäre. Die Erschütterung, welche dieses Unglück einer Armee verursacht hat, welche bis dahin in den Glauben versetzt worden war, dass sie im Allgemeinen siegreich gewesen, ist eine entsetzliche; vor Allem aber hat sie den einst so festen Glauben an das Wort und Glück des Führers dieser Armee vernichtet. Zwar spricht man viel über Verrat von Seiten einzelner Generale und Anderer, deren einziger Verrat darin besteht, dass sie Posten angenommen haben, für deren Ausfüllung ihnen die erforderliche Befähigung mangelt; doch kann Niemand sagen, dass irgend ein Zeitungs-Berichterstatter, sei es brieflich oder telegraphisch, den Plänen des Oberbefehlshabers den geringsten Nachteil zugefügt habe. Wenn die Preußen von Ort zu Ort vorrücken, markieren sie ihre Marschlinie natürlich auf der Landkarte, und die strengste amtliche Geheimhaltung, welche die Bureaux durch ganz Österreich verbreiten könnten, vermag die Tatsache jenes Vorrückens eben so wenig zu verbergen, als sie die Wunden heilen oder die Getöteten ins Leben zurückrufen kann. Jene armen Böhmen, deren Häuser niedergebrannt sind, und zwar in einem Lande, in welchem vielleicht jede Familie ein nie wieder zu sehendes Gesicht vermissen wird, lesen die Berichte über solche Ereignisse, wie die Schlachten bei Skalitz oder Gitschin, in der allgemeinen Zeitung oder den französischen Journalen; doch wissen sie recht wohl, dass ihre Schlösser und Häuser, ihre

Dörfer und Städte vom Feinde besetzt werden und dass die Armee, auf deren Schutz sie gerechnet hatten, den Strom der Eindringlinge nicht zu hemmen vermochte. Woher kommen die langen Züge der Verwundeten? Warum sieht man keine preußischen Gefangenen, – keine den Preußen abgenommene Kanonen? Wenn unsere Truppen bei Skalitz und Edelsheim siegreich waren und den Feind in die Flucht schlugen, was bedeuten alsdann diese schauerlichen Prozessionen Verstümmelter, die man durch die Straßen fahren sieht und warum ist Benedek von Josephstadt nach Dubernitz und von Dubernitz nach Königgrätz zurückgegangen? – Wien ist, wie wir hören, in einer zornigen und gefährlichen Stimmung. Heraus mit der Wahrheit und ohne Umschweife! Man lasse sie nicht erst aus Feindes Munde kommen; man spreche die Wahrheit und rechne auf die Hingebung und Loyalität eines wackeren und biedern Volkes, auf seine Treue für Kaiser und Vaterland. Noch am Abende bevor wir Josephstadt verließen, ging der Chef des Pressbureau mit wichtiger Miene umher und schärfte Allen ein, keine Briefe oder Telegramme von der Armee aus abzusenden! – als ob Briefe und Telegramme dem Feinde die geringste für ihn nützliche Nachricht geben könnten, die er nicht lang vorher schon allein ausfindig zu machen im Stande wäre! So streng ist das System der Verheimlichung, dass selbst die Mitglieder des Stabes Nichts wissen, daher auch ihre Tätigkeit und ihre Befehle nicht geistig zu beleben vermögen und den gröbsten Täuschungen und Irrtümern ausgesetzt sind. So zum Beispiel gab an dem Abende, als wir von Sadowa aus uns in eiliger und würdeloser Weise nach Königgrätz zurückgezogen und Augenzeugen einer merkwürdigen Panik unter den von Gitschin kommenden Flüchtlingen wurden, ein Stabsoffizier mir allen Ernstes die Versicherung, dass gar kein Gefecht stattgefunden habe; die ganze Unordnung sei nur dadurch verursacht worden, dass die Österreicher die Sachsen für den Feind gehalten hätten. Und dies behauptete er eben in dem Augenblicke, in welchem der Telegraph ganz Europa von dem Siege der Preußen über die Sachsen und Österreicher benachrichtigte und hinzufügte, dass beide geflohen waren und den Weg nach Königgrätz mit Waffen und Gepäck bestreut hätten. Die Wahrheit kommt zuletzt doch immer ans Licht. Wenn die Österreicher doch in Bezug auf die Wahrhaftigkeit ihrer Bulletins den Preußen nachahmen wollten! Sie würden dadurch ihre Niederlage weniger peinlich und drückend machen und gleichzeitig die Achtung und Teilnahme erhöhen, die jedermann für ihr Missgeschick und ihre Tapferkeit fühlen muss. Unter den Truppen sind die seltsamsten Gerüchte im Umlauf: wie ein General Benedek's Pläne verraten habe und erschossen worden sei; wie ein anderer unmittelbar vor der Schlacht zum Feinde übergegangen wäre und ihm wichtige Auskunft gegeben hätte, wie ein Mann einen wichtigen Pass verraten habe und wie ein anderer bestochen wurde, damit er nicht kämpfen sollte. Und wenn mit Hilfe aller derartigen Mittel die Preußen nur wenigstens geschlagen wären, wer könnte alsdann sich gegen das System auflehnen? Aber die Preußen haben gesiegt! Moral: Das Straußvogelsystem vermag nicht Schlachten zu gewinnen, es kann nicht einmal dazu beitragen, und in unseren Tagen der Druckerpressen, der Eisenbahn und der Telegraphie darf ein Feldherr sich nicht darauf stützen.

Hier sind wir endlich in Brünn. Wir wissen nun, dass die Armee, welche bald ihr Hauptquartier hier aufschlagen wird, seit dem Eindringen der Preußen in Böhmen in zahlreichen Gefechten besiegt worden ist. Als Benedek durch die Nachricht, dass die Preußen in Böhmen eingerückt waren, seinen Plan, in Schlesien einzufallen und nach Berlin zu marschieren (wenigstens hatte man dies für seinen Plan gehalten), aufzugeben gezwungen war, durfte er noch hoffen, die durch das Riesengebirge und die gebirgsreiche östliche Grenze führenden Pässe behaupten zu können. Wir wissen nun, dass dies ihm misslungen ist. Die eigentlichen Operationen begannen am 27. Juni. An einem und demselben Tage, dem 28. Juni, wurden die Österreicher von den Preußen gezwungen, sich von Nachod im Westen, von Trautenau im Norden und von Münchengrätz westlich von Josephstadt zurückzuziehen, und wir sind nun ferner unterrichtet, dass alle späteren Bemühungen Benedek's die Vereinigung der Armee des Kronprinzen mit derjenigen des Prinzen Friedrich Karl nicht zu verhindern vermocht haben. Es blieb ihm jetzt nur noch die Wahl, ganz Böhmen von den Preußen besetzen zu lassen oder, nachdem er die Hoffnung einer Gegendemonstration in Schlesien aufgegeben hatte und Wien nicht unbeschützt lassen durfte, der nunmehr vereinigten preußischen Streitmacht eine Schlacht anzubieten und sie zu besiegen. Was aber Benedek gegen die Preußen nicht ausführen konnte, als sie getrennt und er stärker war, als jede einzelne ihrer Armeen, durfte er kaum zu erreichen hoffen, nachdem sie vereinigt und stärker waren, als er. Als Ursache des Unglücks bei Gitschin wird der Ungestüm und Zorn des Kronprinzen von Sachsen angegeben. Graf Clam-Gallas und die Sachsen waren auf dem linken Flügel postiert, um die Preußen in jener Richtung zu beobachten und ein mögliches Umgehen von Benedek's Flanke zu verhindern, doch war dem österreichischen General ein Angriff auf den Feind streng untersagt. Graf Clam-Gallas wird in Österreich allgemein für den Urheber des Unglücks gehalten, welches den Österreichern im Jahr 1859 bei Magenta zustieß, indem er dort den erhaltenen Befehlen ungehorsam gewesen sein soll. Bei der vorliegenden Veranlassung, sagt man, habe er dem dringenden Ansuchen des Kronprinzen oder des Königs von Sachsen nachgegeben und die Preußen mit gänzlichem Mangel an Erfolg angegriffen. Kurz, die herrlich Armee, die für das Haus Habsburg so tapfer gefochten hat, war schon stückweise geschlagen und zerrüttet, bevor sie vor drei Tagen den Schlag empfing, der sie in die Scherben zerschmetterte, die ich jetzt um mich her erblicke. Es gibt wenige Armeen, welche Niederlagen und Rückzüge ertragen können, während sie auf Sieg und Vorrücken hofften; am allerwenigsten gehört die österreichische Armee zu diesen, denn die verschiedenen Nationalitäten, aus denen sie zusammengesetzt ist, führen zu gegenseitigen Argwohn und zu Betrachtungen, die in der Stunde des Unglücks auf ihre Fähigkeit des Zusammenhaltens überaus nachteilig einwirken.

Als ich, am Abende der Schlacht, aus Königgrätz hinauseilen wollte, hatte die Garnison die Tore gegen den Feind geschlossen und nur einen Ausgang für den Zug nach Hohenmauth offen gelassen. Die Artilleristen standen bei ihren Kanonen und nicht lange dauerte es, so tönte das dumpfe Dröhnen des auf den Bastionen platzierten schweren Geschützes durch die Luft, den Donner der wütenden Kanonade übertönend, während die Preußen die auf dem Rückzuge begriffenen Österreicher verfolgten und durch die Kavallerie und Artillerie aufgehalten wurden. Die Österreicher waren gezwungen, die Flüsse auf Pontonbrücken zu überschreiten, auf welchen Reiterei, Fußvolk, Kanonen und Trainwagen sich in furchtbarer Verwirrung zusammendrängten, häufig unter einem erbarmungslosen Hagel von Bomben, Schrapnells und sogar Flintenkugeln. Man erzählt entsetzliche Dinge von haarsträubenden Schrecknissen, die an jenem Abende geschahen, wie Pontons mit Hunderten von Menschen beladen, vom Strome hinweggerissen wurden und mit ihren kreischenden, hilflosen Ladungen umstürzten, während die mit ihren Überröcken, Waffen und Patronentaschen beschwerten Unglücklichen wie Steine untersanken, um ein schauerliches Pflaster von Leichen auf dem Boden der düsteren Gewässer zu bilden, – wie Artillerie und Reiterei durch die fliehende Infanterie hindurchstürzte, sie in den schmalen Wegen zusammendrückten und über den Rand der Brücken in die Flut hinabdrängten, – wie Manche, die in ihrem Schrecken durch die Fluten zu waten versuchten, plötzlich in tiefe verräterische Löcher gerieten oder bei fruchtlosen Vesuchen, hinüberzuschwimmen, von der Flut hinweggeschwemmt wurden. Wäre mir nicht eine rechtzeitige Warnung auf den Turm hinaufgeschickt worden, von wo aus ich den Gang der Schlacht überblickt hatte, so hätte ich die zweifelhafte Aufregung genießen können, ein unfreiwilliges Mitglied der Garnison von Königgrätz zu werden oder in das schreckliche Gedränge zu geraten, das auf der Landstraße hinter mir stattfand und welches, nach dem zu urteilen, das ich ohnehin schon in meiner unmittelbaren Nähe sah, nichts weniger als angenehm gewesen sein muss. Bei diesem Rückzuge bekam ich zum ersten Male die Nachhut der österreichischen Armee und das Lagergefolge zu sehen, und ich tue diesen würdigen Ehrenmännern wohl nicht Unrecht, wenn ich sage, dass es gewiss Niemanden sonderlich behagen würde, einem von ihnen in dunkeler Nacht an einsamen Orte zu begegnen, wenn man nicht etwa einen Revolver zur Hand hätte oder sich durch Lumpen und Armut geschützt fühlte.

Holic war von bestürzten Einwohnern, Landleuten und Soldaten überfüllt, welche mit angsterfülltem Gesichte nach Königgrätz blickten und nach den Flammen hinstarrten, die, von den brennenden Dörfern aufsteigend, den Himmel röteten, während aus den fernen Kanonen Blitze durch die sich immer mehr vertiefende abendliche Dunkelheit zuckten. Die Strahlen der untergehenden Sonne brachen durch die Abendwolken, als wären sie begierig, das Schauspiel zu betrachten. Welch' ein Anblick! Wie viele Tausende blickten auf jenen sommerlichen Sonnenuntergang zum letzten Male und starben an ihren Todeswunden in der Finsternis einer Nacht, die noch barmherzig genug war, ihren verhüllenden Mantel über die Leiden jener Unglücklichen auszubreiten! Uns Fliehenden ward dieser Anblick erspart. Es ist des Siegers trübes Vorrecht, inmitten der Verwundeten und Getöteten zu stehen. War es Mitleid, das die Hand des Verfolgers zurückhielt? Hatte er seinen Sieg so teuer erkauft, dass er die Verfolgung nicht weiter zu treiben für gut fand und einen Rückzug nicht in eine wilde Flucht verwandeln konnte? Ein geringfügiger Nachschub würde genügt haben, um das Letztere zu erreichen.

Erst bei der um 3 ½ Uhr des Morgens erfolgenden Ankunft unserer Eskorte in Hohenmauth verschwand alle Besorgnis einer schnellen Verfolgung, und obgleich Hunderte von Kanonen, Kavallerie zu Tausenden und

Infanterie zu Zehntausenden auf dem Wege beisammen waren, so glaube ich doch kaum, dass sie sich in der Lage befanden, einem unternehmenden Feinde sonderlich zu imponieren. Es hieß indes, dass jede Besorgnis eines solchen Unglücks nun beseitigt wäre; General Benedek habe den General Gablenz am Abende zu den Preußen gesandt, um wegen der Suspendierung der Feindseligkeiten Vorschläge zu machen und das Gesuch sei vom Feinde gewährt worden, – wenigstens sagt man so. Wenn dies wahr ist, so liegt darin ein Geständnis gänzlicher Hilflosigkeit und die Preußen wären alsdann zu sagen berechtigt, dass sie die Überreste der österreichischen Armee geschont hätten. Doch bezweifle ich die Tatsache überhaupt oder mindestens doch die Richtigkeit der Form, in welcher sie dargestellt wird.

In Hohenmauth erlebte ich ein trübes Zusammentreffen mit einigen meiner Bekannten vom Stabe. Sie langten einzeln an, mit erschöpften Pferden, und setzten sich schweigend an den Tisch der düsteren, ärmlichen Schänke. Dann und wann brach Einer oder der Andere durch einen Ausruf des Kummers und der Betrübnis das dumpfe Schweigen, und wenn ein neuer Ankömmling erschien und die Liste gefallener oder verwundeter Freunde durch Angabe neuer Namen vermehrte, äußerte sich der neue Schmerz durch ein leises, gedämpftes Murmeln. Doch trugen die Offiziere ihre Niederlage, wie es gebildeten Männern und Soldaten geziemt; sie trauerten um ihre Leute, ihre Freunde, um ihr Land, nicht um sich selbst. Der Quartiermeister erschien und ein kleiner bedruckter Zettel berechtigte mich, in einem Hause auf dem Marktplatze ein Unterkommen zu beanspruchen. Hier fand ich ein Zimmer zum Ausruhen und eine Lagerstätte, – und nie war Ruhe willkommener.

Ich wurde durch ein Geräusch erweckt, das dem Rauschen des Regens nicht unähnlich war. Doch schien die Sonne durch das Fenster herein, und als ich hinausblickte, fand ich, dass der Tumult von einer ungeheuren Menschenmenge herrührte, die bestaubt, blutig, mit wunden Füßen, sich durch die Straßen drängte und inmitten der Artilleriezüge, Pulverwagen, Gepäck- und sonstiger Fuhrwerke jeder Art umherwogte. Benedek und mehrere Mitglieder seines Stabes kamen nun von Holic an und mit ihnen der militärische Berichterstatter Ihrer Zeitung, der während der Schlacht in ihrer unmittelbaren Nähe gewesen und in der Tat froh genug war, nach den ertragenen Mühseligkeiten, Gefahren und Entbehrungen ein wenig rasten zu können. Doch dauerte diese Ruhe nur kurze Zeit, bald mussten wir aufs Neue aufbrechen. Es war nun 2 Uhr, und was von der österreichischen Armee noch übrig war, passierte durch Hohenmauth oder lag meilenweit nach Norden und Süden umher. Leute von verschiedenen Regimentern marschierten ohne Ordnung zusammen, – Kanonen verschiedener Kaliber waren verworren durcheinander gemischt und Kavallerie, Infanterie und Artillerie bildeten auf einer neun Meilen langen Strecke der Landstraße nach Leitomischl ein bunt zusammengewürfeltes Mosaik. Im weiteren Verlaufe des Tages wurde der Zustand der Dinge etwas besser. Die Soldaten erlangten allmählich Nachrichten über ihre Bataillone, und als wir Leitomischl erreichten, begannen die Einflüsse der Disziplin sich wieder zu zeigen, obgleich sie in gewissem Sinne nie zu existieren aufgehört hatten und kein inniges Beispiel der Plünderung, der Gewalttätigkeit auf der Landstraße, in Dorf oder Stadt, in den Kreis meiner Wahrnehmung gekommen war. Ich sah die armen Kroaten an der Seite des Weges Kirschen, Käse, Brot oder sonstige Nahrungsmittel von Bäuerinnen kaufen und ihre Kupfermünzen oder Stückchen Papier aus ihren spärlich ausgestatteten Börsen in die Hand zählen, als wenn sie ihre Einkäufe in Wien selbst machten.

In Leitomischl erhielten wir in einem Gasthofe ein mit zwei Betten versehenes Zimmer, obgleich der Ort natürlich überfüllt war. Eine Post war nicht vorhanden, das Telegraphenamt war geschlossen und alle Mittel der Absendung von Briefen waren abgeschnitten. Wir entschlossen uns daher, eine Anstrengung zu machen, um nach Zwittau zu gelangen, der nächsten Eisenbahnstation, von welcher Bahnzüge abgehen sollten; bald aber mussten wir uns von der augenblicklichen Unmöglichkeit überzeugen, die für unser Vorhaben notwendigen Erlaubnisscheine zu erlangen, und ohne dieselben würde es, wie wir wussten, namentlich zur Nachtzeit durchaus nutzlos gewesen sein, die Landstraße entlang passieren zu wollen.

Am folgenden Morgen standen wir zeitig auf. In den Straßen herrschte immer noch dasselbe Gewühl, – Soldaten, Soldatenpferde und Kanonen ergossen sich in einem ununterbrochenen, mächtigen Strome südwärts. Vor der Türe des kleinen Gasthofes erblickte ich einen kaiserlichen Wagen und als ich aufmerksamer hinsah, bemerkte ich den Grafen Mensdorff de Pouilly, der mit gedankenvoller, tiefe Sorge verratender Miene auf und nieder schritt. Er trug die Hausuniform eines höheren Offiziers; die Soldaten kannten ihn nicht, doch salutierten sie; dann und wann hielt er einen Einzelnen unter ihnen an, richtete einige Fragen an ihn, gab ihm ein kleines Geldgeschenk und setzte seine trübe Promenade fort. Es hieß, er sei als Mitglied einer Militär-Kommission hergekommen, welche die Ursachen des der Armee zugestoßenen Unglücks untersuchen sollte. Jedenfalls konnte er sich über den Zustand des Heeres mit eigenen Augen informieren. Bald verbreitete sich ein Gerücht, dass Benedek von seinem Posten als Oberbefehlshaber zurückgetreten sei. Für ihn herrscht nur ein Gefühl: in seinem Unglück ist die Liebe seiner Offiziere und die hingebende Zuneigung, welche die Soldaten für ihn empfinden, sogar noch größer als zuvor. Graf Clam-Gallas, der in der Armee nicht so beliebt ist als Benedek, soll unter Arrest gestellt sein, ebenso auch Graf Henikstein, der Chef des Stabes, und andere Offiziere von hohem Rang. Kriegsgerichte, Untersuchungskommissionen und der ganze Apparat, welcher militärischem Missgeschick zu folgen pflegt, sollen in Tätigkeit gesetzt werden. Mittlerweile ist es jedoch vor Allem notwendig, dass Jemand die Armee aufs Neue organisiere und ihr neuen Mut und bessere Zuversicht einflöße.

Es war beinah Mittag, bevor es uns gelang, uns Passierscheine nach Zwittau zu verschaffen. Der ganze Weg dorthin war mit Bruchstücken der vor Königgrätz zerschmetterten großen Heeresmasse bedeckt. Die Leute finden sich nun allmählich wieder zu ihrer Fahne zurück; man sieht sie von allen Seiten, die Abhänge der Hügel herab, durch Kornfelder, auf Nebenpfaden, einzeln und in Gruppen herbeieilen, – Ulanen, Dragoner, Infanteristen, Kanoniere – und jeder einzelne hat seine eigenen besonderen Abenteuer und seine Rettungsgeschichte zu erzählen.

Eine zweistündige Fahrt durch eine schöne, aber immer noch von den Soldaten wimmelnde Gegend brachte uns nach Zwittau. Doch fanden wir auch hier nicht, was wir wünschten. Alle Eisenbahnen, mit Ausnahme derjenigen, welche für den Transport der Verwundeten gebraucht wurden, waren nach Süden geschickt, um nicht dem Feinde in die Hände zu fallen, und der letzte Zug mit der letzten Lokomotive sollte soeben abgehen; die Eisenbahnbeamten konnten nichts für uns tun, und mit ermüdeten Pferden konnten wir in dieser Nacht die acht deutsche Meilen lange Strecke nach Brünn nicht zurücklegen. Aber gerade in der letzten Minute erschien Professor Dumreicher, der große Wiener Arzt, und bald stellte sich heraus, dass er sich in einer Verlegenheit befand, aus der wir ihn befreien konnten. Er organisiert nämlich einen großen ärztlichen Stab für Kranke und Verwundete und er wünschte dringend, von Zwittau nach Leitomischl zu gehen, um mit den Behörden des letzten Ortes zu konsultieren. Doch hatte er keinen Wagen, konnte auch keinen erlangen und auf der Eisenbahn hingeschafft zu werden, war ebenfalls unmöglich. Andererseits stand sein Eisenbahnzug, mit Ärzten, Heilgehilfen und Verwundeten angefüllt, zum Abgange nach Brünn und Wien bereit. Doktor Dumreicher verschaffte uns nun Plätze in einem Wagen dritter Klasse, eine Gefälligkeit, welche wir dadurch vergalten, dass wir ihm unseren Wagen und Pferde für seine Fahrt nach Leitomischl liehen. Freilich, – hätten wir ahnen können, was uns bevorstand, so würden wir es gewiss vorgezogen haben, unsere Reise nach Brünn auf der Chaussee zu machen, obgleich Extrapostpferde auf der ganzen Strecke nicht zu haben waren. Um mich kurz zu fassen, will ich nur sagen, dass, in Folge der vielen langen Züge mit Verwundeten und des Transports der Eisenbahnwagen und Lokomotiven selbst, die Bahnlinie so verstopft war, dass die Reise von Zwittau nach Brünn, – eine Strecke von 40 englischen Meilen, – von 4 Uhr des gestrigen Nachmittags bis 12 Uhr des heutigen Mittags dauerte, dass Erfrischungen auf den Stationen nicht zu haben waren, und dass – was das Peinliche der Lage noch erhöhte – die durch die Verzögerung unserer Briefe erzeugte fieberhafte Aufregung sich nach den vorher erlittenen Gemütserschütterungen um so fühlbarer machte.

Wien, den 7. Juli.
Da nur ein einziger Bahnzug gestern von Brünn hierher abgelassen wurde, so benutzte ich denselben und bin um Mitternacht hier angekommen. Der Bahnhof bot ein überaus peinliches Schauspiel dar. Er war von weinenden Frauen, schmerzerfüllten Eltern, Verwandten und Freunden angefüllt, welche die Ankunft der Verwundeten erwarteten und ihr Gesichtsausdruck, als sie mit wilder Hast in die Coupé's hineinblickten, war tief erschütternd. Und wenn dann irgend ein geliebtes Wesen, den Kopf mit blutbedeckten Bandagen umhüllt, erkannt ward, oder ohne ein Bein oder einen Arm aus dem Wagen gehoben wurde, ertönte ein Jammergeschrei und jede kleine Gruppe umringte ihren Angehörigen und trug ihn hinweg. Tragkörbe und Strohbetten standen an den Wänden umher. ›Sind viele Verwundete heute angekommen?‹ fragte ich einen der Bahnhofsbeamten. ›Viele!‹ rief er aus, ›ganz Wien wird bald außer Stande sein, sie alle aufzunehmen. Heute Nachmittag allein sind über Tausend angekommen, und das ist noch gar nichts.‹ – Als ich durch die Straßen fuhr, sah ich, trotz der späten Stunde, in vielen

Fenstern Licht, und wer einen Blick in das Innere jener Zimmer hätte tun können, würde gewiss Szenen erlebt haben, welche hinter den schrecklichsten auf dem Schlachtfelde nicht zurückblieben; er würde Menschen erblickt haben, die mit brechenden Herzen das Lager des Soldaten umstanden, welcher, dem schnellen Tode auf dem Felde der Ehre entrissen, nun inmitten der Seinigen den Geist aufgab, – Menschen, die sich durch den Gedanken, dass der Sterbende sein Leben für das Vaterland hingegeben und dass ihre liebende Fürsorge seine letzten Augenblicke versüßt hat, für ihren Verlust nicht zu trösten vermögen.«

Durch das neumodische und so rasant schnelle Kommunikationsmittel des Telegraphen verbreitete sich das Wissen über das österreichische Desaster bei Königgrätz in ganz Europa in Windeseile. Anfänglich übten sich viele Österreicher und auch die Presse im Ignorieren oder im Kleinreden des Unglaublichen. In Wien wurde noch am Abend des 4. Juli bei Walzerklängen gefeiert und getanzt, als sei nichts geschehen. Die Wochenzeitung »Hans Jörgel von Gumpoltskirchen« wusste zu berichten, dass der Prater voll Menschen und die Stimmung eine ganz vortreffliche war: »Beim ersten Kaffehaus war kein Platz zu bekommen, die Leut' haben den Kellnern 30 Kreuzer, ja endlich 1 Gulden für ein' Sessel geboten und es war keiner mehr aufzutreiben.«

Der österreichische Dichter Ludwig August Franke empörte sich in einem Brief an Anastasius Grün (Anton Alexander Graf von Auersberg, Mitglied des Frankfurter Parlaments 1848 und des österreichischen Herrenhauses 1861) über das Sommermaskenfest im Prater: »Zweitausend Wiener und Wienerinnen amüsieren sich, trinken, essen, lachen und tanzen im Prater! Verdient solches Gesindel nicht sein Schicksal? … Ich fragte mich, als ob ich es nur geträumt hätte: Sind wir denn wirklich blutig aufs Haupt geschlagen? Regnet es denn nicht Feuer und Schmach auf uns?«

Auch die Tiroler rümpften die Nase über die »liederliche Vergnügungssucht« der Wiener selbst während solcher Kriegszeiten.

Benedek setzte in Begleitung einer kleinen Einheit am frühen Abend des 3. Juli südöstlich von Opatowitz über die Elbe und gelangte nach Einbruch der Dunkelheit nach Hohenmauth. Über die chaotische Situation vor den Toren von Königgrätz war der geschlagene Oberbefehlshaber der Nordarmee nicht informiert. Jene Offiziere seines auseinandergerissenen Stabes, die ihren Chef schon seit Stunden suchten, waren erleichtert, ihn endlich unverletzt und in relativ gefasster Stimmung in Hohenmauth zu finden.

Der preußische König war nun auf den Geschmack gekommen – das »Krieg führen« gefiel ihm von Tag zu Tag besser. Wilhelm, der von Bismarck nur mit äußerster Mühe zu diesem Krieg gegen Österreich und seine Verbündeten überredet werden konnte, weil er Franz Joseph trotz allem immer noch als so eine Art Vorstandsvorsitzenden des ganzen Deutschland sah und respektierte, wollte nun allerdings als rächender Eroberer unbedingt bis Wien marschieren, um den Feind in dessen eigener Hauptstadt zu »züchtigen«.

Nach einer ersten Verschnaufpause am 4. Juli waren auch die preußischen Soldaten aller Ränge (zumindest die meisten) höchst motiviert, den Marsch möglichst unverzüglich fortzusetzen, um den Krieg zu Gunsten des königlichen Vaterlandes eindeutig und unwiderruflich »für die gute Sache« zu entscheiden.

Nachdem der österreichische General Gablenz im preußischen Hauptquartier ob der Möglichkeit einer Waffenruhe vorsprach und dort aber eine eher harsche Zurückweisung erfuhr, befahl der Kaiser die Fortsetzung des Rückzuges. Auf verschiedenen Marschrouten zog sich die Nordarmee in drei Heeressäulen nach Olmütz zurück – allerdings nicht ohne Verwirrung, da die Einheiten durcheinander geraten waren und die Truppen vielfach ohne taktische Befehle blieben. Jedenfalls bekam die Politik wieder etwas mehr Vorrang gegenüber den militärischen Aktivitäten (zumindest auf österreichischer Seite)

Am 8. Juli besetzten die Preußen die böhmische Hauptstadt Prag. Nur vier Tage später zogen preußische Vorhuten in der mährischen Metropole Brünn ein. Kurz darauf fand sich dort auch der Schriftsteller und Kriegsteilnehmer Theodor Fontane ein. Dieser war erstaunt, dass in jener Stadt das Kulturleben auch in diesen schlimmen Tagen keine Unterbrechung fand:

»Seit vier Tagen haben wir Böhmen hinter uns und stehen nun mitten in Mähren. Vorgestern, am 12., ist die Avantgarde unsrer I. Armee in Brünn, die Hauptstadt Mährens, eingerückt. Die erste Hälfte unsres Marsches auf Wien ist absolviert und die zweite Hälfte scheint uns wenigstens nicht verlegt werden zu sollen. Der Feind bleibt im Rückzug. Bei Olmütz steht er in einem verschanzten Lager, aber wir werden ihn dort stehen lassen und neben ihm vorbeimarschieren.

Brünn hat 50.000 Einwohner und ist reizend gelegen. Hier fühlen wir uns zum ersten Male seit dem Einmarsch in Böhmen wieder inmitten der Kultur. Man bekommt, wenn auch für schweres Geld, doch Alles wonach Herz und Sinne verlangen, und interessant war es für den stillen Beobachter zu sehen, wie Tausende erschlaffter und müder Seelen hier neuen Lebensmut sich holten. Ich gehörte zu Beiden, d. h. zu denen, die sich erholten und beobachteten. Sogar das Theater hat hier keine Unterbrechung erlitten, abweichend von andern Plätzen. Gestern Abend hörte ich ›Martha‹ und dehnte ich mich auf meinem bezahlten Sperrsitz, so sehr es ein Rezensent ohne Beruf, aber aus Neigung, darf und soll. Die Oper ging sauber und präzis, Chor und Orchester waren vorzüglich und die Einzelleistungen entsprachen jeder billigen Kritik. Vor mir saß ein Lieutenant von den österreichischen Hessen-Kassel-Husaren, der in dem Gefecht bei Saar gefangen worden war. Ich traf später im Hotel zum ›Schwarzen Bären‹ noch einmal mit ihm zusammen, und hörte von preußischen Kameraden erzählen, dass er mit dem Pferde gestürzt und so eingeholt worden sei. Es war ein hübscher, schlanker junger Mann, der nicht aussah, als wäre er gutwillig in unsre Hände gegangen.«

Preussische Ulanen gegen kaiserliche Husaren

Die Kriegsfurie war nun etwas behäbiger geworden. Das hieß allerdings nicht, dass sich die zurückziehenden Österreicher und die nachdrängenden Preußen nicht immer wieder einmal wütende Gefechte lieferten. Insbesondere die Kavallerie prallte immer wieder einmal mehr oder weniger blutig zusammen. Die erzwungene Choreographie eines solchen Geplänkels hielt der beim preußischen Hauptquartier akkreditierte Berichterstatter der »Times« in einem am 10. Juli (kurz nach dem Eintritt von Böhmen nach Mähren) verfassten und am 19. Juli in London veröffentlichten Artikel fest:

»Ein langer Marsch brachte heute das Hauptquartier der Ersten Armee nach Neustadt. Die Eintönigkeit der Wanderung wurde durch ein interessantes Kavalleriegefecht unterbrochen, das in der ungefähr sechs Meilen westlich von Neustadt gelegenen kleinen Stadt Saar stattfand. In diesem Orte standen gestern Abend die österreichischen Husaren des Regiments

Hessen-Kassel. Die preußische Kavallerie sollte heute nach Gameny, einem ungefähr eine Meile entfernten Orte, vorgehen, und das 2. Ulanen-Regiment bildete auf dem Marsche die Vorhut. Die Österreicher beabsichtigten heute in der Richtung auf Brünn zu marschieren und die Husaren versammelten sich eben zu der vor dem Aufbruch stattfindenden Musterung, als die ersten Patrouillen der preußischen Ulanen mit rasselndem Geräusch in die Stadt galoppierten. Durch irgend eine Nachlässigkeit der österreichischen Schildwachen wurden die Husaren durch die Preußen vollständig überrascht. Die Zahl der Letzteren war anfangs viel geringer, doch waren die Ihrigen bereits in der Nähe und überdies wurde ihre numerische Schwäche dadurch ausgeglichen, dass die Österreicher, wie bereits erwähnt, von ihnen überrumpelt wurden. Die Ulanen rückten schnell vor; doch kamen sie erst dann zum Angriff, als eine österreichische Schwadron bereits Zeit gefunden hatte, sich zu formieren, während die meisten Leute der anderen Abteilungen schnell in ihre Reihen eilten. Einige Verspätete wurden freilich vom Sammelplatze abgeschnitten, indem die Preußen über die Türen hinaus vordrangen, aus denen jene hervorkamen und hernach zu Gefangenen gemacht wurden.

Auf dem Marktplatze begann alsbald ein aufregender Kampf. Die berühmte Kavallerie Österreichs wurde von der etwas unterschätzten preußischen Reiterei angegriffen und die Lanze kämpfte nun gegen den Säbel. Die wenigen Minuten, während welcher die ersten in die Stadt gekommenen Ulanen auf die ihnen nachrückenden Verstärkungen warten mussten, hatten indes den österreichischen Husaren Gelegenheit gegeben, sich aus den übrigen Teilen der Stadt schnell zusammen zu finden und als die Ulanen endlich zur Attacke bereit waren, standen auch die Österreicher fast vollständig formiert.

Nun ertönte auf der Seite der Preußen ein kurzes Kommandowort, – dann folgte ein abrupter Trompetenton, – die Lanzen wurden horizontal eingelegt, die Pferde in Galopp gesetzt und die Fähnchen der Lanzen flatterten in Folge der schnellen Bewegung hin und her, während die Reiter mit vorgebeugtem Körper gegen ihre Feinde ansprengten.

Aber auch die Österreicher waren bereits in Bewegung. Mit weniger Regelmäßigkeit, aber größerer Eile kamen sie heran; ihre blauen mit Pelz besetzten und gelb gestickten Pelissen wallten lose von ihrer linken Schulter herab, um dem Schwertarme freieren Spielraum zu lassen. Ihre blank geschliffenen, scharfen Säbel emporhebend, sprengten sie gegen die preußischen

Reihen an, als wollten sie über die ihnen entgegengestreckten Lanzenspitzen hinwegsetzen. Die Ulanen wankten heftig unter der Erschütterung des Zusammenstoßes; doch schon im nächsten Moment erholten sie sich und drangen auf ihre Gegner ein. Ihnen gegenüber befanden sich feindliche Reiter, die mit den Säbeln die Lanzenstiche zu parieren suchten, ohne jedoch die Ulanen mit denselben erreichen zu können; schon war aber auch der Erdboden mit Menschen und Pferden bedeckt, die in verworrenem Gewühl sich emporzurichten bemühten; aufgelöste Reihen galoppierten hinweg; aus dem Sattel geworfene Husaren in ihren blauen Uniformen und hohen Stiefeln eilten fort, um irgend ein reiterloses Pferd einzufangen oder den Lanzenstößen auszuweichen. Die Ulanenlinie erschien noch ungebrochen, während die Husaren beinahe zerstreut waren. Sie hatten sich auf die fester geschlossenen Reihen der Preußen geworfen und waren, gleich einer gegen die Felsenklippe anprallenden Woge, gebrochen und aufgelöst zurückgeworfen worden. In den wenigen Augenblicken, während welcher die feindlichen Reihen gegeneinander gedrängt standen, scheinen sie von den für ihre jeweilige Truppenart spezifischen Waffen nur einen sehr beschränkten Gebrauch gemacht zu haben. Die Husaren parierten die Lanzenspitzen der Ulanen, während sie ungestüm gegen die Letzteren anrannten; aber gerade die Schnelligkeit, mit welcher dies geschah, brachte sie so dicht vor die Brust der Ulanen, dass sie zur Anwendung des Säbels keinen Raum hatten. Die preußischen Ulanen, größere und stärkere Männer als ihre Gegner und mit kräftigeren Pferden versehen, drängten nun heftig gegen die leichteren Körper und kleineren Pferde der österreichischen Husaren und warfen diese durch bloße Wucht und physische Kraft aus dem Sattel auf den Erdboden hinab; in einigen Fällen war der Anprall so heftig, dass Pferd und Reiter mit einander zurückgeschleudert wurden und dröhnend auf das Steinpflaster stürzten.

Die wenigen Österreicher, welche im Sattel geblieben waren, fochten noch kurze Zeit, um das Vordringen der Preußen zu verhindern; doch vermochten sie auf die Ulanen keinen Eindruck zu machen. Wo immer ein Husar vorsprengte, um mit dem Säbel anzugreifen, streckten sich drei Lanzenspitzen seiner oder seines Pferdes Brust entgegen, denn die Zahl der in den Straßen befindlichen Österreicher war nun geringer, als die der Preußen und der schmale Weg gestattete ihnen nicht, sich zurückzuziehen und ihren Reserven den zum Angriff erforderlichen Raum zu gewähren. So drangen denn die

Preußen gleichmäßig und mit unangreifbarer Fronte immer weiter vor und die Österreicher, außer Stande, sie aufzuhalten, mussten immer weiter vor ihnen zurückgehen. Bevor dieser unregelmäßige Kampf sich weit in die Stadt gezogen hatte, kam noch mehr preußische Kavallerie hinter den Ulanen herbei, und die Österreicher begannen nun abzuziehen. Die Ulanen setzten ihnen nach; es gelang den Ersteren jedoch, ohne größere Verluste aus der Stadt zu entkommen, und am anderen Ende des Ortes wurde die Verfolgung eingestellt. Ein Offizier nebst zweiundzwanzig Unteroffizieren und Gemeinen blieben als Gefangene in den Händen der Ulanen zurück; außerdem waren 40 Pferde erbeutet. Einige der Gefangenen sind verwundet, mehrere Husaren getötet; von den Preußen blieben zwei oder drei tot auf dem Kampfplatze.

Die Gefangenen sind größtenteils Ungarn, – hübsche, militärisch aussehende Bursche; sie erschienen als das Ideal leichter Reiterei, doch sind sie im persönlichen Handgemenge den hochgewachsenen, kräftigen preußischen Kavalleristen durchaus nicht gewachsen; die Letzteren scheinen im Stande zu sein, sie mit einer Hand aus dem Sattel emporzuheben und auf den Erdboden hinabzuschleudern.«

Durchhalteparolen der Zeitungspresse

Während der Kaiser und seine Umgebung schon jeden Gedanken an einen siegreichen Ausgang dieses Krieges begruben, bemühte sich die österreichische Presse mit markiger Schreibe die Kampflust der Masse – nach dem aus späterer Zeit bekannten Motto: »Nun Volk steh auf und Sturm brich los!« – zu schüren. Die Schockstarre wegen Königgrätz galt es rasch zu überwinden und so freute sich der »Jörgl von Gumpoldskirchen« über den nun zu Tage tretenden Wehrwillen der Wiener. Freiwillige (vor allem abenteuerlustige Lehrlinge, Handwerksburschen und Fuhrknechte) meldeten sich bei den zwei Wiener Musterungsstellen zum Kampf gegen die Preußen:

»Die Bevölkerung Wiens zeigt auch einen Mut und eine Entschlossenheit, die man nicht genug anerkennen kann. Während man in Prag sich einer hirnlosen Furcht hingibt, als ob die Preußen Menschenfresser wären, während man im vielgepriesenen Pest mit naserümpfender Gleichgültigkeit zuschaut, befindet sich Wien in fieberhafter Aufregung. ›Nur nit verzagen!‹ ruft einer dem Andern zu, ›der Letzte hat noch nit geschoben!‹ Hunderte von Freiwilligen drängen sich zu den Assentplätzen, der Radetzkymarsch und die Volkshymne wird stürmisch begehrt und wieder begehrt, der Preuße wird's schwerer finden, je näher er gegen Wien kommt; nicht ›auf die Sterne‹ wollen wir vertrauen, sondern auf unsre eigene Kraft, auf unsre alte Treue. Nur der is verloren, der sich selbst verloren gibt. Das österreichische Fleisch wird durchs Klopfen nicht weicher, sondern zacher.«

Als sich die preußischen Bedingungen für einen Waffenstillstand und nachfolgendem Friedensschluss allmählich konkretisierten, wie etwa die Ausschließung Österreichs aus dem Deutschen Bund, schlugen auch im Westen der Monarchie die Wogen der Empörung über die anmaßenden Forderungen des preußischen Feindes hoch und die »Innsbrucker Nachrichten« verlangten am 17. Juli den Kampf bis zum »letzten Blutstropfen«:

»Diese Bedingungen, von denen Preußen die Abschließung eines Waffenstillstandes abhängig macht, sind die eines im Siegestaumel wahnsinnig Gewordenen.

Dass Österreich diese Bedingungen nicht annehmen kann, sieht jeder Österreicher ein. Schon der Gedanke einer Annahme dieser Bedingungen wäre Verrat an Kaiser und Vaterland, Verrat an der Armee und an jedem edleren Gefühl.

Also Kampf bis aufs Messer, bis auf den letzten Mann, bis auf den letzten Blutstropfen – das ist die Losung der Armee und ganz Österreichs!

Jetzt heißt es stark sein ohne Wanken, ohne Zaudern, jetzt heißt es bereit sein zu jedem Opfer an Gut und Blut. Das Interesse des Einzelnen verschwindet jetzt in dem Kampfe um die Existenz der Gemeinschaft, um die höchsten Güter, die wir für uns und unsere Nachkommen erhalten müssen: die Freiheit und Selbstständigkeit, die Größe und Machtstellung Österreichs, um die Existenz des Vaterlandes.

Die Gefahr ist groß, das wollen wir nicht verhehlen, aber wie verschwindend klein wird sie, wenn ein ganzes großes Volk dagegen einsteht, mit ganzer Kraft und ganzem Willen. Wir sagen ein einziges großes Volk, denn heute gibt es keine Böhmen, keine Ungarn, keine Polen, keine Deutschen mehr in Österreich, heute gibt es Angesichts der Gefahr nur Österreicher.

Schon sind die ersten Truppen der Südarmee hier angelangt, in wenigen Tagen stehen diese sieggekrönten Kämpfer dem Feinde gegenüber, die bei Königgrätz geschlagene Nordarmee kann den Augenblick, der ihr die Rache

Innsbrucker Nachrichten.

Dreizehnter Jahrgang.

Freitag № 164. 20. Juli 1866.

Erscheint täglich mit Ausnahme der Sonn- und Festtage. — Der Preis ist vierteljährig 1 fl. 35 kr. österr. W., per Post täglich expedirt 2 fl. 15 kr. österr. W., monatlich 45 kr. österr. W., monatweise per Post bezogen 72 kr. österr. W. Einzelne Nummern werden zu 3 kr. österr. W. abgegeben. — Bestellungen können gemacht werden in der Wagner'schen Universitäts-Buchhandlung in Innsbruck, Brixen (Nr. 169) und Feldkirch und für vier vierteljährig bei Herrn Jeremias Federspiel, Zettelträger. — Inserate jeder Art werden angenommen und kostet die zweispaltige Petitzeile oder deren Raum für einmalige Einschaltung 3 kr. österr. W., für dreimalige 6 kr. österr. W. Annoncen nehmen entgegen in Wien Haasenstein & Vogler (Wollzeile Nr. 9) und Alois Oppelik erstes österr. Annoncen-Bureau (Wollzeile Nr. 22); — in Frankfurt Haasenstein & Vogler, G. L. Daube & Comp. und Jäger'sche Buchhandlung; in Hamburg Haasenstein & Vogler und G. L. Daube & Comp.; in Berlin Haasenstein & Vogler, Gertraudtenstraße Nr. 7. (Ecke vom Petriplatz).

An Mein treues Volk von Tirol!

Die unglücklichen Ereignisse auf dem nördlichen Kriegsschauplatze haben die Verstärkung Meiner Nordarmee durch einen Theil Meiner siegreichen Südarmee zu einer gebieterischen Nothwendigkeit gemacht.

Leider steigern sich hiedurch die Gefahren, welche die Grenzen Meines theuern Landes Tirol bedrohen; und jetzt gilt es mehr denn je, daß die gesammte Volkskraft, daß alle waffenfähigen Männer sich Meiner tapfern Armee zur Seite stellen.

An Mein allzeit getreues Tiroler Volk richte ich den Ruf, für die Vertheidigung seines heimatlichen Bodens nun mit verdoppelter Kraft einzustehen und in edler Aufopferung für die heiligsten Güter, für Gott, Kaiser und Vaterland, mit Meinen braven Truppen zu wetteifern.

Glorreicher Ahnen würdig, werden sich ihre Enkel zeigen. — Dieses Vertrauen wurzelt unerschütterlich in der Brust Eueres Kaisers.

Wien, am 17. Juli 1866.

Franz Joseph.

Innsbrucker Nachrichten vom 20. Juli 1866

bringen soll, nicht erwarten: also Hoffnung auf eine bessere Zeit, auf einen endlichen glorreichen Sieg der gerechten Sache.

Wir haben gesagt, wir werden siegen; bei Königgrätz ließ uns das Glück in Stich, heute sagen wir, wir müssen siegen und wir werden es!«

Die Zahl der Freiwilligen zum Kampf gegen die Preußen war letztlich doch etwas dürftig; es meldeten sich nur wenige Tausend, nicht die erwarteten Zehntausenden. Mit der Idee einer allgemeinen Volksbewaffnung konnte sich Kaiser Franz Joseph I. ganz und gar nicht anfreunden, denn er erinnerte sich mit Schaudern an das Revolutionsjahr 1848, als sein Vorgänger, Kaiser Ferdinand, vor den »bösen Studentenbuben und anderem Wiener Gesindel« zu den treuen Tirolern nach Innsbruck fliehen musste. Immerhin wurde damals auch der Kriegsminister Latour an einem Wiener Laternenpfahl aufgehängt. Also lieber doch sich mit den Preußen arrangieren, als sich zusehr auf das eigene Volk verlassen … ! Hat doch auch der Wiener Bürgermeister mit seinem Gemeinderat schon gefordert, Wien als »offene Stadt« zu deklarieren, damit nur ja jegliche Kampfesaktivität in der schönen Donaustadt von vorneherein vermieden würde. Soviel zur lautstark hinaus posaunten Opferbereitschaft um des höheren Ganzen willen.

Vom kaiserlichen Misstrauen gegen eine allgemeine Volksbewaffnung waren die Tiroler ausgenommen. Dort stand die Treue zum angestammten Herrscherhaus ja felsenfest, und eine Waffe in nahezu jedem Haus gehörte zur altüberlieferten Landestradition.

Das befestigte mährische Olmütz war von den Preußen bald erreicht, wurde aber links liegen gelassen. Benedek konnte sich mit dem größeren Teil seiner Nordarmee noch rechtzeitig aus dem Staub machen. Über die kleinen Karpaten wurde nach Preßburg marschiert, um von dort über die Donau und weiter in den Großraum Wien zu kommen. Noch kurz vor dem 12. Juli gelang es einigen Truppenteilen, mit der Bahn über Brünn an die Donau und somit nach Wien zu gelangen.

Seit dem 17. Juli führte Erzherzog Albrecht, der Sieger von Custoza, das Oberkommando über die Gesamtarmee. Das Gros seiner Südarmee war zwischenzeitlich ja auch an der Donau angelangt.

Theodor Vatke, der Gefreite im preußischen Kaiser Franz-Garde-Grenadier-Regiment Nr. 2, befand sich inmitten seiner Kameraden nun auf dem Marsch durch Mähren. Das Glück hatte ihn seit dem Überschreiten der

Grenze bisher nicht verlassen. Am 28. Juni geriet sein Regiment in der Nähe des Dorfes Raatsch vor Trautenau unter Feindbeschuss. Von den Österreichern sah er dort nichts, aber deren Kugeln schlugen in seiner Nähe ein: »Das lebhafte Feuern des Feindes, der sich indes hinter Berg und Wald verbarg, schien noch nicht speziell uns zu gelten, doch blieb das leise Schwirren der Kugeln, in den Boden einschlagend, fort und fort bei. Aber mir schienen diese Kugeln bereits zu matt zu sein, um bedeutende Wirkung zu tun. Wie bin ich daher erstaunt, als Lieutenant v. R. fast dicht neben mir getroffen, hingesunken ist mit den Worten: ›Vater in Deine Hände befehle ich meinen Geist.‹«

Am 3. Juli war das Bataillon des Theodor Vatke in ziemlich hinterer Reihe beim Sturm auf Chlum – dem preußischen Einfallstor in die österreichischen Reihen – dabei. Dadurch, dass Tausende vor ihm als Rammbock dienten, blieb dem preußischen Gefreiten der grimmige Kampf Mann gegen Mann erspart. Ohne Risiko war seine Position im hinteren Bereich der vorwärtsstürmenden Infanterie allerdings auch nicht, denn die weitreichenden Granaten der heftig feuernden österreichischen Artillerie schlugen vor, neben und hinter ihm ein. Der nasse, schlammige Boden verbesserte allerdings die Überlebenschancen:

»Man ermesse nun unseren Schreck, als ganz plötzlich von links herüber in heulenden Stößen Granaten sich über uns entladen. Aber ganz unbefangen sagt der Oberst: ›Grenadiere, Granaten! Zündet euch eine Pfeife an.‹ Und da es im Anfang bei einzelnen Schüssen blieb, so folgten viele Grenadiere in der Tat der Aufforderung des Obersten. Aber der Granatenregen nimmt denn doch sehr bald eine bedenkliche Dichtigkeit an, die Wirkung auf die Haltung der geschlossen Marschierenden wird immer unverkennbarer. Denn nicht allein vorwärts drängt Alles, um schleunigst aus dem Feuer herauszukommen und die bis jetzt noch viel zu große Distanz für das Gewehr zu gewinnen – heftig scheltend auf die vor uns marschierende erste Kompagnie, ›die jetzt ihre langen Beine nicht zu brauchen wüssten‹ – nicht allein vorwärts drängt man, vielmehr noch stärker drängt man dicht an einander, Jeder sucht Schutz an seinem Nebenmann, Alles bückt sich so tief es kann, denn dies scheint zu retten vor den unmittelbar über die Köpfe fliegenden Granaten. So natürlich aber dies Verhalten war, so verderblich musste es zugleich sein. Denn wo die Granate dicht neben dem Einzelnen – kein Schuss verfehlte das Bataillon – sich in den Boden einwühlte, da nahm die Feuchtigkeit desselben dem Geschoss jede Kraft; nur diese Beschaffenheit der österreichischen Granaten rettete uns.«

Kulturschock in Böhmen und Mähren

Für die meisten preußischen Soldaten tat sich in Böhmen und Mähren eine unbekannte und neue Welt auf, insbesondere in jenen Gegenden, in denen fast nur Tschechen siedelten. Diese unterschieden sich auch in Thedor Vatkes Augen in Lebensart und Charakter sehr deutlich von den Deutschen der österreichischen Kronländer Böhmen und Mähren (später wird man von den »Sudetendeutschen« sprechen):

»Wenn ich aber Mähren gepriesen und vor Böhmen den Vorzug gegeben, so sollte ich doch bald erfahren, dass die echt tschechischen Teile Mährens an der Böhmischen Grenze an Unsauberkeit alles bisher Erlebte weit hinter sich ließen.

Es liegt nämlich in der Natur der Sache, dass eine auf der großen Heerstraße marschierende Armee nicht allein in den unmittelbar oder in der Nähe derselben gelegenen Dörfern untergebracht werden kann. Fast stundenweit müssen die Kompagnien oft abbiegen von der Straße, um dann beim nächsten Marsche in einem vorgeschriebenen Orte wieder zusammen zu treffen. Und so kamen wir denn heute auf Wald- und Feldwegen in ein gänzlich abgelegenes Dorf, Ober-Rozinka. Um so genauer aber musterte man die schmutzigärmlichen Hütten, da nach der jetzt wieder eintretenden Preußischen Marschordnung, der auf 3 Märsche morgen folgende Tag, ein Ruhetag sein sollte.

Man denke mit welcher Erwartung man solchem Ruhetage – die oft schlimmer als die Marschtage sind – entgegensieht, wenn auch an den stallartigen Hütten, von den Quartiermachern mit Kreide angeschrieben steht: ›6 Mann Kaiser Franz‹.

Doch man hatte sich bereits in sein Schicksal zu finden gelernt, und so glaubte auch ich, vielleicht sieht es drinnen etwas menschlicher aus. Aber als uns die tschechischen Insassen weiblichen Geschlechts, mit widerwärtigem Lachen entgegentraten, so hatte ich nur Einen Wunsch – dass es zu keiner

Berührung zwischen uns kommen, oder militärischer, dass der Sektionsabstand nicht verloren gehen möchte.

Da wir 6 Mann nun keinen Polen unter uns hatten und die Sprache nicht verstanden, so konnten wir auf das nicht endende, von widrigem Lachen begleitete oder in solches sich auflösende Geschnatter dieser – Schönen nichts erwidern und nur mit dem Kopfe schütteln. Jene aber gerieten auf den unglücklichen Gedanken, es läge daran, dass sie nicht laut genug sprächen und erneuerten nun mit verdoppelten Kräften, den Strom der Rede mit lebhaften Gesten begleitend, ihre Mitteilungen, indem sie uns zugleich dicht auf den Leib rückten – als Soldat lernt man ›das Terrain benutzen‹, und so gewann ich sogleich Deckung hinter einem Tische und dem Tornister. Da aber die Grenadiere merkten, dass es hier auf gegenseitige Übertäubung abgesehen sei, so eröffneten auch sie die Schleusen ihrer Beredsamkeit, bis jene der Übermacht sich nicht gewachsen fühlten und sich zurückzogen. Aber nur auf Augenblicke. Immer von Neuem überschüttete man einander mit dem Schwall der Worte: beide Teile befriedigten das Verlangen sich ungezwungen auszusprechen, sich mit einander zu verständigen schien man nicht zu beabsichtigen.

Aber diese unsauberen Räume wurden um so widerwärtiger je wohler die Bewohner im Schmutze derselben sich zu fühlen schienen.

Und doch war das Wetter so ungünstig, dass wir diesen ganzen Ruhetag über zum Putzen der Waffen innerhalb des Hauses verbleiben mussten und der Gesellschaft der Wirtinnen leider nicht entgehen konnten. Das Hostinec war auch nicht günstig. Andererseits aber muss ich hervorheben, mit wie großer, für Deutschen Sinn fast allzugefügigen Dienstfertigkeit, jene Frauen für uns sorgten. Dies allzugefügige Wesen hatten wir in Böhmen schon oft wahrgenommen; es ist jene tschechische Unterwürfigkeit, die der Deutsche, auch der Geringste, seiner nicht für würdig hält. – So sehr aber eine umfassende Charakteristik der Tschechen aus dem Rahmen dieser Darstellungen heraustreten würde, so wenig wird man es für unangemessen halten, wenn der Erzählende es versucht, mit einigen Andeutungen den Hintergrund des einheimischen Lebens zu entwerfen, welches die momentane Okkupation durch die Preußen und die Heersäule der Armee gewissermaßen verdeckte. Und um bei der Dienstfertigkeit, die wir in Ober-Rozinka fanden, anzuknüpfen, so ist natürlich das Elend und die Armut Böhmens, die selbst die marschierenden Truppen um milde Gaben ansprach, die Erzeugerin jener

Unterwürfigkeit. Um so übler aber werden wir von dem Anblick dieses Elends berührt, als dasselbe angesichts des so fruchtbaren Böhmischen Landes nur auf die ungünstigen sozialen Verhältnisse und die Untätigkeit der Bewohner zurückgeführt werden kann. Dazu kommt die große Ungebundenheit des Lebens derselben. Zumal die Kinder sieht man fast halbnackt und in Lumpen. Es scheint oft ein Verkommen in Trägheit und Sinnlichkeit, und da der Tscheche das Grelle und den Schmuck liebt, so steht der Aufzug der Reichen in um so schneidenderem Gegensatze zu dem der Armut. Auf wie viel Not, Schmutz, Trägheit und Ungebundenheit sieht nicht der Kruzifixus, in hundert und aberhundert Bildungen, in Gesellschaft der Heiligen und des Nepomuk oder ohne dieselben herab im schönen Böhmerlande.

Es ist aber nicht das religiöse Leben allein, das hier an anschauliche Bildungen, die so unschön als unsauber sie dem gemeinen Tschechen nur umsoviel näher rücken mögen, anknüpft und daran sich nährt; der wohlhabende Tscheche sucht in jeder Weise dem öffentlichen Leben mehr Schwung, Farbe und Phantasie zu verleihen, als es mit dem trockenen Stil z. B. des norddeutschen Lebens vereinbar ist. […]

Des Tschechen Neigung zur Musik, besonders zum Schwermütigen, werden wir in Beziehung zu setzen haben zum elegischen Grundzug, der an Völkern, die ihre nationale Selbstständigkeit mehr und mehr verloren haben, nur allzunatürlich ist; ebensosehr hängt damit jene tschechische Heimtücke und Hinterlist zusammen. Und ein Erzeugnis endlich aller dieser Eigenschaften, des Phantasie- und Schwungvollen, des Elegischen und unterdrückter Gewaltsamkeit ist jener religiöse Fanatismus, jene zerstörungswütige Leidenschaftlichkeit, die in den Hussiten sich verewigt hat. Denn leidenschaftlich und religiös fanatisch und zwar in der Weise, dass dies Religiöse weniger als das Ideale, Allgemeine aufgefasst wird, vielmehr mit dem Nationalen unmittelbar identifiziert ward, zeigten sich die Tschechen von jeher, sowohl unter Johann Huß, der zugleich der ärgste Feind der Deutschen war, gegen den Katholizismus, als jetzt für denselben.

Denn dass auch in diesem Feldzuge die Wut der Tschechen gegen die Preußen religiöser, von Geistlichen genährter Art war, galt für ausgemacht.

Noch Eins möchte ich hinzufügen. Wenn auch der Wechsel des religiösen Bekenntnisses in Böhmen die Folge vernichtender Gewalttat, tschechischer Unselbstständigkeit nicht wird zur Last gelegt werden können, so wird man doch einräumen müssen, dass von einer wirklich eigentümlichen, lebenskräftigen Gestaltung des Daseins bei den Tschechen nicht die Rede sein kann. Ihre Starrheit und Energie scheint sich mehr im Abschließen vom Fremden als im Gestalten des Eigenen zu zeigen; jemehr sie die Anschlussbedürftigkeit an die Deutschen empfinden, um so zäher schließen sie sich von denselben ab.«

Am Main und an der Adria

Während zur Julimitte die Erwartungen in Böhmen und Mähren zwischen Krieg und Frieden pendelten, kämpften österreichische Soldaten einige hundert Kilometer weiter im Westen, in Hessen und im bayerischen Franken – an der »Mainfront« also – , gegen den preußischen Feind. Der Armee des Deutschen Bundes, dem VIII. Bundeskorps unter dem Befehl des Prinzen Alexander von Hessen, gehörten neben den Kontingenten der süddeutschen Staaten natürlich auch österreichische Truppen an. Der »Deutsche Bruderkrieg« im Jahr 1866 war vordergründig ja eigentlich ein Krieg zwischen dem Deutschen Bund und dem abtrünnigen Bundesmitglied Preußen, das durch seinen Austritt aus dem Bund am 14. Juni das Vertragswerk von 1815 verletzte.

Die Egoismen und die Kirchturmpolitik der einzelnen Mitglieder des Bundes schwächten die Schlagkraft des VIII. Bundeskorps von vornherein. Es war wie bei den *Sieben Schwaben:* »Gang Veitli, gang, gang du voran, I will dahinda vor dir stahn!« Waren der größere Teil der Süddeutschen schon vor Königgrätz eher halbherzig und lahm in den Krieg marschiert, so nahm nach dem 3. Juli das bisher vorhandene bisschen Schwung noch weiter ab. Die Vorgänge während der Schlacht bei Aschaffenburg am 14. Juli waren symptomatisch für die nicht selten klägliche »Zusammenarbeit« innerhalb der Bundesarmee. Im östlichen Vorfeld von Aschaffenburg hatte sich ein Regiment der österreichischen Infanteriebrigade Hahn in Windeseile zur Verteidigung gegen anrückende Truppen der preußischen Division »Goeben« eingerichtet. Hessische und württembergische Einheiten sollten gemeinsam mit den Österreichern die Preußen hier am weiteren Vordringen in Richtung Frankfurt hindern. Doch ohne nennenswert in den Kampf eingegriffen zu haben, zog sich das 4. Regiment der Hessen eigenmächtig mainabwärts zurück, und die Württemberger hielten sich von vorneherein abseits. So standen die Österreicher bei und in Aschaffenburg so ziemlich allein der doppelten preußischen Übermacht gegenüber und konnten die Niederlage gegen die auch hier so schnell feuernden Preußen nicht verhindern. Die Preußen zählten am Abend des 14. Juli 180 Mann tot und verwundet, bei den Österreichern waren es mehr als dreimal so viel, nämlich 600. Zwei Tage später zog die preußische Armee mit klingendem Spiel in das vom politischen Berlin enorm gehasste Frankfurt ein. Damit endete der durch Inkompetenz, Feigheit und Unentschlossenheit für die Bundesarmee so desaströse Waffengang im Großraum des Mains.

Ein Lichtblick in militärisch dunkler Stunde tat sich für die Österreicher am 20. Juli auf. Die von der Regierung traditionell eher stiefmütterlich behandelte und finanziell karg bedachte österreichische Flotte brachte der deutlich schlagkräftigeren und moderneren italienischen Kriegsschiff-Armada an diesem Freitag vor der österreichischen Adria-Insel Lissa (kroatisch: Vis) eine empfindliche Schlappe bei.

Die in Kriegsdingen traditionell eher mehr großmäulig als erfolgreichen Italiener benötigten nach der Niederlage bei Custoza und dem Nichtvorwärtskommen in Tirol und in Richtung Isonzo unbedingt einen militärischen Erfolg, um der frustrierten Volksseele ihren Stolz zurück zu geben.

Von der »veröffentlichten« Meinung im jungen Königreich wurde die italienische Marine nahezu genötigt, ihre bisherige Passivität aufzugeben und der italienischen Flagge in und an der Adria gebieterisch Geltung zu verschaffen. Wohl oder übel musste sich der Flottenchef Admiral Carlo Pellion Graf Persano zu einer Aktion entschließen, und so entschied man sich für die Eroberung und Besetzung der österreichischen Insel Lissa, die ein gutes Stück vor dem dalmatinischen Split (Spalato) in der südlichen Adria liegt. Die Geheimhaltung dieses Vorhabens entsprach offenbar nicht dem geschwätzigen Wesen der Italiener, denn die Presse der Apenninhalbinsel posaunte die Absicht der königlichen Kriegsmarine sofort lustvoll hinaus. Über das Eroberungsvorhaben entsprechend informiert, machte sich die österreichische Flotte unter dem 39jährigen Konteradmiral Wilhelm Freiherr von Tegetthoff auf den Weg in die Gewässer vor Lissa, um die Italiener dort zu stellen.

Persano traf mit 19 Schiffen, darunter 11 Panzerfregatten, am 18. Juli vor dieser 90 Quadratkilometer großen Insel ein. Zuerst sollte die bei den eher kleinen drei Häfen dieses Eilandes postierten österreichischen Batterien ausgeschaltet werden, um für die anlandenden Bodentruppen den Weg frei zu machen. Die kaiserlichen Kanoniere auf der seit 1815 zur Monarchie gehörenden Insel vereitelten das Landungsvorhaben, was durch das Ungeschick einiger italienischer Befehlshaber um so leichter fiel. Die Italiener bekamen noch etwas Verstärkung, und so traf Tegetthoff mit 27 Schiffen, davon der Großteil Holzschiffe, am Morgen des 20. Juli vor Lissa auf die italienische Armada, zu der nun 12 Panzerschiffe gehörten.

Der überlegenen Bewaffnung und moderneren Schiffstechnik der Italiener versuchte die kaiserliche Flotte den Vorteil zu nehmen, indem sie sich bemühte, vor allem die Führungsschiffe des Gegners zu rammen. Diese verwegene Taktik verlangte entschlossenes und rasches Handeln, welches in dieser Situation jedenfalls auf der österreichischen Seite zu finden war. Vom Flaggschiff »Erzherzog Ferdinand Max« ließ Konteradmiral Tegetthoff seinen anderen Schiffen signalisieren: »Distanzschießen – den Feind rammen. Muss Sieg von Lissa werden.« Das Flaggschiff rammte den maritimen Stolz der Italiener, das neuerbaute stattliche Panzerschiff »Re d'Italia«, das mit dem Großteil seiner Besatzung innerhalb nur weniger Minuten in den adriatischen Fluten versank. Das Panzerschiff »Palestro« wurde von den Österreichern in Brand geschossen und flog in Folge dessen durch die eigene Munition in die Luft.

Die kaltblütige Angriffstaktik der Österreicher in Verbindung mit geschickten, raschen Ausweich- und Wendemanövern kostete die Italiener erhebliche Schäden an zahlreichen weiteren Schiffen, so dass sie sich am späteren Nachmittag als Geschlagene aus dieser Seeschlacht zurück zogen und die Flucht in Richtung Ancona antraten.

Auf der österreichischen Seite wurden nur zwei Schiffe etwas schwerer beschädigt. Als dieser Tag zu Ende ging, hatten die »Kaiserlichen« hier vor Lissa 38 Tote zu beklagen; bei den Italienern sah die Verlustbilanz mit 612 Toten deutlich katastrophaler aus.

Wilhelm von Tegetthoff, den die euphorische Presse als Nationalheld auf das imaginäre Schild hob, wurde zum Vizeadmiral befördert und erhielt für seine Verdienste das Konturkreuz des Maria-Theresien-Ordens. Völlig gegensätzlich erging es seinem italienischen Kontrahenten, dem Admiral Persano. Dessen Landsleute kreideten ihm die Niederlage vor Lissa vollumfänglich an; er wurde verhaftet und in einem Hochverratsprozess in Florenz sehr hart verurteilt.

An der für Österreich zu diesem Zeitpunkt mehr als ungünstigen Gesamtsituation und am Kriegsausgang änderte dieser Sieg vor Lissa nichts, er bot aber immerhin etwas Trost für die verwundete österreichische Seele.

Das letzte preussisch-österreichische Gefecht

Am Abend des österreichischen Sieges bei Lissa konnten preußische Vortrupps von einer Anhöhe aus schon die Kirchtürme Wiens in der Ferne entdecken: »Das schwere Gewölk, welches diesen Morgen am Himmel schwebte, hat sich verzogen und gegen Abend spielte der helle Sonnenschein auf dem Metallwerk, welches die Turmspitzen ziert.«

Der Berichterstatter der »Times« bei der preußischen Armee verglich diesen Sichtkontakt mit der Situation des biblischen Moses, dem Gott zwar den Blick in das »Gelobte Land« aus der Ferne gönnte, dem es aber nie gelang, dieses zu betreten. Es fehlte der preußischen Armee nicht am Willen, die österreichischen Verschanzungen nördlich der Donau und vor allem bei Floridsdorf zu überwinden, um hernach mit klingendem Spiel als stolze Sieger in Wien einzurücken. Spaziergang wäre es keiner gewesen, denn die nun zwischen Donau und Neusiedlersee und im Großraum Wien aufmarschierten kaiserlichen Truppen stellten mit 250.000 Mann und an die 800 Kanonen eine respektable Verteidigungsgröße dar. Erzherzog Albrecht trat entschieden für eine Fortsetzung des Kampfes ein und war überzeugt, dass jetzt, zu Beginn des letzten Juli-Drittels, die Armee nach ihrer Demütigung bei Königgrätz wieder mit soviel Kampfeswillen und Selbstvertrauen gerüstet war, um die Preußen doch noch in eine Niederlage zu zwingen. Zudem hatte sich bei den Preußen ein innerer Feind eingeschlichen, der deren weitere Wehrkraft möglicherweise schwächen könnte: Die aus dem Norden Preußens (v. a. aus dem Stettiner Raum) auf dem Feldzug mitgeschleppte Cholera wütete innerhalb der königlichen Armee von Tag zu Tag schlimmer. In wenigen Wochen hatte die preußische Streitmacht in Böhmen und Mähren mehr Soldaten an der Cholera verloren, als auf den Schlachtfeldern dieses Krieges. Die Seuche war nicht ohne Einfluss auf die preußischen Überlegungen hinsichtlich einer Fortsetzung des Krieges oder Frieden. Kein Geringerer als Bismarck verwies später auf jene Zahlen, die auch dem kriegsfreudigen Teil der hohen Militärs zu denken gab: »Wenn namentlich die Cholera in unserer Armee weitere Fortschritte machte – sechseinhalbtausend Mann erlagen der Seuche, viereinhalbtausend waren gefallen –, so konnte unsere Lage eine sehr schwierige werden.« Von Mähren wurde die gefährliche Seuche ins Weinviertel eingeschleppt. Von dort verbreitete sie sich nach Wien und in das niederösterreichische Umland. Bis Ende November 1866 starben etwas mehr als 12.000 Österreicher an dieser infektiösen Darmkrankheit.

Der Kaiser, der Kriegsminister, der Außenminister und selbst Albrechts bewährter Chef des Stabes, Feldzeugmeister Franz John, konnten und wollten die Zuversicht des Siegers von Custoza nicht teilen. Infolgedessen wurde am 21. Juli mit dem preußischen Feind ein Waffenstillstand für die Dauer von vorerst fünf Tagen ausgehandelt, der am 22. Juli um 12 Uhr in Kraft trat.

Neben strategischen Erwägungen, war es wohl auch eine Sache der Soldatenehre, dass kurz vor dem offiziellen Ruhen der Feindseligkeiten noch ein feines Gefecht fällig war. Der Preußen Absicht war es, sich in letzter Minute der Stadt Preßburg zu bemächtigen und zugleich auch das Zusammentreffen von Truppenteilen der Nord- und der Südarmee in diesem Raum zu vereiteln. Bei Blumenau, an der nordöstlichen Peripherie von Preßburg, stellten sich österreichische Einheiten am Morgen des 22. diesem Vorhaben in den Weg. Die Wiener Tageszeitung »Die Presse« zitierte zwei Tage später einen Augenzeugen der Vorgänge am 22 Juli:

»Heute, Sonntag, zwischen 6 und 7 Uhr, weckte uns ein fürchterlicher Kanonendonner. Die Kanonade dauerte bis ungefähr halb 11 Uhr und verstummte dann ganz. Wir gingen ins Gebirge, bewaffneten uns mit Gläsern und nahmen das Gefecht am Fuße des Gemsenberges, in der nächsten Nähe Preßburgs, deutlich wahr. Unsere Truppen kämpften wacker, drangen rechts und links vor und warfen den Feind auf beiden Flügeln – da tauchte im Zentrum der Feind mit überlegener Macht auf. In demselben Augenblicke aber ward der Kampf abgebrochen – die Kunde vom Waffenstillstand war bekanntgegeben worden! Sogleich nahm die Physiognomie unserer Stadt einen anderen Charakter an; die Truppen kehrten in die Stadt zurück, lagerten in der Fürstenallee usw. und waren so wohlgemut und heiter, als sollten sie erst in den Kampf ziehen.«

Auch in der »Wiener Abendpost«, der Beilage der »Wiener Zeitung«, fand das letzte Gefecht zwischen Preußen und Österreichern natürlich Erwähnung.

Die Schaulust des zivilen Publikums (»kommst mit, Krieg schaun?«) blieb auch hier nicht unerwähnt:

»Der heiße Kampf dauerte etwas über die 12. Mittagsstunde hinaus, circa halb 1 Uhr hörte man in der Stadt zum letzten Male kurzen Kanonendonner. Während der ganzen Dauer des Kampfes eilten Massen aus dem Publikum auf die Gebirgshöhen, in den Gärten auf die höchsten Steinriegel, um den Gang der Dinge zu verfolgen. Um 12 Uhr Mittags fuhren Fiaker, Comfortables und andere Wagen die Märzenlinie hinaus auf den Verbandplatz, um die Blessierten hereinzuholen. [...] In den Nachmittagsstunden war das zahlreichste Publikum vom Anfang der Märzengasse, am Holzplatze, bis hinein zur Fürstenallee, wo ein Teil der aus dem Vormittagsgefecht gekommenen Truppen biwakierte. Die Verwundeten, im Militärspitale untergebracht, fanden auch von Seite des Publikums vielfache Labung und Pflege; Wagen um Wagen fuhr bei dem Spital vor, und speziell den Frauen Preßburgs muss nachgesagt werden, dass sie in liebenswürdigster Weise wetteiferten, Balsam auf die Wunden zu träufeln.«

Für nicht wenige Soldaten beider Seiten war es jedenfalls ein böser Schwenk des Schicksals, dass sie wenige Stunden oder auch nur Minuten vor der Einstellung der Feindseligkeiten hier vor den Toren Preßburgs noch sterben mussten oder verwundet wurden. Auf österreichischer Seite fielen bei diesem Gefecht vier Offiziere, 80 Mann (Gemeine) und 36 Pferde.

In Tirol wurde noch weitere drei Tage gegen die Welschen gefochten, zwischen Österreich und Preußen war die Sache nun aber vorbei.

Der am 22. Juli für vorerst fünf Tage in Kraft getretene Waffenstillstand wurde mit dem »Präliminarfrieden von Nikolsburg« am 26. Juli verlängert. Eine Wiederaufnahme der Kampfhandlungen war nun so gut wie ausgeschlossen

Der bei der preußischen Armee *eingebettete* »Times«-Korrespondent konnte schon am folgenden Tag eine rasch sich etablierende Friedensstimmung in seiner militärischen Umgebung beobachten:

»Die Friedenspräliminarien sind vereinbart und es unterliegt keinem Zweifel, dass, soweit Österreich und die Norddeutschen Staaten beteiligt sind, der Krieg beendet ist. Diese große Neuigkeit fliegt heute hier von Mund zu Mund. Zu einer späten Stunde des gestrigen Abends kam ein Kurier aus dem königlichen Hauptquartier mit einem Briefe des Generals von Moltke an den Prinzen Friedrich Karl. Das Schreiben enthielt noch keine Details

über die Friedensbedingungen, sondern nur die einfache Mitteilung, dass ein glorreicher Frieden verabredet worden sei. Die Nachricht verbreitete sich wie ein Lauffeuer, und plötzlich nahm Alles ein verändertes Aussehen an. Noch gestern Abend hatte man über die Stärke der österreichischen Position bei Floridsdorf, über die Vorbereitungen zur Bewachung des nach Preßburg führenden Engpasses und die Beschaffenheit der die Donau überspannenden Brücken genaue Auskunft erhalten. Diesen Morgen werden alle diese Dinge als vollkommen unwichtig betrachtet und Niemand verlangt jetzt noch genau zu erfahren, wo jedes Bataillon und jede Kanone innerhalb der österreichischen Linie aufgestellt ist. Die Zahlenverhältnisse von Edelsheims Säbeln und Benedeks Korps zu Olmütz sind zu gleichgültigen Dingen geworden. Diejenigen, welche noch gestern Abend an nichts Anderes zu denken schienen, als an Krieg, Beförderung und einen Einzug in Wien, vermögen heute von nichts Anderem zu sprechen, als von der Heimat und haben keinen anderen Gedanken, als den an die Rückkehr nach Preußen. [...]
Die Tatsache der Anwesenheit der preußischen Armee in Mähren und Böhmen dürfte zur Beschleunigung des Ganges der Unterhandlungen dienen, denn die Österreicher werden sich vor allen Dingen der Gäste zu entledigen wünschen, deren Gegenwart ein Denkmal ihrer Niederlage bildet und deren Unterhalt dem Lande so schwere Lasten auferlegt.«

Grimmiger Wilhelm, bedachtsamer Bismarck

»Mehrer des Reiches!« – dieser Ehrentitel wurde den Königen und Kaisern über Jahrhunderte angeheftet. Wenn das Land nicht durch Heirat (wie bei den Habsburgern nicht selten praktiziert) oder durch Erbschaft vergrößert werden konnte, dann war die militärische Eroberung (unter irgend einem fadenscheinigen Vorwand) ein praktikabler Weg für einen Gebietserwerb. So erachtete es der Preußenkönig Wilhelm I. auch noch im Jahr 1866 offenbar als das ganz selbstverständliche Recht des Siegers, dem Besiegten ordentliche Stücke seines Territoriums wegzunehmen und dem eigenen Land einzuverleiben. Als Preis für den Frieden sollte Österreich also mit Gebietsabtretungen (etwa Österreichisch-Schlesien) bezahlen. Bismarck war über diese Forderung seines Königs entsetzt, denn der Meisterpolitiker wollte durch die Einverleibung österreichischen Bodens keine unüberbrückbaren Gräben für die Zukunft aufreißen. Der preußische Ministerpräsident war in seinen machtpolitischen Ausrichtungen und Entscheidungen immer sehr flexibel. Noch während des »Bruderkrieges« war es ihm keineswegs peinlich, bei den Tschechen und Ungarn die *nationale Karte* auszuspielen, um diese gegen die habsburgische Herrschaft und gegen die Deutschen Österreichs aufzuwiegeln (was allerdings nur mäßig gelang, etwa mit der Bildung einer kleinen »Ungarischen Legion«, rekrutiert aus Kriegsgefangenen). Bevor aber noch der letzte Schuss fiel, wurde es ihm schon zum besonderen Anliegen, dass Österreich territorial nicht weiter angetastet wird. So wies Bismarck auch die unverschämte italienische Forderung nach dem Trentino und möglicherweise Südtirol bis zum Brenner hinauf strikt und mit aller Entschiedenheit zurück.

Das Kriegsziel war in den Augen des preußischen Grafen (und späteren Fürsten) ja vollumfänglich erreicht: Der Deutsche Bund war im Lokus der Geschichte verschwunden, und gleichzeitig hatte das zur zweitrangigen europäischen Macht degradierte Österreich in Deutschland nichts mehr zu sagen. Auch die Domestizierung der deutschen Verbündeten Österreichs war schon im Gange oder stand kurz bevor.

Der offen ausgebrochene Streit zwischen dem König und seinem Regierungschef in der Frage, wie mit Österreich als Kriegsverlierer umgegangen werden soll, ließ die Stimmung im preußischen Hauptquartier in Nikolsburg trotz aller Siegesfreude für kurze Zeit in den Keller sinken. Es war schließlich Kronprinz Friedrich Wilhelm, bisher kein Freund Bismarcks, der dessen Ansichten nun gegenüber seinem Vater, dem König, verteidigte und unterstützte. Am 24. Juli schrieb der Kronprinz in sein Tagebuch:

»Ich muss oft auf Bismarcks Seite treten, um dem wirklich Zeitgemäßen seiner Ansichten seiner Majestät gegenüber Gewicht zu verschaffen. Die Zeit aber ist derartig, dass, um zum großen Ziele zu gelangen, Partei- oder Personalrücksichten zurücktreten müssen, wenn es gilt, dem Großen und Ganzen des Vaterlandes Nutzen, Heil und Stärke zu verschaffen. [...]

Seine Majestät verlangte, dass man in Preußen sagen kann, dass wir Österreich auch ins Fleisch geschnitten und es am eigenen Besitz gezüchtigt hätten. Solcher Fragen wegen aber etwa den blutigen Krieg wieder aufzunehmen, statt den so günstigen Frieden anzunehmen, kann ich nicht gutheißen. Denn Österreich verzichtet auf seine Machtstellung in Norddeutschland [...]. Das ist in meinen Augen die Eroberung, die mehr wiegt als ein Stückchen österreichischer Provinzen.«

Verärgert schrieb König Wilhelm an den Rand eines Schreibens von Bismarck: »Nachdem mein Ministerpräsident mich vor dem Feinde im Stiche lässt und ich außerstande bin, ihn zu ersetzen, habe ich die Frage mit meinem Sohne erörtert, und da sich derselbe der Auffassung des Ministerpräsidenten angeschlossen hat, sehe ich mich zu meinem Schmerze gezwungen, nach so glänzenden Siegen der Armee in den sauren Apfel zu beißen und einen so schmachvollen Frieden anzunehmen.«

Wie aus dieser verdrießlichen Notiz des Königs unschwer zu erkennen ist, setzten sich Bismarck und der Kronprinz mit ihrem identischen Standpunkt durch.

Otto Graf (Fürst) von Bismarck-Schönhausen war Visionär und entschlussfreudiger Realpolitiker in einer Person. Als Visionär verfolgte er die Einigung Deutschlands (in der kleindeutschen Form) unter der Hegemonie Preußens, als Realpolitiker wusste er in diesen Julitagen auf mährischen Boden, dass der Bogen nun nicht überspannt werden durfte. Sollten zu hoch gesteckte und unannehmbare Forderungen an Österreich gestellt werden, so würde sich dort möglicherweise doch noch die Kriegspartei um Erzherzog Albrecht durchsetzen, um den Kampf wieder aufzunehmen. England und Russland waren alarmiert, keine der beiden Großmächte hätte eine existenzielle Schädigung Österreichs durch Preußen akzeptiert. Und der wetterwendische Franzosenkaiser Napoleon III. mit seinem Ehrgeiz, Frankreich (in seligem Angedenken an den Onkel) wieder zu stolzen Höhen emporzuheben, um in diesem Zusammenhang auch auf das Rheinland zu schielen, war für Bismarck auch ein Unsicherheitsfaktor, der ihn zur Vorsicht zwang. Im Falle eines von Frankreich aufgezwungenen Krieges war es auf jeden Fall von Vorteil, wenn mit Österreich der Frieden schon unter Dach und Fach war.

Die Vereinbarungen von Nikolsburg – in dieser südmährischen Stadt hatte der preußische König zwischenzeitlich sein Hauptquartier aufgeschlagen – führten schließlich zum »Frieden von Prag« am 23. August. Mit der Unterzeichnung dieses Vertragswerkes war der »Deutsche Krieg« formell beendet. Der Streit um Deutschland war entschieden. Mit dem entscheidenden Artikel 2 der in Nikolsburg verhandelten und am 26. Juli vereinbarten Friedens-Präliminarien verzichtete Österreich künftighin auf seine bisherige Führerschaft in Deutschland:

»Seine Majestät der Kaiser von Österreich erkennt die Auflösung des bisherigen Deutschen Bundes an und gibt Seine Zustimmung zu einer neuen Gestaltung Deutschlands ohne Beteiligung des Österreichischen Kaiserstaates [...].«

Weiters wurde vereinbart, dass der Territorialbestand Österreichs, mit Ausnahme der Abtretung Venetiens, unverändert bleibt; dass Kaiser Franz Joseph alle seine Rechte in Holstein und Schleswig an den König von Preußen überträgt; dass Österreich zur Deckung der preußischen Kriegskosten 40 Millionen Taler zahlt, wobei sich diese Summe durch Gegenforderungen in Schleswig und Holstein und durch den Geldwert der preußischen Lebensmittel-Requirierungen in Böhmen und Mähren um die Hälfte verringerte, so dass am Ende nur 20 Millionen Taler an Preußen zu bezahlen waren.

Dass das Österreich gegenüber so treue Königreich Sachsen in seinem Bestand durch Preußen nicht angetastet werden durfte, das war Kaiser Franz Joseph ein Herzensanliegen. Der erste Halbsatz des Artikel 5 der Friedens-Präliminarien lautete demzufolge: »Auf den Wunsch Seiner Majestät des Kaisers von Österreich erklärt Seine Majestät der König von Preußen sich bereit, bei den bevorstehenden Veränderungen in Deutschland den gegenwärtigen Territorialbestand des Königreichs Sachsen in seinem bisherigen Umfange bestehen zu lassen [...].«

Die Sachsen konnten allerdings die preußische »Einladung«, dem neuen und von Preußen gelenkten »Norddeutschen Bund« beizutreten, nicht abschlagen. Die sächsische Außenpolitik und das Militärwesen wurde so allmählich von Dresden nach Berlin delegiert.

Schleswig-Holstein, Hannover, Nassau, Kurhessen und Frankfurt am Main wurden Preußen ohne Wenn und Aber einverleibt. Damit Preußen den süddeutschen Staaten die Hand zum Frieden reichte, mussten diese kleinere Grenzkorrekturen zu Gunsten Preußens und finanzielle Entschädigungen akzeptieren.

Am 18. August 1866 wurde in Berlin der »Norddeutsche Bund« aus der Taufe gehoben. Den Kern dieses Bundes bildete Preußen und jene 17 Kleinstaaten, die während des »Deutschen Krieges« auf der Seite Preußens standen: Die Freien Städte Hamburg, Lübeck und Bremen, die Großherzogtümer

Oldenburg, Mecklenburg-Schwerin, Mecklenburg-Strelitz und Sachsen-Weimar, die Herzogtümer Braunschweig, Anhalt, Sachsen-Coburg-Gotha und Sachsen-Altenburg, die Fürstentümer Schwarzburg-Rudolstadt, Schwarzburg-Sonderhausen, Reuß jüngere Linie, Waldeck, Lippe und Schaumburg-Lippe.

Wenige Wochen später schlossen sich auch das im Unterschied zu Hannover als Königreich weiter fortbestehende Sachsen, Hessen – mit seiner von preußischem Gebiet umschlossenen Provinz Oberhessen, Sachsen-Meiningen sowie Reuß ältere Linie dem neuen Bund an, aus dem gemeinsam mit den süddeutschen Staaten, die nach dem »Bruderkrieg« schon bald »Schutz- und Trutzbündnisse« mit den Preußen vereinbarten, am 18. Jänner 1871 das neue »Deutsche Kaiserreich« entstehen wird.

Österreich spielte bei diesen rasanten und markanten Veränderungen in Deutschland nur mehr die Rolle des einflusslosen Beobachters. Frustriert wegen des überaus dürftigen militärischen Engagements seiner deutschen Verbündeten (Sachsen ausgenommen) schrieb Kaiser Franz Joseph noch vor dem Abschluss der Nikolsburger Verhandlungen an seine aus Bayern stammende Gemahlin Elisabeth (Sissi): »Aus Deutschland treten wir jedenfalls ganz aus, ob es verlangt wird oder nicht. Dieses halte ich nach den Erfahrungen, die wir mit unseren lieben deutschen Bundesgenossen gemacht haben, für ein Glück für Österreich.«

Schon einen Monat früher, also noch vor der Entscheidungsschlacht bei Königgrätz, äußerte sich Franz Joseph gegenüber seiner Frau nahezu resignativ: »Was die Preußen im übrigen Deutschland machen und was sie stehlen werden, weiß ich nicht, geht uns auch weiter nichts an.«

Berlin feiert die heimkehrenden Helden

Am 28. August, fünf Tage nach dem »Frieden von Prag«, verließ auch der preußische Gefreite Theodor Vatke mit seiner Truppe, dem Kaiser Franz-Garde-Grenadier-Regiment Nr. 2, die Hauptstadt Böhmens. Nach dem nun zeremoniell und endgültig bestätigten Frieden zwischen Preußen und Österreich konnte die königliche Okkupationsarmee zur Freude aller nach Hause abrücken. In den Tagen vorher musste der Gefreite in einem Prager

Lazarett voller Cholerakranker Wache schieben. Umso erfreuter war er, als sein Regiment den Befehl zum Abmarsch in die preußische Heimat erhielt. Aus der von ihm und seinen Kameraden erhofften Bahnfahrt wurde es allerdings nichts. Die ganze Strecke von Prag nach Berlin wurde auf Schusters Rappen innerhalb von 25 Tagen absolviert.

Während des Marsches durch das böhmische Land bemerkte er einmal mehr den auffallenden Unterschied zwischen deutsch- oder tschechischbesiedelten österreichischen Dörfern und Kleinstädten, diese: sauber und wohnlich, jene: na ja …!

Am 4. September ließ das Kaiser Franz-Garde-Grenadier-Regiment Nr. 2 Österreich hinter sich und betrat sächsischen Boden: »Endlich in einem Deutschen Lande! Wie heimatlich erfreute die musterhafte Sächsische Sauberkeit. Wie lieblich klang das ›Ei ja!‹ gegen das ›Nierosomi‹ der Böhmen!«

In Bautzen wurde das Behagen des Theodor Vatke wieder etwas gedämpft: »Hier, wo wir endlich unter Deutschen uns heimisch fühlten, waren männliche und weibliche Bevölkerung von einer Abneigung gegen Preußen, wie wir es nicht geahnt hatten, wie dieselbe in schroffem Gegensatz stand gegen die in den letzten Tagen in Böhmen vernommenen Anschauungen.«

Nach anstrengendem, eiligen Marsch in praller Septembersonne, die Soldaten murrten schon (»Wir laufen ja doch nicht mehr hinter den Österreichern her«), wurde am 7. September die preußische Grenze erreicht. Ein bewegender Moment für die Kaiser Franz-Grenadiere: »Endlich, endlich lässt sich ›Bataillon Halt!‹ vernehmen und im selben Moment von der seitwärts aufgestellten Musik die Preußenhymne. ›Was ist das?‹ fragen erstaunt die Grenadiere; aber da wir auf das Musikkorps blicken, so fällt das Auge, rechts im Sande der dürren Heide, auf einen unscheinbaren Stein: der trägt in weißem Felde den Preußischen Adler. Wir waren an der Grenze. Wie aber der eben noch so heftige Unwille in lauteste Freude umschlug, Hurrarufen, Jauchzen und Worte der Freude sich mischten mit den Tönen der Nationalhymne, wie Andere sprachlos und mit Tränen einander ansahen in stummen Jubel, das ergreift den Erzählenden auch in der Erinnerung. Als die Musik schwieg, so brachte der Kommandierende ein dreifaches ›Hoch!‹ aus auf den König: die bewegte Stimme aber wurde schwer, kaum vermochte sie die Worte hervorzubringen. Sodann ward unter stürmischen ›Hurra!‹, das sich gleichsam energisch losriss aus freudebewegter Brust, die Grenze überschritten. Sogleich ward wieder haltgemacht: die Truppen lagerten unter den Preußischen Fichten im Angesichte des Grenzsteines. Dem Vaterlande, sich selbst, fühlte man sich wieder gegeben: ein neues Leben war uns geschenkt. Da saßen sie auf den Tornistern, jubelten, tanzten oder umarmten einander. Bald kamen unsre Quartiermacher angesprengt und meldeten, dass Weißig, unser Quartierdorf, nicht mehr eine Stunde entfernt sei. Der Marsch ward wieder angetreten: aber wo war die Ermüdung, wo der Unwille geblieben? Mit neuen Kräften war Alles belebt. [...] Zunächst nun hatten wir noch Niemand gesehen; als aber ein einzelner Bauernknabe daher kam und derselbe auf die Frage ›Preuße oder Sachse?‹ mit leuchtendem Auge ›Preuße!‹ erwiderte, so ward derselbe mit lautem Hurra begrüßt.«

Zu seinem Verdruss war Theodor Vatke in seinem ersten Quartier auf preußischem Boden (in dem zu Schlesien gehörenden Teil der Lausitz) unter »wendische« Gastgeber geraten und erhielt auch hier das schon aus Böhmen und Mähren bekannte »Nierosomi« zur Antwort auf eine Frage.

Am Morgen des 8. September wurden die Grenadiere von Weißigs Schuljugend mit »angemessenen« Liedern verabschiedet: »Dies war der kleine Anfang des nun folgenden Triumphzuges durch die Mark, die arme, sandige Mark Brandenburg. Kein Dorf so klein oder so arm, dass nicht Girlanden, Fahnen, Willkommen uns begrüßten: daher denn jedes Dorf mit klingendem Spiel durchschritten ward: die kleine Stadt Hoyerswerda prangte im Schmuck der Fahnen, bekränzter Eingangspforten, an denen die Inschriften: ›Unsern tapfern Kriegern‹ usw. die unter den Klängen des Königgrätzer Siegesmarsches einrückenden Grenadiere begrüßten; und wie man die Straßen selbst mit Laub und Blumen bestreut hatte, so wurden wir aus allen Fenstern der kleinen Stadt mit Blumen und Kränzen überschüttet.«

In Spremberg war der Regen von Blumen und Blumensträußen dichter noch als jener der Granaten von Königgrätz, so die mehr als angenehme Erinnerung des Gefreiten: »Wer sollte nicht in tiefster Bewegung das Glück und den Stolz empfunden haben, diesem Volke, diesem Vaterlande anzugehören!«

Die letzte Rast und Übernachtung vor dem Einzug in Berlin wurde im Dorf Britz gemacht. Dort wurden die stark mitgenommenen Uniformen und Montierungen wieder in Stand gesetzt und blank geputzt. Nach getaner Arbeit traten am frühen Abend die Reihen an und der Kompaniechef verlas den Armeebefehl Sr. Königlichen Hoheit des Kronprinzen:

»Der Friede mit Österreich ist geschlossen. Ein Feldzug, wie ihn glänzender die Geschichte nicht aufzuweisen vermag, ist in weniger als drei Monaten ruhmvoll zu Ende geführt. Preußens Ansehen und Stellung sind mächtig gehoben, für Deutschlands Geschicke die Grundlagen einer, so Gott will, gedeihlichen und glücklichen Entwicklung gewonnen usw.«

Der Hauptmann brachte auch die Stiftung des »Königgrätzkreuzes« (das natürlich auch Theodor Vatke erhielt) zur allgemeinen Kenntnis und sprach die »besondere Zufriedenheit Sr. Majestät mit jedem Einzelnen« im »Allerhöchsten Auftrage« aus.

Die Zeitungen schrieben, dass Berlin seit seinem Bestehen noch nie in solchem Schmuck geprangt habe, als wie in diesen Tagen zum Empfang der Garde. Schon in den frühen Morgenstunden des 21. September (ein Freitag) waren die vielen aufgebauten Tribünen besetzt. Selbst auf den Dächern der Häuser hatte die dichtgedrängte Menge – nicht selten unter Lebensgefahr – Platz genommen.

Mit seinem Bericht über den Triumphmarsch durch Berlin schloss der Garde-Grenadier Thedor Vatke seine »Aufzeichnungen und Erinnerungen aus dem Böhmischen Feldzuge im Jahre 1866« ab:

»Man begreift, dass in den Scheunen und Heuböden zu Britz in der Nacht vom 20. zum 21. September so leicht Niemand von uns zu längerem Schlafe gekommen ist. Wie begrüßte man gegen 4 Uhr früh zum letzten Male die Reveille! Alles war bald völlig gerüstet, der Tornister mit dem blank gescheuerten Kochgeschirr umgehängt, der wiederhergestellte Helm aufgesetzt, das vom Rost befreite Gewehr in die Hand genommen, gewichst waren die Patrontaschen, das weiße Lederzeug mit Ton angestrichen, Alles in vorschriftsmäßiger Ordnung. Nicht mehr sehr früh war es, als vor dem Dorfe Britz das Bataillon antrat und der Major sich zu Pferde in die Mitte der Grenadiere begab. In ganz feinen Regen löste sich das graue Gewölk am Himmel auf. Als aber der Major den Mantel zurückschlug, und der Orden *pour le mèrite* – der höchste Militär-Orden Preußens – am Halse desselben sichtbar ward, da lief schnell ein freudiges Gemurmel durch die bewaffneten Reihen. Mit anfangs noch kurzer und fester Stimme begann der Major:

›Grenadiere, Se. Majestät hat die Gnade gehabt, mir den Orden *pour le mèrite* zu verleihen, in Anerkennung der außerordentlichn Leistung und vorzüglichen Haltung des Bataillons. Den Orden verdiene nicht ich, sondern Ihr – ich trage ihn in Eurem Namen. – Ihr seid mir in den Tod und in die Gefahr gefolgt. Nehmt meinen Dank dafür, Grenadiere. – Lasset uns aber vor Allem, Denen ein gutes Andenken bewahren, die den heutigen Tag nicht mit uns erleben, die in fremder Erde schlummern: sie haben mehr getan als wir, denn sie haben die Treue gegen Se. Majestät und gegen das Vaterland mit ihrem Blute besiegelt.‹

Diese Worte sprach Major v. B. nicht ohne energisch ergriffen zu sein von der Feierlichkeit des Augenblicks. Sodann schritt der Genannte zur Verteilung der von Sr. Majestät verliehenen Orden und Dekorationen und zwar mit dem Bemerken, dass die Dekorierten dies nur im Namen des Bataillons seien, dass nur eine beschränkte Anzahl von Dekorationen zur Verteilung gelangen könnte und dass daher Niemand sich als zurückgesetzt ansehen solle. Alsbald setzte sich das Bataillon wieder in Bewegung, es war helleres Wetter geworden.

Als wir endlich in der Hasenheide das letzte Rendezvous machten, den Dekorierten von allen Seiten gratuliert ward und sich natürlich auch Erörterungen über die Verteilung der Ehrenzeichen entspannen – wie fremd kamen wir uns in diesen gewohnten Umgebungen vor! Schritt für Schritt durch die Berge Österreichs, Mährens und Böhmens, durch Sachsen und die Mark pilgernd, wieder vor die Tore Berlins gelangt, aus so viel Neuem in so viel Altes zurückversetzt zu sein – was geschehen war, wollte nachträglich begriffen sein, man hatte sich selbst Antwort zu geben, wie dies Alles vor sich gegangen.

Unter den Alleen am Kanal entlang marschierten wir nun und bald stand man unter den Bäumen am Hafenplatz. [...]

Auf dem Königsplatze sammelte sich die Division, die Regimenter harrten der Ankunft des Königs. An der Tete des 2. Bataillons Franz befindet sich, in der Uniform des Regiments, jener Knabe, der bei Alt-Rognitz in heißer Stunde den Verwundeten und Soldaten, immer wieder sein Leben aufs Spiel setzend, Wasser gebracht hatte; jetzt rückt ihm ein Offizier den Lorbeerkranz zurecht, mit dem er unbedeckten Kopfes geschmückt ist.

›Stillgestanden! Achtung! Präsentiert das Gewehr!‹ erschallt es plötzlich von allen Kommandierenden, die Offiziere senken den Degen; fast betäubend fallen die Pauken und Instrumente ein, lautes Hurra bricht aus und aus dem Chaos, welches das Ohr umbraust, entwickelt sich in mächtigen, herrlich getragenen Klängen die Nationalhymne:

> Heil Dir im Siegerkranz,
> Herrscher des Vaterlands,
> Heil König Dir!

Auf dem Sadowa-Rappen, von glänzender Suite umgeben, nähert sich König Wilhelm den präsentierenden Garden, alle Königlichen Prinzen, Graf Bismarck in Kürassier-Uniform, General Moltke usw. sind in der Umgebung des Königl. Kriegsherrn, welcher unverwandt die Truppen musternd, langsam und mit strahlendem Antlitz Seinen Ritt fortsetzt, immer von Neuem mit ›Heil Dir im Siegerkranz‹ und dem Jubelruf der Regimenter empfangen.

In einer Reihe offener Galawagen folgen I. M. die Königin Augusta und die Prinzessinnen, fort und fort sich grüßend verneigend gegen die unausgesetzt präsentierenden Garden, während Musik und Pauken und Jubelruf in einander brausend, nahezu eine Übertäubung aller Sinne herbeiführen.

Nachdem die Majestäten Ritt und Fahrt an sämtlichen Regimentern vorüber vollendet haben, so setzte sich nach kurzer Pause die Division wieder in Bewegung. Wir nähern uns dem Portale des Brandenburgertores; aber so furchtbar ist das Andrängen der jubelnden Menge, dass die Reihen der Bewaffneten nur mühsam sich behaupten. Der Anschluss an die vor uns Marschierenden geht verloren – bereits befinden wir uns unter den Hallen des Tores – und im Sturmlauf dringen wir in die Stadt. Nur in einzelnen verlorenen Klängen lässt sich die Musik vernehmen durch den entfesselten Jubel der unabsehbaren Menge! Wir aber, in stärkstem Lauf, den Anschluss wieder zu gewinnen, können nur einen flüchtigen Blick auf die Jubelnden werfen, die sich erhebend von den Tribünen, von diesen und von den dicht besetzten Dächern herab, unter tausend wehenden Tüchern, Blumen und Kränze in weitem Bogen auf die Sturmlaufenden herabwerfen. Erst an der Eingangspforte zu den Linden, die zur *via triumphales* umgewandelt und besetzt vom festlichen Aufzuge der Gewerke sich vor uns auftun, kann wieder marschiert werden, doch bedrängt und behindert, viel behinderter als am 3. Juli bei Königgrätz. Aber die *via triumphales* kann in der Tat, so flüchtig es geschehen muss, nur mit Staunen betrachtet werden. Wie reich der Schmuck der Ehrenpforten, der bewimpelten, girlandenumwundenen Masten!

Dazwischen und zu beiden Seiten des Weges die eroberten, jetzt herrlich bekränzten Kanonen und dieselben überragend, die ebenfalls zu beiden Seiten fortlaufenden Reihen der roten Tableaux mit den Depeschen vom Kriegsschauplatz! Und während der Jubelruf der Menge uns empfing und begleitete, während die Pracht dieser Zurüstungen fast erdrückend wirken wollte, so trat sehr bald hervor, wie herrlich die Fülle der Einzelheiten sich den einheitlichen Formen eines wahren, leider nur vergänglichen Kunstwerkes gefügt hatte. Am eindruckvollsten aber fesselten die roten Depeschen vom Kriegsschauplatz, die uns eine Geschichte des kurzen Krieges und zugleich eine solche der in der Stadt durchlebten Besorgnis, Spannung und Freude in sich darstellten. Wie mochten sie alle Herzen bewegt haben! Und wie sich die Tatsachen in ihrer Reihenfolge hier zusammen drängten, so durchlebte ich dabei noch einmal den Feldzug, von welchem ich Abschied nahm in dieser festlichen Stunde.«

Hochrangige Persönlichkeiten, die nicht in einem von Preußen dominierten Deutschland leben wollten oder auch nicht mehr konnten, nahmen nun ihren Wohnsitz in Österreich, wie der blinde König von Hannover, Georg V., und der Kurfürst Friedrich Wilhelm von Hessen-Kassel sowie der bisherige sächsische Ministerpräsident Friedrich Ferdinand Graf von Beust, der von Kaiser Franz Joseph – zum großen Ärger Bismarcks – sogar an die Spitze der österreichischen Regierung berufen wurde. Auch zahlreiche Politiker, Journalisten, Schriftsteller und Künstler aus den von Preußen direkt oder verkappt unter Kuratel genommenen deutschen Staaten, denen das wendige Anbiedern nicht weniger ihrer Landsleute an das unbestritten wirtschaftlich, politisch und militärisch erfolgreiche Bismarck-Preußen zuwider war, suchten für sich in Österreich eine neue Zukunft.

Heimatlos in der Vielvölkermonarchie

Das aufstrebende Preußen hatte Österreich sein deutsches Standbein amputiert. Eine von Wien ausgehende »großdeutsche« Lösung war seit Königgrätz ausgeträumt. Die Deutschen Österreichs fühlten sich durch die von den »Pickelhaubenträgern« erzwungene Situation zu einem geschwächten Volksstamm innerhalb ihrer Vielvölkermonarchie degradiert. Der vom nunmehrigen österreichischen Ministerpräsidenten Beust vorangetriebene »Ausgleich« von 1867 stärkte die Ungarn und erlaubte diesen, sich als »Herrenvolk« über die in Großungarn mehrheitlich lebenden Nichtungarn (Kroaten, Ruthenen, Slowaken, Rumänen, Serben, Deutsche) aufzuspielen. Das weckte naturgemäß auch bei den slawischen Bevölkerungsteilen in der österreichischen Hälfte der nunmehrigen k. u. k. Monarchie Begehrlichkeiten. Ein »Ausgleich« in diese Richtung kam allerdings nicht in Frage, und diese Verweigerung ließ den Nationalitätenstreit in den Jahrzehnten bis zum Ersten Weltkrieg eskalieren. Die hitzigen und bösen Debatten und die gegenseitige Obstruktionspolitik im Reichsrat zu Wien spiegelten den Nationalitätenhader nahezu tagtäglich wider.

Nach dem »Ausgleich« von 1867, durch den »Österreich-Ungarn« entstand (k. u. k. = »kaiserlich« für Österreich und »königlich« für Ungarn) und Ungarn nahezu selbständig wurde, zählte der österreichische Teilstaat (Zisleithanien = diesseits der Leitha) 22 Millionen Einwohner (1880), davon betrug der deutsche Bevölkerungsanteil etwas über 8 Millionen. Innerhalb der Gesamtmonarchie Österreich-Ungarn entsprach der deutsche Bevölkerungsanteil knapp einem Viertel (ca. 24 Prozent) aller Staatsbürger.

Die Deutschen im habsburgischen Vielvölkerstaat wussten mit der plötzlichen begrifflichen Trennung in »Deutsche« (drüben) und »Österreicher« (hüben) nichts anzufangen. Andrew G. Whiteside, ehemals Professor für Geschichte am Queens Kollege der City University of New York, hat sich mit dieser Unsicherheit der eigenen Zuordnung in seinem Buch »Georg Ritter von Schönerer. Alldeutschland und sein Prophet« beschäftigt:

»Nach diesem Krieg waren die Deutschen Österreichs daran gehindert, sich mit den anderen Deutschen außerhalb Österreichs zu vereinigen, und waren gezwungen, als ein Volk unter vielen im Habsburgerreich zu leben. Die österreichische Geschichte war von da an, wie sich der Führer der Sozialdemokraten in der Ersten Republik, Otto Bauer, ausdrückte, ›von dem Konflikt zwischen unserem Österreich und unserem deutschen Charakter‹ gekennzeichnet. Im ausklingenden Habsburgerreich, 1867 bis 1918, versuchten die Deutschen Österreichs auf verschiedenste Weise, diesem Widerstreit ›Österreicher und Deutsche‹, Herr zu werden. Die österreichische Alldeutsche Bewegung entstand als der revolutionärste Versuch, dieses Identitätsproblem zu lösen.«

Nicht wenige deutsche Österreicher blickten sehnsüchtig hinaus zu den deutschen Brüdern und wünschten sich – der »Deutsche Krieg« sei verziehen –, dass sich die deutschen Teile Österreichs eher früher als später an das (ab 1871) neue Deutsche Kaiserreich anschließen sollten.

Die »Alldeutschen« unter Georg Ritter von Schönerer weigerten sich konsequent, die Trennung von Deutschland nach 1866 zur Kenntnis zu nehmen, und deshalb galt ihr politisches Hoffen dem Bismarck-Deutschland und nicht dem Habsburgerreich.

Schönerer und seine »Alldeutschen« waren in ihrem völkischen Sehnen und den daraus resultierenden Zielen am radikalsten. Um mit den deutschen Brüdern (und Schwestern) jenseits der Grenze vereint zu sein, hätte man die Untreue gegenüber dem eigenen Kaiser und dessen Reich billigend in Kauf genommen – in der scharfzüngigen täglichen Rhetorik wurde dies schon praktiziert.

Die »Alldeutschen« vertraten jedoch nicht die Mehrheitsmeinung der Deutschösterreicher. Gleichwohl litten alle unter dem Verlust von Österreichs deutscher Stellung. Es stand weiterhin außer Frage, »Gesamtdeutsch« zu denken und zu fühlen, zugleich wurde aber auch der Stolz auf Österreich mit seinen mehrheitlich nicht deutschsprachigen Gebieten gehegt und gepflegt, und die Verehrung von Franz Joseph I., dem »Vater des kaiserlichen Ganzen«, war ehrlich und groß. Doch kaum jemand konnte sich in den Jahrzehnten bis zum Ersten Weltkrieg und darüber hinaus dem von Otto Bauer erwähnten völkisch-nationalen »Konflikt« entziehen.

In der zweiten Hälfte des 19. Jahrhunderts bildeten sich zahlreiche politische Vereinigungen und Interessensgruppen in Österreich, welche dem deutschen Element in Österreich seine ihm gebührende Stellung sichern bzw. wieder verschaffen wollten. Und den Deutschen im neuen wilhelminischen Kaiserreich gedachte man ebenbürtige »blutsbrüderliche« Partner zu sein. Zu diesem *nationalen* Lager zählten etwa die Deutschnationalen, die Deutschliberalen, die Deutschfreiheitlichen – deren Wurzeln sich eigentlich bei den Deutschliberalen finden.

Die Wunden von 1866 waren noch frisch, als der Großteil der Österreicher während des deutsch-französischen Krieges 1870/71 trotz allem für Deutschland hoffte und bangte und sich über die Erfolge der nun an der Seite Preußens vereint gegen den Erbfeind kämpfenden deutschen Stämme freute. Der Sieg über Frankreich führte auch in Tirol zu Freudenkundgebungen und Siegesfeiern. Im gerade erst gegründeten und im Innstädtchen Kufstein erscheinenden »Tiroler Grenzbote(n)« war am 12. März 1871 über die weit verbreitete Jubelstimmung folgendes zu erfahren:

»Der jetzige Sieg ist ein rein deutscher, von englischer und russischer Gevatterschaft befreiter [eine Anspielung auf die Allianz von 1813-15]; es ist ein Sieg allgemeinen deutschen Bewusstseins, deutscher Intelligenz und Kraft. Deshalb verspricht auch der Friede ein dauerhafter zu werden. – Darum ziemt es sich auch für einen echt Deutsch-Österreicher, der sein Österreich treu liebt, dessen Ruhm und Ehre hoch und heilig haltet, insbesonders einem Tiroler, dessen Land bei geschichtlicher objektiver Betrachtung noch immer die Gämsenwacht Deutschlands bildet, abgesehen von Humanitätsrücksichten, diesem Friedensgefühle Ausdruck zu geben.. [...]

Am 7. ds. Mts. nahmen die freundlichen Räume des Gasthofes ›zur Post‹ ein schönes und gewähltes Publikum in sich auf. Es galt die Siege Deutschlands und den Völker-Frieden Europas zu feiern. Um 8 Uhr Abends war der große Saal mit den Nebenzimmern bereits von 140 Landsleuten gefüllt, und als der Abendzug um 9 Uhr noch an 60 Baiern in unsere Mitte führte, so war jedes Plätzchen teuer. In sinniger Art wurden die Analogien und gemeinsamen Interessen Österreichs und Deutschlands herausgefunden. In beredter, überzeugungsvoller Weise stellte besonders ein Pfarrer aus dem Nachbarlande Baiern den großen, sittlich reellen Wert des deutschen Mannes, sein objektives, nimmer ruhendes Streben nach Wahrheit und nach Recht dar, dem gegenüber sich ihm das wälsche Wesen als eine Verknöcherung des Geistes darstelle. Ein anderer sehr geehrter Redner aus Rosenheim betonte mit meisterhafter Sprache das Bedürfnis und den Wunsch eines starken, mächtigen Österreichs im aufrichtigen Freundschaftsbunde mit dem gemeinsamen Deutschland. Mit Gefühl wurde das Gedicht ›ein armer toter Soldat‹ von einem Kufsteiner Bürger vorgetragen. – Die Liedertafel Kufsteins würzte den durch Nichts getrübten Festabend durch die gelungensten Vorträge verschiedener passender Chöre, als insbesondere ›Die Wacht am Rhein‹, ›Wann Rose Deutschland blühst du auf‹, ›Das deutsche Lied‹ ec. –

Auf dem Kaisergebirge leuchteten die Freudenfeuer ins Tal herab.«

Das offizielle Österreich war noch nicht so weit, sich an dieser Siegeseuphorie zu beteiligen. In Graz, in Wien und an anderen Orten wurden solche »Sieges- und Friedensfeiern« von der Obrigkeit verboten.

Um den Österreichern wieder etwas von ihrem imperialen Stolz zurück zu geben und sie außenpolitisch anspruchsvoll zu beschäftigen, sorgte der nunmehrige deutsche Reichskanzler Otto von Bismarck während des »Berliner Kongresses« (13. Juni bis 13. Juli 1878) dafür, dass Österreich das Mandat der europäischen Mächte (und auch jenes der Türkei) erhielt, in die bürgerkriegsgeschüttelten türkischen Territorien Bosnien und Herzegowina einzumarschieren, um dort für Ruhe und Ordnung zu sorgen. Dieser schon lang anhaltende und von rassischen und religiösen Gegensätzlichkeiten genährte Konflikt zwischen bosnischen Moslems, Kroaten und Serben, in dem auch die türkische Armee mitmischte, schwemmte mehr als hunderttausend Flüchtlinge über die österreichische Grenze und belastete durch deren Versorgung und Unterbringung den ohnehin stets klammen Staatshaushalt der Monarchie. Um diese Problematik an der Wurzel zu packen, marschierte die k. u. k. Armee mit dem Segen Bismarcks und der tonangebenden europäischen Mächte ab dem 29. Juli 1878 in die beiden türkischen Unruheprovinzen ein. Es wurde nicht der erwartete militärische Spaziergang mit Marschmusik. Die Türken hielten vereinbarungsgemäß still, doch nicht geringe Teile der muslimischen Zivilbevölkerung wehrten sich heftig gegen die vordringenden Österreicher und Ungarn.

Die deutschen Österreicher sahen auf dieses Bosnien-Abenteuer mit gemischten Gefühlen: einerseits war man auf diese österreichische Machtdemonstration und Gebietserweiterung stolz (allerdings gehörten Bosnien und Herzegowina bis zur Annexion im Jahr 1908 *de jure* noch zum Osmanenreich), und andererseits drängte sich die Sorge auf, dass das slawische Element innerhalb der Monarchie nun noch weiter gestärkt werde.

Der banale, aber doch immer wieder bewährte alte Spruch »Die Zeit heilt alle Wunden« gilt auch in der Politik und so erinnerte sich Franz Joseph I. daran, dass er immer noch deutscher Fürst war und dass die Preußen und die anderen Deutschen auch über die Grenze hinweg zur – wenn auch in jüngerer Vergangenheit zerstrittenen – Familie gehören. Königgrätz ist seit 13 Jahren Geschichte, als das Deutsche Kaiserreich und Österreich-Ungarn, initiiert von Bismarck, am 7. Oktober 1879 im »Zweibund« (der vor allem gegen Russland gerichtet ist) eng zusammen rücken. Die Öffentlichkeit erfuhr von diesem Bündnis vorerst nur häppchenweise. Die Wiener »Neue Freie Presse«, die eine deutsch-österreichische Liaison schon lange forderte, auch um einen germanischen Wall gegen das von Osten »wie eine neue Völkerwanderung herandrängende Slawentum« aufzurichten, freute sich am 18. Oktober 1879 über das, was aus der geheimniskrämerischen hohen Politik bis dahin nach außen drang:

»Wie könnte dieser Wall, so fragten wir uns, gut und dauerhaft erbaut werden? Und wir fanden die Antwort leicht: durch ein Bündnis zwischen Österreich und Deutschland. Das praktische Bedürfnis fällt heute einmal mit dem idealen Zuge der Volksstimmung in beiden Reichen zusammen. Immerdar haben wir die Freundschaft, nicht die kühle, gleichgültige, die jeder Staat dem Nachbar widmen kann, sondern die innige, aufrichtige und feste Freundschaft mit Deutschland gefordert und verfochten, und in schwerer Zeit, als das deutsche Volk mit dem ebenbürtigen Gegner jenseits des Rheins rang und hier die verbündete Phalanx der Ultramontanen, Feudalen und Slawen den Ruf ertönen ließ, Österreich solle dem deutschen Siegfried den Speer zwischen die Schulter stoßen, da haben wir den Beweis geliefert, dass wir treu zu unserer Fahne halten. Wir griffen also, indem wir für das Bündnis Deutschlands und Österreichs eintraten, nur auf eine alte Lieblingsidee zurück. Fast hätten uns die Umstände entmutigen können. Deutschland schien die russische Freundschaft unter keiner Bedingung aufgeben zu wollen. Im Jahre 1872 war die deutsch-österreichische Allianz in Berlin zum Drei-Kaiser-Bunde umgemodelt und verfälscht worden. Dieser unglückliche Bund, aus dem Russland allein Vorteil zog, bestand wohl nicht mehr, Österreich hatte sich endlich entschieden von Russland losgemacht; aber man mochte daran verzweifeln, ob es gelingen werde, Deutschland aus den Banden zu befreien, die durch zarte Rücksichten und persönliche Neigung des deutschen Kaisers selbst verstärkt wurden.

Da kam Bismarck nach Wien – angeblich um den Besuch des Grafen Andrassy zu erwidern. Mit dem Tage, an welchem der deutsche Reichskanzler unsere Hauptstadt betreten, scheint eine vollständige Wandlung der Dinge in Europa begonnen zu haben. Zuerst bezeichnete man als das Ergebnis der Wiener Unterredungen und Verhandlungen nur die Fortdauer der bisherigen guten Beziehungen zwischen Deutschland und Österreich; bald jedoch tauchte hier und dort die Meldung auf, es sei ein förmliches Bündnis der beiden Reiche unterzeichnet worden. Die erfreuliche Nachricht findet heute ihre Bestätigung durch die Mitteilung, dem diplomatischen Ausschuss des deutschen Bundesrates seien über die Wiener Vereinbarungen ausführliche Mitteilungen gemacht worden. Das klingt nicht mehr nebelhaft und unbestimmt, sondern wie greifbare Wirklichkeit. Niemand weiß heute noch das Mindeste von den Bedingungen, unter welchen das deutsch-österreichische Bündnis eingegangen ward, aber dass es abgeschlossen worden, dafür sprechen bedeutsame Zeichen.

Ist es geschehen, hat Bismarck's Hand hier in Wien den Knoten geschlungen, der Österreichs und Deutschlands Geschicke künftig untrennbar verbindet, dann hat sich die Idee verwirklicht, für welche wir unerschütterlich seit vielen Jahren eingestanden sind, und wir könnten einmal froh aufatmen in dem Bewusstsein, die offizielle Staatskunst habe durchgeführt, was wir als heilsam, als notwendig bezeichneten. Der Stern, an den wir glaubten, ohne ihn zu sehen, würde plötzlich zu leuchten beginnen. Aber das, was wir dem Abschlusse eines deutsch-österreichischen Bündnisses gegenüber empfänden, ist nebensächlich, unbedeutend, verschwindend gegen die Umwälzung, die dieses Bündnis in der Lage Europas hervorbrächte. Was kann Russland fürder unternehmen, wenn ihm der Beistand des deutschen Reiches fehlt? Es ist nicht mehr im Stande, Österreich zu bedrohen, es muss seinen Anschlägen auf Konstantinopel entsagen, es vermag den Frieden der Welt nicht mehr zu stören. Das deutsch-österreichische Bündnis würde zeigen, dass Europa sich selbst wiedergefunden habe, dass es nicht länger untätig und schläfrig den russischen Übermut gewähren lassen will.«

Es überrascht, wie bald Bismarck, der im Jahr 1866 von allen politischen Lagern in Österreich dämonisiert und verteufelt wurde, nach dem »Deutschen Bruderkrieg« von nicht wenigen Österreichern Absolution erhielt und nun auch hier zu einem gesamtdeutschen Idol avancierte. Zum 80. Geburtstag des nunmehrigen Reichskanzlers a. D. schrieb der »Tiroler Grenzbote« am 31. März 1895:

»Wir können hier über die Stellung, welche der Deutsch-Österreicher Bismarck gegenüber einnimmt, nur kurz sagen: Bismarck gehört keinem einzelnen Volksstamme, auch nicht dem deutschen Reiche allein an, die schwarz-weiß-roten Grenzpfähle können keine Schranke bilden, die uns irgendwie in der aufrichtigen Bewunderung des getreuen Eckart des deutschen Volkes behindern könnte; Fürst Bismarck, der Erneuerer deutscher Größe gehört eben All-Deutschland! Deshalb erfüllen wir nur eine nationale Pflicht, wenn wir Bismarck ehren!

Darum fühlt sich der freie, deutsche Tiroler in der freudigen Verehrung Bismarcks eins mit den Volksgenossen der übrigen Stämme und Gaue Deutsch-Österreichs und bringt dem Manne, welchem das deutsche Volk so unendlich viel zu danken hat, zum 80. Geburtstage begeistert seine Segenswünsche dar.«

Allein in Kufstein unterzeichneten 85 Herren »aus den besten Kreisen unserer Stadt« eine Glückwunsch-Adresse an Otto von Bismarck in seinem Gut Friedrichsruh im Sachsenwald (Herzogtum Lauenburg). Der Fürst fand sich auch gerne bereit, eine Abordnung aus Tirol zu empfangen, aus Gesundheitsgründen bat er aber um den Besuch »zum Eintritte der wärmeren Jahreszeit«.

Das streng katholisch-konservative Lager in Österreich und insbesondere in Tirol konnte mit dieser Bismarck-Verehrung nichts anfangen und wütete gegen die »widerwärtige Preußen-Seuchelei«. Es war nicht so, dass die »Schwarzen« ihr deutsches Wesen verleugneten, das tat niemand, auch die Sozialdemokraten nicht, doch das protestantische Preußen-Deutschtum war den katholisch-klerikal geprägten Konservativen und später den Christlichsozialen (die ideologischen Vorgänger der Österreichischen Volkspartei) ein Gräuel.

Nach dem Ableben des Fürsten Bismarck in der Nacht vom 30. auf den 31. Juli 1898 warf ihm das den Klerikalen sehr nahestehende Tiroler Blatt »Andreas Hofer« in der Ausgabe vom 4. August noch einige handfeste rhetorische Steine nach:

»Was ist aber sein größtes Werk? Das ist die Gründung des deutschen Reiches. Da musste aber zuerst Österreich aus den deutschen Landen hinausgestoßen werden; denn bekanntlich hatten die Habsburger seit Jahrhunderten den Titel: ›Römisch-deutscher Kaiser‹. Weil aber Bismarck und mit ihm freilich auch manche andere den preußischen König als ihren obersten Gebieter haben wollten, so wurde der Krieg von 1866 begonnen, in welchem unser Vaterlande so viele schwere Verluste erlitt. Welcher gute Patriot kann an das Jahr 1866 und dessen Entscheidungsschlacht bei Königgrätz anders als mit Entsetzen denken?

Und nun höre man! Dafür, dass Bismarck dies alles verschuldet, wird er vom weitaus größten Teil der liberalen Blätter, die ja eben deutschnational geworden sind, als der beste Deutsche, ja wohl gar als der einzig richtige Deutsche gefeiert, als ein deutscher Gott in den alten heidnischen Himmel aufgenommen usw. Das geschieht in Österreich. Der größte Schädiger, der Feind unseres Vaterlandes wird von diesen Leuten verherrlicht, und wenn's ihnen möglich wäre, über alles Irdische erhoben!

Liebe Hofer-Leser, da sehet ihr wieder einmal deutlich, was es ist mit dem ›Deutschtum‹, das euch so oft von gewisser Seite möchte aufgeschwatzt werden; Vaterlandsfeinde sind sie und nichts mehr. Wir sind und bleiben natürlich auch deutsch, aber deutsche Österreicher! Fühlen aber dabei keine besondere Neigung für das preußische deutsche Reich; wir lassen Bismarck den Ruhm eines großen Mannes, aber besondere Achtung können wir ihm nicht zollen, nachdem er unser Vaterland und unsere Kirche bekämpft hat. – Eine Schande ist es nur für unser Land Tirol, dass auch der Gemeinderat der Landeshauptstadt sich berufen glaubt, in einer außerordentlichen Sitzung die Trauer über das Ableben des Fürsten Bismarck kundgeben zu sollen.«

Völlig konträr fiel der Nachruf des »nationalliberalen« bzw. »freiheitlich« orientierten »Tiroler Grenzboten« am 7. August 1898 aus:

»Ein Wehruf schallt durch die ganze Erde: Bismarck ist tot! Der größte Staatsmann aller Zeiten ist zur Ruhe gegangen. Niemand auf Erden, selbst jene Männer, welche ihm ein Menschenalter feindlich gegenüber gestanden sind, wagen es nicht, seine von beispiellosen Erfolgen begleitete geniale staatsmännische Tätigkeit zu leugnen, und wenn wir die Tagesblätter durchlesen, seien sie nun konservativer oder freisinniger Richtung, es geht ein Zug der Bewunderung durch alle Zeilen, ein Gedanke spricht aus allen: Die Deutschen haben ihren größten Mann, ihr Liebstes verloren!

Er war einmal der Minister des als Feind siegreich in die österreichischen Lande einziehenden Preußenkönigs, wer aber unsere Zeitgeschichte unparteiisch verfolgt hat, wer die deutsche Geschichte von jenem bösen Jahre 1866 an ruhig gelesen, der muss diesen Krieg als heilsam für Deutschland und Österreich erklären, der muss in Ehrfurcht sich beugen vor dem Geiste dieses einzigen Mannes, der es verstand, die feindlichsten Brüder wieder zu einem gesunden starken Bunde zu einen. Seine Erfolge auf staatsmännischen Gebiete sind einfach beispiellos in der Geschichte aller Völker, das einige Reich deutscher Nation, das in allen Meeren durch eine gewaltige Flotte eine junge, aber gesunde Kolonialmacht schützt, ist mit Blut und Eisen durch den großen Bismarck geschmiedet worden und steht heute gebietend vor der ganzen Welt da.

Wir in Österreich bewundern Bismarcks Geist und Kraft, wir weinen um ihn wie die Männer draußen im Reiche und schämen uns der Tränen nicht. Wir trauern um ihn, denn er war der Hort des Deutschtums allüberall, die hehre Lichtgestalt, der Heros, zu dem der deutsche Jüngling draußen und hier in Österreich mit gleich kindlicher Liebe und Verehrung empor sah.«

»Reicht die Hände euch, Germanen ...«

Noch bevor der letzte offizielle Schuss des Ersten Weltkrieges abgefeuert war, zerbröselte das einst so stolze habsburgische Vielvölkerreich und wurde zu

einer Fußnote der Geschichte. Nach den neuen Grenzziehungen fanden sich 6,5 Millionen Österreicher in einem Kleinstaat wieder, und für diese war es im November 1918 die selbstverständlichste Sache der Welt, dass der nun übriggebliebene und bei weitem nicht komplette deutschsprachige Teil des einstigen Großreiches sich unverzüglich an den großen deutschen Bruder anschließt. Am 12. November rief die provisorische Nationalversammlung im Parlament zu Wien die Republik »Deutschösterreich« aus. Im Artikel 2 des vom Sozialdemokraten Karl Renner ausgearbeiteten und von der Nationalversammlung angenommenen Gesetzesentwurfes hieß es: »Deutschösterreich ist ein Bestandteil der deutschen Republik.« Einen Tag nach dieser eindeutigen Absichtserklärung der nunmehr republikanischen Parlamentarier verkündete der »Tiroler Grenzbote« diesen freudig begrüßten Weg in die Zukunft:
»Am 12. November 1918 ist endlich geschehen, was alle deutschen Herzen in unserer Südostmark glühend ersehnt haben: alle deutschen Stämme vereint zu einem freien Gemeinwesen. Wir wollen sein ein einig Volk von Brüdern, in keiner Not uns trennen. Was auch kommen möge, was unsere Feinde auch immer beschließen, die deutschen Stämme im Herzen Europas stehen fest zusammen für alle Zeit. So haben wir als deutsches Volk diesen Krieg trotz alledem gewonnen, so schreiten wir frohen Mutes der Zukunft entgegen. Das Lied unserer alten Sehnsucht ist wahr geworden: Reicht die Hände euch, Germanen ...«

Die »Siegermächte« des Ersten Weltkrieges, die sich keines eindeutigen militärischen Erfolges gegenüber Deutschland und Österreich-Ungarn rühmen konnten, denen letztlich jedoch die prekäre Versorgungssituation (extreme Lebensmittel- und Rohstoffknappheit) in den beiden Monarchien für den eigenen Sieg zu Gute kam, verboten dem nunmehr so kleinen und ohnmächtigen Österreich den Anschluss an Deutschland, das keinen Gebietszuwachs im Süden erhalten sollte.

Tirol, das durch den Verlust Südtirols politisch traumatisiert war, versuchte nun im Alleingang den Anschluss an Deutschland. Nur durch bayerische Hilfe konnte die akute Gefahr einer großen Hungersnot in Tirol während der letzten Kriegs- und der ersten Friedenswochen abgeschwächt werden. Von Wien fühlten sich die Tiroler während dieser Notzeit absolut vergessen und verraten. Der Zusammenschluss mit den eng blutsverwandten Bayern bzw. mit Deutschland war vor diesem Hintergrund ein um so erstrebenswerteres Ziel.

An einer freiwilligen und freien Volksabstimmung am 24. April 1921 (17 Jahre vor dem »Anschluss« durch Hitler) nahmen 90 Prozent der wahlberechtigten Tiroler teil, und von diesen votierten 98,6 Prozent *für* den Anschluss an Deutschland. Aufgeregt und in Vorfreude titelte der »Tiroler Grenzbote« schon am Vorabend der landesweiten Abstimmung: »Tirol, unser armes, zerrissenes, blutendes Land, ersehnt die Vereinigung mit dem Mutterland und die Heimkehr des deutschen Südens. In froher Erwartung, damit das baldige Fallen der nahen Grenzpfähle zu erwirken, dringt der bergfrische Ruf durchs Inntal: Deutschland wir grüßen dich!«

Doch auch die Tiroler Anschluss-Ambitionen scheiterten am strikten Nein der alliierten Sieger, für die eine so eindeutig erklärte Willensäußerung des Volkes absolut nichts galt.

Das Bedürfnis, sich an die (mehr oder weniger) starke Schulter des großen deutschen Bruders anzulehnen, war im gebietsamputierten Tirol während der Zwischenkriegszeit besonders ausgeprägt. Im Zusammenhang mit dem an Italien verlorenen Südtirol erwartete man die unbedingte Unterstützung von »draußen«, vom nahen Bayern ebenso wie vom Restgebiet der Weimarer Republik.

In den zwanziger und dreißiger Jahren, als die Tiroler eisern und beharrlich auf eine geschichtliche Wendung hofften, die eine Wiedervereinigung der zerrissenen Landesteile ermöglichen könnte, wurde sehr genau beobachtet, wer mit dem italienischen »Erbfeind« fraternisierte und wer nicht. Aus Deutschland kamen hier unterschiedliche Signale, jedenfalls auf die bayerischen Brüder war eindeutig Verlass. Anfang Februar 1926 zeigte sich der bayerische Ministerpräsident Dr. Held mit den Tirolern solidarisch: »Was Südtirol anlange, so sei es selbstverständlich, dass wir uns der deutschen Brüder annehmen, die politisch, kulturell, wirtschaftlich und sozial so schwer zu leiden haben. […] Alles werde geschehen, um die Lage der Deutschen in Südtirol zu erleichtern. Gegen die brutale Vergewaltigung Südtirols müsse schärfster Protest eingelegt werden.«

Am 23. Februar 1926 fand eine mächtige Kundgebung für ein ungeteiltes Tirol in Innsbruck statt. Die Welt sollte durch den Aufschrei des gesamten Volkes noch einmal auf dieses ungelöste geopolitische Problem erinnert werden. Der Protestruf aus den Alpen fand in Deutschland ein lebhaftes Echo. Der »Rosenheimer Anzeiger« lobte die willensstarke Eigenart der stammverwandten Brüder und Schwestern zwischen Kufstein und Salurn:

»Im Lande Andreas Hofers, des Freiheitshelden, flammt in diesen Tagen eine Welle heimatlichen Zornes auf. Kein Volksstamm kann stolzer auf seine Heimat sein, heißer seine Muttererde lieben, leidenschaftlicher und glühender dem Lande seiner Geburt anhangen, inbrünstiger an den freien Bergen hängen, als eben der Tiroler. Mag ihm alles begreiflich und verzeihlich erscheinen, eines versteht und entschuldigt dieser aufrechte, wurzelfeste, gradsinnige und kernig-männliche deutsche Volksstamm nicht – eine Versündigung am eigenen Volkstum. Dieses ist ihm eines der köstlichsten Lebensgüter, an das er sich von keinem Menschen in der Welt tasten lässt, ohne dass ihm in heiligem Unmut die Zornesader schwillt. Gerade diese Eigenschaften sind es ja, die uns das nachbarliche Tiroler Volk so stammverwandt, so lieb und wert machen, sie sind es aber auch, die den Tiroler Volksstamm zu einem wertvollen Bestandteil unseres gesamten deutschen Volkstums machen.«

Mag Bayern in dieser Sache noch ehrlich ambitioniert gewesen sein, in Österreich selbst standen die Reihen im Kampf für die Freiheit Südtirols aber trotz aller schönen Rhetorik schon nicht mehr so fest. Der Landeshauptmann in Innsbruck musste Rücksicht auf seine christlichsozialen Partei- und Regierungskollegen in Wien nehmen, und diese bremsten und behinderten die Tiroler Anstrengungen in der Angelegenheit des geraubten Südtirol wegen der »weltpolitischen Lage«, auf die man »Rücksicht« nehmen müsse.

Aus pragmatischen Erwägungen bemühte sich die österreichische Regierung um ein möglichst konfliktfreies Verhältnis zu Benito Mussolini, einem theatralischen Politclown, der nach seiner wundersamen Wandlung vom Kommunisten zum Faschisten in die zweitausend Jahre alten Fußstapfen Cäsars treten wollte.

Enttäuscht über den Wiener »Kniefall« vor dem faschistischen Italien, wurde es in Tirol nicht verabsäumt, auf die tschechisch-polnische Herkunft des Bundeskanzlers Ramek hinzuweisen. Wie sollte »so einer« die nationalen Interessen der deutschen Tiroler vertreten können und wollen?

Die von Nordtirol aus ins Leben gerufene »Boykottbewegung« gegen Italien wurde von einem größeren Teil der deutschsprachigen Presse wohlwollend kommentiert, doch ein nachhaltiger Erfolg in dieser Sache blieb aus. Reisen nach Italien, zu den »Vergewaltigern des Deutschtums«, sollten jedenfalls vermieden werden, und der Kauf italienischer Waren verbot sich jedem »gut gesinnten« Deutschen und Österreicher von selbst.

Italienreisen sind zu einer Frage der Würde des deutschen Menschen geworden, stellte der »Tiroler Grenzbote« am 13. März 1926 mit Nachdruck fest und versuchte, mit grimmiger Schreibe, den Zorn auf die südlichen Nachbarn noch einmal heftig anzufachen:

»Man fährt nicht zu einem Volke, dessen Zeitungen die Tatsachen der Bedrückung Südtirols glatt ableugnen, uns ›deutsche Schweinefratzen‹ und ›schmierige Schnorrer mit Rücksäcken‹ nennen und die, um nur eine Blütenlese aus den letzten Tagen zu bringen, u. a. schreiben: ›Wir hassen die Deutschen aus Instinkt und Rassegefühl. Wir sind Erbfeinde des ganzen schmierigen, pedantischen, hinterlistigen Deutschenzeuges, wir, die vom erleuchtetsten, edelmütigsten lateinischen Stamme sind. Wir sind noch immer Sieger und haben im Notfalle die Mittel, um uns vor dem gemeinsten Volk der Erde Respekt zu verschaffen.‹ (Mussolinis Blatt *L'Impero*). *Corriere Padano* und *Arena* (Verona), zwei faschistische Blätter, beschimpfen die deutschen Reisenden und stellen fest, dass schon der bloße Anblick eines deutschen Reisenden ein faschistisches Auge direkt oder indirekt stören könne. Deutsche Reisende müssen sich auch auf Übergriffe gefasst machen.

Es muss erreicht werden, dass kein Deutscher es mehr wagt, von geplanten oder unternommenen Italienreisen zu sprechen. Wer nicht aus unbedingt zwingendem Grund nach Italien fährt, muss der allgemeinen Verachtung anheimfallen.

Unsere eigene Würde verlangt es, dass wir nicht das Volk besuchen, dessen Vertreter unsere Brüder bis aufs Blut peinigen. Wer trotz alledem nach Italien fährt oder italienische Apfelsinen isst, verdient den Schimpf, ›schmieriger Schnorrer‹ genannt zu werden.«

Die mit nationaler Erregung und patriotischem Eifer ins Leben gerufene Boykottbewegung gegen die *Wälschen* versandete sehr rasch, denn es fehlte die Unterstützung durch die entscheidenden politischen Kreise, und dem einfachen Konsumenten in Berlin oder Wien (und anderswo) war der Wunsch nach einer preiswerten Apfelsine oder Zitrone näher als die Volkstumsproblematik hinter dem fernen Brenner. In München ging das Gerücht um, dass italienische Orangen in solche spanischer Herkunft umgefälscht wurden, um die Boykottbewegung dreist zu unterlaufen.

Die Redaktion des »Tiroler Grenzboten« entsetzte sich des Öfteren über schlimme Beispiele »Deutscher Würdelosigkeit«. Zum Jahreswechsel 1927/28 befand sich der deutsche Kreuzer »Berlin« im Hafen von Genua. Der Kommandant des Kreuzers, Kapitän Kolbe, gab für die »italienischen Freunde« einen offiziellen Empfang an Bord des Schiffes und sprach dabei den Wunsch aus, »dass Deutschland bald die Ehre haben möge, italienischen Besuch zu empfangen, um die genuesische Gastfreundschaft in Kiel erwidern zu können«. Dieser »ehrvergessene« Kapitän traf wenige Tage später in Rom ein, um dort Mussolini seine Aufwartung zu machen.

Den »Gipfel der Würdelosigkeit« erklommen reichsdeutsche Reisende, die sich nicht entblödeten, ihre Namen sowie Berufs- und Herkunftsdaten im Fremdenbuch des Oberwirtes in Feldthurns, einem Ort zwischen Klausen und Brixen, auf italienisch anzugeben. Dieser Frevel erboste: »Eine solche Eintragung würde schon in Rom oder Venedig töricht und geschmacklos wirken. Im deutschen Südtirol bedeutet sie eine würdelose Verletzung des Empfindens unserer von den Italienern niedergetretenen Volksgenossen.«

Im Mai 1929 fand in München ein viel beachteter Prozess statt, in dem es um die Frage ging, ob Adolf Hitler im Zusammenhang mit der Südtirolfrage »Volksverrat« geübt habe, da er aus Italien angeblich Gelder erhielt. Der Vorwurf kam vom »Bayerischen Kurier«, von sozialdemokratischen Parteifunktionären und vom Abgeordneten des Deutschen Reichstages v. Graefe und konnte letztendlich aber nicht bewiesen werden. Inzwischen weiß man, dass Hermann Göring, als Generalbevollmächtigter Hitlers, schon im Jahr 1924 krampfhaft versuchte, einen Kontakt zu Benito Mussolini herzustellen, um von Italien einen Kredit von zwei Millionen Lire zu erhalten, damit der Aufstieg der noch jungen NSDAP mit Hilfe einer solchen Kapitalspritze erleichtert und beschleunigt würde.

Fest steht, dass Hitler und Göring im Zusammenhang mit Südtirol bereit waren, ihr eigenes völkisches Weltbild mit den Füßen zu treten. Die nationalsozialistische Bewegung beteiligte sich nicht mehr an den (zumindest rhetorischen) Bemühungen, diesen von Italien geraubten südlichen Territorialteil des Deutschtums wieder »heimzuholen«. Dennoch war die würdelose Bettelei vergebens, denn Mussolini machte keine einzige Lira locker für die braune deutsche Bewegung.

Als in Tirol bekannt wurde, dass ein gewisser Herr Hitler aus München, der als Politikneuling im Herbst 1920 schon einmal in Innsbruck war, sich im Falle einer künftigen Regierungsverantwortung nicht für das deutsche Tirol südlich des Brenners einsetzen werde, um sich bei Mussolini *einzuschleimen*, war die Aufregung über eine solch »undeutsche Verzichtspolitik«

groß. In einem gemeinsamen offenen Brief aller völkischen Vereine des kleinen Alpenlandes wurden dem künftigen Führer des Deutschen Reiches gehörig die Leviten gelesen: »Die zynisch-freche Art, mit der Sie überhaupt über die Südtiroler Frage hinweggehen, hat in allen völkisch gesinnten Kreisen helle Empörung hervorgerufen. Vor allem mangelt Ihnen die bescheidenste Sachkenntnis, um über derartige politische Fragen sprechen zu können. Von den Verhältnissen in Südtirol haben Sie, Herr Hitler, keine Ahnung. Wir raten Ihnen: Betreten sie nicht Tiroler Boden! Lassen Sie Ihre Hände weg von dem reinen, heiligen Tirol.«

Fast auf den Tag genau elf Jahre nach der Absendung dieses Briefes, am 5. April 1938, werden annähernd 150.000 Tiroler Adolf Hitler in Innsbruck frenetisch bejubeln.

Als die traditionell an die Rockschöße des Klerus gekrallten österreichischen Christlichsozialen sich ab 1933 zu »Austro-Faschisten« mauserten, war das Thema des Anschlusses an die reichsdeutschen Brüder (und Schwestern) vorerst erledigt. Mit den Nationalsozialisten herrschte *draußen* nun ja ein »gottloses« Regime, und mit solchen Verwandten wollten die religionsfesten und kirchentreuen Faschisten des österreichischen Ständestaates keinerlei Berührung haben, lieber paktierte man mit dem Peiniger Südtirols, dem italienischen Diktator Mussolini.

Trotz aller krampfhaft-plakativen Österreich-Rhetorik in dieser Zeit (»Rot-Weiß-Rot bis in den Tod!«) war es immer noch allgemeiner Konsens und öffentlich vorgetragene Selbstverständlichkeit, dass die Österreicher (mit Ausnahme der slowenischen Minderheit in Kärnten und der Kroaten im Burgenland) nichts anderes als Deutsche sind – allerdings, so der Klerus und die Regierung, der »bessere Teil des Deutschtums«.

Als Unterrichtsminister (gleichzeitig war er Justizminister) sprach der spätere österreichische Bundeskanzler Kurt Schuschnigg während einer Versammlung des Katholischen Tiroler Lehrervereins am 17. März 1934 in Innsbruck von einer besonderen moralischen Verpflichtung: »Der Beruf des gebildeten Österreichers ist es: ein vorbildlicher Deutscher zu sein.«

Am 12. März 1938 schließlich fand das lange Warten der Kufsteiner, der Tiroler, der Österreicher auf den »Anschluss« an Deutschland ein freudiges Ende. Der Verlag des »Tiroler Grenzboten« konnte nun endlich jene Sonderausgabe herstellen und verteilen, auf deren Herausgabe man schon seit fast zwei Jahrzehnten gewartet hatte. Auf der Titelseite wurde frohlockt: »Österreich ist frei! Ein Tag von größter geschichtlicher Wucht liegt hinter uns. In dem Augenblick, in dem noch einmal eine volksverräterische Clique in Wien den Versuch unternahm, das Schicksal der Deutschen in Österreich aus dem großen Geschehen des Gesamtvolkes separatistisch abzuspalten, ist mit elementarer Kraft der Damm endlich gebrochen. Deutschösterreich ist frei.«

Am Abend des 11. März, nach dem Rücktritt der Regierung Schuschnigg, kannte die Freude in der »Ostmark« keine Grenzen mehr. Der Einmarsch der deutschen Truppen ab dem frühen Vormittag des 12. März fand in den dick gefüllten Spalten des »Tiroler Grenzboten« folgenden Widerhall: »Die Augenblicke des Einmarsches waren unbeschreiblich. Sie lösten einen Begeisterungssturm aus, wie ihn Kufstein in dieser elementaren Wucht und Größe noch nie gesehen hat. Straßen und Plätze voll von Menschen, den Soldaten zujubelnd, deutschen Volksgenossen, Träger der wiedererstandenen Macht. […] Endlich dürfen wir wieder frei und stolz den Kopf tragen, von einem Alp befreit, der den Atem abschnürte. Wir Österreicher, die wir uns noch viel lieber Deutsche nennen – wir sind auf einmal das glücklichste Volk auf der ganzen Welt geworden!«

Das grosse Vergessen

Eine allgemeine Geschichtsamnesie befiel die Österreicher ab 1945 wie ein ansteckender Virus. Mit Deutschland, mit Hitler, mit dem Nationalsozialismus hatte man – Gott bewahre – nichts zu tun. Über Nacht gab es vom Bodensee im Westen bis hin zum Waldviertel im Osten nur mehr Opfer und Widerständler, allesamt brave Katholiken, die keiner Fliege ein Haar krümmen konnten. Die Staatsräson des neuen Österreich erforderte die Reinigung, die »Entschlackung« der Geschichte, und somit die strikte Verleugnung des deutschen Erbes.

Die Zeit von 1938 bis 1945 bekam in den Schulbüchern nur knappen Raum. In meist vage formulierten Texten wurde von »Unglücksjahren« für Österreich gefaselt. Die millionenfache Begeisterung für Hitler wurde auf ein paar irregeleitete Österreicher herunter geschraubt. Der im Schwarz-

Rot regierten Österreich aufwachsende hoffnungsfrohe Nachwuchs sollte vom deutschen Fundament Österreichs nichts mehr ahnen und nichts mehr wissen. Dieses umwälzende Vorhaben, an dem die Schulen, die Medien und die politischen Meinungsbildner ohne Scheu vor Geschichtsunterschlagung einmütig und staatstragend arbeiteten, war vollinhaltlich gelungen. Zwischenzeitlich sind schon mindestens drei Generationen mit der nach 1945 konstruierten »Österreichischen Nation« herangewachsen, und jeder einzelne dieser geschichtlich meist völlig unbeleckten Bürger (mit nur ganz wenigen Ausnahmen) würde jeden gelinden Hinweis darauf, dass (sinngemäß) deutsches Blut in ihren österreichischen Körpern zirkuliert, verwirrt und empört zurückweisen. Der eigene Gebrauch der deutschen Sprache besitzt auf diese Abwehrhaltung – ich bin doch kein Deutscher, nie im Leben! – keinen mildernden Einfluss.

Einzig die »Freiheitliche Partei Österreichs« (FPÖ) bekannte sich offen dazu, dass Österreich im Sinn einer Sprach-, Kultur-, Volks- und Geschichtsgemeinschaft zweifellos der »Deutschen Nation« zugehörig ist. Um Wähler zu gewinnen, hatte allerdings Jörg Haider schon in den neunziger Jahren begonnen, für die bei der Masse populären »Wir-Österreicher-über-alles«-Parole zu trommeln, er wusste, dass mit der »deutschen Erb-Karte« im geschichtlich analphabetisch gewordenen Alpenstaat kein Blumentopf mehr zu gewinnen ist. Die heutige FPÖ setzt diese Linie aus pragmatischen Gründen fort.

Insbesondere ORF-Journalisten bemühen sich eifrig und regelmäßig, Politiker der »Freiheitlichen« auf dem *falschen* (deutschnationalen) Fuß – sozusagen der »Bocksfuß« – zu erwischen, indem sie beiläufige Fangfragen zum »deutschen (nationalen) Gedankengut« des jeweiligen Interviewpartners bzw. dessen Partei stellen. Denn solches Gedankengut gilt bei Österreichs Meinungsbildnern, Intellektuellen und Politikern schier als »Teufelszeug«, als Hochverrat, als Nazi-Denken. Das rechthaberische Gebaren in dieser Sache ist auch dem Umstand zu verdanken, dass deren Blick in die Vergangenheit auf die wenigen Jahre der NS-Herrschaft fokussiert ist und die vorhergehenden Jahrhunderte der deutsch-österreichischen Geschichte offenbar keine Beachtung und Bewertung finden.

Der nahezu schon als Journalisten-Sport betriebene Versuch, den jeweiligen FPÖ-Interviewpartner in die ganz rechte Ecke zu stellen, wird von diesem (sofern er noch etwas ideologische Substanz besitzt) mit dem heutzutage eher gedämpft deklamierten – geschichtlich korrekten – Bekenntnis gekontert, der deutschen Sprach- und Kulturgemeinschaft anzugehören, mit dem gleichzeitigen Verweis, dass die freiheitlichen und deutschliberalen Wurzeln der eigenen Partei mindestens bis in das Aufbruchs- und Revolutionsjahr 1848 und sogar noch weiter zurück reichen.

Der »Deutsche Krieg« von 1866, der trotz seiner enormen machtpolitischen Hebelwirkung für das weitere Geschick Deutschlands, Österreichs und Europas aus der Erinnerungskultur nahezu gelöscht ist, erzwang den Beginn eines ab 1945 enorm forcierten Umorientierungs-Prozesses, durch den nun eineinhalb Jahrhunderte später ein österreichisches Deutschbewusstsein nahezu nicht mehr existent ist.

Wenn heute von Deutschland immer wieder mal etwas Häme nach Österreich herüber weht oder wenn der kleine Alpenstaat – weil als Machtfaktor und Mitspieler auf der internationalen Politbühne zu unbedeutend – von den Erben der Borussen einfach ignoriert wird, so steht auch hier der preußische Erfolg von 1866 am Beginn einer solchen Entwicklung. Die österreichische Realpolitik macht(e) es Spöttern und Kritikern sowohl in der Kaiserzeit als auch später in der Republik ja nicht selten auch sehr einfach.

Hans Wachenhusen, der preußische Scholl-Latour, schrieb unmittelbar nach dem »Bruderkrieg« von 1866: »In Österreich ist leider Alles faul; ich darf auch das sagen, weil ich das Volk stets liebte. Der Krebsschaden der Regierung, namentlich der Verwaltung, hat sich dem Staate schon bis ans Herz gefressen, und wer weiß, ob der große Aderlass noch was fruchten wird. Wenn die österreichischen Zeitungen über die ›affenartige Geschwindigkeit‹ der Preußen spotteten, so liegt nur zu viel Wahres in der ›bärenartigen Troddelei‹, über welche die Gegner des herrschenden Systems in Österreich mir so oft klagten. – Nichts für ungut, aber es ist leider so!«

ZEITUNGSMELDUNGEN AUS DEM KRIEGSSOMMER 1866

Aus welchen so gar verschiedenen Bestandteilen das Heer des Kaisers von Österreich jetzt zusammengesetzt ist, davon kann man sich an allen Orten, wo die zahlreichen Urlauber zusammen kommen, so recht überzeugen. Man hört von den Soldaten böhmische, ungarische, italienische, aber verhältnismäßig nur selten deutsche Worte. Sollte es wirklich zum Kriege mit Preußen kommen, so werden nur ungarische, tschechische und italienische Regimenter in der ersten Kampflinie stehen, und die preußischen Soldaten haben somit wenigstens die Genugtuung, nicht auf ihre »deutschen Brüder« schießen zu müssen. Den enragierten Freunden Österreichs in Schwaben und Sachsen, welche jetzt so viel von den »deutschen Brüdern« in Österreich faseln und so gern mit ihnen zusammen gegen die verhassten Preußen kämpfen wollen, möchten wir aber vor Allem den wohlmeinenden Rat erteilen, sich ja zuerst mit ungarischen, italienischen, tschechischen, slowakischen und kroatischen Fremdwörterbüchern zu versehen, sonst würden sie sich in der traurigen Notwendigkeit befinden, sich mit keinem Wort ihren deutschen Brüdern, die ihnen der Kaiser von Österreich zur Hilfe sendet, verständlich machen zu können.

Wer aber gründliche Studien machen will, aus wie locker zusammengefügten Bestandteilen der österreichische Kaiserstaat überhaupt besteht und wie feindselig sich manche der verschiedenen Nationalitäten im Heere entgegenstehen, der hat auf einem belebten Bahnhofe jetzt gründliche Gelegenheit hierzu. Man wird niemals Soldaten der verschiedenen Volksstämme kameradschaftlich mit einander verkehren sehen, sondern sie stehen stets in abgesonderten Haufen möglichst weit getrennt von einander. Bei dem Einsteigen in die Waggons suchen die einzelnen Volksstämme tunlichst von einander geschieden zu bleiben, und besonders die Italiener streben jegliche Gemeinschaft mit den ihnen so widerwärtigen Tschechen so viel als es nur irgend die Umstände erlauben, zu vermeiden.

Lokomotive an der Oder, 15. Mai

***

Das Wiener Publikum hat sich daran gewöhnt, den Krieg als unvermeidlich anzusehen und blickt seinem Ausgange mit großer Zuversicht entgegen. Das beweisen die Ovationen, die jubelnden Zurufe, mit denen es das scheidende Militär begleitet, das beweist auch die lebhafte Freude, mit der es den

Feldherrn FZM. Benedek begrüßt, wo er sich nur sehen lässt. Als er vorgestern Nachmittags im offenen Wagen nach Hietzing fuhr, wurde er von dem promenierenden Publikum auf der Mariahilfer und Fünfhauser Hauptstraße mit »Vivatrufen« empfangen und vornehme Damen kauften schnell die Vorräte einiger dort postierten Blumenmädchen auf und warfen die Bouquets in den Wagen des Feldzeugmeisters, der freundlichst dankend eines derselben in das Knopfloch steckte.

Innsbrucker Nachrichten, 18. Mai

***

In Prag sieht es diesmal ungleich kriegerischer als vor einigen Wochen aus. Wenn zwar in einer großen belebten Stadt alle militärischen Rüstungen weit weniger hervortreten als dies in kleineren Landstädten und besonders Festungen der Fall ist, so konnte man doch auch jetzt in Böhmens stolzer Hauptstadt genugsam daran erkennen, dass es dieses Mal Österreich mit seiner Kriegsbereitschaft gegen Preußen wirklicher Ernst sei. Überall marschierten Truppen oft mit prächtiger, so hell in den klaren Maitag hineinschallender Feldmusik oder hörte man das eigentümliche, auf Tausende von Schritten von anderem Wagengerassel so verschieden klingende Geräusch fahrender Batterien, dazu auch hier wieder die vielen einrückenden Urlauber aus fast allen Teilen des großen Kaiserstaates. Einen ganz eigentümlichen Anblick gewähren diese vielen Tausende jetzt einberufener beurlaubter Soldaten, wie ich solchen nun wieder in den letzten Tagen all und überall in Böhmen begegnen musste. Zuerst erkennt man, dass das k. k. Heer fast durchweg aus Söhnen der allerärmsten und untersten Volksklassen gebildet wird. Wer in ganz Österreich nur irgendwie 1000 Gulden aufzutreiben vermag, der kauft sich gewiss einen Stellvertreter, wenn das harte Los ihn getroffen hat, dem Kaiser zehn Jahre als Soldat dienen zu müssen, um nicht Hunderte von Meilen von seiner Heimat entfernt, in einer fremden Provinz, wo Sprache und Sitte der Bevölkerung ihm gänzlich unbekannt sind, längere Zeit in unangenehmen Dienst verbringen zu müssen. So sieht man denn unter den einberufenen Urlaubern fast nur sehr ärmliche, ja, oft geradezu in Fetzen gekleidete Personen, und es gehört zu den alleräußersten Seltenheiten, erblickt man einmal einen Mann, der einen nur halbwegs guten Rock trägt oder dessen Hände und Gesicht zeigen, dass er wenigstens wöchentlich einmal von der Seife als Reinigungsmittel Gebrauch macht. Dutzende von Leuten erblickt man oft ohne Strümpfe und Hemden, während die Meisten der niedrigsten Klasse der Landbevölkerung angehören. Wahrlich, da gewährt eine Einberufung preußischer Beurlaubter doch ein ganz anderes Bild, und man erkennt gerade hierbei, wo die Soldaten noch nicht die Alles nivellierende Uniform, sondern ihre Zivilkleidung tragen, den gewaltigen Unterschied, der bei der Ergänzung der preußischen und österreichischen Armee herrscht. Ein einziges preußisches Bataillon enthält mehr wohlhabende, gut gekleidete und auch geistig gebildete Leute als gemeine Soldaten, als solche in einem ganzen k. k. österreichischen Armeekorps zu finden sein möchten. [...]

Ja, man will, man wünscht jetzt in der österreichischen und wenigstens in der böhmischen Bevölkerung den Krieg mit Preußen, als den weit mehr als Italien gehassten Feind. Darüber kann sich Niemand täuschen, der die höchst unerquickliche Aufgabe hat, Kreuz und Quer im Lande umherzureisen und mit den verschiedensten Kreisen der Bevölkerung zu verkehren, um die hiesige Volksstimmung genau kennen zu lernen. Wenn jetzt im Augenblicke der Telegraph die Nachricht brächte, dass ein auch auf noch so gerechten Grundlagen mit Preußen abgeschlossener Friede zu Stande gekommen sei, so würde im Allgemeinen die größte Entrüstung hierüber herrschen, während im Gegenteil der Ausbruch des Krieges mit dem lautesten Jubel begrüßt würde.

Lokomotive an der Oder, 19. Mai

***

Die k. k. Hof-Waffenfabriksfirma B. W. Ohligs Haußmann in Wien hat das Anerbieten gestellt, im Falle des Krieges eine Kompagnie Freiwilliger mit erprobten Hiebwaffen unentgeltlich zu versehen und auf ihrem Landsitze die Verpflegung entweder von zwei verwundeten Offizieren, vier Unteroffizieren oder sechs Gemeinen unentgeltlich zu übernehmen. Auf a. h. Befehl wird dem Herrn Offerenten für diesen Akt nacheiferungswürdiger patriotischer Gesinnung die allergnädigste Anerkennung Sr. Majestät bekanntgegeben.

Se. Majestät hat von jenem patriotischen Anerbieten des in Wien bestehenden Dienstmann-Institutes der konzessionierten ersten Wiener Stadtträger, bei dem Eintritte kriegerischer Eventualitäten bei der Aufrechterhaltung der öffentlichen Ruhe und Ordnung mitwirken zu wollen, mit besonderen Wohlgefallen Kenntnis zu nehmen geruht.

Neues Fremden-Blatt, 22. Mai

***

Die skandalösen Auftritte und Widersetzlichkeiten, welche in Schlesien und Preußen gelegentlich der Einrangierung der Reservisten und Landwehrmänner vorgefallen, sind wohl kaum geeignet, den aus älterer Zeit überlieferten Ruf des preußischen Volkes bezüglich seines kriegerischen Geistes neuerdings zu festigen. Die schon unzählige Male herausgeputzte Geschichte von der preußischen Landwehr im Jahre 1813 gehört längst dem Staub der Archive an, und wie die Dinge jetzt in Preußen stehen, scheint wenig Hoffnung vorhanden, dass die sonst so viel gepriesene Landwehr – falls es wirklich zum Kriege käme – sich mit dem Strahlenkranze des Ruhmes umgeben werde. Die Völker ändern sich im Laufe der Zeit eben wie Individuen, und das Preußen vom Jahre 1813 ist sicherlich nicht das von 1866. Der industrielle und kaufmännische Verkehr, sowie das ganze moderne und durch alle Volksschichten gesponnene Finanzwesen, kurz die »neuen Kulturzustände« – wie unsere Materialisten sagen – sind gerade kein Motor zur Erweckung kriegerischer Begeisterung. Die heutigen Preußen zählen lieber ihre Taler als ihre Kugeln in der Patrontasche, eine Wahrheit, welche man aus allen Berichten der unabhängigen preußischen Presse herauslesen kann. Die Bevölkerung des österreichischen Kaiserstaates, in weitaus überwiegender Mehrzahl eine ackerbautreibende, steht wie ein Mann zusammen und manifestiert überall den opferwilligsten Patriotismus, den kriegerischen Geist! Sie wird sich jedenfalls besser schlagen als die renitenten Landwehrmänner des »zivilisierten« Preußens.

Neues Fremden-Blatt, 25. Mai 1866

***

In den Tagen der Gefahr des gemeinsamen Vaterlandes verstummt der leidige Streit der Nationalitäten, jeder fühlt sich da nur als ein Glied des großen Ganzen und ist freudig bereit seine Kraft dem Gesamtinteresse zu weihen. Und so sehen wir denn auch die bunt gewürfelten Völker Österreichs sich einmütig um die Fahne des Reiches scharen, um für die Aufrechterhaltung und den ungeschmälerten Bestand desselben einzustehen.

Wir glauben nicht zu irren, wenn wir annehmen, dass auch die Bevölkerung Znaims von dem gleichen Patriotismus beseelt ist und dieser sich insbesondere in dem priv. bürgerlichen Schützen-Korps manifestieren wird. Deshalb wollen wir auch von der Rührigkeit Akt nehmen, welche unser Bürgerschützen-Korps in der letzten Zeit entfaltet.

Nachdem das Korps früher seine Kopfbedeckung mit dem schmucken und praktischen Jägerhute vertauscht hat, geht es nun daran, seine Bewaffnung zu verbessern und unter Aufgeben des Schleppsäbels seine Gewehre mit einem Haubajonett zu versehen.

Außerdem hat das Korps-Kommando auch eine Aufforderung an die hiesigen Bürgersöhne erlassen, worin diese zum Eintritte in das Korps eingeladen werden, und es ist zu erwarten, dass diese Aufforderung den besten Anklang finden und es in kürzester Zeit möglich werden wird, das Korps auf 2 Kompagnien zu verstärken.

Ist es uns auch nicht gegönnt, hier die Aufgaben der bewaffneten Bürger-Korps vom staatlichen Standpunkte näher zu erörtern, so können wir wenigstens die Überzeugung ausdrücken, dass das Schützen-Korps zunächst von wahrem Patriotismus beseelt und bereit ist, dem Ernste unserer Verhältnisse volle Rechnung zu tragen.

Ferner hat sich bereits ein Damenkomiteè gebildet, welches wie im Jahre 1859 und 1863 sich mit der Sammlung patriotischer Spenden für die Kriegsdauer befassen. Und da es von jeher Aufgabe der Frauen ist, die bösen Folgen, welche der Zwist der Männer hervorruft, zu mildern, so wird das Damenkomiteè hauptsächlich es sich zur Aufgabe machen, für die Pflege der Verwundeten Sorge zu tragen. Da wir uns diesmal dem Kriegsschauplatz näher befinden, so wird sich unseren Damen hinreichende Gelegenheit bieten, ihre bewährte Opferwilligkeit aufs Neue und Glänzendste zu betätigen.

Znaimer Wochenblatt, 27. Mai

***

Österreich hat gar nicht so unrecht, die deutschen Kleinstaaten als seine Vasallen anzusehen, da ein großer Teil von ihnen sich ja selbst so betrachtet.

Als vor Kurzem die Minister der meisten Bundesstaaten in Bamberg tagten, schloss man die Abgeordneten der thüringischen Staaten, denen man nicht recht traute, von den geheimen Verabredungen aus, und Württemberg, Hessen-Darmstadt und Nassau ordnen ihre Streitkräfte willig der Führung eines österreichischen Generals unter. Dabei ist es Niemandem unbekannt, dass Österreich ein überwiegend slawischer Staat, ebenso wie Preußen fast nur ein einiger deutscher Staat ist; aber die Süddeutschen wollen lieber mit ihren hanakischen, tschechischen, kroatischen und dalmatinischen Freunden gegen ihre deutschen Brüder zu Felde ziehen, als ein einiges Deutschland entstehen sehen. Da sieht man so recht, was die Verbrüderung auf all' den Sänger- und Musik-, Schützen- und Turnfesten genützt haben! Fürwahr, diese blinden Anhänger Österreichs hätten es eigentlich verdient, in Zustände versetzt zu werden, wie sie jetzt in Österreichs schönster deutscher Provinz, in Steyermark, stattfinden, wo die Bauern oft wegen 50 Gulden Steuern, die sie nicht aufzubringen vermögen, Haus und Hof verlieren. [...]

Auf ein deutsches Parlament, das im Namen des deutschen Volkes ein Machtwort für die Abhilfe unsrer trostlosen Zustände sprechen soll, ist nicht sehr zu rechnen; denn man scheint recht schön darauf hinzuarbeiten, dass der Süddeutsche dem Norddeutschen, der Katholik dem Protestanten, der Österreicher dem Preußen feindlich in allen Stücken entgegentritt. – Ein einiges Deutschland lebt nur im Liede und in Märchen aus alter, alter Kaiserzeit.

Lokomotive an der Oder, 31. Mai

***

Padua, 29. Mai. (Raufexzesse zwischen Militär und Zivil.) Gestern Abends fand ein Raufexzess zwischen Unteroffizieren des hier stationierten Infanterie-Regiments Baron Paumgartten und einigen Zivilisten statt. Der Streit entstand in einem öffentlichen Lokale, angeblich wegen eines Mädchens, das mit einem Unteroffizier dort erschien und in welchem ein Italiener seine Geliebte erkannte. Der Streit nahm bald größere Dimensionen an und ging zu Tätlichkeiten über, bei denen auch Verwundungen, wenn auch minder gefährlicher Natur, vorkamen. Bloß ein Korporal des genannten Regiments erhielt eine sehr bedeutende Stichwunde oberhalb des rechten Auges, so dass er dem Spitale übergeben werden musste. Über den Vorfall selbst ist

sogleich die strengste Untersuchung eingeleitet worden, doch soll es sich schon jetzt herausstellen, dass die Soldaten nicht die geringste Schuld treffen könne, da sie sich vollkommen taktvoll benommen und erst zur Wehr gestellt haben, als sie von den Italienern angegriffen wurden.
Überhaupt sind die Paduaner äußerst kriegerisch aufgelegt [und von einer bekannt schlechten Gesinnung], und besonders die hier befindlichen Studenten lassen es nicht an »patriotischen« Kundgebungen fehlen. So prangt seit einigen Tagen an der Wand eines hiesigen Hauses in rot-grün-weißer Farbe das »Croce di Savoya«, und da von Seite der Behörde gegen derlei lächerliche Demonstrationen klugerweise keine Einsprache erhoben wird, so sollte es mich sehr wundern, wenn nicht binnen kurzem noch mehrere Häuser diese »Zierde« aufzuweisen hätten.
Von der Universität sollen sich, wie mir versichert wird, vor einigen Tagen bei dreißig Studenten entfernt und nach Piemont begeben haben.

Die Presse, 2. Juni

***

Rosenheim, 1. Juni. Gestern kam auf der Bahn hier ein Transport von circa 300 Stück Ochsen durch, welche nach Innsbruck und Italien zur Verproviantierung der dortigen österreichischen Armee bestimmt sind. Wie verlautet, wurden diese Tiere von Wien bis hierher und noch weiter ohne alle Wart und Pflege transportiert, und ihr Aussehen bewies hier schon zur Genüge, wie sehr Hunger und Durst diese armen Tiere quälten. Es drängt sich hierbei die Frage auf, ob diese Aushungerung der zu transportierenden Tiere vielleicht schon zum neuen Verpflegungssystem der österreichischen Truppen gehört, für welche diese Ochsen bestimmt waren.

Rosenheimer Anzeiger, 3. Juni

***

Gestern Abends erregten auf dem Südbahnhofe beim Anlangen des steiermärkischen Schubes zwei Männer im beiläufigen Alter von 25 – 30 Jahren, welche ziemlich elegant gekleidet waren und schwere eiserne Ketten trugen, allgemeines Aufsehen. Am Bahnhofe erzählte man sich über die Unbekannten die unheimlichsten Gerüchte. Man bezeichnete sie anfangs als Mörder, später wieder als italienische Spione, kurz man erging sich in den absonderlichsten Kombinationen. Die Beiden wurden am Südbahnhofe auf die Nordbahn expediert und gingen von da nach Prag ab. Wie wir erfahren, sind die Abgeschobenen zwei deutsche Handwerker und zwar der eine aus Schleswig, der andere aus Holstein, welche wegen Vagabundierens in Verona aufgegriffen und, da ihnen mehrere Fluchtversuche nachgewiesen wurden, in Eisen in ihre Heimat abgeschoben wurden.

Die Presse, 3. Juni

***

Rattenberg, 2. Juni. Gestern rückten die zur Waffenübung einberufenen Landesschützen mit klingendem Spiele hier ein und wurden beim k. k. Bezirks-Amte von Herrn Hauptmann Graf Taxis übernommen. Die Kompagnie berechtigt durch ihre gestern gezeigte musterhafte Haltung bei der in unserem Schießstande abgehaltenen ersten Schule zu den besten Hoffnungen, sowie dieselbe auch, betreffs Schönheit der Mannschaft, kaum übertroffen werden dürfte, sobald sie uniformiert und militärisch geschult sein wird, was man bei der Tüchtigkeit und dem außerordentlichen Eifer der Herrn Offiziere in kürzester Zeit erwarten werden darf. Zu bedauern ist nur, dass die Väter des Landes in ihren diesfälligen zahlreichen Beratungen die Beschuhung vergessen haben, weshalb die Beschaffung derselben entweder dem Landesschützen selbst oder aber den Gemeinden zur Last fallen wird, zumal von der in der österreichischen Armee herrschenden Disziplin nicht zu erwarten ist, dass die Beschuhung nach dem Vorbilde der französischen Revolutionsheere requiriert werde.

Volks- und Schützen-Zeitung, 4. Juni

***

Die »Presse« enthält zur Charakterisierung der Stimmung ein Schreiben des Advokaten Dr. J. Hundegger in Murau, worin es heißt: da Graf Bismarck als Landwehrmann gegen uns ins Feld zu ziehen gedenkt, so werden 100 Gulden demjenigen Krieger zugesichert, der den Grafen Bismarck ergreift und – sei es allein oder mit Hilfe Anderer, sei es mit ganzem oder durchlö-

chertem Fell, sei es tot oder lebendig – zum Gefangenen macht.
Innsbrucker Nachrichten, 4. Juni

***

Die »Dresdener Nachrichten« schreiben unterm 1. Juni: »Vor einigen Tagen erschien in Radeburg mitten in der Nacht ein Reitertrupp preußischer Husaren, welche sich, der Wege unkundig, dorthin verritten hatten und von der überraschten Einwohnerschaft auf den Weg zur preußischen Grenze verwiesen wurden. Ein gleiches Häuflein preußischer Reiter soll auch vorgestern sich bis Großenhain vergaloppiert haben und nach geschehener Zurechtweisung nicht wenig erstaunt gewesen sein, sich mitten in Sachsen zu befinden.«
Wir wären auf den Lärm begierig, den die »Berliner Offiziösen« schlagen würden, wenn österreichische Husaren sich in solcher Weise verirrt hätten.
Innsbrucker Nachrichten, 8. Juni

***

Charakteristisch ist es, dass die preußische Infanterie die Ordre erhalten hat, sich die Bärte wachsen zu lassen. – Will Bismarck es den alten Teutonen nachmachen, die mit schrecklichem Aussehen und Gebrüll die Feinde in die Flucht jagen zu können vermeinten.
Ein drolliger Vorfall wird von der österreichisch-schlesischen Grenze berichtet. Ein Leichenzug von Gostiz nach Weißwasser hat die nahe Grenzstadt Reichenstein derart alarmiert, dass die ganze tapfere Besatzung in Schlachtordnung sich an der Grenze aufstellte und mit zitterndem Heldenmut den vermeintlichen Angriff der anrückenden Österreicher erwartete, sich gegenseitig ermunternd, nur nicht den Mut zu verlieren.
Innsbrucker Nachrichten, 8. Juni

***

Ich glaube nicht, dass es gegenwärtig ein Land der Erde gibt, wo die Flamme der Kriegsbegeisterung so hell und licht auflodert, wie in unserem Ländchen Tirol. Wohl schreit auch der Italiener, welcher immer gern Lärm macht:

»Zu den Waffen, auf, du ganze italienische Nation«, wir glauben jedoch nicht, dass hinter diesen Schreiern das ganze italienische Volk stehe, wir glauben vielmehr, dass diese sich nur selbst gerne Mut machen und jene vielen Stimmen übertönen möchten, welche bei dem wilden Treiben der roten Revolution ihren Warnungsruf erheben; wir halten ferner dafür, dass diese italienischen Lärmmacher durch ihr Getöse verhindern möchten, dass der Klageruf der Neapolitaner über die Apenninen zu uns nach Deutschland herauftöne. Das Feuer der italienischen Begeisterung hat keinen Halt und keinen Kern, denn es ruft Namen, welche gar so bedenklich, gottlos und blutig klingen, wie die Namen Garibaldi's, Mazzini's, Kossuth's und wie die vergötterten Revolutionshelden alle heißen mögen. Uns kommt dieses Feuer wie ein Feuer vor, das über dürres Gras im Frühjahr oder wie über trockene Strohstoppeln im Herbste hinfährt.

Unsere Losungsworte in Tirol lauten ganz anders, keine leeren Phrasen sind es, keine Namen, die jeden, der die Bande der menschlichen Gesellschaft und der Religion noch liebt, in Schrecken versetzen; nein, unsere Losungsworte sind Wirklichkeit, sind in Aller Herz geschrieben, sind »Gott, Kaiser und Vaterland«. – Ja einmal für Gott kämpfen wir. Tirol ist ein Ländchen zwar klein, aber unsere Berge kennen nur Eine Religion, und kein Misston herrscht da. Vertrauen herrscht zwischen Volk und Priester. Der Mann der Gemeinde schließt sich an seine Priester, der Priester an den Bischof, der Bischof an den Statthalter Jesu Christi und der Statthalter Gottes schmiegt sich fest an den ewigen Hirten, den unerschütterlichen Grundstein der katholischen Kirche, an Jesus Christus selbst. Dieses Band, das uns aneinander knüpft, ist so fest, so innig, dass keine Kunstgriffe der Feinde es je zerreißen konnten; ja die gemeinsame Gefahr macht es nur noch fester; Bemühungen von Außen es zu lösen, haben es nur noch enger geknüpft. Ja wir Tiroler blicken jetzt alle zu Gott auf, wir rufen wie mit Einer Stimme zu ihm, denn es handelt sich um den Kampf des Antichrists gegen die Religion und alles bestehende Recht. Dazu fordert uns heraus der kecke Hohnruf vom Norden herab, dazu die Revolution vom Süden herauf, dazu der den päpstlichen Stuhl und die alten Verträge heimtückisch untergrabende Kaiser aus Volksgnaden an der Seine. Die alten christlichen Altäre wollen sie umstürzen und die Vernunft und den Götzen des rohen Volkswillens auf den Altar setzen. Wir aber glauben, dass im Himmel droben noch ein Gott regiert, der seine ewigen Gesetze vorschreibt, wir beugen uns vor ihm, wir ziehen für ihn unser Schwert, er geht uns voran, wir ihm begeistert nach, und wenn der Alte der Tage mit uns ist, wer ist wider uns?

Für den Kaiser sind wir begeistert; für unsere Habsburger. Sie liebten ja auch unser Tirol und betrachteten es als die edelste Perle ihrer Krone. Wie liebte nicht ein Max, ein Ferdinand unser armes Gebirgsland! Wurde es nicht immer das »Getreue« genannt? Die Alten können uns noch erzählen, welch' Trauer herrschte, als fremde Wappen von den öffentlichen Gebäuden in Tirol herabschauten und nicht mehr unser lieber Doppelaar.

Mit welch' verbissenem Ingrimm ging man an diesen gewaltsam aufgedrängten Schildern vorüber!

Endlich schlug für uns wieder der Tag der Erlösung, das Jahr 1816 kam, der Doppelaar kam wieder. Welch' ein Jubel, welch' eine Landesfreude, Tausenden standen die Tränen in den Augen: »Kaiserlich sind wir wieder, wir haben ihn wieder unseren Franzl«; so tönte es durch Berg und Tal, hinein und hinauf bis in die entfernteste Hütte; Freudenfeuer, schwarzgelbe Fahnen und Pöllerknall trugen die fröhliche Kunde überall hin. Und als der Kaiser zum ersten Male nach so langen Leiden wieder in unserem Ländchen erschien, wie klärte sich da das Antlitz des Tirolers wieder auf, es war, als ob die Sonne am Himmel Tirols neu scheinen würde.

Und wie war es etwa bei dem letzten Jubelfeste Tirols anders? Als es hieß: »Tirol, vielleicht kommt der Kaiser selbst«, da erfüllte jeden ein freudiges Bangen; und als erst unser Kaiser wirklich, plötzlich und überraschend in unserer Mitte stand und uns sagte, dass er gekommen sei, sich in unserem Kreise an diesem Landesfeste herzlich zu erfreuen, da hingen die Blicke von Tausenden an dem Antlitze ihres Kaisers, die Herzen pochten laut, und was immer unser Volk auch damals getan, um seine treue Liebe zu bezeugen, so war es doch nur ein schwaches Zeichen dessen, was jeder fühlte. Man hätte gerne noch mehr gesagt, noch mehr getan. Und so ist und war es immer, so oft ein Habsburger bei uns – erschien. Uns ist der Kaiser eine geheiligte Person, ein Fürst von Gottes Gnaden, in dessen Hand Gott das Schwert der Gerechtigkeit gelegt, der Hort der katholischen Religion, der alte fromme Habsburgerstamm; daher unser Wahlspruch »für den Kaiser«; daher unsere Begeisterung, wenn uns der Kaiser ruft; wenn ihm von irgend einer Seite Gefahr droht.

Und wie sollen wir für unser Vaterland nicht begeistert sein? Wo weht die Luft so rein wie in unseren Bergen, wo sind so schön blühende Wiesen wie in unseren Tälern, wo ist das Grün so saftig als auf unseren Alpen, wo blüht das Edelweiß und die Edelraute so schön als auf unseren Felsen, wo sprudeln die Quellen so silberklar und frisch hervor wie in unseren Schluchten, wo trifft man so niedliche Dörflein und reizend gelegene Häuschen wie auf unseren Anhöhen, wo blicken die Kirchtürme so stolz, so spitz und schlank in das Tal hinaus, wo tritt man in so schön geschmückte und reinliche Kirchen und Kirchleins wie bei uns, wo trifft man so viele trauliche Weg- und Waldkapellchen und so viele Bilder und Kreuze als ebenso viele beredte Wegweiser zum Himmel, wo hüpfen die Kühe so mutwillig und munter über die fetten Trifften hin, wo bieten die Wälder so herrlichen Schatten und Platz zum heiteren Spiel der befiederten Sänger, wo perlet die Traube so schöne rotfunkelnde Tropfen heraus, wo zeitiget die Sonne so edle Pfirsiche und Äpfel gleich den Paradiesäpfeln, wo jauchzt der Mann so frei und klangvoll von den Höhen herab, dass das Echo erschallt, wo hat der Sänger so lieblichtönende Lieder aus fröhlicher Brust, wo trifft er Leute so treuherzig und offen, ohne alles Falsch, Leute voll Nächsten- und Gottesliebe, Leute, die noch das alte »Ein Mann ein Wort« gelten lassen, wo findet der Wanderer so gastliche Aufnahme? Es ist in Tirol; und darum lieben wir Tiroler unser Ländchen so sehr und darum haben wir Tiroler Heimweh, wenn wir nicht in unseren Bergen sind, darum zieht es uns nach unseren Tälern und Höhen, und eben darum greifen wir entrüstet zu den Waffen, wenn kühne Räuber ihren Fuß in unser Land setzen und unseren Frieden, unsere Heiligtümer, unsere Kirchen, unsere Häuser, unsere Felder zerstören und unser teures Paradies in eine Wüste verwandeln wollen. Ja, da wehren wir uns; wir, die sonst friedlichsten und gutmütigsten Leute der Welt, werden, angegriffen, zu furchtbaren Löwen, und wie der Löwe aus seiner Höhle, so brechen auch wir aus unseren Bergschluchten hervor und die Feinde zermalmend rufen wir aus: Für Gott, Kaiser und Vaterland! Euch Räubern kein Fuß breit unserer geheiligten Erde!

Tiroler Stimmen, 8. Juni

***

Aus Böhmen wird geschrieben: Wenn dieser unglückselige Krieg wirklich nicht sollte abgewendet werden können, so wird es ein furchtbarer Krieg. Sie haben keinen Begriff von der Erbitterung, welche sowohl in der Armee

als in der Bevölkerung gegen Preußen herrscht. In jedem Dorfe, in jeder Hütte, zumal in den Grenzbezirken – und Sie dürfen das wörtlich nehmen – rüstet sich das Landvolk mit Sensen und Dreschflegeln, und andrerseits ist Benedek fest entschlossen, gleichviel mit welchen Opfern, sofort nur große und entscheidende Schläge zu führen, und die Soldaten sind eigens und ausdrücklich instruiert, sich so wenig als möglich mit dem Feuern aufzuhalten, sondern dem Feinde mit Bajonett und Kolben gerade auf den Leib zu gehen.
Volks- und Schützen-Zeitung, 8. Juni

***

Neben Sachsen hält sich unstreitig Württemberg am tapfersten. Die kraftvolle Rede des Königs zur Eröffnung des Landtags, die erfolgreichen Bemühungen der Königin Olga am russischen Hofe, diesen für Österreich zu gewinnen, lassen über den engen Anschluss des württembergischen Hofes an Österreich keinen Zweifel mehr. Aber auch der württembergische Landtag, also das Volk von Württemberg, teilt die Gesinnungen seines Königs. Mit 82 von 90 Stimmen hat die zweite Kammer am 5. Juni den Antrag auf unbedingte Bewilligung der Geldmittel zu den Rüstungen angenommen.
Volks- und Schützen-Zeitung, 8. Juni

***

Wien, 4. Juni. Unsere Börse ist den rapiden Sprüngen in Paris nicht gefolgt, denn man hat hier nie geglaubt, dass der Kongress zu einem Resultate führen werde; aber die Haltung des Geldmarktes hängt nicht vom kühlen Ressentiment, sondern von der Stimmung des Augenblickes ab. Der Metalldurst des Publikums, der sich einigermaßen gestillt zu haben schien, wird wieder rege. Das Hauptgeschäft der Wechselstuben, der Hauptartikel der Börse ist: Gold. Wäre nicht die Nachfrage so groß, dann könnte das so häufige Metall unmöglich so hoch im Kurse stehen; aber das Verlangen, sich mit Gold zu versehen, ist nachgerade epidemisch geworden.
Innsbrucker Nachrichten, 9. Juni

***

In Urspringen (Unterfranken) wurden in der Nacht vom 30. Mai sechs Judenhäuser arg verwüstet. Die »Neue Würzburger Zeitung« bemerkt hiezu: »Die Ursache dieser großen Aufregung gegen die jüdische Bevölkerung soll in der übermütigen Ausdehnung des Wuchers und der in der gegenwärtig schweren Zeit doppelt empfindsamen Bedrückung armer Leute zu finden sein. Jedenfalls aber sind derartige Auftritte gesetzlos und somit doppelt traurig.«

Innsbrucker Nachrichten, 9. Juni

***

General Benedek hat in einem Tagesbefehl den Offizieren verboten, an Zeitungen Berichte zu liefern. Er will überhaupt keine Korrespondenten (weder vom Zivil noch vom Militär) bei der Armee dulden und bedroht dieselben, wenn sie nicht gutwillig gehen, mit dem Standrecht. – Ein (angeblicher) Armeebefehl des Kaisers sichert demjenigen Offizier 5000 Gulden und demjenigen vom Feldwebel abwärts 500 Gulden zu, der die erste preußische Kanone erbeutet.

Lokomotive an der Oder, 9. Juni

***

Die Hilfsquellen Österreichs in Bezug auf diensttaugliche Pferde sind unerschöpflich. Bei den verschiedenen in der Monarchie aufgestellten Pferdeassentierungs-Kommissionen, welche die Pferde für die Ausrüstung der Armee im Lieferungswege beschaffen, sind im Laufe der letzten 4 – 6 Wochen mindestens 60.000 Pferde angekauft worden. Dabei hat sich nicht einen Augenblick eine Stockung ergeben; man war vielmehr in der Lage, auch Einkäufe von einigen 1000 Pferden mit spezieller Ausnahme vom Ausfuhrverbot zu erlauben und könnte ohne Schwierigkeit noch eine eben so große Zahl von volljährigen Pferden zur Abstellung bringen. Remontepreise sind von 130 bis 225 Gulden pro Stück.

Volks- und Schützen-Zeitung, 11. Juni

***

Die »Wiener Abendpost« sagt: Der Einmarsch der Preußen in Holstein ist eine überaus schwerwiegende Tatsache. Er bezeichnet den einseitigen Rücktritt Preußens von der Gasteiner Konvention, einen eklatanten, beispiellosen Vertragsbruch. Wir konstatieren, dass es lediglich der Mäßigung der österreichischen Regierungsorgane in Holstein zu verdanken sei, wenn ein blutiger, in seinen Folgen unabsehbarer Konflikt sich nicht sofort an den unberechtigten, ungerechtfertigten Schritt Preußens knüpfte.

Innsbrucker Nachrichten, 12. Juni

***

Wien, 9. Juni. Die feierliche Übergabe der Fahne an das Wien-Tiroler Scharfschützenkorps fand heute Morgens im Stadtbauamte statt. Nachdem sich die Kompagnie in vollster Parade aufgestellt hatte, übergab der Stadtbau-Direktor die den Tiroler Schützen von der Kommune Wien im Jahre 1859 zum Geschenke gemachte Fahne dem Hauptmann Kögl. Hierauf marschierte das Korps unter klingendem Spiel in das Schönborn'sche Palais und pflanzte die Fahne auf der Hauptwache auf. Die grünseidene Fahne trägt einen roten Adler im weißen Felde. Die Uniform des Korps besteht aus einem dunkelgrauen Waffenrock mit grünen Aufschlägen, schwarzem Riemzeug und einem runden mit Schildhahnfedern gezierten Hute. Um halb 10 Uhr wurde die Kompagnie im Hofe des Schönborn'schen Palais von Sr. Majestät dem Kaiser besichtigt. Nachdem die vortrefflich aussehende Truppe defiliert war, sprach der Kaiser den braven Tirolern seinen Dank für die Bereitwilligkeit aus, mit der sie sich zum Dienste für das Vaterland gemeldet haben und gab seiner Überzeugung Ausdruck, dass sie ihrem Namen Ehre machen werden. Ein dreimaliges Hurra der Schützen war die Antwort. Der Kaiser sprach auch dem Hauptmann Kögl seinen Dank aus und ließ gleichzeitig für das Korps einen namhaften Ausrüstungsbeitrag anweisen. Se. Majestät wurde bei der Ankunft und bei der Abfahrt vom zahlreich versammelten Publikum stürmisch begrüßt. Montag marschiert die Kompagnie nach Innsbruck ab.

Innsbrucker Nachrichten, 12. Juni

***

Am 3. Juni hatten eine Anzahl Berliner Grundbesitzer eine Besprechung mit dem Grafen von Bismarck wegen Errichtung einer Hypothekenbank. Als das Gespräch, wie jetzt unvermeidlich, auf die politische Lage des Staates kam, äußerte sich der Herr Ministerpräsident dahin: »Dass Se. Majestät der König, wie dieses auch schon in der Allerhöchsten Kabinetts-Order an den Magistrat der Stadt Breslau ausgesprochen wäre, grundsätzlich gegen den Krieg sei und hierin mit Seinen Räten in der am 28. Februar d. J. stattgefundenen Sitzung ganz übereingestimmt habe. Inzwischen sei aber seitens der Gegner Preußens in der frivolsten und ruchlosesten Weise, nach einem vorher tiefdurchdachten Plane, Alles zu einem Angriffs-Kriege vorbereitet worden; ja es habe sich der österreichische Finanz-Minister mittlerweile nicht entblödet, dem Kaiser offen zu erklären, dass Österreich entweder 500 Millionen baren Geldes als Kriegs-Entschädigung aus Preußen ziehen oder einen ehrlichen Staats-Bankerott aussprechen müsse. Ferner konstatierten die österreichischen Zeitungen, die hier leider wenig gelesen werden, dass den österreichischen Völkern auf offiziellem Wege die Ansicht eingeimpft werde, Preußen habe seit 20 Jahren durch jüdischen Wucher sämtliches Silbergeld aus dem Kaiserstaate herausgezogen, was der einzige Grund des in Österreich herrschenden Mangels an barem Gelde sei, und dass nunmehr der Zeitpunkt gekommen wäre, wo man diese baren Gelder mit Gewalt wieder aus Preußen herausholen müsse, dass also, mit anderen Worten, die Raublust erweckt und als Aufmunterung zum Angriffskriege gegen Preußen benutzt werde.«

Lokomotive an der Oder, 12. Juni

***

Breslau, 8. Juni. Die »Schlesische Zeitung« bringt in einem Telegramm aus Neiße eine Bekanntmachung des dortigen Magistrats, wonach alle Zivilpersonen bis zum 11. d. M. sich auf drei Monate zu verproviantieren haben. Wer dies nicht getan, wird nach dem 11. auf Befehl des Oberpräsidenten der Provinz Schlesien aus der Stadt entfernt werden.

Lokomotive an der Oder, 12. Juni

***

Den »Tiroler Stimmen« meldet man aus Bozen, 11. Juni: Gestern am Herz-Jesu-Sonntag wurde der Landsturm in 10 starken Kompagnien organisiert und das Bündnis mit dem heiligsten Herzen Jesu auf die feierlichste Weise erneuert.

Innsbrucker Nachrichten, 13. Juni

***

Innsbruck, 13. Juni. Die welschen Eisenbahnarbeiter bilden bei uns gegenwärtig auch eine Frage und zwar bei vielen, wie es scheint, eine brennende. Wir haben uns in dieser Sache um nähere Aufschlüsse an einen Mann gewendet, dessen loyalste Gesinnung außer allem Zweifel ist und welcher die Verhältnisse der Arbeiter an der Bahnstrecke Innsbruck-Bozen auf das Genaueste kennt. Derselbe antwortet nun in nachstehendem Schreiben, dem wir, hoffentlich ohne in den Verdacht welscher Gesinnung zu kommen, beistimmen:

Brixen, 11. Juni. Ihrem geehrten Wunsche gemäß teile ich Ihnen meine aus persönlicher Anschauung und Erfahrung geschöpften Ansichten über die an der Strecke Innsbruck-Bozen beschäftigten welschen Arbeiter mit. Wenn man sich über ein Übel beklagt, so ist es vor allem notwendig, dass man auch die Mittel zur Abwendung dieses Übels angibt. Man hört nun in neuester Zeit in öffentlichen Blättern fürchterlich gegen diese Arbeiter donnern, aber was mit denselben geschehen soll, hat Niemand gesagt. Es hieß zwar einfach »fort damit«, aber was heißt das? Sollen sie einfach massakriert werden? Oder sollen sie nach Salzburg oder Böhmen verlegt und dort interniert und auf Staatskosten gefüttert werden? Oder sollen sie in ihre Heimat abgeschoben werden? Unter allen diesen Maßregeln ist keine ausführbar, und gerade das Entlassen in ihre Heimat wäre für uns das Gefährlichste. Dort wären sie ohne Beschäftigung, ohne Geld, ohne Brot, also rein dem Hunger und durch diesen den Freischarenwerbern in die Hände geworfen. Will man daher diese Arbeiter nicht als erzwungene Freischärler bewaffnet wiederkehren sehen, so bleibt nichts übrig, als dass man sie hier bei ihrer nicht beneidenswerten Arbeit, bei ihrem Verdienste lässt. Wer ein besseres Mittel weiß, gebe es an. Bei Beurteilung der Arbeiter muss man aber doch auch fragen: wer sind denn diese armen Teufel. Sind es nicht zu Dreivierteilen

Tiroler. Soll man nun die eignen Landsleute zum Haus hinausjagen? Wenn ich nun meinen Rat in dieser Sache erteilen soll, so ist es der, welcher auch bereits in Anwendung gekommen ist, nämlich die einmal nicht zu beseitigenden Arbeiter zu lassen, wo sie sind, die Nichttiroler auszumustern und jeden unruhigen Kopf augenblicklich auf den Schub zu setzen. Ein Hauptmittel aber ist, sie auch Sonntags zu beschäftigen. Das ist aber alles schon angeordnet. Die Regierung hat bei den Bischöfen von Brixen und Trient um Dispens für die sonntägliche Arbeit nachgesucht und erhalten. Auch ist für Abschaffung unruhiger Köpfe gesorgt. Erst vor ein paar Tagen sind drei Arbeiter entlassen worden, die zwar keinen politischen, sondern nur einen Blaumontagsspektakel gemacht haben, und obwohl sie in Innsbruck hohe Protektion zu finden glaubten, kamen sie unverrichteter Dinge zurück und mussten fort. Man gebe übrigens Arbeiter her, von welcher Nation man wolle, unter 1500 Leuten kann es ohne jeden Exzess nicht abgehen, selbst wenn es lauter Deutschtiroler wären. Seit der Zeit aber, als diese Arbeiter auch Sonntags Nachmittag an der Arbeit sind, hat selbst das beliebte Singen und Schreien, das nebst der trockenen Polenta ihr einziges Vergnügen ist, sehr abgenommen. Sie wissen, ich bin kein Welscher und kein welsch gesinnter, und wenn ich bei der Schöpfung der Menschenkinder hätte Einfluss nehmen können, hätte ich sicher keinen Welschen erschaffen lassen, aber die Wahrheit bleibt, dass der gemeine Mann aus Welschtirol nicht bloß ein guter Arbeiter, sondern auch in politischer Beziehung unverfänglich ist. Ich versichere Sie, die Leute sind froh, wenn man ihnen nichts tut und sie in Ruhe ihre Polentakreuzer verdienen lässt. Will man aber jeden Exzess verhüten, so müsste man sich die Arbeiter aus dem Himmel verschreiben.

Volks- und Schützen-Zeitung, 13. Juni

***

(Völlige Räumung Holsteins seitens der Österreicher.) Die österreichische Brigade, welche Holstein bisher besetzt gehalten, hat auch die Stellung in und bei Altona, auf welche sie sich nach dem Einmarsch der Preußen zurückgezogen, nicht festgehalten. Dieselbe schickte sich vielmehr alsbald an, Holstein überhaupt zu verlassen. Schon in der Nacht vom 11. zum 12. Juni rückten die Österreicher nach Hamburg und von da über die Elbe nach Harburg in Hannover.

Der bisherige österreichische Statthalter General von Gablenz erließ beim Scheiden noch eine Kundmachung an die Holsteiner. Er erklärte, dass er durch die preußischen Maßregeln zum Aufgeben seiner Stellung genötigt sei.
»Preußische Truppen«, sagte er, – »sind im Anmarsch auf Altona. Die mir zu Gebote stehenden Streitkräfte waren nicht darauf berechnet, einem feindlichen Angriff der bisher verbündeten deutschen Macht Widerstand zu leisten; ich bin außer Stande, mit meiner kleinen Schar der verübten Gewalt wirksam entgegen zu treten und das Recht zu schützen. Um die Truppen nicht nutzlos zu opfern, weiche ich, einem Allerhöchsten Befehl Sr. Majestät des Kaisers folgend, der Übermacht und verlasse mit ihnen das Land.«
Die hannoversche Regierung hat den österreichischen Truppen den Durchzug unter Benutzung der Eisenbahn gestattet.
Von Harburg soll sich die Brigade zunächst nach Kassel begeben. Es wird hier und da vermutet, dass Österreich versuchen wolle, diese seine Truppen mit einer anderen deutschen Heeresabteilung zu feindseligem Auftreten gegen Preußen in Mitteldeutschland zu vereinigen. Diese Annahme dürfte sich jedenfalls als irrig erweisen, da alle beteiligten deutschen Regierungen unzweifelhaft von dem Entschlusse und der Macht Preußens überzeugt sind, jedes solche Beginnen von vor herein zu vereiteln.

Provinzial-Correspondenz, 13. Juni

***

Der Prinz von Augustenburg, welcher auf die Nachricht von dem Herannahen der Preußen unter den Ersten Hals über Kopf Kiel verlassen hatte, ist auch den abziehenden Österreichern nach Hamburg vorausgeeilt. Über sein Verbleiben sind weitere Nachrichten nicht vorhanden. Die hastige Flucht des Prinzen hat unter seinen Anhängern einen beschämenden und niederschlagenden Eindruck gemacht. Nach allen Zusicherungen, die er über sein Ausharren bei »seinem Volke« gegeben und durch welche so Viele sich haben irre leiten lassen, steht es ihm übel an, auf den ersten Anschein einer Gefahr alsbald nur seine Person in Sicherheit zu bringen. Dieses Verhalten wird schwerlich dazu beitragen, seine Anhänger unter den Holsteinern für seine Sache zu ermutigen.

Der Prinz scheint sich von Hamburg über Hannover und Kassel nach Frankfurt zu begeben, vermutlich, um nunmehr seine Sache beim Bunde zu betreiben.

Nach dem Abzuge der Österreicher befindet sich Preußen nunmehr in dem tatsächlichen vollen Besitze der Regierungsgewalt in Holstein.

Es ist zu erwarten, dass die selbstbewusste Kraft und der milde Ernst des Regiments, welches bisher schon in Schleswig unverkennbar dazu beigetragen hat, die Gemüter zu beruhigen und zu gewinnen, fortan auch in Holstein allmählich und von innen heraus die Überzeugung wachsen lassen werden, dass für die Herzogtümer wahres Heil nur in der engsten Verbindung mit Preußen zu finden ist.

Unser König hat nächst dem Gouverneur von Manteuffel einen der hervorragendsten und geachtetsten Männer aus Holstein selbst, den Freiherrn von Scheel-Plessen, zur Leitung der gesamten Zivilverwaltung berufen, um den Herzogtümern ein neues Unterpfand des ernsten Willens zu geben, den Eigentümlichkeiten, Interessen und Wünschen der Bevölkerung jede Berücksichtigung zu Teil werden zu lassen.

Möchte unter den Holsteinern bald das volle Vertrauen zur Geltung kommen, dass Preußen in dem engen Anschluss der Herzogtümer vor Allem die Erfüllung seines nationalen Berufs, seiner großen Aufgaben für das gemeinsame deutsche Vaterland sucht und im Auge hat.

Provinzial-Correspondenz, 13. Juni

***

Einer feuilletonistischen Schilderung des letzten Pariser Rennens entnehmen wir folgende interessante Stelle: »Zwei Frauen erregten besondere Aufmerksamkeit: die Kaiserin Eugenie durch ihre merkwürdig einfache Kleidung inmitten einer vom Luxus überschütteten Umgebung und die elegante Gattin des österreichischen Gesandten, die trotz aller Zeitungsangriffe gegen Österreich die Farben ihres Landes stolz trägt und wie eine Siegerin inmitten des Schwarms von Freunden und Gönnern umherschreitet. Ihr schwarzgelber Wagen mit schwarzgelber Livrèe, schwarzgelber Kokarde, sie selbst in schwarzgelber Tracht, ist von Weitem schon sichtbar. Die Fürstin Metternich schien aufgeräumt und besonders munter, und da sie mit ihrem Manne die

Sorgen der Diplomatie redlich teilt, blieb ihr heiteres Aussehen nicht unbemerkt.«

Innsbrucker Nachrichten, 14. Juni

***

Altona, Dienstag den 12. Juni, Morgens 3 Uhr. Seit 2 ¾ Uhr Morgens sind keine österreichischen Truppen mehr hier, die letzten sind soeben abgerückt. Die Truppen sind sämtlich auf Harburg zu ausmarschiert. Gestern Abend um 10 Uhr war die Hauptwache bereits nur von einigen Polizeioffizianten besetzt. In der Nacht trieb ein Volkshaufe vor der Polizeiwache großen Unfug; die Polizeibeamten, welche die Ordnung wieder herstellen wollten, wurden insultiert; es wurden deshalb mehrere Kompagnien abrückender Österreicher zurückberufen, welche die Ordnung bald wieder herstellten. Seit dem erfolgten Wiederausmarsch dieser Kompagnien halten Bürger und Polizei die Ordnung aufrecht.

Lokomotive an der Oder, 14. Juni

***

Die »Ostdeutsche Post« bedauert, dass der Einmarsch der Preußen in Holstein so friedlich vonstatten gegangen ist. »Hätte (sagt sie) nur ein österreichischer Wachtposten von nur wenigen Mann sich dem Einmarsche mit gefälltem Bajonette widersetzt und wären es nur wenige Schüsse, die gefallen wären, dann würde Niemand bestreiten können, dass Preußen die Gewalttätigkeiten begonnen hat.« Die Brigade Kalik hätte durch einen kurzen Widerstand denn Casus Belli demonstrieren müssen.

Lokomotive an der Oder, 14. Juni

***

Von der italienischen Grenze, 9. Juni. Die Stimmung drüben im zerrütteten Königreich hat sich wesentlich geändert. Fünf Herren aus Deutschland konnten nur mit großer Gefahr über den Po herüberkommen. Vier Herren waren aus Baiern und einer aus Österreich. Sie hörten öfters den Ruf: »Wer sind diese? Wüssten wir, dass sie Deutsche oder gar Österreicher seien, wir würden sie in Stücke reißen.« Natürlich gelten bei den Italienern die Preußen nicht als Deutsche, und hierin haben sie vollständig Recht; denn die Italiener, die ihren Lieblingsschrei täglich hundertmal ausstoßen, nämlich: »Tod den Deutschen«, nehmen die brüderlichen Preußen von dieser Verwünschung aus und streichen sie dadurch von der Karte Deutschlands weg. »Tod den Deutschen, Tod dem Papst, Tod den Österreichern« – tönt es wirr durcheinander.

Tiroler Stimmen, 15. Juni

***

München, 13. Juni. Se. Maj. König Ludwig I. wird sich am 19. ds. zum Sommeraufenthalte zunächst nach Aschaffenburg und später nach der Villa Ludwigshöhe bei Edenkoben begeben. Die Rückkehr Sr. Majestät nach München dürfte erst Anfangs September erfolgen.
Gestern traf ein Telegramm dahier ein, wonach zwei Bataillone vom Infanterie-Regiment König Ludwig in Mainz eingerückt sind, und wird Baiern über 3000 Mann in Mainz einmarschieren lassen und ebenso viele sollen zur Besetzung von Frankfurt bestimmt sein.

Innsbrucker Nachrichten, 15. Juni

***

Die »Köln. Blätter« sind konfisziert worden wegen eines Artikels, welcher über die Überlegenheit der österreichischen Waffen über die italienischen sprach und hervorhob, dass Preußen doch auch den vereinten Waffen Österreichs und des deutschen Bundes numerisch nachstehen werde, dass in Österreich Kriegsbegeisterung im ganzen Volke, in Preußen mindestens Verdrossenheit im Heer und Volk vorherrsche.

Innsbrucker Nachrichten, 15. Juni

***

Innsbruck, 15. Juni. Selbstverständlich ist es unmöglich, jeden landsturmpflichtigen Mann mit einer Feuerwaffe zu versehen. Wir haben deshalb schon in unseren ersten, Ende April und Anfangs Mai erschienenen Land-

sturm-Notizen auf andere Waffen aufmerksam gemacht, wie sie schon in unsern alten Kriegszeiten gebraucht worden sind. Unter diesen nannten wir auch die Sense. Über diese Waffe liegt uns nun das Urteil eines polnischen Offiziers vor, der diese Waffen erproben gesehen hat. Derselbe erklärte die Sense als die »furchtbarste aller Volkswaffen«. Keine Handwaffe könne mehr imponieren, als die durch ihre giftige Schärfe und ihren zähen Schnitt erschreckende Sense. Die Sense sei überdies mit geringem Aufwande von Kraft tödlich zu führen, da der leiseste Streich bis auf die Knochen einschneide. Die polnischen Bauern hätten mit dieser Waffe außerordentliche Erfolge errungen. Es sei die grausamste, aber gefürchtetste und verderblichste Volkswaffe. – Um die Sense mit Erfolg auf dem Schlachtfelde zu gebrauchen, muss sie gerade und nicht wie zum Mähen rechtwinklig gestellt sein. Die Stange, an welche sie aufgesetzt wird, muss aus einem zähen, nicht leicht abzuschlagenden Schafte bestehen. Der mit dem Feinde handgemein werdende Stürmer hat bloß zu trachten, seinen Gegner zu erreichen; jede Berührung mit der Sense macht denselben felduntauglich.
Volks- und Schützen-Zeitung, 15. Juni

***

In Landeck, im Oberinntal, ist der kriegerische Geist auch in die Schuljugend gefahren. Die dort gebildete Knabenkompanie exerziert eifrigst. Sie erhält von Jugendfreunden wöchentlich 3 Kreuzer Löhnung. Der Hornist der jungen Helden bläst die Signale wie ein Armeetrompeter. Auch in Zams hat sich eine Knabenkompanie gebildet, und es wäre nur zu wünschen, dass jede Gemeinde eine solche hätte und unterstützte, Kinder lernen spielend und erwachsen kann man's brauchen.
Volks- und Schützen-Zeitung, 15. Juni

***

Frankfurt, 14. Juni 6 Uhr Abends. Die Majorität der deutschen Bundesstaaten hat den österreichischen Antrag auf Mobilmachung angenommen. Die Königreiche sind übereinstimmend antipreußisch. Preußen konstatierte den Bundesbruch und erklärte die bisherigen Bundesverhältnisse für gelöst.

Der preußische Bundestags-Gesandte Savigny verließ den Sitzungssaal. Die Kriegserklärung wird erwartet.

Innsbrucker Nachrichten, 15. Juni

***

Höchst interessant ist die Depesche, welche Graf Bismarck unter dem 4. Juni an die Vertreter Preußens an den auswärtigen Höfen betreffs der bekannten Erklärung Österreichs am Bunde richtete. Dieses Schriftstück ist ein Muster diplomatischer Verlogenheit. Österreichs Regierung wird als der Störenfried um jeden Preis gegenüber Preußen und Italien hingestellt. Österreich wolle unbedingt Krieg führen, heißt es darin, um seiner innern Verlegenheit willen und um Kontributionen zu erpressen oder einen »ehrenvollen Bankerott« machen zu können. Selbst die Person Sr. Majestät des Kaisers wird nicht geschont. Preußen sei friedlich gesinnt gewesen bis zum letzten Augenblick, das könne die Regierung »mit gutem Gewissen« behaupten. Das Gewissen eines Bismarck! Wahrlich, man müsste an Allem verzweifeln, wenn eine so bodenlose Frechheit, Gemeinheit, wenn diese Galgenschwengelei nicht bestraft würde.

Volks- und Schützen-Zeitung, 15. Juni

***

Bevor das blutige Schauspiel des Krieges beginnt, müssen wir noch einen Blick auf unsere inneren Zustände werfen.
Wir machen kein Hehl aus der Besorgnis, dass nun das Walten der unabhängigen Presse erschwert werden dürfte. Wir halten dies in solchen Zeiten für einen großen Missgriff. Die jüngste Verordnung, betreffend das Verbot der Veröffentlichung von Mitteilungen über militärische Verfügungen, erschwert der inländischen Presse – gegenüber der auswärtigen – ihre Funktion. Im Glücke ist die unabhängige Presse des Reiches bester Herold, im Unglücke der wirksamste Tröster. Sie allein vermag den giftigen Miasmen unheilvoller Gerüchte, welche insbesondere in jenen Schichten der Bevölkerung, denen nicht eine Anzahl von Tagesblättern zu Gebote steht, ansteckend wirken, entgegen zu wirken, sie zu zerstören, was die offizielle Presse, die man für befangen hält, nie und nimmer im Stande ist.

Die Einschränkung der unabhängigen Presse ist an und für sich geeignet, zu beunruhigen und Zweifel zu erregen.

Wir meinen, dass gerade in Tagen der Aufregung in jenen Teilen des Reiches, wo eine Sezession kein Vorwort findet, das Wort der freien Presse nicht ängstlich gewogen werden darf. Die Tages-Presse soll ja getreu die Stimmung des Volkes, seine Hoffnungen, seine Besorgnisse abspiegeln, der Ausdruck der öffentlichen Meinung darf nicht zurückgestaut werden; sie muss auf dem offenen Markte sich frei erheben können, und die Presse soll ihr Leiter und Führer, ihr getreuer Ausdruck sein. Nur so wird diese anregen, beschwichtigen, bessern und nützen.

Tages-Post, 15. Juni

***

Einem Briefe aus Troppau wird die folgende von einem preußischen Augenzeugen verbürgte Mitteilung entnommen: Das arme Weib eines Landwehrmannes, welches dem in Kosel stationierten Manne eine wichtige, das Hauswesen betreffende Mitteilung zu machen hatte, wollte denselben besuchen. Als die Frau vor der Festung ankam, erblickte sie zufällig ihren Mann unter den Exerzierenden. Sie trat hinzu und fing an, da sie das militärische Reglement nicht kannte, mit ihrem Manne zu plaudern. Ein Offizier bedeutete der Frau in aller Güte, dass das nicht anginge; die Frau suchte zu entgegnen, die Sache sei sehr wichtig, die sie dem Manne zu sagen hätte. Da stürzte plötzlich der Hauptmann hinzu und stößt das arme Weib mit roher Gewalt vor sich hin. Dem armen Landwehrmann stieg das Blut zu Kopf und in seinem Zorne rannte er dem Hauptmann das Bajonett durch den Leib. Am Abend desselben Tages fand die Exekution des Unglücklichen statt. Er wurde im Festungsgraben erschossen.

Innsbrucker Nachrichten, 16. Juni

***

Von den drei unaufhaltsam dem Kriegspfade zueilenden Großmächten Europas befindet sich offenbar Preußen in der schlimmsten, in einer wahrhaft verhängnisvollen Lage. Der drohende Bürgerkrieg, vom eigenen Lande, von ganz Deutschland aufs Tiefste verabscheut, wird dem Berliner Kabinette auf die Rechnung geschrieben; dasselbe wird für seine furchtbaren Folgen, Opfer, Leiden und Drangsale verantwortlich gemacht. Alle Friedenswünsche vorgaukelnden Erklärungen, alle Beschönigungen und Verteidigungs-Versuche bezüglich der Vorwürfe kriegerischer Provokationen haben weder in Preußen noch in Deutschland den Abscheu vor der Berliner Kriegspolitik zu mildern vermocht. Es ist wahr, Preußen hat im Bewusstsein seiner Isolierung zu Hause und im großen Vaterlande, im Gefühle seines Unrechtes, niedergedrückt von dem demütigenden Gedanken, mit dem Auslande gegen deutsche Bundesgenossen konspiriert zu haben, allerlei versucht, um seiner Position die gehässige Spitze abzubrechen. Es hat einen Bundes-Reform-Antrag eingebracht, es hat mit Bezugnahme auf diesen Antrag fortwährend die liberalsten Reden vom Stapel laufen lassen, es hat sich sofort, scheinbar wenigstens, ohne Vorbehalt an der Friedens-Konferenz bereit erklärt, es hat endlich sein tiefes Bedauern über das Scheitern dieser Konferenz ausgedrückt. Alles umsonst. Das allgemeine Verdammungs-Urteil der Berliner Kriegspolitik ist von Preußen und von ganz Deutschland unabänderlich gesprochen. Preußen beging den großen Staatsfehler, dass es seinen patriotischen Worten keine patriotischen Taten folgen ließ. Es hat im eigenen Lande keine freiheitlichen Zugeständnisse gemacht, es hat den Frankfurter Bundestag mit der Lösung der schleswig-holstein'schen Frage nicht behelligt, es hat ihn nicht nach dem Vorgange des Wiener Kabinetts mit Vertrauen und Achtung behandelt, um auf diese Weise altes Unrecht einigermaßen wieder gut zu machen. Mit dem Abscheu des deutschen Volkes könnte es das Berliner Junker-Kabinett etwa noch aufnehmen und getrost in den Krieg ziehen. Anders, sehr ernst, ja verderbenschwanger gestaltet sich die Sache, wenn es sich um den Abscheu des preußischen Volkes handelt. Mit diesem Abscheu ist am Ende kein Spaß zu machen. Die Soldaten, zumal die Landwehrmänner ziehen nur mit dem größten Widerwillen, hie und da sogar unter Verübung der gröbsten Exzesse in den Krieg. In massenhaften Petitionen wurde der König um Erhaltung des Friedens bestürmt, hungernde Arbeiter irren zu Tausenden vor den Palästen der Berliner Machthaber umher und schreien nach Brot und Verdienst. Wer weiß, was noch geschieht, wenn einmal die Truppen vor dem Feinde lagern. Möglich, dass eine gesellschaftliche Umwälzung im Innern für eventuelle Siege über den auswärtigen Feind einen verschwindend kleinen Ersatz gewährt. Österreich befindet sich im Vergleiche zu Preußen in einer wahrhaft beneidenswerten Lage – sowohl seinem eigenen

Volke als auch Deutschland gegenüber. Österreich will nicht erobern; es verteidigt nur den eigenen Herd. Es hat erst gerüstet, nachdem es von den heimlichen Rüstungen Preußens und seinen Vereinbarungen mit Italien genaue Kenntnis erhalten hatte. Sogar den offenen Rüstungen der Italiener hat das Wiener Kabinett noch mit einer fast an Missachtung grenzenden Gleichgültigkeit zugeschaut. Dem Gesamt-Vaterlande gegenüber hat sich Österreich in Bezug auf die schleswig-holstein'sche Frage dem Bundesrechte – das allerdings nie hätte verleugnet werden sollen – konfirmiert, es hat auch die holstein'schen Stände einberufen. Diese Tatsachen stehen fest. Auch seinem eigenen Volke gegenüber ist Österreich in einer weit besseren Lage als Preußen. So gerne man auch das venezianische Bleigewicht abgeschüttelt haben möchte, so viel Patriotismus hat auch der geringste Österreicher, dass er seiner Regierung nicht zumutet, so ohne allen und jeden Kampf eine seiner schönsten Provinzen aufzugeben und auf diese Weise in seiner Eigenschaft als europäische Großmacht förmlich abzudanken. So schwer auch die Kriegslasten auf das österreichische Volk drücken, so viel es auch materiell leiden und finanziell tiefer herabsinken muss, es steht doch mit zuversichtlicherem Mute und Opferbereitschaft zu seiner mit Unrecht angegriffenen Regierung. Überall tritt eine in Preußen [mangelnde] Opferwilligkeit an den Tag. Österreich zieht im Bewusstsein des Rechtes und im Gefühle der Verteidigung der staatlichen Unabhängigkeit und territorialen Integrität des Reiches, also mit einer moralischen Gehobenheit und gewissen Sieges-Zuversicht im Vertrauen auf eine gerechte Sache in den Kampf.

Tages-Post, 16. Juni

***

Großherzogtum Hessen. Die nachstehende Ansprache wurde von der Volksversammlung zu Oberingelheim erlassen:
»Franzosen! Wir Deutsche vom linken Rheinufer, Bewohner der hessischen Rhein-Provinz, zu Tausenden versammelt in Oberingelheim bei Mainz, richten unsern Gruß an Euch. Wir sind zusammengetreten, um offen und laut vor ganz Europa zu erklären, dass wir Deutsche sind und Deutsche bleiben wollen. Deutsch ist die Sprache, die uns unsere Mütter gelehrt haben; deutsch ist die Sprache, in der unsere Dichter und Weisen zu uns geredet; deutsch ist die Sprache, in der wir die Gefühle unseres Herzens, die Gedanken

unseres Geistes unseren Geliebten, unseren Freunden mitzuteilen gewohnt sind, und dabei wollen wir bleiben und unsere Kinder auch alle deutsch erziehen, um gleich uns für ihr deutsches Vaterland zu leben, zu kämpfen und wenn es Not tut, zu sterben. Ihr, die Ihr Euch rühmt, die zivilisierteste, weiseste und ruhmreichste Nation der Erde zu sein, wie könnt Ihr begehren, was nicht Euer ist und nicht Euer sein will? Ihr, die Ihr das Prinzip der Nationalitäten verkündet, warum wollt Ihr zu Franzosen die machen, die keinen Tropfen französisches Blut in den Adern haben und deren Herz an ihrem Vaterlande hängt, wie eures an dem eurigen? Ihr verlangt Eure natürlichen Grenzen; wer hat Euch gesagt, dass der Rhein, der deutsch spricht, Eure natürliche Grenze sei? Der Rhein, der die Bewohner seiner beiden Ufer nicht trennt, sondern verbindet? Könnten wir nicht mit größerem Rechte die Vogesen unsere natürliche Grenze nennen? Ihr sagt: wir müssen uns vergrößern, damit wir nicht bedroht werden; wann aber hat Deutschland Euch bedroht, wann hat Deutschland verlangt, Euch Provinzen abzureißen, Franzosen gewaltsam zu Deutschen zu machen, wie Ihr es verlangt? Deutschland hat die Rhein-Provinzen, zu ihm gehörig schon durch gemeinsame Abstammung, gemeinsame Geschichte, Sprache und Bildung, tausend Jahre besessen, Ihr besaßt sie zwanzig Jahre. So lange Ihr sie besäßet, waren Eure Grenzen sicher? Als Ihr sie zu Eurem Reiche zählet, gingen Eure Feinde über Eure Grenzen; ihr Besitz hat Euch also nicht gesichert, sondern gefährdet und wird Euch stets gefährden, denn Deutschland müsste erst aus der Reihe der Nationen gestrichen werden, ehe es die Rhein-Provinzen hergäbe. Aber wir hoffen, dass wir uns irren, wenn wir Euch allen solche Gelüste zutrauen; wir hoffen, ja wir wissen es, dass es nur Wenige sind, die, um ihrem eigenen Ehrgeize zu frönen und die Pläne ihrer Herrschsucht zu frönen, den gesunden Sinn der Völker verwirren und verhindern, dass sie sich als Brüder kennen, bestimmt, in Eintracht zusammenzuwirken, jedes mit den ihm eigenen Anlagen und Kräften. So lasst uns die falschen Götzen des Ehrgeizes und des Schlachtenruhmes stürzen, indem wir, die Nationalitäten achtend, uns zu diesem großen Ziele die Hände reichen.«

Tages-Post, 16. Juni

***

Das kaiserliche Manifest an die Völker Österreichs verkündet, dass der Krieg Deutschlands gegen Preußen begonnen hat. Bereits hat ein Teil der Nordarmee, wie wir erfahren, sich in Sachsen mit dem königlichen Heere vereinigt und binnen wenigen Tagen dürfte die erste Schlacht geschlagen sein. Seit der denkwürdigen Zeit der deutschen Befreiungskriege hat die Welt keinen Kampf gesehen, welchen ein Volk mit so einmütigem Sinne begehrt hätte, wie den jetzt ausbrechenden. Es bedarf für Niemanden in Österreich mehr eines Beweises und einer Ausführung, dass nach der Handlungsweise Preußens der Friede nur durch Preisgebung unserer Ehre, unserer Macht, unserer Zukunft und des guten Rechts erhalten werden konnte. Darum wünscht kein ehrlicher Mann in Österreich den Frieden. Der Krieg ist nicht allein willkommen; seit den Ereignissen in Holstein ist mit Inbrunst gebetet worden, dass er ausbrechen möge. Die Hast, mit der Preußen gegen den Bund rebellierte und Sachsen den Krieg erklärte, ist wie eine Handlung der Erlösung aufgenommen worden. Noch acht Tage des Friedens würden die friedlichsten Gemüter in einen Zustand der Wut versetzt haben. Wir wissen nicht, was im Schoß der Zukunft ruht und ob der Himmel uns den Sieg beschieden; aber das wissen wir, dass der männliche und ritterliche Sinn unseres edlen Volkes nicht die Beschimpfung dulden will, welche das Hohenzollern'sche Haus gewagt hat, uns zuzufügen; dass es das Schwert ziehen muss, um zu versuchen, hiefür schreckliche Rache zu nehmen.

Wir begreifen den Schmerz, mit den das kaiserliche Manifest einen Krieg ankündigt, in welchem Deutsche wider Deutsche kämpfen müssen. Die Betrübnis hierüber muss wohl den Monarchen am tiefsten ergreifen, der die Krone Rudolph von Habsburg's trägt, dessen Geschlecht Jahrhunderte hindurch der Hort und der Verteidiger Deutschlands gewesen. Aber wenn des Volkes Stimme noch die Kraft hat, das Wahre und das Rechte zu verkünden, so wird der Kampf, der jetzt ausbricht, weit davon entfernt sein, ein unheilvoller genannt zu werden. Er kann der ersprießlichste, der segensreichste sein, den Deutschland je gekämpft hat. Er kann uns befreien von dem selbst- und herrschsüchtigen Geiste, der Jahrzehnte hindurch Deutschland verhinderte, sich in Freiheit zu einigen, der auf unberechenbare Zeit hinaus das gleiche böse Spiel hätte fortsetzen können. Wenn das Schwert Deutschlands, das Österreich und seine Verbündeten schwingen, siegreich waltet, so tötet es die deutsche Zwietracht; so fällt es jene deutsche Gewissenlosigkeit, welche den Fremden gegen den Deutschen zum Kampfe warb und mit deutschem Land ihn zu zahlen sich verpflichtete; so rottet es die deutsche Ruchlosigkeit aus, welche den Schwachen berauben wollte, bloß weil er schwach war. Nicht als ein Kampf Deutscher wider Deutsche sollte dieser Krieg aufgefasst werden, sondern als ein Kampf des Gesetzes wider die Gesetzlosigkeit, des klaren Rechts wider das schmählichste Unrecht. Das Schwert ist gesegnet, das die Sendung hat, ein Wiederhersteller heiliger Ordnung zu sein. Es muss wider den Schuldigen sich erheben, und sei er auch ein Bruder. Wollte man von seinem eigenen Geschlechte, von den Genossen des eigenen Landes oder des eigenen Staates jedes Unrecht widerstandslos erdulden, so würde das Vaterland sich in eine Pesthöhle verwandeln. Wenn kein milderes Mittel verfangen will, so müssen Feuer und Schwert dem Lande seine Gesundheit und sein Recht wiedergeben.

Das ist es, was das Volk so freudigen und mutigen Sinnes auf einen blutigen Krieg blicken lässt, der Menschen niedermähen wird wie die reife Feldfrucht, der die Ebenen tränken wird mit dem warmen Blutregen aus hunderttausend Männerherzen, dass es erkennt, wie es besser werden muss nach diesem Kampfe. Besser ist es, dass eine Generation ihre Märtyrer sendet, die kämpfend sterben, die sterbend das größte Werk, die freiheitliche Einigung Deutschlands, ermöglichen, als dass Geschlecht auf Geschlecht in nimmer endendem, unfruchtbarem Kampfe hinsiecht und des Vaterlands heiliger Boden Fremden als Beute heimfällt. Nach diesem Gewitter werden schöne Tage kommen, Tag der Erfüllung, welche die Sehnsucht des deutschen Herzens stillen; das ist die Überzeugung, welche den Mut und die Freudigkeit in diesem neuen deutschen Kriege aufrecht hält.

Zum Kampfe gezwungen, gezwungen durch jedes Motiv der Ehre, Pflicht und Vaterlandsliebe, sich ihm nicht zu entziehen, bleibt nur der Wunsch übrig, dass kein schwächlicher Kompromiss, keine matte Transaktion dem deutschen Volke ein volles Ergebnis desselben entziehen möge. Wie der große Kampf, der Amerikas Zukunft sichergestellt hat, so möge der deutsche Krieg auch nicht früher enden, als bis sein ganzer Zweck erreicht worden. Was der Feldherr gewinnt, das möge der Staatsmann festhalten und voll verwerten. Ein Krieg sei jetzt geführt, der jeden anderen gleicher Art auf immer unmöglich mache. Groß und erhaben ist jetzt die Aufgabe unseres Reiches. Viel Feind' viel Ehr' hat Österreich. Wahrlich es bedarf den Segen des Himmels, damit unsere Kraft nicht erschlaffe, kämpfend gegen den Feind im Norden, kämpfend gegen den Feind im Süden. Wie in diesem feierlichen und hehren Momente der Kaiser seine Knie beugt, die göttliche Macht zum Schutze Österreichs und des Rechts anrufend, so ziemt es seinen Völkern, den Blick aufwärts gewendet, mit Ihm die Kraft zu erflehen, um streitend wider so vieler Feinde und so viel Unrecht triumphierend zum Ziele zu gelangen.

Die Presse, 17. Juni

***

Der Krieg hat jetzt begonnen, der Feind hat den ersten Streich geführt; war bisher Mäßigung und Versöhnlichkeit Pflicht, so wird heute die äußerste Energie zu ernstem Gebot. Das Interesse der Völker erheischt es, dass deren Drangsale soviel als möglich abgekürzt werden sollen. Nach dem Siege mögen Vorschläge der Mäßigung wieder am Platze sein, damit dessen sichere Ergebnisse nicht wieder gefährdet werden. Jetzt gilt es die Anspannung der letzten Kraft. – Wir hegen in dieser Beziehung alles Vertrauen in die Führung der Armee, der die freudige und entschlossene Opferwilligkeit der Völker zur Seite steht.

Sachsen hat in der heutigen Bundestagssitzung die schleunige Hilfe Bayerns und Österreichs angerufen. Sie wird ihm gewiss unverzüglich und nachhaltig zu Teil. Denn Preußen hat den Krieg auf die möglichst gehässige Weise begonnen; es hat ihn in brutalster Weise, vielleicht um formell das bekannte Versprechen des Königs Wilhelm aufrecht zu erhalten, dass ihm nichts ferner liege, als ein Angriffskrieg gegen Österreich, zuerst dem Könige von Sachsen erklärt, einem wahren Friedensfürsten, dessen edlen und versöhnlichen Charakter bisher selbst die Gemeinheit der preußischen Regierungsblätter mit keinem Worte anzutasten gewagt hat. Jetzt müssen alle verschämt preußenfreundlichen Empfehlungen der Neutralität verstummen und selbst in den Kammern Hannover und den beiden Hessen werden sie vor der Macht der Tatsachen wirkungslos verhallen. Dem Angegriffenen bleibt die Wahl der Neutralität nicht mehr.

Das Vaterland, 17. Juni

***

Heute Morgens halb 5 Uhr hat der Ausmarsch der Landesschützenkompagnien begonnen; die Kompagnien von Innsbruck und Wilten (Gericht Hörtenberg) sind soeben nach Südtirol abmarschiert. – Bald nach 4 Uhr fuhr Se. kais. Hoheit Erzherzog Karl Ludwig in Begleitung seines Adjutanten nach Wilten, um die dortige Kompanie unter dem Kommando des Grafen v. Spaur zu inspizieren. Indessen hatte sich die Innsbrucker Kompagnie unter Kommando des Hauptmanns Grafen Wickenburg vor dem Rathause der Stadt versammelt. Unter Hurrarufen, unter den Klängen der Musikkapelle und unter dem begeisterten Zurufen von Massen Volkes rückte die schöne Truppe ab; jeder Schütze war mit Feldzeichen und Spielhahnfedern geschmückt, an der Mündung des Stutzenlaufes aber steckte das Sträußchen. Die Generalität und das Offizierskorps zu Pferd ritt der Kompagnie voran. Endlich kehrte Erzherzog Karl Ludwig von Wilten zurück, verlässt den Wagen, marschiert eine Strecke der Kompagnie voran und befiehlt »Halt«, besichtigt die Truppe, spricht mit diesem und jenem, und hält schließlich eine begeisterte Anrede. Hurra! von Seite der Schützen; Hoch! von Seite des Volkes – das war die Antwort auf die herzliche Ansprache. Unter den Klängen des Radetzky-Marsches und begleitet von den Segenswünschen der ganzen Bevölkerung marschierte die Kompagnie ab.

Die Kompagnien von Schwaz und Rattenberg treffen morgen Abends hier ein. Wie man hört, werden diese Kompagnien erst in Bozen weiteren Befehl erhalten, welchen Punkt an der Grenze sie zu besetzen und gegen die »Rothemden« zu verteidigen haben werden. »Wir wollen einmal Abrechnung halten mit den Wälschen« – das ist der laute Wunsch der Schützen.

Was die Ausrüstung der Tiroler betrifft, so wird bei den Landsturmkompagnien der letzte Zug aus Männern bestehen, welche mit Sensen und Morgensternen zum Handgemenge und mit Pickeln, Schaufeln und Hacken zu den nötigen Verhauarbeiten versehen sind. Die letzteren, die zu Arbeiten verwendet werden, sind sicherlich von großem Nutzen; jedoch auch die Sensenmänner können sich in gewissen Lagen furchtbar machen, besonders wenn gewaltige Arme die grässliche Schlagwaffe führen. Es wird dadurch auch der physischen Kraft Rechnung getragen, welche mit der Schusswaffe nicht so gut umgehen kann und daher besser zum D'reinschlagen aufgelegt ist.

Das Vaterland, 17. Juni

***

Preußen hat ein verräterisches Bündnis mit den Wälschen geschlossen; es intendiert ein solches auch mit den Franzosen. Ein Bismarck'sches Blatt selbst gesteht heute, dass die Verhandlungen zwischen Preußen und Frankreich vor nicht sehr langer Zeit auf dem Punkte waren, zu einem ganz bestimmten Abschlusse zu gedeihen. Frankreich scheint seine Forderungen so hoch gespannt zu haben, dass Preußen denn doch stutzig wurde. [Abtretung der linksrheinischen Gebiete an Frankreich?] In den allerjüngsten Tagen aber sind diese Verhandlungen wieder aufgenommen worden!

Die Presse, 17. Juni

***

Mit ängstlicher Spannung sind aller Augen auf jene Soldatenmassen gerichtet, welche in allen Teilen unseres deutschen Vaterlandes und ausgerüstet mit allen möglichen, von den erfindungsreichsten Köpfen ausgesponnenen Verderbungs- und Zerstörungsmitteln aufgestellt sind. Alle Tage und mit jeder Post glaubt man gewiss zu hören, der erste Schuss sei gefallen, das erste Gefecht geliefert – aber noch immer herrscht die schwüle Stille wie vor dem Ausbruch des Gewitters, die aber peinlicher und aufregender ist, als das Gewitter selbst.

Olga von Württemberg, die Schwester des russischen Kaisers, ist bei ihrer Rückreise von Petersburg über Wien gekommen und dort mit großem Pomp vor die kaiserliche Burg gefahren, wo sie mit auffallender Freundlichkeit empfangen wurde und längere Zeit sich aufhielt. Merkst was? Österreich weiß nun den Schutz Russlands in seinem Rücken, welches, wenn es auch nicht selbst tätig eingreift, doch schon dadurch befriedigende Sicherheit gewährt, dass Österreich sowohl vor ihm selber, als auch in seinen ganzen östlichen Provinzen, wo immer unruhige Köpfe spucken, sicher ist.

Auch England hat sich bereits so viel wie erklärt – für Österreich; allerdings nicht von Rechts- und Billigkeitswegen, denn für solche Dinge haben diese überseeischen Wollsäcke, sowie es über ihren Vorteil hinausgeht, keinen Sinn mehr – sondern weil ihr Handel durch eine Unterdrückung Österreichs gefährdet würde – mit andern Worten, weil sie wahrscheinlich bei einem ausbrechenden Staatsbankrott Österreichs, der im Besiegungsfalle nicht zu vermeiden wäre, viel Geld und Kundschaft verlören. Auch fast das ganze übrige Deutschland hat Österreich jetzt auf seiner Seite, denn es ist endlich zur Einsicht gekommen und hat die nationale echtdeutsche Sache der Schleswig-Holstein'schen Herzogtümer zur Entscheidung vor jenen Gerichtshof gebracht, wohin sie gehört, d. h. vor den deutschen Bund. Der schmähliche Vertrag von Gastein, worin sich die beiden Großmächte in das für den deutschen Bund eroberte Land als gute Prise teilten, ein Stück davon verschacherten und das angeblich befreite Volk als ein erobertes behandelten, ist durch dieses neueste Vorgehen Österreichs mannhaft zerrissen, und man kann darob diesem Lande nur Glück wünschen. Auch ist Österreichs Antrag beim deutschen Bund, die Bundesarmee zu mobilisieren, am 14. Juni mit 9 gegen 6 Stimmen beschlossen worden.

Es wollen zwar manche auf Österreich nicht recht trauen, sie meinen, jetzt, wo ihm das Wasser bis zum Hals gehe, sei es kein Verdienst mehr, wenn es nach dem Bund als letzten Strohhalm greife und es werde mit lauter Freundlichkeit fast aufdringlich, so dass der Bund sagen möchte: Ja es ist alles recht schön, aber bleib mir nur ein bisl mehr vom Hals! Allein der Rosenheimer Anzeiger denkt, dass das Gute und die rechte Einsicht nie zu spät kommen und steht nicht an, Österreich zu seinem letzten Schritte Glück zu wünschen und die Sympathien seiner Leser für dieses Land, so lange es sich bewährt wie es jetzt anfängt, in Anspruch zu nehmen. Österreich hat in den letzten Jahren bittere Erfahrungen genug gemacht, um gewitzigt zu sein, und es ist sicher anzunehmen, dass es die liberalen Institutionen, die ihm die jüngste Zeit schon teilweise abgenötigt hat, weiter ausdehnen und sich zu einem gut und nach den billigen Anforderungen des Volkes regierten Staat ausbilden wird.

Rosenheimer Anzeiger, 17. Juni

***

Über den aggressiven preußischen Absolutismus sagt der badische 1848er-Revolutionär Friedrich Hecker:
»Dieser Absolutismus wurzelt nicht bloß in den höchsten Regionen, nicht bloß in der Mehrheit des Adels, in dem Junkertume, er wurzelt auch in der protestantischen hyperorthodoxen Geistlichkeit und in der Mehrheit des Volkes, das sich für das intelligenteste in Deutschland hält und hochmütig

auf die übrigen deutschen Bruderstämme herabsieht, die in dem preußischen Volke, dem Volke der Intelligenz, aufgehen, von diesem beherrscht werden und sich unterjochen lassen müssen. Und welchen Grund hat diese Überhebung der Preußen über die andern deutschen Bruderstämme? Jeder Preuße muss eine hohe Meinung von sich selbst und dem preußischen Volke haben, weil ihm von der frühesten Jugend an in der Schule fortwährend gesagt wird, dass Preußen der Gipfel der Intelligenz in Europa sei, dass Preußen allein in den Jahren 1813–15 Deutschland vom französischen Joche befreit habe, dass die Preußen die aufgeklärtesten Menschen Europa's seien. Ein weiterer Grund liegt in der preußischen Heeresverfassung, deren Gründer ein Volksheer schaffen wollten, um hiedurch den Schwerpunkt in die Kraft des Volkes zu legen; daraus wurde aber sehr bald ein reiner Militärstaat mit einem Volksheer, von Junkern kommandiert, und das Unkraut des Junkertums wucherte in diesem Heere bald wieder ebenso üppig, wie es vor der Katastrophe bei Jena gewuchert hatte. Gerade dadurch, dass jeder Preuße Soldat werden muss, saugt auch jeder das von dem Junkertume ausgehende Gift des Eigendünkels ein, und nur wenige selbstständige Naturen wissen sich von demselben frei zu halten. Der absolutistische Geist, welcher Preußen durchweht, macht dieses unmöglich zur Herrschaft über Deutschland. Deutschlands Freiheit würde unter derselben vollständig vernichtet, eine Despotie würde auf Deutschland lasten.«

Rosenheimer Anzeiger, 17. Juni

***

Preußische Speichellecker vergleichen den jetzigen preußischen König mit Friedrich II. von Preußen. Die Preußen sollten sich schämen, ihren größten Fürsten so zu brandmarken: sie müssen mit Schamröte gestehen, dass Friedrich II. mit 28 Jahren schon ein Held war und Wilhelm mit 70 Jahren es erst werden will; dass dieser ein Spielball in der Hand eines märkischen Sandjunkers ist; dass die Minister des ersten nach seiner Pfeife tanzen mussten, dieser aber nach dem Takt der Trommel Bismarcks taumeln muss; dass jener das Rechtsbewusstsein stärkte, indem er sich wie jeder seiner Untertanen dem Gesetz unterwarf, dieser aber sich und seine Krautjunker über das Recht und das Gesetz stellt; dass jener der Rede und der Schrift Freiheit gewährte, dieser mit Korporalsfaust dieselben knebelt; dass jener für den Staatshaushalt sorgte, dieser den Staatshandel ruiniert; dass jener die Industrie zur Blüte erhob, dieser sie vernichtet; dass jener seine Bürger schätzte, dieser sie ins Elend stürzt.

Rosenheimer Anzeiger, 17. Juni

***

Würzburg, 11. Juni. Gestern Nachmittag und in den Abendstunden kamen ziemlich ausgedehnte Bierexzesse hier vor, welche in der Nacht zu Judenverfolgungen ausarteten. Der erste und ärgste Bierexzess kam nachmittags in der Gäbhardt'schen Brauerei vor, wo die Krüge zerschlagen, die Tische und Bänke zertrümmert wurden. Das Militär musste einschreiten und die Wirtschaft geschlossen werden. In drei bis vier anderen Bierbrauereien kamen ebenfalls Exzesse vor, die aber schon bei Ausbruch erstickt wurden durch ein auch schon anderwärts probat befundenes Mittel, durch Herabsetzung des Bierpreises. Die raschen Erklärungen der bedrohten Wirte, die Maß Bier zu 6 Kreuzer geben zu wollen, wurden von den Krawallern mit Bravo's und Hochrufen erwidert. So viel wir hören, waren bei den Bierexzessen Zivilisten und Soldaten beteiligt.

In der Nacht ereigneten sich die bedauernswerten Angriffe auf Häuser hiesiger israelitischen Bürger. Ein durch Bier- und Weingenuss aufgeregter Janhagel und sonstige fanatisierte Zeloten rotteten sich vor einzelnen Judenhäusern, stürmten gegen die Türen, zertrümmerten die Läden und warfen die Fenster ein. So rasch auch Militärabteilungen aufgeboten wurden, so war der Pöbel namentlich beim Blümlein'schen Hause doch mit einer Hast und einer Wut zu Werke gegangen, dass die Demolierung schon ziemlich bedeutend war, bis dem schändlichen Treiben Einhalt getan wurde. Anfangs flohen die Hausfriedensstörer vor den Bajonetten, kehrten aber bald wieder zurück und erwiderten die freundlichen Aufforderungen der Offiziere, auseinanderzugehen, mit Verhöhnungen, Pfeifen, Zischen und Steinwürfen. Das Militär musste mehrfach mit gefälltem Bajonett vorgehen und sah sich genötigt, die bedrohten Straßen gänzlich zu sperren. Inzwischen war auch die durch Generalmarsch zusammenberufene Landwehr ausgerückt und entwickelte rasche und entschiedene Tätigkeit für Herstellung der Ruhe. Auch die Landwehr hatte wie das Linienmilitär das Los, verhöhnt und ausgepfiffen zu werden.

So sehr das rasche Erscheinen an den Punkten der Gefahr, die schnelle und zweckmäßig getroffenen Schutzmaßregeln von Seiten des Militärs und der Landwehr Anerkennung verdienen, so ist doch auch großes Lob der Mäßigung aller Abteilungen den Provokationen des Pöbels gegenüber, der nebenbei bemerkt größtenteils aus Lehrjungen bestand, zu zollen, wodurch größeres Unglück verhindert wurde. Massenhafte Verhaftungen wurden vorgenommen, so dass die Räumlichkeiten der Polizei für die Arrestanten kaum ausreichten. Um Mitternacht wurden sämtliche Wirtschaften geschlossen.

Rosenheimer Anzeiger, 17. Juni

***

Frankfurt. Am 12. Juni, Morgens um 7 Uhr rückten das preußische 34. Linien-Infanterie-Regiment und gegen 9 Uhr die hier gelegenen Husaren unter sehr geringer Beteiligung des Volkes ab; die Teilnahme war um so geringer, als gestern noch einige Raufereien zwischen diesen Truppen mit Baiern und Zivilisten stattfanden und beim Abmarsche die Worte: »Hunde-Frankfurter, und wehe euch, wenn wir zurückkommen« deutlich zu vernehmen waren. Um so größer war die Teilnahme der Bevölkerung bei dem heute Nachmittags um halb 4 Uhr erfolgten Abmarsche des österreichischen Bataillons Nobili-Infanterie; schon gestern nahm dessen Kommandant in allen Blättern von der Bevölkerung im Namen des Bataillons herzlichen Abschied, und heute wurde das Bataillon von einer zahllosen Menschenmenge unter Tücherschwenken und Hurrarufen auf den Hanauer Bahnhof begleitet, welche Menge sich auf demselben mindestens auf 10.000 Personen steigerte. Auf dem Bahnhofe waren bereits alle Offiziere mit Blumensträußen, welche ihnen von schönen Händen gespendet wurden, geschmückt, die Mannschaft aber wurde mit Bier und Zigarren, sogar mit Wein von hiesigen Bürgern bewirtet. Als General Major von Pakenyi nachstehende Anrede hielt: »Soldaten! Se. Majestät unser allergnädigster Kaiser und Kriegsherr ruft uns vielleicht zu blutiger Arbeit. Ihm unser Leben und Blut! Se. Majestät, unser Kaiser und Kriegsherr, lebe hoch!« hallte der Bahnhof wider von dem Jubel der Bevölkerung; der Jubel währte, bis der Zug sich unter den Klängen der österreichischen Volkshymne und des Radetzky-Marsches in Bewegung setzte, wo aus den Waggons die Soldaten noch, die vollen Biergläser schwingend, ein Hoch auf Frankfurt ausbrachten, während die 10.000 Frankfurter mit einem weithin schallenden Hoch auf Österreich diesen Abschied erwiderten.

Innsbrucker Nachrichten, 18. Juni

***

Schweizerische Truppen marschieren ins Münstertal an der Tiroler Grenze, wegen des zu befürchtenden Einbruchs der Garibaldianer in Tirol. Die ganze Schweizer Armee soll mobil gemacht werden.

Volks- und Schützen-Zeitung, 18. Juni

***

Vor einigen Tagen traf ein Mädchen aus Stilfs im Vinschgau, welches in den Wald ging, um Holz zu sammeln, im Multwalde oberhalb des Weilers Platz gegen die Praderalpen hin zwei Männer unter einem Baume sitzend, sie hatten Spitzbärte, kleine Hütchen, Reisetaschen, Bergstöcke und hohe Stiefel. Einer von ihnen zeichnete, redete das Mädchen in deutscher Sprache an und sprach mit dem anderen in einer fremden Sprache. Dem schüchternen Mädchen wurde Geld versprochen, wenn es auf die Fragen antworte. Die Fragen waren: ob viel Militär in Gomagoi und Umgebung wäre, ob viele Soldaten mit Sternen da wären, ob eine Musikkapelle angekommen, was man von Viktor Emanuel und vom Kaiser sage. Endlich sollte ihnen das Mädchen das Stilfserschartl, den Übergang von hier in die Schweiz, zeigen. Alles erfuhren sie von dem Mädchen nicht, wie sie es wünschten. Nach der Zurückkunft wurde der Vorfall schnell angezeigt, jedoch die rasch nach allen Seiten ausgesendeten Patrouillen konnten diese vermutlichen Spione nicht mehr entdecken.

Tiroler Stimmen, 19. Juni

***

In Beziehung auf den Einmarsch der Preußen in Sachsen liegt bereits eine Reihenfolge von Detailnachrichten vor. Danach ist von den Sachsen die Elbbrücke bei Riesa (eine hölzerne Brücke, welche der Leipzig-Dresdner Bahn gehört) gesprengt worden, ohne dass dies aber auf den Vormarsch der

Preußen irgend hindernd gewirkt hätte. Riesa selber, als ein wichtiger Knotenpunkt ist von den Preußen besetzt worden. Das Vorrücken der Preußen ist dann in doppelter Richtung teils nach Leipzig, teils in der Richtung auf Großhain zu erfolgt. Dass andererseits von Schlesien aus die Besetzung der sächsischen Stadt Zittau durch Preußen erfolgte, wird gleichfalls hierher berichtet.

Lokomotive an der Oder, 19. Juni

***

Die Formierung der Freischaren scheint der italienischen Regierung übrigens schwere Unannehmlichkeiten zu bereiten. Gleich bei der Vornahme der Werbungen ließ sich eine solche Menge desperaten und verdächtigen Gesindels einschreiben, dass die Regierung genötigt war, eine Purifizierungs-Kommission behufs der Ausscheidung schädlicher Elemente einzusetzen.

Innsbrucker Nachrichten, 20. Juni

***

In Arnswalde (Pommern) ist die Cholera sehr heftig aufgetreten. Vom 2. bis zum 10. ds. sind 137 Menschen erkrankt, von denen 67 gestorben sind, darunter allein 46 Kinder unter 14 Jahren. Dieser Zustand ist wesentlich durch die Lokalverhältnisse hervorgerufen; der Boden ist vorwiegend morastig, die Wohnungen sind größtenteils feucht und eng, außerdem noch schlechtes Trinkwasser. – In Stettin sind vom 2. ds. bis zum 9. ds. 190 Personen an der Cholera erkrankt und davon 103 gestorben. Vom 11. bis 12. Mittags wurden dort angemeldet: 42 Cholera-Erkrankungen und 31 Sterbefälle beim Zivil, 4 Erkrankungen und 2 Sterbefälle beim Militär, vom 12. auf den 13. sind 70 erkrankt, 43 gestorben. Es wird erzählt, dass einige der im höchsten Stadium der Cholera Erkrankte dadurch gerettet sind, dass man ihnen zwei Metzen gekochte und zerdrückte Kartoffeln in einem Beutel möglichst heiß auf Brust und Bauch gelegt habe.

Innsbrucker Nachrichten, 20. Juni

***

Reichenberg, 18. Juni. Marienthal, Ostritz und Leuba sind vom 6. und 27. Infanterie- und dem 10. Husaren-Regimente des vierten preußischen Armeekorps, Bernstadt ist vom 12. Husaren- und 6. Ulanen-Regimente besetzt. Bei Wurzelsdorf stehen die Preußen hart an der Grenze; man erwartet das Überschreiten derselben. Zittau ist noch nicht besetzt. Bautzen ist mit einer starken preußischen Besatzung mit zwölf Geschützen belegt. Die Post wurde daselbst angehalten, Geldbriefe und Beutel weggenommen. Die Post in Löbau wurde geplündert, die Pferde verkauft, die Postillione gefangen.

Innsbrucker Nachrichten, 20. Juni

***

Eger, 16. Juni. Zwanzigtausend Preußen haben Morgens Machern (eine halbe Meile von Leipzig), dann Wurzen, Dahlen und Riesa besetzt. Zwischen Leipzig und Riesa ist der Bahnverkehr gänzlich unterbrochen. Die Bahnbrücke bei Riesa ist demoliert, die Elbebrücke bei Meißen abgebrannt. Preußische Noten werden in Sachsen bei den Staatskassen nicht angenommen. Von Leipzig aus ist heute nur noch die südliche Bahn frei.

Innsbrucker Nachrichten, 20. Juni

***

Aus der »Salzburger Chronik« entnehmen wir folgendes sehr interessante Schreiben aus den Rheinlanden: »In Ostpreußen, Pommern, Brandenburg, preußisch Sachsen und Westfalen, ja selbst in Berlin verwünscht das Volk seine Verräter, und die Stimmung ist so drohend, dass nur ein Funke in das Pulverfass zu fallen braucht und die Revolution bricht los. Bei Krawallen in Berlin nehmen die Soldaten mit dem Volke Partei gegen die Garden. Deshalb behält man letztere zurück, weil man der eigenen Hauptstadt nicht traut. Vom Rheine brauche ich kaum zu sagen, wie es aussieht. Die Gärung ist aufs Höchste gestiegen. Vor Kurzem wurde in Köln ein Landwehrmann, verheiratet und Vater dreier Kinder, standrechtlich erschossen, weil er aufs Ärgste traktiert, seinem Offiziere eine Ohrfeige appliziert hatte. Die rheinländischen Regimenter, die Anfangs zusammen bei Wetzlar operieren sollten, haben Gegenbefehl erhalten und werden nun, weil man ihnen nicht traut, da sie überall offen erklären, keinen Schuss gegen österreichische und deutsche Truppen zu tun, in alle Provinzen verteilt. [...] Selbst die Altpreußen gehen nur mit Widerwillen ins Feuer, und alles Lügen und Hetzen, dass Österreich den Protestantismus vernichten wolle, verfängt nicht mehr. Auch werden in den Zeitungen schreckliche Schilderungen über das Sengen und Brennen der Kroaten und Panduren verbreitet, ja es wird noch an die Zerstörung Magdeburgs im 30jährigen Kriege erinnert. Den Soldaten wird vorgelogen, dass kein einziges deutsches Regiment in Böhmen stehe und dass sie folglich keinen Bruderkrieg, sondern nur gegen Kroaten und Panduren zu kämpfen haben, denn die deutschen Regimenter seien alle in Italien.

Die Rheinlande sind sehr aufgeregt und betrachten sich schon als an Frankreich verkauft. Wir sind froh, wenn wir Preußen los sind, aber französisch wollen wir noch weniger werden. Der einzige Wunsch, der durchs ganze Land zieht, ist, Köln freie Reichsstadt, Rheinland und Westfalen ein eigener Staat unter dem Habsburger Karl Ludwig. Dahin geht die Stimmung in diesen beiden echt katholischen Provinzen Preußens. Zum Belege führe ich nur ein Beispiel an: Als in Koblenz die Landwehr vom Garderegiment Königin Augusta einrückte, wollte der Stadtkommandant an selbe eine Anrede halten, da schrie einer »haut ihn«, und Alle brüllten es nach, er musste sich durchschiffen, und nun brach es los: ›Hoch Franz Josef I.!‹ Dies ist unser aller innigster Wunsch, den wir täglich zum Himmel schicken.« So weit der Brief.

Tiroler Stimmen, 20. Juni

***

Der Herzog von Coburg, welcher von jeher ein großes Interesse für die Reform des deutschen Bundes bekundet hatte, ist jetzt unter den Ersten auf Preußens Seite getreten. Er hatte sich mit großer Entschiedenheit gegen den österreichischen Mobilisierungs-Antrag ausgesprochen und hat dann seine mobilen Truppen dem Könige von Preußen alsbald zur Verfügung gestellt. Denselben Schritt haben der Herzog Leopold von Anhalt und der Fürst Georg von Waldeck getan.

Der Großherzog Friedrich von Baden lehnt im Gegensatz gegen den sogenannten Bundesbeschluss fortdauernd jede Beteiligung an kriegerischen Maßnahmen gegen Preußen ab.

Die Regierungen von Oldenburg und Anhalt haben gleich Preußen auch ihren Austritt aus dem bisherigen deutschen Bunde erklärt.

Provinzial-Correspondenz, 20. Juni

***

Österreichische Truppen haben bei Gubrau in Oberschlesien die Grenze überschritten und auf eine preußische Patrouille Feuer gegeben.
Auch bei Klingebeutel wurde ein zur Rekognoszierung vorgeschickter Ulanen-Offizier auf preußischem Gebiet durch österreichische Husaren umzingelt und mit Karabinerschüssen begrüßt. Durch seine herbeieilenden Mannschaften wurde er rasch befreit.
So haben denn die Österreicher auch mit dem Beginn der Feindseligkeiten gegen Preußen auf preußischem Gebiet den Anfang gemacht.
Vom ersten Beginn der Rüstungen bis zum tatsächlichen Ausbruche des Krieges hat sich Österreich durchweg und in jeder Beziehung als der angreifende Teil gezeigt.

Provinzial-Correspondenz, 20. Juni

***

Italien hat nunmehr auch seinerseits den Krieg gegen Österreich und, wie es heißt, auch gegen Bayern, als Österreichs Bundesgenossen, beschlossen und angekündigt. Der König Viktor Emanuel hat sich zur Armee begeben. Der Krieg wird, wie es scheint, nicht bloß in Venetien, sondern auch in Tirol und von da aus, falls die Waffen Italiens glücklich sind, zugleich gegen Bayern geführt werden.
Bayern, welches sich nach langem Schwanken noch in der letzten Stunde für Österreich entschieden hat, dürfte diesen Entschluss bald schwer zu bereuen haben.

Provinzial-Correspondenz, 20. Juni

***

Ermutigt durch den Gegensatz, welcher zwischen dem Hause der Abgeordneten und der Königlichen Staats-Regierung in den letzten drei Jahren bestand, haben die Feinde Preußens sich erhoben. – Der Kaiser von Österreich hält den Zeitpunkt für gekommen, um Preußens Nebenbuhlerschaft in Deutschland zu beseitigen. Selbst minder mächtige Fürsten glauben der preußischen Macht Trotz bieten zu dürfen. Sie hoffen, im Bunde mit Österreich aus dem überwundenen Preußen sich vergrößern und bereichern zu können.

Unser Vaterland ist bedroht. Aber die gesamte Volkskraft ist zu seinem Schutze aufgeboten und die treffliche Armee wird unsere höchsten Güter zu verfechten wissen.

Gleichzeitig ist das Preußische Volk zu Neuwahlen berufen.

In der bevorstehenden Landtagssitzung wird die Regierung die Mittel zum Kriege fordern.

Lasst uns Alle einmütig zusammenstehen! Lasst uns Männer wählen, die dem gegenwärtigen Ministerium die erforderlichen Mittel gewähren – und die nicht durch ihre Vergangenheit hieran gehindert sind!

Dann muss der Sieg unser sein! Die Feinde Preußens werden auseinanderstäuben wie Nebel vor der Sonne. Hernach werden die Segnungen des Friedens kommen. Preußen wird an Deutschlands Spitze stehen. – Haben wir bis jetzt allein die Mittel zu einer so großen Armeehaltung aufbringen müssen, so werden kleinere Staaten, die sich bisher auf unsere Waffen gestützt haben, an diesen Lasten Teil nehmen und wir werden um so größere Summen für Unterstützung der Landwirtschaft, des Handels, der Gewerbe, der Schulen, der gesamten inneren und äußeren Wohlfahrtsentwicklung verwenden können.

Die Gemeinde-Vorstände ersuche ich, Obiges in der nächsten Gemeinde-Versammlung vorzulesen.

Teltow, den 19. Juni 1866.

Freiherr von Gayl, Landrat

Teltower Kreisblatt, 20. Juni

***

(Kaiser Franz Joseph an Kronprinz Albert von Sachsen, 20. Juni)

Mein lieber Albert,

vorgestern erhielt ich Deinen Brief aus Pirna, für welchen ich Dir von ganzem Herzen danke. Ich bin tief gerührt, dass Du in diesem Augenblick

noch Zeit gefunden hast, an mich zu schreiben. Ich bin sehr glücklich und beruhigt, euere braven Truppen mit den meinen vereint zu wissen und werde nie das große Opfer vergessen, welches der König, Dein Vater, der gemeinsamen Sache gebracht hat. Der gerechte Gott wird gestatten, dass dieses Opfer blutig geführt werde. Für mich ist es eine Ehrensache nicht zu ruhen, bis Sachsen aus diesem Kampfe des Rechtes gegen Hinterlist und Raubgier vergrößert und gestärkt hervorgehe. Leider wird das erhabene Beispiel Deines Vaters in München nicht befolgt, wo Mattigkeit, Misstrauen und Egoismus die Regierung leiten. Nachdem mit Generalleutnant [Ludwig Frh. v. d.] Tann die Kooperation und der Anschluss der baierischen Truppen genau vereinbart worden war, will man nach seiner Rückkehr nach München von einem Anschluss an unsere Armee nichts mehr wissen; vorschützend; dass man das eigene Land decken müsse. Ich habe gestern den Feldmarschall-Lieutenant Grafen Huyn in das Hauptquartier des Onkel Karl geschickt, wo er auch bleiben wird, um wenigstens durchzusetzen, dass die baierische Armee, wenn sie sich schon durchaus nicht mit der unsrigen vereinigen will, wenigstens gleich einen selbständigen, kräftigen Stoß unternehme, um die von den Preußen besetzten Länder zu degagieren und einen Teil der preußischen Truppen von der Hauptarmee abzuziehen. Ich wäre sehr dankbar, wenn Dein Vater in München zu einer entschiedenen Aktion drängen würde, da man sein Wort dort mit gewiss weniger Misstrauen vernehmen würde, wie das unsere. Vielleicht könnte auch Minister Beust auf den Herrn v. d. Pfordten nützlich einwirken, um ihm klar zu machen, dass die Zeit des Transigierens und Vermittelns zu Ende ist und es sich um einen großen Krieg handelt, bei welchem nur einiges, kräftiges Handeln günstige Erfolge erzielen kann und wobei jeder Schwache und Zaudernde nur Nachteil erleiden muss, da man bei der Schlussabrechnung von keiner Seite auf ihn Rücksicht nehmen wird. Alexander von Hessen sammelt mit großer Energie sein Armee Korps bei Frankfurt, ich schicke ihm eine Brigade und ich hoffe, dass er bald in der Lage sein wird, die Offensive zu ergreifen.
Da die Preußen nicht stark zu drücken scheinen, so wirst Du wohl Deine Vereinigung mit dem 1. Korps in der ursprünglich beabsichtigten Weise ohne Störung durchführen können.
Eben ist Ludwig von Prag gekommen und gibt mir die vertrauliche Beruhigung, dass meine Behörden und Untertanen sich beim Empfange der werten Gäste gut benommen haben und dass die braven Sachsen zufrieden waren.

Adieu, lieber Albert, auf hoffentlich baldiges Wiedersehen
Dein treuer Vetter
Franz Joseph

Haus, Hof- und Staatsarchiv (Familienarchivare), Wien

***

»Die Preußen sind in Dresden eingerückt, sie sind Herren von Sachsen, bedrohen die Nordgrenzen Österreichs, – unbeweglich ist das Hauptquartier in Olmütz. ... Warum versäumte man, Sachsen zu decken, warum ließ man zu, dass die Preußen die wichtige Stellung in Dresden einnahmen? warum eilte man nicht, auf den historischen Schlachtfeldern bei Leipzig und Dresden dem Feinde ein Schlacht zu liefern? warum lässt man zu, dass das eigene Land zum Kriegsschauplatz werde und gestattet den Preußen, sich in Freundes Land zu approvisionieren? warum übersah man, dass, wer die Offensive ergreift, in Vieler Augen den Vorteil vorweg hat, dass die Zulassung der Okkupation des Freundeslandes in der allgemeinen Meinung so abträglich wirkt? Hat man eine so rasche Offensive nicht erwartet und wurde überrumpelt?« So spricht der stets bereite Tadler.
Ein Anderer sagt: »Wer konnte voraussehen, dass Preußen wider alles Völkerrecht vorgehe? Das konnte nicht vorgesehen werden.«
Ein Dritter sagt: »Das ist alles wohlweise Vorbedacht; man lässt sie in die Falle gehen, um sie um so sicherer zu schlagen; der Offensiv-Stoß geschehe in Schlesien; man suche den kürzesten Weg nach Berlin.«
Wir geben hier das Pro und Contra unserer kleinen »Clausewitze« wieder und möchten zu bedenken geben, dass ein sicheres Urteil über die Operationen der Armeen, wenn man nicht alle Bedingungen und Pläne derselben kennt, nicht abzugeben sei; wir wollen der vorschnellen Urteile warnen und vermeinen, dass weder der Militär noch der Laie unter den bekannten Verhältnissen ein richtiges Urteil sprechen kann. Es geht hier, wie oft im gewöhnlichen Leben so, dass man das Urteil erst sprechen kann, wenn alle Tatsachen vorliegen. Wir halten allerdings den Laien häufig für ebenso kompetent, sein Urteil zu sprechen. Wir möchten der fieberhaften Ungeduld nach Erfolgen »Halt!« zurufen; wir möchten der Kritik Behutsamkeit auferlegen. – Uns scheint, dass die preußische Armee an Vielseitigkeit der Kriegszwecke leidet, an Zersplitterung der Kräfte. Es geschieht dort überall etwas.

Dieses Urteil hat sich aus den bisherigen Daten ergeben, und wir berichten in Kürze über den Kriegsschauplatz weiter.

Tages-Post, 21. Juni

***

Dresden, 16. Juni. König Johann hat eine Proklamation erlassen:
»An meine treuen Sachsen: Weil Sachsen treu zur Sache des Rechts eines Bruderstammes gestanden, weil es festgehalten am Deutschen Bunde, weil es bundeswidrigen Forderungen nicht sich fügte, werde es feindlich behandelt. Es gehe mutig zum Kampfe für die heilige Sache. Zwar gering an Zahl, aber Gott sei in den Schwachen mächtig, die auf ihn vertrauen, und der Beistand des ganzen bundestreuen Deutschlands werde nicht ausbleiben. Der König bleibe in der Mitte seines tapferen Heeres und hoffe, wenn der Himmel seine Waffen segne, bald zurückzukehren; das sächsische Volk möge ihm vertrauen, denn das Wohl desselben war und bleibe das Ziel seines Strebens.«
Der König ist zur Armee abgegangen, begleitet von dem Staatsminister v. Beust und dem Kriegsminister von Rabenhorst.

Innsbrucker Nachrichten, 22. Juni

***

Aus Bern wird berichtet: Dem Wunsche Österreichs, sich mit den militärischen Maßregeln zum Schutze der Alpenpässe an der italienischen Grenze zu beeilen, ist heute vom schweizerischen Bundesrate mit dem definitiven Aufgebote eines Züricher Bataillons Infanterie und einer Bündner Scharfschützen-Kompagnie von der aufs Piquet gestellten 8. Division entsprochen worden.

Innsbrucker Nachrichten, 22. Juni

***

Von dem Kriegsschauplatze liegen noch keine Nachrichten vor, wie überhaupt alle militärischen Bewegungen sorgfältigst in Dunkel gehüllt werden, um den Gegner nichts zu verraten. Ziehen wir dabei noch in Betracht, dass überhaupt die Heere erst sich sammeln, ihre Aufstellung vollenden, ihre Fühlungen sichern, berücksichtigen wir ferner, dass der Telegraphenverkehr zumeist unterbrochen, auf fast allen Bahnen der Post- und Personenverkehr in Folge der Truppenbeförderungen gehemmt, auf vielen in Folge des Aufreißens der Schienen gänzlich eingestellt ist, wie in Hannover, Sachsen, – so ist es erklärlich, dass die Nachrichten noch spärlich und sogar nicht immer zuverlässig sind.

Innsbrucker Nachrichten, 23. Juni

***

Der »Kamerad« beruhigt Jene, welche in der bisherigen Unbeweglichkeit der österreichischen Truppen eine schlechte Vorbedeutung für den begonnenen Krieg erblicken. Wird mit der Vorrückung der Nordarmee bis jetzt noch gezögert, so geschehe dies, »weil der Feind mit wenigen mächtigen Schlägen vernichtet werden soll«, und FZM. Benedek werde den richtigen Augenblick hierfür nicht vorübergehen lassen. Ob die Vorschiebung eines entsprechend starken österreichischen Korps gegen Dresden, um diese Stadt vor ihrer Wegnahme durch die Preußen zu besetzen, überhaupt oder wenigstens bisher notwendig gewesen wäre, lässt sich, meint der »Kamerad«, »heute noch nicht beurteilen, da unsere Nordarmee bisher noch durch gar keine Bewegung den Schleier gelüftet hat, welcher über dem festgesetzten Kriegsplane ruht. Jedenfalls ist die Verbindung zwischen der österreichischen Nordarmee und den Truppen von Sachsen und Baiern schon vollständig hergestellt und wird daher auch die kombinierte Vorrückung nicht mehr lange auf sich warten lassen.«

Innsbrucker Nachrichten, 23. Juni

***

Die Kriegserklärung Italiens an Österreich ist datiert aus dem Hauptquartier Cremona, 20. Juni. Lamarmora an den Erzherzog Albrecht: Das Kaisertum Österreich ist seit Jahrhunderten die hauptsächlichste Ursache der Zersplitterung und Erniedrigung, der moralischen und materiellen Schäden Italiens. Heute ist die Nation ein Volk geworden. Österreich verkennt dieses Volk, indem es nach wie vor unsere edelste Provinz unterdrückt und ein großes

Lager aus ihr macht, um unsere Existenz zu bedrohen. Die Ratschläge der Mächte waren nutzlos. Es war unvermeidlich, dass Italien und Österreich bei der ersten europäischen Verwicklung sich gegenüber standen. Die Rüstungen und die Zurückweisung friedlicher Vorschläge haben Österreichs feindliche Absichten bewiesen. Das ganze italienische Volk hat sich erhoben. Deshalb erklärt der König, als Hüter und Verteidiger des italienischen Gebiets, dem österreichischen Kaiserreich den Krieg. Die Feindseligkeiten werden binnen drei Tagen beginnen, es sei denn, dass Erzherzog Albrecht diese ihm gestellte Frist nicht annimmt, für welchen Fall Lamarmora den Erzherzog ersucht, ihm gefällige Kenntnis zu geben.
Innsbrucker Nachrichten, 23. Juni

***

Kanonendonner soll in der Richtung von Nollendorf gehört worden sein; man folgert daraus, dass ein Zusammenstoß zwischen Sachsen und Preußen stattgefunden habe. Husaren haben eine preußische Patrouille abgeschnitten; dieselbe ist in den Wald geflohen.
Reichenberg, 20. Juni. Zittau wurde vergangene Nacht von den Preußen fluchtähnlich geräumt. Ein Gerücht von einem Zusammenstoß an der Zittauer Grenze ist ganz erdichtet, es wurde nur ein Vorpostenpferd angeschossen.
Prag, 21. Juni. Die Preußen überschritten die Nollendorfer Höhen (Kreis Böhmisch-Leipa). Bei Plauen fand ein Zusammenstoß mit sächsischen Truppen statt. Die Preußen nahmen zwölf Lokomotiven fort.
Innsbrucker Nachrichten, 23. Juni

***

Das Schützenleben heimelt uns Sterzinger lustig an. Wir erinnern uns an die Zeiten, wo Andreas Hofer seine Passeirer mit den nackten Knien über den Jaufen herüberführte und dem Feinde im Moose draußen gar arg zusetzte. Solche Männer Tirols wandern wieder an uns vorüber, keck ragen die Federn über ihre Hüte hinaus, fest hängt der bedrohliche Stutzen über ihren Rücken, sie marschieren daher und jauchzen, als ginge es nicht zum Kriegs- sondern zum Hochzeitstanz. So wünschen wir uns die Leute. Der

Kriegsgeist ist sogar in die Weiber gefahren; sie sprechen nicht mehr vom Kochen und Nähen und den Kleidern, sie erkundigen sich gar ernstlich um die Kriegsgeschichten. Benedek, Preußen, Garibaldi, Raubkönig sind die Worte, mit welchen sie ihre Unterhaltung am Brunnen, an dem Waschkessel, auf dem Felde und am Heimgange von der Kirche beginnen und schließen. Unsere Sterzingerinnen waren immer etwas kriegerisch; nicht mit den Männern, da halten sie gut Frieden, aber mit den Feinden. War's ja anno 1809 eine Sterzingerin, eine Maid von 20 Jahren, welche als Führerin vor den Pferden im Angesichte des feindlichen Lagers ein Heufuder aufführte, um den Schützen hinter dem Fuder einen originellen Wall gegen die feindlichen Kugeln zu gewähren.

Tiroler Stimmen, 23. Juni

***

Die Welschen sprechen eine klare Sprache. Lamarmora kündet an, dass die Feindseligkeiten binnen drei Tagen beginnen, falls der Feldherr Österreichs gegen diesen Termin keine Einwendung erhebt. Wir nehmen davon Akt und hoffen, dass Italien, welches die Armee Österreichs achten gelernt hat, den Krieg in einer Weise führen werde, wie es zivilisierten Völkern ziemt. Wie ganz anders verfuhr Preußen, welches kaum drei Stunden nach geschehener Kriegserklärung in die Länder seiner bisherigen Bundesgenossen eingebrochen ist, sie brandschatzt und die Eingeborenen absentiert, um sie zum Kampfe gegen ihre eigenen Herrscher zu führen, so dass im strengsten Sinne des Wortes der Bruder den Bruder zu morden berufen wäre!

Werfen wir einen Blick auf die deutsche Grenzwacht, auf Tirol, dessen ganze Mannbarkeit aufsteht, um deutschen Boden vor den Einfällen Garibaldischer Freischaren zu schützen. In Tirol leistet eine echte Volkswehr zweifelsohne wie in den Napoleonischen Kriegen und im Jahre 1848 dem Vaterlande und auch Deutschland wackere Dienste.

Wir Deutschen Österreichs, die wir keinen Feind von unseren Landesgrenzen zu vertreiben haben, müssen es nun als unsere Pflicht ansehen, die brave Tiroler Volkswehr nach Kräften zu unterstützen. Für die Armee und deren Bedürfnisse hat zunächst der Staat zu sorgen. Für die Verwundeten, sowie für die Hinterlassenen Gefallener treffen Private und Gemeinden – letztere sind besonders dazu berufen – liebevolle Vorsorge. Die Tiroler Volkswehr, welche Österreichs und zugleich Deutschlands Grenzen verteidigt, ist im Eifer bisher übersehen worden und wir wollen an diese Pflicht erinnern. Mögen populäre Männer, die an der Spitze der Volkswehr stehen, vorläufig kundgeben, was und wie wir Deutsche für die tapferen Grenzverteidiger beisteuern können.

Tages-Post, 23. Juni

***

Wessen man sich aus Österreich zu erwarten, darüber heißt es: Es herrscht jetzt die größte Kopflosigkeit in fast allen leitenden Blättern, nicht bloß Wiens, die sobald sie auf Preußen und seine höchsten Personen zu schimpfen aufhören, die bleiche Farbe des vollständigen Marasmus zeigen. Zu beachten sind sie darum nur, in so weit sie den Bildungsgrad ihres Publikums widerspiegeln. Was sich dasselbe bieten lässt, davon heute nur ein Beispiel: Die Prager »Politik« verlangte für den bevorstehenden Krieg auch Freischaren, bemerkt aber dabei, dass dieselben nur dann ihrer Aufgabe genügen könnten, »wenn sie den Witterungssinn des Raubtieres für Beute und die dazu nötige Grausamkeit, ein kleines feindliches Detachement lieber in die Pfanne zu hauen, als seine eigene Beweglichkeit durch einen Gefangenentransport zu vermindern, besäßen«. Es wäre nicht zu glauben, wenn man es nicht lesen müsste!

Lokomotive an der Oder, 23. Juni

***

Ein Kampf Deutschlands – unter Preußens Führung – für die Losreißung von dem unheilvollen Einflusse des Hauses Habsburg, welches über unser schönes Deutschland immer nur die schwerste Geißel – die der verstocktesten Reaktion – geschwungen hat; ein Kampf gegen dieses Habsburg, welches jetzt mit seinen größtenteils aus Nichtdeutschen zusammengesetzten Söldnerscharen den frevelhaften Versuch macht, die einzige deutsche Macht, deren geschichtliche Mission die Neubildung eines kräftigen, wahrhaft einigen Deutschlands ist, zu demütigen und für alle Zeiten – mit Hilfe der kleinen und mittelgroßen Dynastien – aus Deutschland herauszudrängen; ein Kampf Preußens also, auf welchem die Hoffnung der deutschen Freiheit

ruht, gegen Österreich, diesen Hort der Völkerknechtung, – kann nur, wenn er glücklich enden soll, im Geiste und mit den Waffen der Freiheit, mit der Sympathie und der Begeisterung der deutschen Völker geführt werden!
Ob Habsburgisch – ob Deutsch, ob Sklaven oder freie Männer in Zukunft wir sein sollen? Darum handelt es sich im gegenwärtigen Kampfe nicht nur für das preußische Volk, nein – für alle deutschen Völker!
Lokomotive an der Oder, 23. Juni

***

Preußen besetzte Hannover, Sachsen und Kurhessen gleichzeitig und geriert sich dort, als wären diese Länder schon preußische Provinzen. An der oberschlesischen Grenze bei Ratibor ist es am 18. ds. zu einem kleinen Vorpostengefecht zwischen österreichischen und preußischen Husaren gekommen. Eine vier Mann starke Patrouille von Palffy-Husaren stieß auf zwölf Mann preußischer Reiter, deren Verschnürung auf der Brust sie als Husaren kennzeichnete. Die zwölf Preußen, da sie sich in unzweifelhafter Mehrzahl sahen, begannen zu attackieren. Von einem preußischen Husaren lässt sich aber ein österreichischer nicht spotten, und so begannen die vier Mann dreinzusäbeln, als ob sie hier Gulasch zu hacken hätten. Erst als vier Mann der Preußen niedergesäbelt waren und die anderen acht ihre Überlegenheit in rasender Flucht zeigten, putzten die Palffyer ihre Sarasche mit Gras ab, steckten die Klingen wieder in die Scheide und verbanden einem Kameraden eine nicht unbedeutende Schenkelwunde, das einzige Angedenken an die preußische Husaren-Furchtbarkeit.
Rosenheimer Anzeiger, 24. Juni

***

In Italien, wo es bisher mäuschenstille war, hat der König Viktor Emanuel auch bereits ein Manifest erlassen und den Österreichern den Krieg erklärt. Die Truppenkonzentrationen sind vollendet und können wir in den nächsten Tagen schon wichtigen Ereignissen entgegen sehen. Dass bei den Italienern das österreichische Festungsviereck ein Brocken ist, woran sie sich nur die Zähne ausbeißen, ohne weiteren Vorteil, das haben sie bereits eingesehen, und darum glaubt man, dass sie es diesmal anders probieren. Der Garibaldi wird mit seinen Freischaren den Weg über die Berge versuchen und in Tirol einfallen wollen. In Welschtirol findet er teilweise Sympathien. Im Rücken hat er zur Deckung die reguläre italienische Armee, die vielfach unterschätzt wird in Bezug auf Stärke und Kriegstüchtigkeit, weil man noch immer nicht genug bedenkt, dass das einige Italien ein großer Staat ist. Aber man braucht deshalb noch keine Furcht zu haben, die österreichischen Festungen und die Tiroler Kaiserjäger werden auch schon noch ein Wörtl mitreden. Vorsicht kann trotz alledem nicht schaden, und wenn die Gebirgler einstweilen den Stutzen putzen und Kugeln gießen zum würdigen Empfang solcher, die wie Räuber in fremdes friedliches Land fallen, so könnte das nicht überflüssig sein.

Rosenheimer Anzeiger, 24. Juni

***

Rosenheim, 23. Juni. Nachdem schon in den früheren Wochen die Eisenbahnzüge täglich österreichisches Militär hier durchgebracht hatten, wurden im Laufe dieser Woche diese Durchzüge massenhaft. Wer nennt die Völker alle, aus denen diese Truppen bestanden, wer kennt die Sprachen alle, die hier unser Ohr berührten? Am schwächsten war unter den zuletzt Durchgekommenen das deutsche Element vertreten; und doch sind diese »Bundestruppen« bestimmt, für Deutschlands Regeneration zu kämpfen!
Dank sei den edlen Menschenfreunden hiesiger Stadt, sowie sämtlicher an der Bahn gelegenen Plätze, dass wir hoffen dürfen, deutsche Kost und deutsches Bier werde diesen Vaterlandsverteidigern auch deutsche Kraft verschafft haben; denn so mangelhaft am hiesigen Bahnhofe auch früher die Bewirtung der Mannschaften auch gewesen sein mag, so sehr wurde durch die gastfreundliche Opferwilligkeit in den letzten Tagen dieser Mangel ersetzt.
Am Sonntag brachte die Bahn ein Bataillon freiwilliger Schützen aus Wien, größtenteils Tiroler Landeskinder, welche zur Verteidigung der heimatlichen Berge ihr Blut zu opfern bereit sind. Alt und jung, Männer aus allen Ständen haben sich um die Fahne dieses Korps geschart, um in die bedrohte Heimat zu eilen. Mit Vergnügen bemerkten wir unter dieser Schar auch manche mit Ehrenzeichen früherer Feldzüge geschmückte Brust.
Große Sensation erregte unter denselben das ihnen hier vorgelegte Manifest des Kaisers, von einem Schützen mit kräftiger Stimme verlesen, und rief

kräftige Hochrufe auf den Kaiser und unsern lieben König hervor, welchen sich das zahlreiche Publikum lebhaft anschloss. So am Bahnhofe. – Noch stürmischer äußerte sich die gegenseitige Begeisterung im »Postgarten«, wo unsere Veteranen zur Feier des jährlichen Gründungsfestes versammelt waren und Gelegenheit hatten, einen Teil der Tirolerschützen zu bewirten. Auch hier Toaste auf das Vaterland, auf Deutschland, auf die alliierten Herrscher von Bayern und Österreich. Nur zu bald schlug die Trennungsstunde und veranlasste die Festgeber, die wackern Schützen mit Musik und Fahne zum Bahnhofe zu begleiten. Glück auf den Weg, ihr biedern Vaterlandsverteidiger, und baldiges, glückliches Wiedersehen!

Rosenheimer Anzeiger 24. Juni

***

Der hochwürdigste Fürst-Bischof von Brixen hat folgenden Hirtenbrief erlassen:
Vielgeliebte im Herrn!
Sonst vermöge meines Amtes ein Friedensbote, verkünde ich Euch heute den Krieg. Unter dem 17. dieses Monats hat Se. k. k. Apost. Majestät, unser allergnädigster Kaiser, an die Völker seines Reiches ein Manifest erlassen, worin Allerhöchstderselbe ankündet, dass der Krieg mit Preußen unvermeidlich geworden ist. Der Krieg mit Italien wird nicht mehr lange auf sich warten lassen. So zieht das Kriegsungewitter von Norden und Süden zugleich heran. Und was hat denn Österreich verschuldet? Es haftet an ihm keine andere Schuld, als dass es der wahnsinnigen Vergrößerungssucht Preußens, die es antrieb, seine Hand auszustrecken nach dem, was nicht sein ist, nicht huldigen wollte und nicht huldigen konnte. Es haftet an ihm keine andere Schuld, als dass es seinen Fuß nicht zurückzieht aus Venetien, damit der Traum des einigen Italiens verwirklicht werde, in dem jüngst eine öffentliche Stimme in der Kammer zu Florenz die katholische Religion für abgetan erklärt hat. Schmerzlich bewegt von solch schnödem Rechts- und Friedensbruche konnte daher Seine Majestät im früher erwähnten Manifeste an seine Völker sprechen: »Zur Verantwortung all des Unglückes, das der Krieg über Einzelne, Familien, Gegenden und Länder bringen wird, rufe ich diejenigen, die ihn herbeigeführt, vor den Richterstuhl der Geschichte und des ewigen allmächtigen Gottes.« Wer fühlt es nicht, welch' ein Schmerz dieser

Berufung an den Richterstuhl des allgerechten Gottes zu Grunde liege! Allein das edle Herz unsers allergnädigsten Kaisers hat bereits einen Ersatz dafür gefunden in der Begeisterung, welche die Völker Österreichs für dessen gutes Recht ergriffen hat. Der Wahlspruch Seiner Majestät: »viribus unitis, mit vereinten Kräften« – dieser Wahlspruch, der schon so schwere Prüfungen bestanden hat und oft in sein reines Gegenteil umzuschlagen drohte, ist nun plötzlich zur Wahrheit geworden. Ein Gedanke beseelt alle Teile der Monarchie; Alles wetteifert an Hingebung und Opferwilligkeit. Da darfst du, mein liebes Tirol, nicht zurückbleiben. Dein Wahlspruch: »Für Gott, Kaiser und Vaterland« ruft dich in die vordersten Reihen der Kämpfer für Religion, Recht und Wahrheit. Deine Berge sollen das Grab der Verräter werden, wenn sie es wagen sollten, die Fackel des Krieges in deine friedlichen Täler zu schleudern. Und auch du, wackeres Volk von Vorarlberg, zeige dich deiner Väter würdig. Die Vorhut des Reiches ist dir anvertraut. Fassen wir Mut! Gott ist mit uns. »Denn gerecht ist der Herr, und er liebt die Gerechtigkeit.« Ps. 10,8. Doch die Urteile des Herrn sind auch geheimnisvoll und seine Wege unerforschlich. – Darum wollen wir dem erhabenen Beispiele Seiner Majestät, unseres allergnädigsten Kaisers, nachfolgen und seinem Wunsche entsprechend, »in Demut und mit Inbrunst uns zum Gebete wenden«. Das Herz Jesu, unerschöpflich an Gnade und Barmherzigkeit, wollen wir mit unseren Gebeten bestürmen, damit es der gerechten Sache den Sieg und der Welt den verlornen Frieden wieder schenke. Maria, die seligste Jungfrau, sie, die »schön wie der Mond, auserlesen wie die Sonne, und furchtbar ist wie ein geordnetes Kriegsheer«, wird ihr mütterliches Herz unserem Rufe: »Hilf, Maria hilf!« nicht verschließen.
So empfehle ich nun Seine k. k. Apost. Majestät und das allerhöchste Kaiserhaus, Seine tapfere Armee, ihre Führer, sowie euch Alle in den Schutz des Allerhöchsten.
Es segne Euch Gott der Allmächtige, Vater, Sohn und hl. Geist.
Gelobt sei Jesus Christus und die unbefleckte Empfängnis Mariä.
Brixen, den 19. Juni 1866. Vinzenz, Fürst-Bischof.

Innsbrucker Nachrichten, 25. Juni

***

Von der piemontesischen Grenze, 22. Juni. Am 17. d. M. ist Garibaldi gegen 10 Uhr Abends in Brescia eingetroffen, allwo ihn seit vier Stunden eine ungeheure Volksmenge erwartete. Der Jubel bei seinem Erscheinen war ungemein groß und steigerte sich, als er vom Balkon aus, welcher mit großen Tarzen beleuchtet wurde, sich dem Volke zeigte. Er hielt eine kleine Ansprache an die Brescianer, worin er hervorhob, dass Worte und Enthusiasmus nicht hinreichend seien und dass man handeln müsse, dass es Taten brauche, und das Volk schrie: ja Taten, wir sind bereit. Der Lärm ließ Garibaldi nicht mehr weiter sprechen, und er zog sich zurück. Am 19. kam er in die Rocca d'Anfo und ging von dort auf den Berg Zuel, von wo aus er die Grenze Tirols besichtigte. Seine Scharen rücken nun Tirol immer näher, und wie es scheint von mehreren Seiten.

Volks- und Schützen-Zeitung, 25. Juni

***

Bruneck, 21. Juni. Wir sind gefasst, der Landsturm ist organisiert. Sämtliche Sturmoffiziere, vier einzige ausgenommen, sind ausgediente Kaiserjäger. Morgen treten alle Sturmoffiziere zu einer Beratung zusammen. Ich wünschte nur noch, dass wir soweit kämen, nicht mehr bloß zu verteidigen, sondern anzugreifen. In jene Orte der venetianischen Nachbarschaft, in welchen sich die ersten Freischaren gegen uns bilden, sollte unser Landsturm sich hinabwälzen und Alles dem Erdboden gleichmachen. Dann erst würden wir Ruhe bekommen.

Volks- und Schützen-Zeitung, 25. Juni

***

Wien, 23. Juni. Hier herrscht der allerbeste Geist, man knirscht förmlich aus Wut gegen die Hochverräter Deutschlands, welche noch dazu so unverschämt sind, sich als Erben des ruhmreichen Jahres 1813 zu erklären. Wahrlich eine nichtswürdigere Perfidie und Scharlatanerie ist noch nicht erlebt worden.

Volks- und Schützen-Zeitung, 25. Juni

***

Wien, 22. Juni. Die preußische Kriegserklärung wurde gestern in Oświecim (Auschwitz) übergeben.

Innsbrucker Nachrichten, 25. Juni

***

Tagesbefehl Nr. 1
Frankfurt, 19. Juni. »Kameraden des 8. Bundesarmeekorps! Durch den Beschluss Euerer Kriegsherren zum Oberbefehlshaber des 8. Bundesarmeekorps ernannt, habe ich dieses Kommando mit heutigem Tage übernommen. Vertrauend blicke ich auf Euch – Württemberger, Badenser, Hessen und Nassauer, und heiße mit Euch die braven österreichischen Kameraden willkommen, die demnächst in den Verband des Armeekorps treten sollen. Was immer die Zukunft uns bringen mag, sie wird uns festen Herzens, einigen Sinnes finden, und sei die Aufgabe noch so schwer. Wir wollen und werden sie lösen in Zuversicht auf Gott, auf deutschen Mannesmut und Deutschlands gute Sache. Nochmals heiße ich Euch von Herzen willkommen! Hauptquartier Darmstadt, den 18. Juni 1866. Prinz Alexander von Hessen, General-Lieutenant.«

Innsbrucker Nachrichten, 25. Juni

***

»Der Religionskrieg«, zu dem man preußischerseits den Kampf der Deutschen gegen Deutsche stempeln möchte, um statt der Begeisterung, die das Volk dafür nicht fassen kann, wenigstens den Fanatismus wachzurufen, wird in der »Allg. Ztg.« einer treffenden Kritik unterzogen. Zu einem Krieg zwischen den beiden Konfessionen, heißt es dort, fehlt es an nichts mehr – als an Streitern. Selbst in Tirol ist es nicht der Glaubenseifer, sondern der Adels- und der Bauernstolz, der den Fremden, den Städter, den Fabriksherrn mit seiner Arbeiterklientel nicht bei sich haben will, was in erster Linie gegen die Zulassung der Protestanten in die Gemeinde und die ihre Niederlassung begünstigende Gestaltung der Öffentlichkeit des protestantischen Kultus kämpft. – Die Staatsmänner und Feldherrn der gegen Preußen geeinten Bundesstaaten sind ebenso wenig Repräsentanten des Katholizismus, als

Bismarck, Itzenplitz, Mühler und Moltke Vertreter des Protestantismus sind. Der konfessionelle Eifer ist heute nicht mehr im Stande, aggressiv vorzugehen und am allerwenigsten kann er auf die großen Angelegenheiten der Welt Einfluss nehmen. Die Loyalitätsadresse der Wiener evangelischen Fakultät an Se. Majestät den Kaiser gibt ein Zeugnis dafür, dass die hier ausgesprochenen Ansichten die richtigen sind und dass die Bismarck'schen Organe auch ihr letztes Mittel, den Protestantismus als bedroht darzustellen und so den religiösen Fanatismus gegen Österreich aufzustacheln, im Stiche lassen wird. Noch deutlicher wird diese Erwartung bestärkt durch die jüngste Erklärung der Mitglieder des westfälischen Adels, die in ihrer scharfen Verurteilung des jetzigen preußischen Regierungs-Systems und seiner Kriegs-Politik unter Anderem ausspricht, dass es einer Fanatisierung der gefährlichsten Art gleichkommt, den gegenwärtigen Kampf als Religionskrieg zu bezeichnen, der ein politischer, aber kein politischer schlechthin, sondern ein Bruderkampf ist.

Tages-Post, 26. Juni

***

(Allerhöchste Ordre an den Minister der geistlichen Angelegenheiten.)
Es hat Gott nicht gefallen, Meine Bemühungen, die Segnungen des Friedens Meinem Volke zu erhalten, mit Erfolg zu krönen. Eingedenk der schweren Verantwortung, welche die Entscheidung über Frieden und Krieg auf Mein Gewissen legt und der großen Opfer, mit welchen der Krieg die Wohlfahrt und das Familienglück vieler Tausende, hier und drüben, bedroht, habe Ich keinen Weg unversucht gelassen, einen ehrenvollen und für die Zukunft des gesamten deutschen Vaterlandes segensreichen Frieden zu erhalten und auf sicheren Grundlagen zu befestigen.
Gott hat es anders gefügt. Zu Ihm kann Ich aufblicken, wenn Ich jetzt unter Anrufung Seines Allmächtigen Beistandes das Schwert ziehe, zur Verteidigung der teuersten Güter Meines Volkes.
Mein Volk ohne Unterschied des Bekenntnisses wird auch jetzt zu mir stehen, wie es in den Zeiten der Gefahr zu Meinem in Gott ruhenden Vater und zu meinen Vorfahren, glorreichen Andenkens, treu gestanden hat. Aber ohne des Herrn Hilfe vermögen wir nichts. Vor Ihm und Seinen heiligen Gerichten wollen Wir uns in Demut beugen, uns der Vergebung unserer

Sünden durch Christi Verdienst neu getrösten und von ihm Sieg und Heil erflehen. So gereinigt und gestärkt können wir getrost dem Kampfe entgegengehen. In diesem Gefühle Mich Eins zu finden mit Meinem ganzen Volke, ist Mein festes Vertrauen.

Ich beauftrage Sie daher, das Erforderliche zu veranlassen, dass am Mittwoch, den 27. Juni d. J. ein allgemeiner Bettag gehalten und mit Gottesdienst in den Kirchen, sowie mit Enthaltung von öffentlichen Geschäften und Arbeit, soweit die Gegenwart es erlaubt, begangen werde. Gott aber gebe dazu Seinen Segen.

Zugleich soll während der Dauer des Krieges im öffentlichen Gottesdienste dafür besonders gebetet werden,

»dass Gott unsere Waffen zur Überwindung unserer Feinde segne und Gnade gebe, auch im Kriege uns als Christen gegen sie zu verhalten, durch Seines Geistes Kraft sie zur Versöhnung mit uns neige und durch Seinen Allmächtigen Beistand uns bald wiederum zu einem redlichen, gesegneten und dauernden Frieden für uns und das ganze deutsche Vaterland verhelfe«.

Berlin, den 18. Juni 1866.
(gez.) Wilhelm.

Lokomotive an der Oder, 26. Juni

***

Görlitz, den 21. Juni. Der preußische Einfall in Sachsen ist als ein großer militärischer Erfolg zu betrachten. Er hat dem Prinzen Friedrich Karl den Vorteil verschafft, die Österreicher in dem Augenblicke angreifen zu können, in welchem sie mit einer schmalen Front aus den Gebirgspässen hervorkämen, anstatt ihnen nach ihrer eigenen Willkür auf offener, freier Ebene entgegentreten zu müssen, – was sicherlich der Fall gewesen wäre, wenn man ihnen die Besetzung dieses Landes gestattet hätte. In diesem Moment sind die preußischen Patrouillen und Piquets unmittelbar bis zur österreichischen Grenze vorgeschoben; der Ausgang der schmalen Schlucht, die sich, dem Laufe der Elbe folgend, durch das Erzgebirge zieht, ist von den Preußen besetzt, die sächsische Armee hat sich nach Böhmen zurückgezogen, und ohne einen einzigen Schuss zu tun, hat das preußische Heer durch das entschlossene und schnelle Handeln seines Führers ebenso große Vorteile erzielt, wie es durch eine siegreiche Schlacht in diesem Teile des Kriegsschauplatzes hätte erreichen können. In den meisten Dörfern und Weilern Sachsens, jedenfalls in allen denjenigen, welche an den nach der Grenze führenden Straßen gelegen sind, liegen preußische Soldaten im Quartier, Kavallerie- und Artilleriepferde füllen Stallungen und Wirtschaftsgebäude der an der Grenze angesiedelten Landwirte, und mancher Dorfanger ist mit Feldkanonen und Artilleriefuhrwerk bedeckt. Dessen ungeachtet hört man von den Sachsen keine Klagen und soweit man nach dem Augenschein urteilen kann, scheint ihnen die Besetzung ihres Landes durch die preußische Armee keineswegs unangenehm zu sein. Die sächsischen Bauern und die Soldaten stehen auf dem freundschaftlichen Fuße und ein Fremder würde, wenn die preußische Uniform ihm unbekannt wäre, auf seinem Wege durch die Dörfer auf die Vermutung geraten, dass die Truppen unter der Bevölkerung ihres eigenen Landes einquartiert seien. Sobald der preußische Vortrab die Grenze überschritt, erließ Prinz Friedrich Karl den gemessenen Befehl, dass die Truppen Privateigentum und die Ruhe der Bevölkerung aufs Strengste respektieren sollten. Dieser Befehl ist sowohl von den Offizieren, wie von den Leuten gewissenhaft befolgt worden, – doch nicht etwa aus Furcht vor der militärischen Strafe, welche der Ungehorsam nach sich ziehen würde. Die gutherzigen Soldaten haben keine jener Schrecknisse mitgebracht, welche sonst nur zu häufig eine ein fremdes Land besetzende Armee zu begleiten pflegen. Im Gegenteil, sähe man nicht in jeder Landstraße die Säbel und Bajonette von Patrouillen im Sonnenlichte blinken, so könnte man sich inmitten des tiefsten Friedens wähnen. Hier helfen die Soldaten den Bauern die Heuernte einbringen, dort sieht man die Ersteren in den Gärten der kleinen Hütten arbeiten, und beständig machen sie Einkäufe gegen bare Zahlung in den Verkaufsläden der Dörfer. Die barfüßigen kleinen Bauernjungen lassen sich zu Spazierritten auf die Artillerie- oder Kavalleriepferde setzen, wenn diese zur Tränke geführt werden, – oder sie blicken, halb neugierig und halb furchtsam, in den Lauf einer gezogenen Kanone, und nur wenn irgend ein zu kühner kleiner Bube, mit der durch vertraulichen Umgang erzeugten Dreistigkeit, eine Handvoll Kornblumen in die Mündungen einer Kanone zu schieben wagt, wird er durch die nur ungern dazu schreitende Schildwache aus dem Umkreise der Batterie hinweggewiesen.

Man sagt, die hannoverschen Truppen seien genötigt gewesen, sich auf Göttingen zurückzuziehen, und ihr Abmarsch nach dem Main hin, sei ihnen misslungen. Wenn dies sich bestätigt, so befinden sie sich in einer prekären

Lage; der General von Falkenstein hat sich mit dem General von Manteuffel bei der Stadt Hannover vereinigt und beide sind auf Hildesheim marschiert. General von Beyer hat die Verbindung nach Frankfurt abgeschnitten, so dass den auf beiden Seiten von überlegenen Streitkräften bedrohten Hannoveranern nur wenig Aussicht übrig bleibt, sich glücklich hindurch schlagen zu können.

Von einem massenhaften Vorrücken der Österreicher hat man noch nicht gehört. Am 18. überschritt eine Patrouille bei Guau die oberschlesische Grenze und wechselte Schüsse mit einer preußischen Patrouille; am 19. ging ein von wenigen Husaren begleiteter Offizier über dieselbe Grenze und stieß bei Klingebeutel auf eine preußische Kavallerie-Patrouille. Ein leichtes Scharmützel entspann sich, ohne dass, so weit man ermittelt hat, die eine oder die andere Seite einen Verlust gehabt hätte. Dies ist Alles, was man von den Bewegungen der Österreicher bisher mit Bestimmtheit weiß. Wie lange Marschall Benedek's ruhiges Verhalten dauern wird oder was diese Stille bedeutet, kann nur die Zeit lehren. Einige glauben, er beschäftige sich damit, die baierischen und sächsischen Armeen mit seiner eigenen zu vereinigen und es liege in seiner Absicht, mit überwältigender Heeresmacht von der oberen Saale und Leipzig her in Sachsen einzurücken, während andere den Gedanken festhalten, dass Schlesien zum Schauplatze der ersten Schlacht ausersehen sei.

Bisher sind die zerstörenden Wirkungen des Krieges auf Eisenbahnen, Telegraphendrähte und Brücken beschränkt geblieben. Die Passagier-Beförderung auf den sächsischen Eisenbahnen hat wieder begonnen, mit Ausnahme der Stelle, wo die zerstörte Brücke bei Riesa eine noch nicht wieder ausgefüllte Lücke erzeugt.

Den österreichischen Patrouillen, welche in Oberschlesien erschienen, sind bisher keine Invasionskolonnen gefolgt. Die Länge der Zeit, die seit ihrem Erscheinen verstrichen ist, scheint darauf hinzudeuten, dass sie nicht die Vorläufer eines beabsichtigten Angriffes waren. Wahrscheinlicher ist es, dass sie entweder nur als Kundschafter ausgesandt waren oder dass, da österreichische Truppen aus dem Krakauer Distrikt nach Westen hin dirigiert wurden, sie nebenher eine fingierte Bewegung gegen Schlesien machten, um die Aufmerksamkeit der preußischen Heerführer von dem wirklichen Angriffspunkte abzulenken. Wo dieser Punkt sich befindet, kann Niemand diesseits der Grenze mit Bestimmtheit wissen. Die Ausgänge der Pässe werden auf dieser Seite sorgfältig bewacht; auf jedem Hügel werden Feuersignale in Bereitschaft gehalten, neben welchen Schildwachen beständig postiert sind, um beim Herannahen des Feindes Alarmfeuer anzuzünden und so die Nachricht von Gipfel zu Gipfel zu verbreiten. Diese Signale bestehen in hohen an der Spitze mit Stroh umwickelten Stangen; das Stroh ist reichlich mit Pech durchtränkt. Neben jeder Signalstange steht ein improvisiertes, ebenfalls aus Stroh errichtetes Schilderhaus, welches der Schildwache einstweilen Schutz gegen Sonne und Regen gewährt und im Notfalle auch die Intensivität der Signalflamme vermehren hilft.

Jede der kriegführenden Parteien hat nun ihr Bestes getan, um mit einer möglichst starken Armee in den Feldzug eintreten zu können. Der Ausgang desselben muss entscheiden, ob der protestantische, dem Fortschritt huldigende Norden, oder der katholische und konservative Süden in Deutschland die Oberhand erhalten soll.

Times, 26. Juni

***

Berlin, 23. Juni. In die hiesige Presse hat ein aus Frankfurt a. M. verbreitetes Gerücht Eingang gefunden, welchem zufolge die Österreicher bei Görlitz einen Sieg erfochten haben sollten. Dieses Gerücht entbehrt jeder tatsächlichen Begründung und ist wohl in Frankfurt einfach aus der Absicht entstanden, durch falsche Nachrichten über angebliche Erfolge der österreichischen Waffen den süddeutschen Kontingenten Mut zu machen.

Lokomotive an der Oder, 26. Juni

***

Das Lied vom Main.

Der Main soll uns nicht trennen, er hat uns nie getrennt,
So lang an seinen Ufern das Volk nur deutsch sich nennt!
Was in der Welt kann scheiden die solch ein Band umschlingt?
Es wird so lange halten als deutsches Wort erklingt.

Der Main soll uns nicht teilen, ein Ganzes ist das Land
Vom hohen Wall der Alpen bis zu der Ostsee Strand.
Ein Volk sind wir gewesen in Gottes Schirm und Schutz!
Ein Volk, wir wollens bleiben, jedwedem Feind zum Trutz!

Steig' auf, du goldne Sonne, nach sturmbedrängter Nacht!
Führ' uns zu neuem Tage, führ uns zu neuer Macht!
Der Franzmann soll nicht haben den freien deutschen Rhein,
Und Deutschland soll nichts teilen, nicht Berge, nicht der Main!

Rosenheimer Anzeiger, 26. Juni

***

Hannover, 22. Juni. Die Stimmung der Bevölkerung ist sehr aufgeregt gegen die Ratgeber des Königs, welche das Land ohne Grund in Unruhe und Verluste gestürzt haben. Das Offizierskorps der Hannover-Armee ist erbittert, dass die Truppen ohne Kriegsrüstung die Hauptstadt haben verlassen müssen. Die Mannschaften haben die neuen Gewehre in Hannover zurückgelassen und sind mit Exerziergewehren ins Feld gerückt. Der Artillerie fehlte Munition.
Nach derselben Quelle sind die Preußen am 20. Juni in Hildesheim eingerückt. Es wurden daselbst 700 Gewehre vorgefunden.
Die Mannschaften der Besatzung von Emden sind in ihre Heimat entlassen, die Offiziere können mit Beibehaltung des Seitengewehrs in allen Ehren nach eigenen Ermessen ihren Aufenthalt nehmen.

Lokomotive an der Oder, 26. Juni

***

Eingetroffenen Nachrichten zufolge sind die Kaiserjäger in Verbindung mit der Silzer und Landecker Schützen-Kompagnie, nachdem sie das italienische Zollhaus auf dem Wormser Joche genommen, bis nach Spondalunga vorgerückt und halten diesen Schlüssel zum Übergange über das Joch besetzt. Die bei diesem Zuge beteiligten Landesschützen sind die ersten, welche die tirolische Grenze überschreiten und auf fremd-italienischen Boden stehen.

Innsbrucker Nachrichten, 27. Juni

***

Vom Stilfser Joch, 24. Juni. Heute haben unsere tapfern Jäger unter Major v. Metz St. Maria in Besitz genommen. Leider war der Angriff von Schweizer Seite her verraten, sonst wäre die ganze welsche Besatzung abgefangen worden. Wie Raketen flogen die Jäger drauf los, aber die Welschen liefen wie besessen davon. Viele verloren ihre Kappen, an denen noch der Angstschweiß hing. Nur wenige Schüsse wurden gewechselt. Morgen wollen die Jäger Bormio stürmen.
Von den Landesschützen sind die Silzer erwähnenswert. Eine Abteilung derselben ging mit den Jägern weit über die Grenze, obwohl hiezu gesetzlich keine Verpflichtung vorliegt. Die für 800 Mann eingerichtete piemontesische Kaserne ist vortrefflich, abgesehen von der Polenta, einer großen Menge Eier, Wein, Hühner und Kanarienvögel, die sich darin vorfanden.
25. Juni. Unsere famosen Jäger haben heute Bormio genommen. Wenn man die Kaiserjäger gegen den Feind operieren sieht, möchte einem schwindeln, so wütend gehen sie los.
Volks- und Schützen-Zeitung, 27. Juni

***

Verona, 24. Juni, 2 Uhr Nachmittag. Hier angelangt, habe ich Alles in der größten Aufregung gefunden. Die italienische Armee hat gestern den Mincio überschritten, wobei sie auf keinen Widerstand gestoßen ist. Man hat sie einfach gewähren lassen. Heute aber geht es sehr heiß her. Seit 7 Uhr Morgens bis zum gegenwärtigen Augenblick wird gekämpft, der Kanonendonner rollt wie fernes Gewitter. Der Kampf ist noch nicht zu Ende. Wie ich vom Munde österreichischer Offiziere erfahren habe, ist die Lage der österreichischen Armee günstig, aber Peschiera ist stark bedroht. Von dem weitern Verlauf des Kampfes wird es abhängen, ob die Position Peschiera von den Italienern behauptet oder verlassen werden soll. Die Italiener, so sagten meine Gewährsmänner, schlagen sich sehr gut, haben jedoch noch immer gehörigen Respekt vor dem Bajonett. Der wunde Teil der italienischen Armee scheint aber die Kavallerie zu sein, und da haben die österreichischen Ulanen furchtbar gewütet. Auch die österreichische Artillerie hat Bewunderungswürdiges geleistet, denn die italienische Artillerie wird der österreichischen gleichgestellt. Dieser großartige Kampf wird viele Opfer von beiden Seiten gekostet haben. Hier sind bereits viele Verwundete eingetroffen. Der unter denselben befindliche kühne und verwegene Reitermajor Schönberger soll bereits gestorben sein. Heute Nachts vor dem Ausmarsch hat der Erzherzog die ganze Armee mit Wein traktieren lassen.

Volks- und Schützen-Zeitung, 27. Juni

***

Aus Verona, 25. Juni, wird uns berichtet: Der Sieg ist größer und vollendeter, als ihn das bescheidene Bulletin verkündet. Die Kriegsgefangenen, die in der Arena untergebracht sind, und die ich selbst gesehen habe, müssen wenigstens 5000 bis 6000 Mann sein. Vom Schlachtfelde sollen bereits 15.000 italienische Gewehre eingebracht worden sein. Die österreichische Kavallerie ritt, wo sie nur ein bisschen Luft und Boden fand, Alles nieder. Die feindliche Armee hielt sich tapfer, aber nichts vermochte der Bravour unserer Soldaten zu widerstehen. An manchen Punkten wurde riesig gekämpft, denn die Italiener waren an Zahl weit überlegen. Jeder abgeschlagene Sturm wurde unsererseits so oft wiederholt, bis der Punkt genommen ward. Der ebenso tapfere als umsichtige Erzherzog war da und dort, und wo es am heißesten herging, war er gewiss dabei und ermunterte die Soldaten durch Wort und Tat. Der Erzherzog war von allen Bewegungen des Feindes gut unterrichtet, von Verrat unsererseits nirgends eine Spur. Die Armee wird ausgezeichnet sorgfältig, soweit es nur immer möglich, gepflegt und mit Wein gelabt. Welch' ein Unterschied zwischen 1859 und 1866!
Mit welcher Tapferkeit unsererseits gekämpft wurde, geht wohl am besten daraus hervor, dass viele Soldaten nach der Schlacht alle ihre Patronen noch hatten, denn häufig wurde gar nicht gefeuert, sondern einfach mit dem Bajonett vorgegangen.
Der Feind hat an allen Punkten eine Niederlage erlitten. Bei Custoza wollte er sich noch halten, schlug auch zwei Stürme ab. Da kam der Erzherzog und rief: Kinder, Alles ist auf dem Spiel, und die Soldaten, obwohl seit 3 Uhr Morgens auf den Beinen und im Kampfe, machten einen dritten Sturm und warfen den Feind, der nun aber in wilder Hast die Flucht ergriff, alles Rüstzeug von sich werfend und nur bedacht, dem nachrückenden Sieger zu entrinnen. Hiebei haben die Husaren und Ulanen noch wacker aufgeräumt.

Der Feind hat einen wenigstens dreimal größern Verlust als wir, auch sollen 36 Kanonen erbeutet sein. Fünf italienische Generale sind verwundet, auch Prinz Amadeus, dem ein Schuss das Sitzen unmöglich gemacht hat.
Volks- und Schützen-Zeitung, 27. Juni

***

Reutte, 25. Juni. Die Königin-Mutter von Baiern, welche gegenwärtig im benachbarten Hohenschwangau Hof hält, hat am 21. d. M. die Kompagnie unserer Landesschützen besichtigt und mit Leinwand und Geld reich beschenkt. Sie war über die musterhafte Haltung der Tirolerschützen so erfreut, dass sie an Se. kaiserliche Hoheit Erzherzog Albrecht darüber telegrafierte. Gestern kam nun an das königliche Hoflager in Hohenschwangau folgende telegrafische Antwort: »Königin-Mutter! Dein Telegramm während heftiger Schlacht erhalten, brachte mir Glück. Feind heute bei Custoza geschlagen. Zerbare, 24. Juni, 9 Uhr Abends. Erzherzog Albrecht.« Dieses Telegramm wurde heute durch einen reitenden Boten Ihrer Majestät den Bewohnern von Reutte kundgegeben und, wie man sich denken kann, allgemeine Freude belebte unsere Herzen.
Volks- und Schützen-Zeitung, 27. Juni

***

Alles, was bisher in Deutschland geschehen ist, war nur ein Vorspiel des bevorstehenden großen Kampfes, – aber ein Vorspiel reich an wichtigen Erfolgen und an günstigen Vorbedeutungen.
Kaum drei Wochen ist es (so weit es auch hinter uns zu liegen scheint) – dass Preußen in Folge des Vertragsbruchs Österreichs von Schleswig her wieder in Holstein einrückte und dass die Österreicher sich zuerst auf Altona zurückzogen, dann ganz Holstein räumten.
Holstein steht seitdem unter der alleinigen Verwaltung Preußens; in der Bevölkerung aber ist von dem Augenblicke, wo die Österreicher und ihr Schützling, der Prinz von Augustenburg, das Land verlassen haben, eine augenscheinliche Beruhigung eingetreten: der Spuk des Parteitreibens ist wie durch einen Zauberschlag geschwunden. Die preußische Regierung konnte fast die ganze militärische Besatzung aus dem Lande herausziehen und darf zu-

versichtlich hoffen, unter dem Eindruck einer vorsorglichen, rücksichtsvollen und wohltätigen Verwaltung bald zur freien Verständigung mit dem Schleswig-Holsteinschen Volke über die Interessen der gemeinsamen Zukunft zu gelangen.

Inzwischen waren für Preußen neue wichtige Aufgaben entstanden: Österreich hatte mit dem Bruch des Bundes ein feindseliges Auftreten derjenigen Staaten gegen Preußen zu Stande gebracht, welche zwischen unsere östlichen und westlichen Provinzen mitten hineingeschoben sind. Hannover und Kurhessen waren von Österreich ausersehen, durch Kriegsdrohung gegen Preußen uns Gefahren im Rücken zu bereiten, während die Österreicher mit den Sachsen in das Herz unserer Monarchie einzudringen gedachten, die süddeutschen Staaten aber in unsere Rheinprovinz einfallen sollten. Offenbar war es darauf abgesehen, Preußen durch die allseitige Bedrohung zu nötigen, die Ansammlung seiner großen Hauptarmee nach Böhmen hin teilweise aufzugeben, seine Kräfte zu zersplittern und dadurch Österreich einen leichten Sieg zu bereiten.

Aber die rasche Entschlossenheit unserer Regierung und die hohe Leistungsfähigkeit unserer Armee machten einen vernichtenden Strich durch die Rechnung aller unserer Feinde.

Ohne einen Mann von der Hauptarmee abzuberufen, gelang es der Regierung, durch sofortiges, ebenso trefflich angeordnetes, wie kühn durchgeführtes Vorrücken der beiden kleinen Korps, die, weit entfernt von einander, bei Wetzlar und bei Minden standen, und durch schnelles Herbeiziehen des Manteuffelschen Korps aus Holstein in wenigen Tagen die hannoverschen und die kurhessischen Truppen zur eiligen Flucht zu nötigen, ihre beabsichtigte Vereinigung zu vereiteln und die beiden Länder vorläufig in Besitz zu nehmen.

Rascher noch war die Besitzergreifung von Sachsen vor sich gegangen. Während es kurz vorher als gewiss galt, dass auf die erste Bedrohung Sachsens die österreichische Armee mit der sächsischen vereinigt über Dresden nach Preußen vordringen würde, konnten nunmehr unsere Truppen das ganze sächsische Land ohne Schwertstreich in Besitz nehmen. Auf die erste Kunde von dem Anrücken der preußischen Armee hatte der König von Sachsen mit seinem hochfahrenden Minister v. Beust und mit dem ganzen sächsischen Heere das Land verlassen und nach wenigen Tagen waren nicht bloß Dresden und Leipzig, sondern selbst die wichtigen Gebirgspässe nach Böhmen in Preußens Gewalt.

Fern sei es, diese Erfolge des preußischen Vorgehens etwa als bedeutende Kriegstaten und ruhmvolle Siege feiern zu wollen: jedes preußische Herz wird sich vielmehr mit unserem König darüber freuen, dass das Alles erreicht werden konnte, ohne dass es bisher in Norddeutschland zu blutigem Kampfe gekommen ist.
Das preußische Heer ist reich genug an Ehren und Siegen und wird hoffentlich im ernsten Kampfe neue Lorbeeren genug erwerben, um jede Ruhmredigkeit über die leichten Erfolge dieser Wochen von sich zu weisen.
Wohl aber darf das preußische Volk mit Genugtuung und mit hoffnungsvoller Zuversicht auf die trefflichen militärischen Einrichtungen, auf die energische und sichere Leitung und auf das musterhafte Zusammenwirken aller Kräfte blicken, durch welche ein so glücklicher Erfolg mit so geringen Mitteln möglich wurde.

Provinzial-Correspondenz, 27. Juni

***

Prinz Friedrich Karl sagt in seinem Armeebefehl vor dem Einrücken in Böhmen:
»Soldaten! Unser Anfang sei mit Gott! Auf ihn lasst uns unsere Sache stellen, der die Herzen der Menschen lenkt, der die Schicksale der Völker und den Ausgang der Schlachten entscheidet. Wie in der heiligen Schrift geschrieben steht: lasst Eure Herzen zu Gott schlagen und Eure Fäuste auf den Feind!
In diesem Kriege handelt es sich – Ihr wisst es – um Preußens heiligste Güter und um das Fortbestehen unseres teuren Preußens. Der Feind will es ausgesprochenermaßen zerstückeln und erniedrigen. Die Ströme von Blut, welche Eure und meine Väter unter Friedrich dem Großen und in den Befreiungskriegen und wir jüngst bei Düppel und auf Alsen dahin gegeben haben, sollen sie umsonst vergossen sein? – Nimmermehr!
Wir wollen Preußen erhalten, wie es ist, und durch Siege kräftiger und mächtiger machen. Wir werden uns unserer Väter würdig zeigen. Wir bauen auf den Gott unserer Väter, der in uns mächtig sein und Preußens Waffen segnen wolle.
Und nun vorwärts mit unserem alten Schlachtrufe: Mit Gott für König und Vaterland! Es lebe der König!«

Provinzial-Correspondenz, 27. Juni

***

Aus Veranlassung der gegenwärtigen politischen Verhältnisse wird im Berliner »Staats-Anzeiger« der nachstehend wörtlich folgende § 68 des Strafgesetzbuches in Erinnerung gebracht: »Ein Preuße, welcher während eines gegen den preußischen Staat ausgebrochenen Krieges im feindlichen Heere Dienste nimmt und die Waffen gegen Preußen oder dessen Bundesgenossen trägt, wird als Landesverräter mit dem Tode bestraft. Ein Preuße, welcher schon früher in fremden Kriegsdiensten stand, soll, wenn er nach Ausbruch des Krieges in denselben verbleibt und die Waffen gegen Preußen oder dessen Bundesgenossen trägt, mit Zuchthaus von drei bis zehn Jahren bestraft werden. Wird festgestellt, dass mildernde Umstände vorhanden sind, so tritt Einschließung von drei bis zehn Jahren ein.«

Teltower Kreisblatt, 27. Juni

***

Der höhere Offizier der hannoverschen Armee, die von den preußischen Truppen vollständig eingeschlossen ist, hat bereits Schritte wegen Kapitulation getan. Die Aufregung in Hannover gegen die österreichische Partei am Hofe ist übrigens sehr groß, weil sie die Truppen in eine so unglückliche Situation versetzt hat. Die Kavallerie ist gut und trefflich beritten, dahingegen fehlen der Infanterie und Artillerie alle Proviant-, Bagage- und Munitionskolonnen, selbst die Regimentswagen. So schreibt man der »Kölner Zeitung« aus Hannover: Ein überaus reiches Kriegsmaterial aller Art ist in den militärischen Etablissements der Hauptstadt vorgefunden, und es werden noch täglich neue großartige Entdeckungen in dieser Richtung gemacht, so dass sich die Größe unserer Beute noch gar nicht übersehen lässt. Analog, nur im kleineren Maßstabe, sieht es in den übrigen Garnisonsstädten aus, so dass es außer allem Zweifel ist, dass die ganze Feldausrüstung der hannoverschen Armee zurückgeblieben und letztere fast ganz unausgerüstet, jedenfalls auch bei Weitem nicht komplett, davongegangen ist. Hier allein sind beispielsweise ca. 50 Geschütze verschiedenen Kalibers, mindestens 10.000 neue gezogene Gewehre, 800 Wagen, Munition für mehrere Batterien, ein vollständiger Brückentrain, ein Feldlazarett ec. aufgefunden. Nur wenn man es selbst gesehen, kann man sich eine Vorstellung von dieser Masse Material

von meist vorzüglicher Beschaffenheit, teilweise sogar mit wahrem Luxus angefertigt, machen. Man wird dann nicht genug einerseits staunen können über die Kopflosigkeit und Verranntheit der hannoverschen Regierung, von welcher dieser kaum mehr glimpflich zu bezeichnende übereilte Rückzug eine Folge war, andererseits aber auch nicht genug die armen hannoverschen Truppen bedauern können, welche ohne ihre Schuld in diese für jedes brave Soldatenherz entsetzliche Situation geraten sind.
Der König von Hannover und der Kronprinz sowie die Kriegskasse, die sehr beträchtlich sein soll (man spricht von 3 Millionen) befanden sich gestern in Heiligenstadt. Jeder Soldat ist mit nur 6 Patronen versehen.
Teltower Kreisblatt, 27. Juni

***

(Süd-Armee-Kommando, Bulletin Nr. 6)
Hauptquartier Verona, 27. Juni, 4 Uhr Nachmittags.
Garibaldinische Freischaren erschienen gestern Nachmittags vor Peschiera und greifen in Südtirol die dort postierten k. k. Truppen und Landesschützen an.
Die k. k. Armee hat neue Stellungen bezogen. Der Erzherzog-Feldmarschall besuchte vorgestern und gestern sämtliche Truppen in ihren Lagern, um ihnen persönlich Seinen Dank auszusprechen und Sich von ihrem Zustande zu überzeugen. Letzterer vortrefflich. Jubel groß. Noch bis gestern langten Einzelne, welche sich in dem sehr ausgedehnten und verworrenen Schlachtfelde verirrt, sowie sukzessive aufgefundene Erschöpfte und Verwundete ein, wodurch die Zahl der Vermissten fortwährend sich mindert. Die Zahl der eingebrachten Gefangenen ist gegen 4000, abgesehen von mehreren tausend feindlichen Verwundeten, welche uns in die Hände fielen und gemeinschaftlich mit unseren Eigenen gepflegt und behandelt werden. Die Teilnahme der Bevölkerung für die Verwundeten ist überall eine höchst lobenswerte.
Es erscheint nun konstatiert, dass das Verhältnis unserer Kräfte zum Feinde im Kampfe wie folgt gewesen: Infanterie wie 2 zu 3, Kavallerie wie 1 zu 2, Artillerie wie 3 zu 4, und im Kaliber der unseren fast doppelt überlegen. Bisher wurden 14 feindliche Geschütze eingebracht, noch viel Material am Schlachtfelde. Unsererseits nicht ein Geschütz verloren.
Innsbrucker Nachrichten, 28. Juni

***

Hannover, Sonntag, den 24. Juni. Eine amtlich vorgenommene Aufnahme des den Preußen hierselbst in die Hände gefallenen Kriegsinventars ergibt: 60 Geschütze, 800 Wagen aller Art, 10–12.000 zum Teil neue Gewehre und Büchsen, 2000 Zentner Pulver, Pferdeausrüstungen und ein vollständiger Virago'scher Brückentrain.

Lokomotive an der Oder, 28. Juni

***

Mailand, 24. Juni. Es wird hier glaubwürdig versichert, dass Garibaldi durch Tirol direkt nach München zu marschieren beabsichtigt. Bormio ist bereits von italienischen Truppen besetzt.
Reisende melden aus Chur, den 24. Juni, dass italienische Truppen das Stilfser Joch und Glurns besetzt haben. Die Vorposten stehen bei Finstermünz.

Lokomotive an der Oder, 28. Juni

***

Treue und tapfere Männer von Tirol und Vorarlberg!
Eine Regierung ohne Treu und Glauben hat uns einen ungerechten Krieg erklärt. Der Boden Tirols, Euer engeres Vaterland, die berühmte Burg altösterreichischer Ehre, Treue und Biederkeit, ist erneut angegriffen. Scharen abenteuernder Müßiggänger, von regulären Truppen unterstützt, brechen in Euere friedlichen Täler herein, um Euere Kirchen zu entweihen, Euer Familienleben zu zerstören, Euch Hab und Gut zu rauben, mit der eingestandenen Absicht, den tausendjährigen Zusammenhang der Landschaften Tirols zu zerreißen und seine uralten Grenzpfähle zu verrücken.
Biedere Tiroler und Vorarlberger! Die Gefahr von 1848 und 1859 steht neuerdings an Euren Pässen. – Auf denn zu den Waffen! Ruft die Enkel des Andrä Hofer's, ruft die Enkel all jener Helden auf, die einst an dem Beispiele tirolischer Treue und Tapferkeit die zagende Welt wieder hoffen gelernt hatten. Schon kämpfen an den angegriffenen Pässen Euere wackeren Landesschützen-Kompagnien für Kaiser, Vaterland und die Integrität von Tirol.

Ruft Eueren Landsturm auf; eilt Eueren Brüdern zur Unterstützung herbei in der flammenden Begeisterung Euerer glorreichen Tage, um mit diesen vereint, wie der Wetterstrahl auf allen Seiten vernichtend, auf den frechen Eindringling zu fallen.
Der Feind, dessen Ehrgeiz euch neuerdings dem väterlichen Herde entreißt, hat Euer friedliches Gedeihen schon zu wiederholtenmalen gestört; aber Euere mannhafte Tapferkeit hat den verwegenen Frevel jedes Mal blutig gestraft.
Auch uns hat er vor wenigen Tagen, auf seine Überzahl vertrauend, in der italienischen Ebene mit seiner Hauptmacht anzugreifen gewagt; aber es hat nur einer einzigen Schlacht bedurft, um ihn über unsere Grenzen zurückzutreiben.
Nehmt darum den aufgezwungenen Kampf auch diesmal mit Herzhaftigkeit und Gottesvertrauen an. In hingebender, treuer Waffenbrüderschaft werden Euch darin die Truppen zur Seite stehen. So im Vereine mit Euch wollen wir im Angesichte Europa's den Beweis führen, dass die Grenzmarken Tirols am Caffaro und Tonale stehen müssen, nicht an der Brennerwand, und dass die alte Heimat der Treue nur Tirolern angehören kann.
Hauptquartier Verona, 27. Juni 1866.
Erzherzog Albrecht, Feldmarschall.

***

Gotha, 25. Juni. Es heißt glaubwürdig, dass die Kapitulationsverhandlungen bisher erfolglos waren; der König von Hannover besteht auf dem freien Abzug seiner Armee nach Baiern, damit dieselbe an Österreichs Seite gegen Italien kämpfe.

Lokomotive an der Oder, 28. Juni

***

Vom deutschen Kriegsschauplatze melden die neuesten telegraphischen Nachrichten Folgendes: Die Preußen sind an der österreichischen Grenze bis Warnsdorf, Pirna, Bodenbach, Schandau, Zittau vorgerückt, haben Böhmisch-Kamnitz und Reichenberg besetzt, in Böhmisch-Leipa und Schluckenau Kontributionen eingehoben und beabsichtigen die Zernierung der

Festung Königstein und die Besetzung der Höhen an der böhmischen Grenze. Auch Rumburg soll von ihnen schon besetzt sein. – Ferner haben die Preußen Gießen besetzt, wodurch die gegen Süden marschierenden Hannoveraner degagiert wurden, wobei jedoch Verrat mit im Spiele war. Der hannoveranische Generaladjutant Tschirnitz wurde wegen verräterischer Korrespondenz mit dem Feinde zum Tode durch Erschießen verurteilt; der hannoveranische Kriegsminister Brandis wurde entlassen. Einzelne, längs der böhmischen und österreichisch-schlesischen Grenze bisher vorgefallene Gefechte fielen zu Gunsten der Österreicher aus.

Bukowina, 29. Juni

***

Aus Reichenberg, 24. Juni, wird geschrieben: Das Unglaubliche ist geschehen. Reichenberg, die erste Industriestadt des Landes, ja des gesamten Kaiserstaates, befindet sich in der Macht des Feindes. Seit dem frühesten Morgen des heutigen Tages hausen die Preußen in unserer Stadt, nachdem sie bereits gestern die ganze Umgegend gegen Karbitz und Friedland hin unsicher gemacht hatten, und ich beeile mich, Ihnen in wenigen Worten die Vorgänge des heutigen Tages zu schildern, obwohl ich nicht weiß, ob Sie meinen Brief rechtzeitig erhalten werden. Bereits vorgestern befanden sich die Preußen im Anmarsche gegen unsere Gegend, besetzten sämtliche Dorfschaften und größere Örter an der Grenze und schienen es vornehmlich auf unsere wohlhabende Stadt abgesehen zu haben. Am Donnerstag den 21. d. M. erhielten wir die letzten Nachrichten aus Zittau, die dahin lauteten, dass die Preußen daselbst an 40.000 Mann Truppen und zahlreiche Artillerie angehäuft hatten, die zu einem Handstreiche gegen Böhmen bestimmt waren. Nun bestand kein Zweifel mehr, dass auch Reichenberg bald den Feind zu sehen bekommen werde, und Alles, was nur irgendwie die Stadt verlassen konnte, rüstete sich zur unverweilten Abreise. Die landesfürstlichen Behörden sowie das Telegraphenamt verließen bereits im Laufe des gestrigen Tages unsere Stadt, um vorläufig ihren Sitz in Liebenau zu nehmen, obwohl unter den obwaltenden Umständen Jedermann der Überzeugung ist, dass auch in dieser Stadt ihres Bleibens nicht lange sein werde.
Den ganzen Tag über kamen von allen Seiten Flüchtlinge an, die uns die Besetzung von Friedland, Grottau, Kratzau, Rumburg, Haida und Zwickau

meldeten. In der Nähe der letzteren Stadt fand ein Vorpostengefecht statt, bei welchem die Preußen den Kürzeren zogen und neben fünf Toten zahlreiche Verwundete verloren. Unsere braven Truppen hatten nur zwei Verwundete, die gestern Abends hier eingebracht und aufs Beste verpflegt wurden. Die siegreiche Schar, bestehend aus einer halben Eskadron Kavallerie, wurde von der hiesigen Bevölkerung enthusiastisch empfangen, zog sich aber in der Nacht in südlicher Richtung zurück.

Die ganze Nacht über herrschte hier unter der Bevölkerung die größte Aufregung, in allen Häusern wurde gepackt und zur unverzüglichen Abreise gerüstet, denn für den nächsten Tag war mit aller Sicherheit die Ankunft des übermütigen Feindes zu erwarten. Die vielfach übertriebenen Gerüchte über massenhafte Requisitionen in den böhmischen Örtern trugen nur dazu bei, die Aufregung auf die Spitze zu treiben, und so sahen wir mit Bangen der nächsten Zukunft entgegen. Kein Mensch in Reichenberg brachte die heutige Nacht im Bette zu, Alles war auf den Gassen, vor den Häusern bildeten sich Gruppen, und das Gemeindehaus wurde von Hunderten umlagert, die etwas Bestimmtes über die Bewegungen des Feindes zu erfahren hofften. Endlich begann es zu tagen und bald sollten wir von der furchtbaren Situation volle Gewissheit erhalten. Gegen 6 Uhr Morgens zeigten sich die ersten Vorposten der Preußen im Nordwesten; wer noch die Stadt verlassen konnte, tat dies unverweilt und zwei Stunden hierauf rückten die ersten Kolonnen des Feindes in die Stadt ein. Reichenberg war im Besitze der Preußen, die zweite Stadt des Landes war dem Feinde preisgegeben. Über den weiteren Verlauf des schrecklichen Tages vermag ich vorläufig nichts mehr zu schreiben.

Klagenfurter Zeitung, 29. Juni

***

Die von allen Patrioten so sehnsüchtig erwartete Nachricht von der Nordarmee ist nun auch endlich eingetroffen. Sie lautet: Sieg! Die Preußen sind total geschlagen! Zwar eine so große Schlacht wie jene bei Custoza war es nicht, die Hauptmacht des Feindes ist noch nicht vernichtet, aber es war ein glorreich bestandenes großes Gefecht, das den preußischen Sezessionisten den Vorgeschmack von dem gegeben haben wird, was ihrer noch harrt. Bis zur Stunde fehlen die Details, aber Eins ist evident: Österreichs Heer schlägt sich im Norden wie im Süden mit einer Bravour, die bewundernswert ist, und die hoffen lässt, es werde der deutsche wie der italienische Krieg ein baldiges Ende finden.

Es liegen Nachrichten vor, dass auch auf anderen Punkten der Schlachtlinie im Norden gekämpft wurde, doch bedürfen sie vorerst der Bestätigung. So meldet das »Neue Fremdenblatt«, dass bei Podol nächst Münchengrätz am 27. eine Schlacht geschlagen wurde, in welcher die eiserne Brigade und Sachsen zuerst ins Feuer kamen, Podol erstürmt und die Preußen geworfen wurden. Ferner spricht ein hier eingelangtes Privattelegramm von einer Schlacht bei Oswiecim. Zur Stunde ist offiziell nichts darüber bekannt.

Klagenfurter Zeitung, 29. Juni

***

Es war in der Nacht vom 15. auf den 16. Juni 1 Uhr, da trat ein elegant gekleideter Herr in einen prachtvoll erleuchteten Saal, ein Kreis von vornehm und reich gekleideten Damen war dort versammelt und trieb munteren Scherz. Als der Mann eintrat, wendeten sich ihm alle Blicke zu, er war offenbar sehnlichst erwartet und die Seele der Unterhaltung. Ein eigentümliches Lächeln, das mehr den Ausdruck boshafter Schadenfreude hatte, schwebte über seinen Lippen. »Der Befehl ist ausgefertigt«, sagte er wie triumphierend zu den Damen und diese klatschten, sich kindisch freuend, mit ihren zarten Händen. Und nun ging es an ein Tafeln, Becher klirrten, Champagnerpfropfe flogen; es war das ein festliches Nachtgelage. Gefeiert wurde der beschlossene deutsche Bruderkrieg. Der Mann war Bismarck; der Saal in den Gemächern des Premierministers von Preußen, der Befehl, die Ordre des Königs: in die bundestreuen Staaten räuberisch einzufallen. So wurde unter Becherklang der Beginn eines Krieges gefeiert, der mit einem Federstrich Tausenden und abermals Tausenden von deutschen Brüdern das Leben kostet, den Wohlstand Deutschlands vielleicht auf ein halbes Jahrhundert vernichtet und zwischen Nord- und Süddeutschland einen unheilbaren Riss macht. Ist solch' ein Mann nicht ein Ungeheuer? Was verdient er? Antwort: Den Abscheu und Hass ganz Europas und der Jahrhunderte.

Tiroler Stimmen, 30. Juni

***

(Nord-Armee-Kommando, Bulletin Nr. 1)
Feldzeugmeister von Benedek telegraphierte aus dem Hauptquartier Josephstadt, 27. Juni 8 Uhr Abends an Se. Exzellenz den Herrn Kriegsminister: Das am 26. zum Marsche von Opotschno nach Skalitz beorderte 6. Armee-Korps wurde heute um halb 9 Uhr Morgens von den auf den Höhen von Wisokowo und Wenzelsberg entwickelten Preußen angegriffen. Nach vierthalbstündigem hitzigem Kampfe erstürmte das 6. Korps die genannten Höhen und war auf allen Punkten Sieger. Um Mittag erneuerten die Preußen mit frischen überlegenen Kräften den Angriff, wurden jedoch durch das Feuer der Korpsgeschütz-Reserve zurückgewiesen und konnte das 6. Armee-Korps unbehelligt vom Feinde seine ursprünglich beabsichtigte Aufstellung bei Skalitz erreichen.

(Bulletin Nr. 2)
Aus Krakau, 27. Juni. Der Feind hat die ganze Vorposten-Aufstellung längs der Grenze mit Übermacht angegriffen. Der Hauptstoß fand bei Oswiecim statt. Nach zehnstündigem hartem Kampfe wurde der Feind mit großem Verluste über die Weichsel zurückgeworfen. Unsere Truppen kämpften heldenmütig.

Innsbrucker Nachrichten, 30. Juni

***

Prag, 24. Juni. Prag befindet sich fortwährend in fieberhafter Aufregung. Während des ganzen Tages sind die Zugänge des Bahnhofes von dichten Menschengruppen umlagert, und jeder wartet sehnsüchtig auf das Anlangen der Züge. Die ankommenden Reisenden werden bei ihrem Austritte aus dem Bahnhofe so zu sagen angefallen, um der harrenden Menge Rede zu stehen. Mit jedem Zuge kommen aus dem Norden Böhmens Familien hier an, welche der Kriegsschrecken aus ihren Heimatsorten verscheuchte. – Für die industriellen Verhältnisse Böhmens hat die Besetzung einer Handelsstadt wie Reichenberg schwer wiegende Folgen. Reichenberg zählt gegenwärtig 23.000 Einwohner und ist unstreitig eine der bedeutendsten Industriestädte nicht allein Böhmens, sondern ganz Österreichs.

Innsbrucker Nachrichten, 30. Juni

***

Prerau, 24. Juni. Hier eingetroffenen Nachrichten zufolge, hat sich in der vergangenen Nacht zwischen Jägerndorf und Troppau eine größere Anzahl preußischer Infanteristen und Kavalleristen als Deserteure bei unseren Vorposten gemeldet.

Pardubitz, 24. Juni. Der Feind ist in Jermanitz, eine halbe Stunde hinter Liebenau eingerückt, bei Trautenau ebenfalls. Von am gestrigen Tage vermissten achtzehn österreichischen Husaren haben sich sechzehn retour durchgehauen. Wie verlautet, sind auf drei Meilen bei Reichenberg 60.000 Preußen disloziert.

Die zwei preußischen Gefangenen, ein Dragoner und ein Grenadier, welche oberhalb Freiwaldau einer Patrouille von Württemberg-Husaren in die Hand fielen, wurden in das Hauptquartier gebracht. Die Leute sahen recht vergnügt und zufrieden aus. Sie rauchten die ihnen gegebenen Virginier mit ruhigem Behagen. Der Adler auf ihren Pickelhauben war – dies soll bei Allen der Fall sein – geschwärzt.

Innsbrucker Nachrichten, 30. Juni

***

Heute Samstag, den 30. Juni, wird im Landeshaupt-Schießstand zu Innsbruck die erste Exerzier-Übung mit Gewehr der ersten Stadtwehr-Kompagnie (nicht zu verwechseln mit der ersten Stadt- und Feuerwehr-Kompagnie) vorgenommen werden. Die Herren Mitglieder dieser Kompagnie werden dringend ersucht, sich hiezu um 7 Uhr Abends vollzählig einzufinden. Bei allfälligem Regenwetter wird in den Räumen des Schießhauses exerziert.

Innsbrucker Nachrichten, 30. Juni

***

Vorgestern trafen 5 Stellwagen und 6 Leiterwagen mit Blachen zum Schutze gegen die Sonne und bequem gepolsterten Sitzen mit 194 kranken Soldaten hier in Innsbruck ein.

Morgen Nachmittags wird daher eine feierliche Prozession mit Umtragung des wunderbarlichen Muttergottesbildes der St. Jakobspfarrkirche stattfinden, um Gott für die seither verliehenen Siege zu danken und seinen fernern Segen für die Waffen Österreichs zu erflehen.

Innsbrucker Nachrichten, 30. Juni

***

Vielgeliebter Herr Schwager!
Die Wälschen haben bereits die ganz Große kriegt! Der Erzherzog Albrecht hat's ihnen versetzt; bei Custoza, auf demselben Fleck, wo der Radetzky Anno 1848 den Vater Karl Albert geschlagen hat, hat am 24. Juni, am Jahrestag der Schlacht von Solferino, unser Erzherzog den Sohn, König Viktor Emanuel, in einer Schlacht besiegt, die volle 17 Stunden gedauert. Der Sieg is um so höher anzuschlagen, weil die Italiener uns an Zahl fast ums Doppelte überlegen waren, weil der König von Italien, der samt seinem Sohne dabei war, sich gewiss die besten Truppen für den ersten Angriff ausgesucht hat und weil die Italiener – zu ihrer Ehre sei es gesagt – mit einer Tapferkeit gerauft haben, die einer bessern Sache würdig wär'. Der trefflichen Führung unsrer braven Truppen durch den Feldmarschall Erzherzog Albrecht verdanken wir diesen ersten glänzenden Sieg in einem Kriege, zu dem man uns gezwungen hat, und der moralische Eindruck, den der Sieg bei Custoza in ganz Europa machen wird, is noch höher anzuschlagen als der strategische Erfolg. Der Sohn des Siegers von Aspern hat sich seinen Ehrenplatz für die Ruhmeshalle im Arsenal erkämpft.
Dafür schwärmen aber auch die Wiener für den Erzherzog Albrecht in unerhörter Weise; sie sein stolz darauf, dass er ein gebor'ner Wiener is, sie sagen: das is der rechte Mann, ein echter Deutscher, ein echter Österreicher, still, ernst und tapfer. Keine Reklame is für ihn gemacht worden, keine Anekdoten sein von ihm im Umlauf, kein Spezialkorrespondent berichtet, ob im Hauptquartier Grieskönödeln oder Lumplstrudln gespeist werden, aber im selben Augenblick, wo der Erbfeind den verräterischen Fuß auf österreichischen Boden setzt, wo die meineidige Hand sich ausstreckt nach kaiserlichem Erbgut, da is auch der Erzherzog da, wie Gottes Wetterstreich, und Hurra! Hurra! geht's mit dem Bajonett von Position zu Position, bis das siegreiche Heer der Österreicher auf den erstürmten Hügeln von Custoza die Fahne mit dem kaiserlichen Adler aufgepflanzt und der Feind hinter dem Mincio das Schwert von Goito beschämt in die Scheide steckt. Hoch

der Kaiser! Hoch der Erzherzog! Hoch die Armee! – Der Abend, wo die Nachricht kommen is, war der merkwürdigste, den i in Wien erlebt hab'. Hat der Herr Schwager schon einmal eine närrische Stadt g'sehen? Wien war an dem Abend närrisch. Zuerst, um 6 Uhr, sein gelbe Plakate angeschlagen worden, mit folgendem Telegramm aus Verona:
»Große Schlacht. Beide feindliche Flügel bereits zurückgeworfen. Alle Chancen für einen Sieg Österreichs.«
Jetzt war's aus. Die Verwirrung is angegangen; auf den Straßen, in Wirts- und Kaffeehäusern war vollständiger Narrenturm. Jeder hat was zu erzählen, zu erklären g'habt, – die Strategen und Generalstabler sein wild gewachsen wie die Schwammerln. Um 9 Uhr war – Gott weiß wie – das Gerücht verbreitet, dass die Schlacht vollständig gewonnen is, und nun haben sich allenthalben im großen Prater und Schwender-Garten, wie im kleinsten Wirtshaus Volksfeste arrangiert, der beste Wein is bestellt worden und des Wohl des Kaisers, des Erzherzogs und der Soldaten wurde mit unglaublicher Begeisterung getrunken, auf der Gassen haben sich die Leut' umarmt, den Radetzkymarsch gesungen, und es is charakteristisch, dass der Kaiser selber nicht zum offiziellen Diner nach Schönbrunn gefahren is, sondern sich das Mittagmahl vom Munsch hat holen lassen, um nur nicht fünf Minuten später die Nachrichten vom Kampfplatz zu bekommen.

Hans Jörgel von Gumpoldskirchen, 30. Juni

***

Myslowitz, 27. Juni. Heute Morgen 1 ¾ Uhr ertönte das Alarmsignal, dem präzise 2 Uhr der Ausmarsch unserer aus 3 Kompagnien Infanterie zweiten Aufgebots bestehenden Garnison folgte, welche unter Zurücklassung der ausgestellten Posten, der Feldwache und dergl. in der Stärke von ungefähr 320 Mann die von dem seichten Przemzaflusse bei Brzenskowitz gebildete Grenze zu Rekognoszierungszwecken überschritt. Man stieß auf ca. 800 Mann Österreicher, Infanterie und Kavallerie, die en carré aufgestellt, bis zum vollständigen Schlusse des Gefechtes in strengster Defensive verharrten; eine Attacke und dergleichen fand nicht statt. Das gegenseitige Gewehrfeuer war heftig, preußischerseits sind fünf zum Teil schwere Verwundungen (keine Tötungen) zu beklagen. Auch einzelne Österreicher konnte man stürzen sehen, doch ist die Zahl der drüben eingetretenen Verwundungen hier nicht bekannt. Alle unsere Blessierten, die im hiesigen Knappschafts-Lazarette untergebracht sind, haben ihre Wunden an den Füßen, was wegen der nahen Schussdistanzen wohl als Beweis für die Mangelhaftigkeit der österreichischen Schusswaffen gelten mag. Nachdem der Zweck der Expedition, die Ermittelung der Stärke des Feindes, erreicht war, zogen sich unsere braven Truppen gegen vier Uhr auf das diesseitige Gebiet zurück, und wurden dieselben beim Eintritt in die Stadt von den Bürgern mit lauten Hurra's und Glückwünschen begrüßt. Das Gewehrfeuer konnte man in der Stadt, trotz der ziemlich bedeutenden Entfernung, genau hören; es war ein schauerliches Präludium für den heutigen Buß- und Bettag, dessen Wirkung noch erhöht wurde, als sich auf österreichischer Seite mächtige Flammen gegen Himmel erhoben und trotz des hellen Mondscheins und der bereits angebrochenen Morgendämmerung weithin leuchteten. Es war der Brand der zweiten Eisenbahnbrücke zu Jensor, etwa 300 Schritte von der bereits von den Preußen gesprengten entfernt, den die Österreicher im Angesichte der anrückenden Preußen aufgehen ließen. Eine Erklärung für diese Tat gibt es kaum, es sei denn, dass die Österreicher in ihrer Angst sich nach dem Sprichwort: »doppelt hält besser« richteten.

Aber viel größer noch als die Angst ist die Rohheit, die Barbarei der Österreicher, deren zu Zabrzek bei Neuberum verübte Heldentaten sich würdig an die der ärgsten ungarischen Pusztabanditen anschließen. Diese modernen Vandalen begnügten sich nicht mit der Zertrümmerung öffentlichen und Privateigentums, mit welcher sie am 24. d. M. begannen und am 25. mit Aufbietung bedeutender Truppenmacht mit dem Diebstahl fortfuhren, den sie in den Schänken begingen, als sie alle Vorräte aufzehrten und höhnend einen Zehnkreuzerschein als Bezahlung für die gesamte Zeche boten – mit Pechkränzen versehen kamen sie gestern Abend 7 ½ Uhr aus Oswiecim nach Zabrzek und zündeten das Dorf, das mit allem Hab und Gut der Einwohner ein Raub der Flammen geworden, an mehreren Stellen gleichzeitig an. Die vorgestern in Zabrzek eingerückten Österreicher bestanden ungefähr aus 1500 Mann Infanterie, 2 Eskadrons freiwilliger Polen unter Artilleriebegleitung, die aus den mitgebrachten 2 Kanonen, ohne einen Feind im Angesichte zu haben, mit dem bloßen Donner der Geschütze einer geängstigten Einwohnerschaft zu imponieren versuchten, von welcher mehrere Mitglieder hierher geflüchtet sind, als traurige Zeugen dessen, was die gesittete Welt zu erwarten hat, für den Fall, dass das Kriegsglück sich diesen Horden günstig zeigen sollte.

Lokomotive an der Oder, 30. Juni

***

Josephstadt, 28. Juni. Erwarten Sie von mir keinen militärisch strategischen Schlachtenbericht über das gestern in der Nähe von Skalitz stattgehabte mehrstündige Gefecht. Ich muss es Fachmännern überlassen, über die Größe des Schlachtenterrains, über dessen Vorteile und Nachteile für Feind und Freund, über die Art der Angriffe, über die Aufstellung unserer Truppen usw. Mitteilungen zu machen. Ich für meine Person bezwecke mit diesem heutigen Brief nichts anderes als den Lesern ein Bild der Physiognomie der Festung, in der gegenwärtig das Hauptquartier ist, zu geben, all die kleinen mitunter außerordentlich dramatischen Szenen zu schildern, die sich daselbst während der Schlacht und nach derselben abspielten und die, abgesehen davon, dass sie an und für sich nicht ohne Interesse sind, weil sie einen Begriff geben von den Eindrücken, welche das Gefecht mit seinen verschiedenartigen Wendungen hier hervorgerufen, auch andererseits wieder gewissermaßen den Erfolg der Schlacht selbst kennzeichnen.
Wie bereits gemeldet, hörte man hier ungefähr gegen halb 10 Uhr die ersten Kanonenschüsse. Ich befand mich eben im Laboratorium des Herrn Regierungsrates Prof. Dr. Dumreicher, als einer seiner Assistenten (er hat deren zehn) ganz fieberhaft erregt mit den Worten zur Türe hereinstürzte: »Es wird geschossen, wir werden heute gewiss viel zu tun bekommen.« Sofort wurden hier auch alle Vorbereitungen getroffen, welche von dem Herrn Regierungsrat als notwendig bezeichnet wurden. Die einen richten Heftpflaster her, andere wieder bestreichen starken Zwirn mit Wachs, die bekannten Täschchen mit den kleinen chirurgischen Apparaten, bei deren Anblick dem Laien ganz unheimlich und unbehaglich zu Mute wird, werden aus der Reisetasche hervorgeholt, und ebenso auch die größeren, zur Amputation geeigneten Instrumente in Bereitschaft gelegt. Nachdem diese kleinen Geschäfte beendet waren, forderte der Herr Regierungsrat seinen kleinen Stab auf, ihm zu folgen, und fort ging es in das nächstgelegene Garnisonsspital. Unten in den Straßen herrschte unterdessen reges Leben. Die furchtsamen Einwohner versammelten sich fast alle vor dem Palais des FZM. Benedek

und blickten neugierig und erwartungsvoll auf die Fenster seiner Wohnung. »Jetzt werden wir gewiss eingesperrt (zerniert), jetzt darf gewiss keiner mehr von hier hinaus, jetzt werden gewiss alle Tore geschlossen werden«, hörte ich um mich her lispeln. Und die allgemeine Aufregung steigerte sich, als die Ordonnanzoffiziere in gestrecktem Galopp einhergesprengt kamen, um dem Feldzeugmeister von dem, was sich vorbereitete, Meldung zu machen. Wie es bei solchen Anlässen stets der Fall ist, verbreiteten sich gleich die verschiedenartigsten, mitunter sehr lächerlichen Gerüchte, die alle zu verzeichnen unnütze Papierverschwendung wäre, höchstens wäre das eine Gerücht zu erwähnen, dass drei Individuen, unter diesen ein Gastwirt, in der Nähe der preußischen Grenze als Spione eingeliefert worden seien. In der Tat sollen diese bald in der Festung eingebracht worden sein.

Wie bereits gemeldet, ward in der Festung der Kanonendonner kaum gehört und selbst für die Uneingeweihten war dies ein Beweis, dass das Schlachtfeld einige Stunden von Josephstadt entfernt sein müsse. Jener Teil des Offizierkorps, der eben unbeschäftigt war, zog natürlich hinaus auf die ziemlich hochgelegenen Festungswälle und von hier aus konnte man in der Tat die Staub- und Rauchwolken sehen, die sich in nicht geringem Maße vom Schlachtfelde aufwirbelten und den Kennern den Beweis lieferten, dass das Gefecht bereits sehr bedeutende Dimensionen angenommen habe, auch hörte man hier den Kanonendonner sehr deutlich und konnte fast jede Bewegung unserer und der feindlichen Truppen beobachten. So viel sah man sogleich, dass der Feind an der Stärke der Truppenmassen unsern Leuten sehr überlegen war. Aber trotzdem hielten diese wacker Stand, ja man bemerkte sogar deutlich, dass zu wiederholten Malen der Feind zurückgedrängt wurde.

Wie ein Genieoffizier vom Observationsplatze aus gleich richtig bemerkte, hatten mehrere Truppen wiederholt den Feind im Sturm angegriffen, und einmal sah man sogar vom Sonnenscheine begünstigt das Glitzern der Waffen der sich gegenüber stehenden Armeen. Gegen Mittag langten bereits die zwei ersten Wagen mit Verwundeten ein. Ich begleitete sie, um Nachrichten über den Verlauf der Schlacht zu hören. Sie lauteten äußerst günstig. »Unsere Truppen«, sagte mir ein Offizier von Deutschmeister, »kämpfen wie die Löwen, sie werden den Preußen einen schönen Vorgeschmack von den österreichischen Soldaten beigebracht haben.« »Wie sind denn ihre viel gepriesenen Zündnadelgewehre?« forschte ich weiter. »Für den ersten Angriff imposant, man wird förmlich von einem Kugelregen empfangen, auch zielen die meisten von ihnen gar nicht, sondern schießen einfach in die Kolonnen hinein.«

Ein gemeiner Soldat, der sich auf demselben Wagen befand und dem zwei Finger von der rechten Hand abgeschossen wurden, meinte: »Nur einmal möchte ich noch das Glück haben, mit diesen Kerlen zusammenzustoßen, für meine Finger möchte ich mir einen ganzen Arm holen.«

Wahrhaft herzzerreißend war das Geschrei, Gejammer und Geheul der alten Weiber beim Empfang dieser ersten Verwundeten. Wenn es überhaupt durchzuführen wäre, sollte man alle Weiber während des Einzuges der Verwundeten in ihre Wohnungen einsperren; sie wirken mit ihrer allzu lauten Teilnahme wahrhaft deprimierend auf die Umgebung.

Diesen ersten Wägen folgten nun in kurzen Zwischenräumen viele andere nach. Man sah daraus, dass das Gefecht ein sehr bedeutendes sein müsse und dass unsere Truppen mit wahrhaftem Löwenmute kämpfen. Besonders »schneidig« scheinen aber die Offiziere »dreingegangen« zu sein, denn fast von allen im Gefecht beteiligten Regimentern langten verwundete Offiziere ein. Die Ziffer derselben genau zu bestimmen, ist für heut noch unmöglich, doch liegen in dem hiesigen Garnisonsspital sehr viele Offiziere, darunter mehrere Stabsoffiziere. Zum Glück sind die meisten Verwundungen nur leichte.

Gegen 2 Uhr erschien hier ein preußischer Parlamentär. Man knüpfte an das Erscheinen desselben die Hoffnung, dass unsere Truppen einen entscheidenden Sieg erfochten haben müssen, da es eben üblich ist, dass immer von der schwachen Seite Unterhandlungen angebahnt werden.

Eine erschreckliche Szene spielte sich gegen halb 4 Uhr ab. Mit einem Male kamen durch jene Tore, die gegen die Richtung von Skalitz und Trautenau liegen, sämtliche außerhalb derselben postiert gewesene Vorspannswagen in vollem Carriere herangefahren und die auf denselben Befindlichen riefen der vor den Spitälern harrenden Menge entsetzt und mit dem Ausdrucke des größten Schreckens und der Furcht zu: »Die Preußen kommen! Die Preußen kommen!«

Sie können sich keinen Begriff von der Verwirrung machen, die diese Szene auf die furchtsame Menge hervorrief, alles heulte und jammerte, alle liefen entsetzt in die Wohnungen, kurz es entstand unter den Zivilen ein heilloses Durcheinander. Die Soldaten aber wussten zu gut, dass daran kein wahres

Wort sein könne, sie lachten und versuchten die Menge zu beruhigen, was ihnen nach vieler Mühe auch gelungen war. Nun erst stellte sich auch die eigentliche Ursache des blinden Lärmes heraus.

Ein vor den Vorspannswagen vorbei reitender Ordonnanzoffizier rief den Vorposten zu: »Gefangene Preußen kommen!« In ihrem Schreck hatten die Kutscher das erste Wort »Gefangene« ganz überhört und von Furcht und Schreck erfüllt hieben sie auf ihre Pferde ein und lenkten gegen die Festung zu.

Doch wie gesagt, es dauerte nicht lange, so war die Ruhe wieder hergestellt und die ganze Aufmerksamkeit und Teilnahme war nur den Verwundeten zugewendet, die nach und nach herangezogen kamen. Dies die Physiognomie von Josephstadt. Gestatten Sie mir nur noch hinzuzufügen, dass laut offiziell eingelangter Berichte unsere Truppen ihre Punkte behauptet und jene Position erreicht haben, die sie eben erreichen sollten.

Wiener Zeitung, 30. Juni

***

Der Vetter in München an Hans Michl Oberlandler!
Lieber Vetter Hans!
Jetzt ist's also wirklich losgegangen, lieber Vetter und der erste Kanonenschuss gefallen, die ersten Verwundeten verbunden, die ersten Toten begraben. Während Aller Augen auf den nördlichen Kriegsschauplatz und auf die dort versammelten ungeheuren Heeresmassen gerichtet waren voll ängstlicher Spannung, hat's auf einmal in entgegengesetzter Richtung gekracht, hinter den Bergen in Italien. Der Raubkönig Viktor Emanuel hat's wirklich probiert und ist über die österreichische Grenze gegen das Festungsviereck mit seinem Heere angezogen. Das österreichische Heer hat sich ihm entgegengestellt und es kam am 24. Juni, am Johannistage und siebenten Jahrestage der für die Österreicher so verhängnisvollen Schlacht von Solferino, wiederum zum Blutvergießen. Diesmal war aber der Stiel umgedreht und die tapfern Österreicher trieben die Italiener samt ihren König über den Fluss Mincio zurück. Die glücklichen Sieger eroberten viele Kanonen und machten 2000 Gefangene. Es ist wahrlich recht betrübend, wenn man darüber nachdenkt, wie gerade der schönste Winkel fast auf der ganzen Erde, die herrliche fruchtbare lombardische Ebene, von Alters her bis in die letzten Tage der Schauplatz

des Blutvergießens und des Gräuels der Verwüstung war und blieb in Folge der schlimmsten menschlichen Leidenschaften – der Ehr- und Habsucht.
Die Italiener geben jetzt keinen Frieden mehr, das wirst Du sehen, sie werden nicht ruhen und immer wieder von vorn anfangen, so oft sie sich auch die Schädel am Festungsviereck einrennen. Sie werden alle Wege versuchen, selbst offene Ungerechtigkeiten nicht scheuen und meinen, der Zweck der Einigung und Befreiung Italiens heilige die Mittel. Eine solche Ungerechtigkeit war die Kriegserklärung an Bayern. Ich muss offen gestehen, dass meine früheren teilweisen Sympathien für das für seine Freiheit und Einigkeit so tapfer und trefflich und ausdauernd kämpfende Volk durch diesen letzten Akt einen starken Stoß erlitten haben; ich komme jetzt fast dazu, den Abgeordneten unserer Kammer und unseres Reichsrats, welche noch in den letzten Sitzungen so energisch gegen den italienischen Handelsvertrag und gegen die Anerkennung des Königreichs Italiens von Seite Bayerns gedonnert haben, Recht zu geben. Bayern hat sich gegen Italien immer nobel benommen und jetzt kommt eine hinterlistige Kriegserklärung an Bayern, den Bundesgenossen Österreichs!
Nie hat Bayern in den jahrelangen österreichisch-italienischen Streitereien eine feindliche oder drohende Stellung gegen Italien eingenommen, wie kommt Italien zu der Frechheit – denn anders kann ich's nicht heißen – einer Kriegserklärung?! Ist das die neueste preußische Politik, das Ausland nach Deutschland auch noch zum Metzeln und Morden hereinzurufen? Selbst die urpreußische Berliner Volkszeitung spricht sich mit Entrüstung über den neuesten Akt aus: »Bisher haben wir geglaubt, dass das Entsetzlichste der Krieg Deutscher gegen Deutsche sei, jetzt aber müssen wir vernehmen, dass es bei aller Begeisterung für eine Reform Deutschlands auch vielleicht gar patriotisch sei, dem Ausland einen Kampfplatz in Deutschland anzuweisen und einzuräumen.
Was will Preußen? Preußen will Mittel- und Süddeutschland erobern. Ob es dann die einzelnen Staaten für sich behalten oder sie wieder an die Fürsten als Lehen unter preußischer Oberhoheit vergeben will, ist gleichgültig. Ein angeblicher Brief Bismarcks an den König von Bayern, der in der Wiener »Neuen Freien Presse« stand und bisher nirgends widerrufen wurde, an dem also doch was Wahres sein muss – dieser Brief spricht es ziemlich deutlich aus, was man in Preußen wollte. Preußen will Hannover, Sachsen, Schleswig-Holstein, Nassau ec. ec. nebst allen bayerischen Provinzen rechts des

Mains. Dafür erhielte Bayern: Württemberg, Baden, Hohenzollern, Sigmaringen und das ganze linke Rheinufer bis zur holländischen Grenze. Österreich würde für Schleswig-Holstein mit Geld entschädigt, so dass Deutschland dann in 3 Gruppen geteilt wäre. So verlockend dieser Vorschlag für den König von Bayern gewesen sein mag, so hat er ihn doch abgelehnt, weil er darin »eine Vergewaltigung deutscher Stämme« finde. Da es so nicht geht, probiert's Bismarck mit dem Krieg. Hannover, Kurhessen und Sachsen hat Preußen schon erobert, ganz Norddeutschland in Händen. Jetzt geht's dem obigen Projekt zufolge an den Main. Alles muss angewandt werden, um die Preußen nicht bis zu diesem Fluss vorzulassen, denn sonst steht ihnen von Bamberg und durchs Pegnitztal der Zugang zum Donautal offen, und am Ende kämen sie durchs Inntal und machten dem Garibaldi die Tür über die Alpen auf.

Der Garibaldi macht alle Anstrengungen, das Festungsviereck zu umgehen, er will mit Gewalt über Tirol heraus, und das scheint auch der Zweck der Kriegserklärung an Bayern gewesen zu sein, dass er dann ungeniert bei uns einfallen kann. Ihr da droben, ihr Gebirgler, dürft eure Stutzen schon herrichten, um den welschen Räuberhauptmann würdig zu empfangen.

Das 7. (bayerische) Bundesarmeekorps steht gegen Sachsen hin. Bayerische Ulanen haben die Grenze überschritten und sind in Plauen in Sachsen eingerückt, wo sie von der Bevölkerung mit Jubel empfangen wurden. Das 8. Bundesarmeekorps unter Kommando des Prinzen Alexander von Hessen operiert im Westen gegen Gießen zu, der dortige Bahnhof soll von Württembergern besetzt sein. Am 24. Juni Nachts 1 Uhr ist ein großer Teil des 8. Armeekorps mit ihren von ihrem Kommandanten angeordneten schwarz-rotgoldnen Emblems aus Frankfurt gegen Kurhessen vorgerückt. Endlich! darf man da wohl sagen, denn gedauert hat's lange, beinahe wie das berühmte: »Nur langsam voran« vom österreichischen Landsturm. Die Hannoveraner sind unterdessen von ihrer Vereinigung abgeschnitten worden und haben sich den Preußen großenteils ergeben müssen.

Und nun leb wohl, so gut's in diesen schlimmen Zeiten geht, lass den Garibaldi nicht heraus und schreib recht bald und viel
Deinem Vetter R. G.

Rosenheimer Anzeiger, 30. Juni

***

Benedek hat sein Hauptquartier in Böhmisch-Trübau; es herrscht in seinem Lager majestätische Ruhe, Besonnenheit, Klarheit in den Plänen, Entschiedenheit der Ausführung! Nicht das geringste Stocken in den Truppenbewegungen, keine Klage bezüglich der Verpflegung. Der Armeebefehl Benedeks enthält die strengsten Maßregeln in Bezug auf das Benehmen in Feindesland. Im preußischen Lager dagegen Verwirrung und fieberhafte Unruhe; nichts als Hin- und Herjagen der Ordonnanzen; Befehl, Gegenbefehl, Frontveränderungen bald rechts, bald links, Vormarsch, Rückmarsch, ewige Bewegung; man sieht es, dass den Preußen nicht wohl ist unterm Brustlatz. Unterdessen täglich Vorpostengefechte und kleinere Scharmützel. Die Dinge drängen Deutschland der Entscheidung entgegen.

Vorarlberger Volksblatt, 1. Juli

***

Bregenz, 29. Juni. Heute früh gab die Ordensbrüderschaft des nahegelegenen Zisterzienser-Stiftes Mehrerau nach dem feierlichen Hauptgottesdienst ihrem patriotischen Sinne den schönsten Ausdruck durch die Abhaltung eines Tedeum, zum Danke für die in letzter Zeit so glänzend erfochtenen Siege unserer tapfern kaiserlichen Armee, welches der hochwürdigste Abt, der so eben die Nachricht von dem letzten Siege bei Oswiecim erhalten hatte, zelebrierte. Gerade der Umstand, dass diese Andacht vorher nicht angekündigt worden war, sondern sichtbar so recht aus überwallendem andächtigen Herzen quoll, machte auf alle Anwesenden den tiefsten Eindruck! Ja wohl: »Herr, großer Gott Dich loben wir – bekennen Dich und danken Dir!«

Vorarlberger Volksblatt, 1. Juli

***

(Nord-Armee-Kommando, Bulletin Nr. 3)
Telegramm des FZM. Benedek vom 30. Juni 6 Uhr Nachmittags.
Das Zurückdrängen des 1. und des sächsischen Armee-Korps nötigt mich, den Rückzug in der Richtung von Königgrätz anzutreten.

Innsbrucker Nachrichten, 2. Juli

***

Wien. In der hiesigen päpstlichen Nuntiatur sind telegraphische Nachrichten eingelaufen, dass in Rom der österreichische Sieg bei Custoza großen Enthusiasmus beim hohen Klerus hervorgebracht habe. Wie es heißt, gedenke der Papst, falls der Sieg im gegenwärtigen Kriege zu Gunsten Österreichs sich entscheiden werde, ein Konzilium sämtlicher Kardinäle einzuberufen, um sich in möglichst ausgedehnter Weise der französischen Protektion zu entziehen.
Innsbrucker Nachrichten, 2. Juli

***

Olmütz, 25. Juni. Bezüglich der ankommenden Eisenbahnzüge werden die strengsten Regeln getroffen. Jeder von Prerau kommende Zug muss 300 Klafter vor dem Fort Nr. 7, welches das erste ist, halten und wird eine genaue Visitierung sämtlicher Reisenden durch einen eigens hierzu bestellten Offizier unternommen. Diese Untersuchung geschieht sowohl bei dem Morgens als bei dem Nachts ankommenden Zuge. Im Augenblicke, wo der Zug naht, werden die Geschütze auf denselben gerichtet und stellen sich die Artilleristen mit brennenden Lunten an den Geschützen auf.
Die Preußen haben Großbunzendorf bei Weidenau vollständig eingeäschert.
Innsbrucker Nachrichten, 2. Juli

***

Fürstentum Lichtenstein. Der regierende Fürst von Liechtenstein hat sein Bundestruppen-Kontingent unter die Befehle Sr. Majestät des Kaisers gestellt und es wird dasselbe unter seinem Kommandanten Oberlieutenant Rheinberger bei der Landesverteidigung von Tirol verwendet werden.
Innsbrucker Nachrichten, 2. Juli

***

Roncone, 26. Juni. In größter Eile einige möglichst verläßliche Nachrichten über den Zusammenstoß der Innsbrucker Schützen-Kompagnie mit dem Feinde. Um halb 8 Uhr früh bliesen die Vedetten der Schützen, welche vor Storo standen, Alarm. Zwei Ulanen sprengten zum Gros der Vorposten und

brachten Meldung. Eine halbe Stunde später kam die Vedetten-Linie zurück, nachdem sie in Darzo zwei Piemontesen erschossen hatte (einen davon erschoss der Schütze Reichmayr). Die Landesschützen zogen sich dann nach Storo bis zur Brücke zurück, lösten sich in Schwärme auf, den linken Flügel an das Gebirge gelehnt, der rechte auf der Straße am linken Chiese-Ufer, und rückten vor. In Darzo vernahmen sie, dass 300 Feinde, meist reguläre Truppen (Bersaglieri) und nur wenige Freischärler, letztere meistens Graubärte und Knaben von 14 bis 15 Jahren, sich zurückgezogen haben, man sah noch ihre Vorposten. Man rückte bis Caffaro vor, wo um halb 1 Uhr Mittags das Gefecht eröffnet wurde, der rechte Flügel der Schützen begann das Feuer, die Piemontesen waren in Caffaro selbst und in einem Kastanienwalde am andern Ufer des Baches postiert. Trotzdem sie die ersten Häuser des Dorfes besetzt hatten, rückten die Schützen bis zur Brücke vor, welche die Grenze bildet und auf der Mitte ein Tor hat. Hauptmann Ruscizka stürmte die Brücke mit dem Bajonette und fiel sofort. Die Landesschützen und Sachsen-Infanterie waren 160 Mann stark, die Piemontesen mindestens 600 Mann. Der Angriff war also ein höchst waghalsiger. Als erster von den Schützen starb den Heldentod Gustav Stapf-Ruedl von Innsbruck. Dreiviertel Stunden dauerte das Scharmützel. Die Piemontesen bekamen noch Unterstützung von Rocca d'Anfo, von woher auch 3 bis 4 Kanonenschüsse ohne Wirkung fielen. Hierauf wurde den Schützen zum Rückzuge geblasen. Am Eingange des Dorfes hielten sie noch 100 Piemontesen Stand, schossen ihnen 3 Offiziere nieder und zogen sich hierauf im Laufschritte zurück. Die Feinde folgten ihnen auf 200 Schritt Entfernung und gaben auch 2 Dechargen ohne Erfolg. Der Verlust der Piemontesen kann auf 30 bis 40 Mann geschätzt werden. Die Innsbrucker Schützen vereinigten sich dann mit den anmarschierenden Wiltener Schützen und zogen sich auf die Hügel von Roncone zurück, wo stündlich ein Angriff erwartet wird.
Wir lagern gegenwärtig im Freien. Schlechtes Wetter. Auf den Bergen Schnee.
[Von den Tirolern wurden die italienischen Feinde meist »Piemontesen« genannt.]

Einem andern Briefe aus Roncone entnehmen wir folgende Details über das Gefecht bei Caffaro: Auf der Brücke griff eine Abteilung der Schützen im Vereine mit Sachsen-Infanterie den Feind mit dem Bajonette an. Graf Wickenburg spaltete einem Feinde den Schädel, Hauptmann Ruscizka wurde von einem Offizier zusammengehauen, – diesem wieder jagte Baron Graff eine Kugel durch den Leib. Stapf-Ruedl erhielt einen Schuss in den Unterleib, wütend raffte er sich noch auf und stürmte mit dem Bajonette vor, da wurde er zusammengestochen. Oberlieutenant Wocher schoss sicher treffend in die Feinde, Lieutenant Jäger fuhr eine Kugel an der Wange vorbei, eine zweite streifte ihm den Hut. Einem Feldwebel von den Sachsen, der schwer verwundet am Boden liegend um Pardon bat, stieß ein Freischärler das Bajonett durch den Leib.

Auf dem Rückzuge wurde noch einer unserer Schützen (Krallinger) durch eine feindliche Kugel, welche durch die Patronentasche hindurch ihn von rückwärts durchbohrte, niedergestreckt. Derselbe soll bereits seinen Wunden erlegen sein. Außerdem wurde der Schütze Mayr verwundet und der Schütze Grasl vermißt.

Innsbrucker Nachrichten, 2. Juli

***

Höchst erfreulich sind die neuesten Nachrichten aus Hannover. Die von den Preußen hart bedrängten Hannoveraner haben die Pickelhauben bei Langensalza total geschlagen. Der mit den Preußen verbundene Herzog von Coburg ließ vor der Schlacht die Hannoveraner noch dringendst auffordern, sich zu ergeben und die Waffen zu strecken, da sie doch verloren wären. Statt dessen haben die Hannoveraner den Herzog und die Preußen, wie gesagt, aufs Haupt geschlagen. Die hannoversche Reiterei hat sich besonders ausgezeichnet, auch die Artillerie schoss trefflich. Die meisten Schläge erhielten die preußischen Regimenter Nr. 11, 24, 20 und 71, dann die blauen und grünen Husaren. Vom Regiment des Herzogs von Coburg soll außer dem Herzog und ein paar Kompagnien nichts mehr übrig sein. Die Preußen verloren an 3000 Mann.

Volks- und Schützen-Zeitung, 2. Juli

***

Pardubitz, 29. Juni. Die Preußen wurden gestern von den Österreichern unter Gablenz vollständig geschlagen. Sie ließen tausend Tote und Verwundete auf dem Schlachtfeld und gingen auf preußisches Gebiet gegen Glatz

zurück. Gestern wurden die Preußen, nachdem sie Gitschin besetzt hatten, von der Kavallerie-Division des Generals v. Edelsheim angegriffen, aus Gitschin hinausgeworfen und gegen Turnau zurückgetrieben. In Folge dessen räumten die Preußen in der verflossenen Nacht Melnik, Dauba und Leipa eiligst, sich nach Niemes zurückziehend. Der Verlust der Preußen durch den Angriff Edelsheims ist enorm. Die strategische Operation der österreichischen Armee hat vollständigen Erfolg. Die beabsichtigte Vereinigung der Armeen des Prinzen Friedrich Karl mit der schlesischen Armee des Kronprinzen wurde hintertrieben. Der Verlust der Österreicher in den letzten drei Tagen wird auf 2000 Tote und Verwundete geschätzt, der preußische Verlust auf mindestens ebensoviel.
Eingefangene Spione sagen aus, dass sie einen Dukaten für jede Stunde Dienst erhalten.

Innsbrucker Nachrichten, 2. Juli

***

Bei Reichenberg wurde ein Kampf erwartet. Man wusste, dass drei österreichische Kavallerie-Regimenter sich auf der preußischen Marschlinie befanden und es ward erwartet, dass die Österreicher in der vortrefflichen strategischen Position, welche Reichenberg darbietet, ein Gefecht annehmen würden. Denn diese Stadt deckt die Vereinigung der über Gabel, Grottau, Friedland und von Hirschberg durch das Gebirge [Iser-Gebirge, Lausitzer Gebirge] führenden Landstraßen. Nichtsdestoweniger zog die österreichische Kavallerie sich durch die Stadt zurück und um zehn Uhr wurde diese von der preußischen Avantgarde besetzt. Prinz Friedrich Karl befindet sich nun also auf der Südseite des Gebirges und beherrscht die Ausgänge der Pässe. Als der Prinz den Marktplatz der Stadt erreichte, machte er Halt, um die Ankunft derjenigen Truppen zu erwarten, welche auf dem Friedländer Wege hermarschierten. Die Stadt hatte ein trübes Aussehen; denn wegen des Sonntags waren die Läden geschlossen und die Böhmen schienen anfangs in ihren Häusern bleiben zu wollen. Doch die Musik der marschierenden Regimenter erregte die Neugier der Einwohner und bald waren die Straßen mit großen Haufen Neugieriger angefüllt, welche zusammengeströmt waren, um die Truppen vorübergehen zu sehen. Diejenigen Soldaten, welche schon früh angelangt und aus den Reihen entlassen worden waren, mischten sich unter die Volksmenge und eine gemeinsame Sprache stellte bald ein freundschaftliches Verhältnis zwischen ihnen und den Stadtleuten her. Man pflegt entsetzliche Geschichten von Verwüstungen zu erzählen, denen ein Land durch die Plünderer einer einfallenden Armee ausgesetzt sein soll. Was aber die preußischen Truppen betrifft, so haben sie die Österreicher bisher mit der größten Güte und Freundlichkeit behandelt; ganz wie im englischen Militärdienste, muss der preußische Soldat Alles, was er zu kaufen wünscht, gewissenhaft bezahlen und diese Leute scheinen es auch gar nicht anders zu wünschen. Ja, man könnte weit eher sagen, dass sie ausgeplündert werden; die Zigarrenhändler und Gastwirte machen mit ihnen vortreffliche Geschäfte und wissen es schlau genug einzurichten, dass sie nicht zu kurz kommen. Seit der Besetzung Reichenbergs durch preußische Truppen ist fast die ganze Armee, von Artillerie und Wagen begleitet, durch die krummen, schmalen Straßen dieser Stadt marschiert, die außer diesen künstlichen Nachteilen für die freie Fortbewegung auch noch mit dem natürlichen Nachteil zu kämpfen hat, dass sie auf einem steilen Hügel erbaut ist. Dessen ungeachtet ist in den marschierenden Kolonnen keine Verwirrung entstanden und obgleich die Truppen durch verschiedene Straßen hindurchgehen mussten und oft genötigt waren, in die Stadt hinein und aus derselben hinaus über Landwege und schmale Pfade zu marschieren, schlug doch keine einzige Kolonne eine falsche Richtung ein oder kam zu einem unnötigen Stillstande.

Die Kolonne, welche auf dem Friedländer Wege marschiert war, defilierte durch den Marktplatz an dem Oberbefehlshaber vorüber. Dieses Korps ist hauptsächlich aus Leuten der Provinz Brandenburg zusammengesetzt; sie sind größer als die preußischen Infanteristen durchschnittlich zu sein pflegen, doch nicht so breitschulterig wie die stämmigen Pommern; auch sehen sie im Allgemeinen minder kräftig aus als diese. Sie haben jedoch intelligente Gesichtszüge und man sieht es ihnen leicht an, dass sie eine höhere Bildung besitzen, als man sonst in den Reihen zu finden pflegt.

Times, 3. Juli

***

Verona, 26. Juni. Je weiter man von Somma-Campagna gegen Valeggio kommt, desto mehr häufen sich die Spuren des fürchterlichen Kampfes, welcher hier gekämpft wurde. Obwohl der ganze gestrige Tag zum Wegschaffen der Verwundeten und zur teilweisen Beerdigung der Toten verwendet wurde, liegen noch immer berghoch die Leichen der gefallenen Krieger aufgeschichtet, und es gibt Stellen, wo man buchstäblich bis zu den Knöcheln im Blute watet. Gewehre, Tornister, Tschakos, Feldflaschen liegen neben umgestürzten Wagen und toten Pferden haufenweise beisammen. Valeggio selbst, um welches der Kampf am stärksten wütete und welches viermal von den Piemontesen und fünfmal von den Unserigen gestürmt und zuletzt von diesen behauptet wurde, ist nahezu ein Schutthaufen. Die Häuser, welche bei der Vorbereitung des jedesmaligen Sturmes mit Geschütz beschossen wurden, sind so hergenommen, dass sich jene, welche vom Geschützfeuer verschont blieben, leicht zählen lassen.

Außerdem sind mehrere Häuser in Brand geraten und die Piemontesen selbst haben, um ihren Rückzug zu decken, einen Teil des Ortes angezündet. Am südlichen Eingange des Ortes ist der Boden teilweise durch das Einschlagen der Geschützkugeln so durchwühlt, dass man glauben sollte, es wäre der Boden beackert worden.

Während bei unseren Leuten die Verwundungen meist von Flintenkugeln herrühren, sind bei den Piemontesen Bajonettstiche, Kolbenschläge und Säbelhiebe auf den Kopf in außerordentlicher Anzahl vertreten.

Die meisten Verluste haben die Regimenter Benedek und Trani(Freiwilligen)-Ulanen erlitten. Die Benedeker sparten ihre Patronen und arbeiteten beinahe durchgehends mit Kolben und Bajonett und gingen so scharf hinein, dass sie im Nu drei Anhöhen nahmen, natürlich aber hierbei viel Mannschaft und Offiziere verloren.

Trani-Ulanen attackierten und sprengten hintereinander vier feindliche Karrees und hieben die Italiener wie Mohnköpfe nieder. Noch mit der Zerstreuung der Karrees beschäftigt, stieß das Regiment auf ein Lancierregiment, warf dasselbe ebenfalls zurück, geriet aber dann in ein feindliches Geschützfeuer, wobei es sehr viele Leute einbüßte.

Innsbrucker Nachrichten, 3. Juli

***

Innsbruck. Ein hiesiger Kaufmann, der mit einem Berliner Hause schon seit längerer Zeit in Verbindung steht, erhielt von demselben dieser Tage ein Schreiben, in welchem er in eben nicht höflicher Weise und mit Hinweis auf die bankrotten Verhältnisse in Österreich, um die Deckung einer erst in einigen Wochen fälligen Schuldpost angegangen wird. Unser Kaufmann setzt sich hin und schreibt folgende Antwort: »In Erwiderung Ihrer Zuschrift vom 21. d. M. bedauere ich, vorläufig nicht in der Lage zu sein, Ihrem Wunsche entsprechen zu können, da Ihre »jebildeten« Truppen Postwagen und Postkassen mit solcher »Tapferkeit« anfallen und plündern, dass es nicht geraten scheint, Gelder auf diesem Wege zu befördern. Sobald jedoch unsere wackere Armee ihren Einzug in Berlin hält, werde ich gewiss nicht ermangeln, Ihr Guthaben bestens zu ordnen. Bis dahin zeichne ich achtungsvoll ...«

Innsbrucker Nachrichten, 3. Juli

***

Im Laufe des Nachmittags vom 30. Juni haben in Wien vor dem Nordbahnhofe und in der Jägerzeile die elegantesten Damen Fiaker und Einspänner herbeigeholt und ließen die reichlich beschenkten Verwundeten in die Spitäler führen. Viele der Verwundeten sagten über Befragen, sie haben einen Wald gestürmt, wo die Preußen über die in die Füße Geschossenen und Hingestürzten herfielen und sie mit ihren Säbeln und Bajonetten – die Wehrlosen – noch am Arm mit dem Ausruf verwundeten: »Nu! damit ihr genug habt.« – Diese fern von allen Zutaten gemachten Aussagen der Verwundeten werden auch durch Briefe aus Josephstadt bestätigt. Das Vorgehen der Preußen sei ebenso hinterlistig als grausam, während gefangene Preußen wieder heucheln, »sie wollen mit Leib und Seele zu ihren Brüdern, den Österreichern halten!«

Tages-Post, 3. Juli

***

Die Stimmung Wiens zu schildern, unterlassen wir füglich. Wer in Wien lebt, kennt sie, und wer nicht in der Residenz sich befindet, wird dieselbe leicht erraten. Wien macht seit vorgestern keine Witze mehr, und das ist bezeichnend genug. Es liest und liest wieder und kann nicht genug lesen, leider ist es nichts Freudiges, was die Wiener zu lesen bekommen. Als die zu dem Ausfluge sich rüstenden Residenzler Sonntag Morgens auf die Straße kamen, war das Erste, was ihnen in die Augen fiel, das Plakat, welches den

Rückzug Benedek's meldete. Mit dem einen Worte war die ganze Sonntagsfreude verdorben. Der Rückzug der Armee hatte auch den Rückzug von den Landpartien zur Folge. Man blieb in der Stadt oder hielt sich doch in der Nähe auf, um zu den Abendblättern nicht zu spät zu kommen. – Es ist eine merkwürdige Tatsache, dass Restaurationen, Bierhäuser, Cafe's und Unterhaltungslokale in den letzten Tagen um eine Stunde früher sperren konnten. Den Wienern ist die Lust und Freude verdorben worden, sich gütlich zu tun und zu jubilieren. Was sie noch tröstet, ist die Hoffnung. Wien hofft noch – es hofft auf seine todesmutigen Söhne und Landsleute, auf die tapferen Krieger, die bereit sind, zu sterben und den Mut noch nicht verloren haben. Möge an ihnen der Spruch zur Wahrheit werden: Dem Mutigen gehört die Welt.

Während unsere Söhne und Brüder kämpfen und streiten, betet das fromme Wien. Der gestrigen Bittprozession, die auszog, um von dem obersten Herrn der Heerscharen den Sieg zu erflehen, wohnten Tausende bei. Die Eltern des Kaisers, der leutselige Erzherzog Franz Karl im Frack, die Erzherzogin im einfachen Kleide, nahmen an der Prozession teil und gingen unmittelbar hinter dem Baldachin. – Wiens Jugend betete gestern nicht, sie ließ sich anwerben. Der Andrang zu den Wiener Freiwilligen, deren Werbplätze in zwei Bezirken aufgeschlagen sind, war gleich am ersten Tage ein massenhafter. Als wir uns Mittags zu dem Werbhause auf der Landstraße begaben, trafen wir schon unterwegs junge, frisch aussehende Burschen, die auf der keck aufgestülpten Mütze das Blumensträußchen, das Symbol des Rekruten, aufgesteckt hatten. »Mir san die ersten Wiener Freiwilligen«, riefen sie stolz und gingen das Handgeld zu verputzen; Viele darunter brachten es den Eltern heim, einen Zehrpfennig für die schwere Zeit, die uns erwartet.

Neues Fremden-Blatt, 3. Juli

***

München, 2. Juli. (Geheimnisse.) Der »Volksbote« sowie die »Allgemeine Augsburger Zeitung« finden es unbegreiflich, wie man denn die armen Hannoveraner so habe abfangen lassen. 10 Tage lang habe man sie ängstigen, ja sogar eine Schlacht schlagen lassen. Von Schweinfurt aus hätten die Baiern nur einige Tagmärsche vorzurücken gebraucht und die Hannoveraner wären befreit gewesen, da nur unbedeutende preußische Truppen entgegenstanden.

Und der wackere Hannoveraner-König Georg hat doch jedes Neutralitätsbündnis noch in letzter Stunde mit Entrüstung zurückgewiesen und hatte durch die Schlacht bei Langensalza, wo bei 2000 Preußen gefangen und verwundet worden sind, deutlich gezeigt, was die hannoveranische Armee schon alleine vermöge. Man hat gewartet, bis 46.000 Mann Preußen beisammen waren, und verlassen von den Freunden und umgeben von übermächtigen Feinden sind die Hannoveraner endlich gezwungen worden, die Waffen zu strecken. Über die Ursache dieser Zögerung verlangt der »Volksbote« und die »Allgemeine Augsburger Zeitung« von der offiziösen baierischen Zeitung Aufschluss. Sie lassen es deutlich zwischen den Zeilen lesen, dass hier ein gewisser Operationsplan oder gar diplomatische Weisungen bestanden haben müssten. Die offiziöse baicrische Zcitung, welchc täglich dreimal erscheint, nennt der Bote eine Taubstummenanstalt, da sie über die Hannoveraner, ihre Bewegungen und Siege, über das, was von baierischer Seite geschah, um die Bedrängten frei zu machen, nicht einmal ein Sterbenswörtchen verlauten ließ. Beredt genug! Von den baierischen Truppen ist bisher noch kein Schuss geschehen, obgleich sie den Preußen ganz nahe waren. Man marschierte eben wieder zurück.
Ein anderes Geheimnis ist, dass der baierische Gesandte am Berliner Hof, Graf Montgelas, der doch schon am 18. Juni von dort abgerufen wurde, noch immer gemütlich in Berlin sitzt, während in Kassel den österreichischen und baierischen Gesandten durch einen preußischen Major die Pässe zugeschickt worden sind, mit der Weisung, Stadt und Land binnen 24 Stunden zu verlassen. Man sieht daraus, dass in Baiern die Regierungskreise anders denken als das Volk.

Tiroler Stimmen, 4. Juli

***

(Süd-Armee-Kommando, Bulletin Nr. 11)
Verona, 3. Juli 5 Uhr 45 Min. Nachmittags. Bei Gargano versammelte feindliche Freischaren wurden am 2. Juli von mehreren Kanonenbooten der Gardaflottille angegriffen, mit Erfolg beschossen und unter bedeutenden Verlusten vertrieben.
Eine Nachts versuchte Landung dreier feindlichen Kanonenboote bei Gargano, so wie ein weiterer Versuch derselben zum Durchbrechen der Blockade

wurde von unsern Kanonenbooten vereitelt und die feindlichen Schiffe wieder zurückgetrieben.

Innsbrucker Nachrichten, 4. Juli

***

Wien, 3. Juli. Die »Wiener Abendpost« schreibt: Authentischen Nachrichten aus dem Nord-Armee-Hauptquartier zufolge hat Benedek aus strategischen Rücksichten für notwendig befunden, Stellung zwischen Königgrätz und Josephstadt zu nehmen. In dieser Position ist Benedek nicht weiter angegriffen worden und hat kein weiteres Gefecht stattgefunden, was beweist, dass auch der Gegner namhafte Verluste erlitten hat und seine Truppen sehr erschöpft sind. Hiezu trug vorzüglich unser Geschützfeuer bei. Das 1. österreichische Armeekorps und die Sachsen sind bereits in die Aufstellung der Hauptarmee eingerückt und kampfbereit. Die Armee ist vom vortrefflichen Geiste beseelt und sieht ungebrochenen Mutes den Ereignissen der nächsten Tage entgegen. Prinz Friedrich von Württemberg ist eingetroffen und geht ins Hauptquartier der Nord-Armee.

Innsbrucker Nachrichten, 4. Juli

***

Das Einlangen der Verwundeten- und Gefangenen-Transporte dauert inzwischen fort. Unter den letzthin eingebrachten Verwundeten befand sich auch ein Student, der vor kaum einer Woche als Kadett in ein Jäger-Bataillon eingetreten war. Er kam rasch zum Handkuss. In dem Momente, als er im ersten Treffen das Gewehr anlegte, um den ersten Schuss auf die Feinde abzufeuern, trifft ihn eine Kugel und fährt ihm durch beide Arme. Er feuert noch seinen Schuss ab und sinkt dann ohnmächtig zusammen.
- Bezüglich des Transportes der gefangenen Italiener; dessen wir gestern erwähnten, haben wir einen kleinen Druckfehler zu berichten. Der Transport ist nicht in Wien, sondern in Linz angelangt und wurde gestern von dort mittelst Dampfschiff direkt nach Peterwardein gebracht. Sämtliche Gefangene, 945 Mann und 89 Offiziere, gehören der Division Cerale an und wurden in der Schlacht von Custoza gefangen. Gar zu lebhaft und energisch scheinen sich diese Soldaten nicht verteidigt zu haben, denn unter den ge-

fangenen Offizieren des 44. Regiments befinden sich zwölf vollständig unversehrt. Die Internierung der Offiziere, welche ihr Ehrenwort verpfändeten, den Ort, wo sie interniert werden, nicht zu verlassen, wurde bereits vorgenommen. Langenlois erhielt 18 Bersaglieri-Offiziere, einen Regimentsarzt und einen Feldpater; Wilhelmsburg 12 Offiziere und Herzogenburg 9 Offiziere. Man erzählt uns als verlässlich, dass ein gefangener italienischer Hauptmann während des Transportes durch Tirol trotz des gegebenen Ehrenwortes einen Fluchtversuch machte und sich später – vielleicht aus Furcht, gefangen zu werden – durch einen Pistolenschuss entleibte. Die Gefangenen wurden von einer starken Militär-Eskorte begleitet und sind durchgehends kräftige, schöne Gestalten von stämmigen Körperbau. Die gemeinen Soldaten freuen sich, dass sie sowohl von Seite des Militärs als der Bevölkerung freundlich behandelt werden, sie sind guten Humors und singen italienische Volkslieder.

Neues Fremden-Blatt, 4. Juli

***

Wien, 3. Juli. Die Wiener Blätter leugnen nicht mehr, dass unsere Armee im nordwestlichen Böhmen von der feindlichen Übermacht der Preußen zurückgedrängt worden sei; denn das 1. Armeekorps unter Clam-Gallas und die sächsischen Truppen waren den zahlreichen preußischen Truppen, die ihnen unter dem Kommando des Prinzen Friedrich Karl gegenüberstanden, nicht gewachsen. Daher ordnete Benedek die Konzentrierung unserer Truppen bei Königgrätz und Josephstadt an. Es ist damit für die Entscheidung des Krieges noch gar wenig geschehen; eine Hauptschlacht muss erst geschlagen werden, noch wird immer gekämpft. Die bisherigen Kampfplätze sind gebirgig und für unsere Reiterei sehr ungünstig gelegen; jetzt steht man auf besserem Boden. Mancher wird fragen, warum Benedek seinen linken Flügel so bloßstellen konnte? Wenn unsere Meinung uns nicht trügt, so erwartete unser wackerer Benedek, dass die Baiern und das Bundesheer durch schnelles Einrücken in Sachsen über Hof oder Eger den Preußen an den Hals kommen und so den linken Flügel decken würden, während er bei Wildenschwert feste Stellung nehmen und von da aus nach Glatz hin hätte operieren können. Aber wer nicht kam und nicht kommt ist die Bundesarmee, obgleich der Bundesbeschluss das Vorgehen derselben schon lange dekretiert hat und am Frankfurter Bundespalaste die schwarzrotgoldene Fahne weht. Die Schlappe, welche unser lieber Feldherr erlitt, wird ihn genug schmerzen, sie ist dem flauen und langsamen Vorgehen der deutschen Verbündeten zuzuschreiben. Benedek wird nun auf seine eigene Faust ohne Rücksicht auf andere Bundesgenossen eine Aufstellung vornehmen, welche ihn in den Stand setzt, die Preußen zurückzuwerfen.

Tiroler Stimmen, 4. Juli

***

Vorgestern, am ersten Werbetag für das Wiener Freiwilligenkorps, ging es auf den Assentplätzen Neubau und Landstraße »hoch her«. Alle Räume und Gänge der genannten Gemeindehäuser waren von kampflustigen jungen und älteren Männern überfüllt. Jeder wollte als Erster vorgeführt werden. Die Kommissionen ließen jedoch die Freiwilligen nur partienweise vor – die Anderen vertrieben sich mittlerweile die Zeit mit Bonmots und »Hetzen« in der gangbarsten Wiener Vorstadtgrundsitte. Am Neubau rief ein Böhme fortwährend: »Loßts mich amol aussi, ich muss Gitschin rächen.« Dass es dabei an Ausfällen gegen Bismarck nicht fehlte ist selbstverständlich. Eine große »Hetz« gab es, als ein Italiener, ein Mann mit nahezu 40 Jahren, mit dem grünen Sträußchen auf dem Hute aus dem Kommissionslokale heraus kam. Unter großem Gejohle wurde der Mann auf die Schultern von zwei stämmigen Burschen geladen und in der Straße auf- und abgetragen. Ein Fabriksarbeiter, ebenfalls in vorgerückten Jahren, erschien gleich nach der Assentierung im Adamskostüme, wie er sich vorzustellen hatte, und bloß mit einer ungewöhnlich hohen »Angströhre« auf dem Kopfe, die mit einem grünen Sträußchen geschmückt war, am Fenster und rief der Versammlung zu: »Ist meine Alte unten? Ich lass schön grüßen.« Dabei machte er eine gewisse Handbewegung mit dem Daumen auf der Nase. – Assentiert wurden am ersten Werbetage 334, und zwar am Neubau 158 und auf der Landstraße 176. Die jüngsten von den Angeworbenen waren 16, die ältesten 42 Jahre alt. Verheiratete wurden nur vorgelassen, wenn sie kinderlos waren. Übrigens drängten sich auch Jünglinge mit 14 und 15 Jahren heran. Besondere Rücksicht wurde auf Hornisten und Jene genommen, welche zur Bespannung fähig waren. Jeder musste sich mit seinen Dokumenten, also Heimatsschein, Geburtsschein oder Wanderbuch, ausweisen. Unter den Angeworbenen be-

finden sich Studenten, Handlungsdiener, Arbeiter aus allen Genossenschaften, besonders viele Schuhmacher und etwa 12 bis 15 Israeliten. Nachmittags und Abends durchzog eine Abteilung Freiwilliger mit einem Fähnchen den Prater und mehrere Straßen in der Leopoldstadt. Gestern war der Andrang an den beiden Werbestationen Landstraße und Neubau womöglich noch stärker als vorgestern. Die Mitglieder der Kommission konnten nur durch Beihilfe von Mannschaft in den Saal gelangen. Es wurden abermals mehr als 300 Individuen assentiert. Jeder wollte wieder der Erste unter dem Maße sein und die offenbar Untauglichen oder untauglich Befundenen verließen nur mit Zeichen des größten Missmutes den Assentplatz.
Neues Fremden-Blatt, 4. Juli

***

Vom Stilfser Joch, 1. Juli. Bormio, Lucia und andere von den Unsern durchstreiften Orte des Veltlins zeigten große Freude über die Ankunft der Österreicher. In Bormio sagten die Leute, sie hätten unter Österreich zwei Drittteile weniger Steuern zahlen müssen als jetzt unter dem Szepter des Königs von Italien. Unsere Jäger benahmen sich überall äußerst human gegen die Veltliner. Es sollen sogar die drei Muli, welche einstweilen bei uns Dienste nehmen mussten, nach dem Feldzug wieder zurückgestellt werden. – Wenn ich jüngst in meinem Berichte meldete, dass unser Aufmarsch auf die Stilfser Höhe »von Schweizer Seite« her verraten worden sei, so wollte ich damit nicht das uns sehr befreundete Schweizer-Militär gemeint haben, sondern nur sagen, dass durch italienische Spione die Nachricht über unsern Aufbruch durch Schweizer Gebiet, nämlich auf dem durch dasselbe auf die Höhe führenden Weg, zu den Ohren der Italiener gekommen sei. Ich ersuche dies, um Missverständnissen vorzubeugen, nachträglich zu erwähnen.
Volks- und Schützen-Zeitung, 4. Juli

***

Die Gutmütigkeit und Hochherzigkeit unserer Soldaten hat sich in der Schlacht von Custoza wieder in glänzender Weise bewährt. Die auf dem Schlachtfelde gefundenen piemontesischen Verwundeten wurden, wo sie von unseren Soldaten aufgefunden wurden, aus ihren eigenen Feldflaschen gelabt und aus ihrem Vorrate mit Brot und Speck versehen. Mit rührender Zartheit bemühten sich unsere Krankenträger und Wärter, ihnen beim Transporte in die Spitäler so wenig wehe als möglich zu tun, und in den Spitälern selbst werden sie auf das Sorgfältigste gepflegt, mit einem Worte, die Österreicher haben wieder bewiesen, dass sie zu siegen, aber auch den besiegten Feind zu achten und menschlich zu behandeln verstehen.

Innsbrucker Nachrichten, 4. Juli

***

Mainz. Es verlautet, dass die Weimarer, die als Besatzung hier liegen, schwierig geworden und deshalb die Hessen-Darmstädter in der Festung verstärkt worden sind. Die Aufforderung des Prinzen Alexander an die Frauen und Jungfrauen, schwarz-rot-goldene Feldbinden für das 8. Armeekorps zu fertigen, hat hier eine außerordentliche Begeisterung hervorgerufen. Die Frauen der höheren Stände greifen zur Nähmaschine, und wir kennen viele, die eigenhändig eine ganze Kompagnie mit diesen Feldzeichen versorgen wollen.

Innsbrucker Nachrichten, 4. Juli

Ein Korrespondent im Wiener »Vaterland« erzählt aus der Schlacht von Custoza, dass ein in der ersten Reihe der Plänkler stehender Offizier von der Benedek-Infanterie sah, wie ein italienischer Hauptmann einen auf dem Boden liegenden Österreicher mehrmals mit dem Säbel durchstach. In demselben Augenblick sprang er vor, warf ihn mit der Riesenkraft des Zorns nieder und schoss ihm mit den Worten: »Wie ein Hund hast du gehandelt, wie ein Hund sollst du sterben!« eine Kugel seines Revolvers ins Genick.

Innsbrucker Nachrichten, 4. Juli

***

Aus Linz wird berichtet, dass der hochwürdige Herr Bischof Franz Rudigier in Linz dem k. k. Statthalterei-Präsidium den Betrag von 1000 Gulden mit dem Ersuchen überreicht hat, denselben Sr. Majestät dem Kaiser zu Kriegszwecken zu Füßen zu legen.

Innsbrucker Nachrichten, 4. Juli

***

Der Sieg der Hannoveraner am 27. Juni bei Langensalza über die Preußen war ein schnell vorübergehender. Am Morgen des 29. Juni haben die Hannoveraner den mit Übermacht anrückenden Preußen sich ergeben. Es ist dies um so trauriger, als die Baiern bei einigem energischen Vorgehen die hannoverischen Truppen leicht hätten befreien können. Selbst baierische Blätter sind darüber so aufgebracht, dass sie beinahe offen von Verrat sprechen. Die Bierhäuser zwischen Schweinfurt und Langensalza können allein unmöglich die Baiern so lange aufgehalten haben.

Volks- und Schützen-Zeitung, 4. Juli

***

Der »Presse« wird aus Frankfurt folgende reizende Anekdote erzählt: Es ist eine eigene Sache um die Gemütlichkeit, selbst im Kriege kleidet sie den Schwaben gut, wie Sie aus der nachstehenden Rede entnehmen können, die ein Württemberger Hauptmann an seine eben neu gebildete Kompagnie bei Abnahme des Fahneneides gehalten hat: »Jetzt will i au e paar Worte zu meine Leut' rede«, so begann das Haupt der Kompagnie und fuhr dann nach kleiner Pause fort: »Wir Schwabe brüschte uns net; mir glaube au net, dass mir die Welt auffresse – aber 'nei haue tun mir mit unsere Fäuscht, so viel als mir könne!« Sprach's und der Chorus der Kompagnie antwortete wie aus einem Munde: »Ja, des tue mir!«

Innsbrucker Nachrichten, 4. Juli

***

Die Feinde Preußens in Süddeutschland hatten es, so weit ihre Macht reichte, schon seither an Gewalttätigkeiten gegen Preußen nicht fehlen lassen. Jetzt haben die Württemberger die Hohenzollernschen Lande, welche von dem sonstigen preußischen Gebiet weit getrennt liegen, besetzt. Der preußische Regierungs-Präsident v. Blumenthal in Sigmaringen und zwei Regierungs-Räte wurden, da sie es verweigerten, dem Könige von Württemberg den Eid der Treue zu leisten, ohne Weiteres ausgewiesen.

Die Bayern sind in den gleichfalls vereinzelt liegenden Kreis Schleusingen eingerückt, die Bundestruppen unter Prinz Alexander von Hessen in Wetzlar eingefallen.

Diese Versuche werden durch die jetzt aus Thüringen gegen den Main anrückenden preußischen Truppen unter General v. Falckenstein vermutlich ihr baldiges Ende finden.

Auch die Stadt Frankfurt, welche sich durch feindliche Kundgebungen gegen Preußen hervortut, dürfte die Gefahren dieser Haltung bald erkennen.

Was Bayern betrifft, so ist neuerdings von vielen Seiten darauf hingewiesen worden, dass Angesichts der Rolle, welche dieser Staat jüngst gegen uns gespielt hat, unsere Regierung sich veranlasst sehen muss, bei der weiteren Entwickelung der gegenwärtigen deutschen Verhältnisse das Augenmerk auch auf die künftige Stellung derjenigen bayerischen Landesteile zu richten, welche mit dem preußischen Fürstenhause in früheren Jahrhunderten in naher Verbindung gestanden und auch dem preußischen Staate eine Zeit lang zugehört haben.

Provinzial-Correspondenz, 4. Juli

***

Es war der 3. Juli. Um 7 Uhr morgens setzt sich die preußische 1. Armee unter dem Befehl des Prinzen Friedrich Karl von Dub her gegen die Bistritz in Bewegung, und sofort beginnt das Trommelfeuer der österreichischen Artillerie, die Benedek auf den Höhen ostwärts des Flusses konzentriert hat. Es kommt zum stundenlangen frontalen Abringen an der Bistritz, mit blutigen Verlusten für die preußischen Angreifer. Dreimal brechen sie mit grimmigen »Hurra« gegen die Höhen von Lipa vor – dreimal werden ihre Linien von den Mammutbatterien des Gegners zerschmettert oder von wütenden Gegenangriffen österreichischer Bajonettkolonnen zurückgeworfen. Als im preußischen Stab Panik ausbricht, der König Moltke besorgt fragt, was er für den Fall des Rückzugs beschlossen habe, antwortet der ebenso ruhig wie tadelnd: »Majestät, hier handelt es sich um die Zukunft Preußens. Hier wird nicht zurückgegangen.«

Auf dem linken Flügel der 1. Armee dringt zur gleichen Zeit die 7. Magdeburger Division des Generals v. Fransecky in den Swiep-Wald ein. Es kommt zu einem chaotischen Durcheinander, zum blutigsten Nahkampf mit Kolben und Bajonett. Magdeburger Füsiliere schlagen sich hier mit steirischen Jägern und ungarischen Infanteristen. Angriff trifft auf Gegenangriff. General v. Fransecky, in vorderster Linie, ruft seinen Soldaten zu: »Hier sterben wir!« Der Swiep-Wald erlebt ein grauenhaftes Massaker, in dem die preußische 7. Division langsam unter dem Hauen und Stechen zweier österreichischer Armeekorps verblutet.

Es ist wahrhaft entsetzlich, was in diesem Stückchen Wald geschieht. Die Gesichter im preußischen Stab sind blass geworden. Niemand außer Moltke sieht, dass hier die Entscheidung der Schlacht, ja, des Krieges fällt! Denn diese beiden österreichischen Armeekorps, die sich im Swiep-Wald verbeißen, sollten Benedeks nördliche Flanke gegen die heraneilende 2. Preußische Armee decken. Die Flanke ist offen!

Alles wird entschieden sein, wenn nur die 2. Armee rechtzeitig heran kommt. Und sie kommt heran! Brandenburger und Berliner, Schlesier und Pommern wetteifern miteinander, als erste das Schlachtfeld zu betreten. Hinter einer Feldscheune trifft der Kompaniechef eines ostpreußischen Bataillons eine versprengte österreichische Regimentsmusik. Lächelnd bittet er den Kapellmeister, doch »eine der wunderschönen Wiener Weisen« zu spielen, und während der Dirigent unter Tränen den Taktstock hebt und seine Kapelle »An der schönen blauen Donau« vom Strauß, Johann, intoniert, stürmen die ostpreußischen Infanteristen schwitzend und keuchend vorwärts, rastlos, dem immer stärker werdenden Kanonendonner an der Bistritz und beim Swiep-Wald entgegen, den Kameraden zu Hilfe; und ihre Hornisten blasen das preußische Angriffssignal. »Kartoffelsupp, Kartoffelsupp, den ganzen Tag Kartoffelsupp!«

Um 3 Uhr nachmittags stürmt die 1. preußische Gardedivision das Dorf Chlum und fasst damit Benedek im Rücken. Der Divisionskommandeur, General Hiller v. Gärtringen, umarmt auf dem Schlachtfeld einen zu Tode verwundeten österreichischen General mit den Worten:

»WIR SIND DOCH ALLE DEUTSCHE!«

Wolfgang Venohr: Dokumente deutschen Daseins

***

Ein preußischer Offizier schreibt vom 4. Juli: »Wir kamen in ein Gehölz, das zwischen den drei Dörfern Cistowes, Benatek und Maslowed liegt (der Swiep-Wald). Hier hatte der Kampf am meisten gewütet; eine Menge toter Österreicher lagen unter und über einander, etwas entfernter sahen wir Gesindel, das beschäftigt schien, die Leichen zu plündern. Um sie wie Raubvögel zu verscheuchen, schossen wir unsere Revolver ab. Und wirklich, sie verschwanden oder schienen zu verschwinden. In demselben Augenblick, wer beschreibt unser Erstaunen! erhoben sich wohl zwanzig von den Totgeglaubten, streckten uns flehend ihre Arme entgegen und baten mit schwacher Stimme um Wasser. Das Wenige, was wir bei uns hatten, war bald verbraucht. Ich versprach einem österreichischen Oberst, der vorn am Gehölz lag, sobald als möglich mit Wasser und einem Arzt wiederzukommen und ritt nach dem nächsten Dorf. Aber wo hier Hilfe hernehmen! Endlich glückte es, aber wohl zwei Stunden mochten vergangen sein. Als wir in den Wald zurückkamen, erkannten wir den Platz kaum wieder. Die Österreicher alle geplündert, ohne die Uniform lagen sie da, keiner regte sich mehr. Ich trat heran und rief: ›Hier ist das Wasser, Wasser!‹ Alles vergeblich, still blieben sie. Den österreichischen Oberst konnte ich unter den Toten nicht mehr herausfinden. Entsetzt verließen wir den Wald.«

Theodor Fontane, Der Deutsche Bruderkrieg

***

Aus Brünn erzählen Wiener Blätter: Nachdem am 28. d. M. einzelne Verwundete vom nördlichen Kriegsschauplatze unsere Stadt passierten, kam gestern um 11 Uhr Vormittags der erste große Transport vom nördlichen Kriegsschauplatze mit Verwundeten an, 950 an Zahl. Schon Nachmittags verließ der größte Teil der Verwundeten die Stadt, um den nachfolgenden nicht minder zahlreichen Verwundeten Platz zu machen. Ein gleicher Wechsel wird im Laufe des heutigen Tages bewerkstelligt. Die Verwundeten haben meist penetrierende Schusswunden, und wenn auch eine große Zahl der Verwundeten ohne fremde Hilfe munter einherschreitet, so zeigt doch der erste Blick auf ihre Wunden, dass sie noch eine schwere Krankheit zu überstehen haben. Die mitgekommenen verwundeten preußischen Soldaten werden von ihren österreichischen Kameraden mit Brüderlichkeit behandelt;

jeder Bissen wurde mit dem Manne geteilt, der noch vor kurzem als Todfeind gegenüberstand.

Innsbrucker Nachrichten, 5. Juli

***

München. Der »Volksbote« schreibt: Es kann uns nicht im Mindesten wundern, wenn österreichische Blätter und namentlich die »Presse« über das »laue und flaue Vorgehen« der Baiern sich bitter äußern: denn auch aus dem Lande, noch heute wieder von Passau, sind ihm Briefe über die immer mehr um sich greifende Stimmung zugekommen, die aufs Stärkste sich darüber ausspricht, welch' kostbare Zeit von unsern Truppen, die auf das kampfmutigste sind, durch wes immer Schuld verloren worden ist, so zwar, dass die Preußen ihre ganze Macht nach Böhmen haben abziehen können, ohne sich viel um die baierischen »Reichstruppen« zu kümmern, von denen daher auch die »Baierische Zeitung« trotz dreimaliger täglicher Ausgabe ihres Papiers immer noch so viel wie nichts zu sagen weiß, eben so wenig aber auch von den Feinden weiß, ob oder wo solche ihnen gegenüberstehen.

Innsbrucker Nachrichten, 5. Juli

***

Frankfurt, 29. Juni. Das gänzliche Ausbleiben aller bisher über Köln und Bingen eintreffenden Poststücke hat sich jetzt dahin aufgeklärt, dass die Preußen gestern gegen 6 Uhr den Bahnhof in Bingen besetzten, zwei Lokomotiven und den Inhalt der Stationskasse nach Bingerbrück schafften und die Bahn und die Telegraphen unbrauchbar machten. Zwei Zugführer und vier Kondukteure, welche von ihnen verhaftet wurden, sind heute wieder freigelassen worden. Der gestern Abend um 6 ½ Uhr von Mainz abgezogene Zug konnte noch rechtzeitig gewarnt werden, um nach Mainz zurückzukehren. Gerüchtweise verlautet, die Preußen seien heute von Bingen aus auf das rechte Rheinufer übergegangen und bedrohten Wiesbaden. Man will sie sogar schon in Eltville gesehen haben. Wir haben jedoch hierüber bis zur Stunde (5 ½ Uhr) nichts Zuverlässiges erfahren können. Als bestimmt wird jedoch versichert, dass die Preußen gestern auch in Ems gewesen seien und dort die Spielbank geschlossen hätten.

Innsbrucker Nachrichten, 5. Juli

***

Gestern Morgens 6 Uhr ist die erste inntalische Scharfschützen-Kompagnie unter Kommando des Herrn Hauptmanns Zimmeter nach Südtirol abmarschiert. Die Kompagnie ist gut ausgerüstet und besteht durchaus aus geübten Scheibenschützen. Unter den 25 Innsbruckern befinden sich nachgerade Schützen ersten Ranges, wie der mit der großen silbernen Tapferkeits-Medaille gezierte Johann Beyrer, Büchsenmacher Weilhelm Jäger und v. Attlmayr. Letzterer, Oberlieutenant der Kompagnie, nahm daher auch seinen bewährten doppelläufigen Gemsstutzen mit. Ein Zug besteht aus lauter Wildschützen. Wenn diese Kompagnie eine gute Stellung bekommt, wird sie, dessen sind wir gewiss, auf gut weidmännische Art »abschießen«.

Innsbrucker Nachrichten, 5. Juli

***

Aus Schwaz, 3. Juli, wird dem »Tiroler Boten« geschrieben: Die feindselige Stellung, welche der Herzog von Coburg in jüngster Zeit gegen Österreich eingenommen hat, schien den Wilddieben dieser Gegend und der benachbarten baierischen Gebiete einen willkommenen Anlaß zu bieten, um im Bächentale und in der Riß, wo der Herzog bekanntlich eine ausgedehnte Jagdbarkeit besitzt, – wie sie hofften, – ungestörter ihr Handwerk treiben zu können. Wir vernehmen nun aus sicherer Quelle, dass von Seiten unserer Gerichtsbehörden bereits strenge und energische Maßregeln in Anwendung gebracht wurden, um das Eigentum des Herzogs vor solchen Angriffen zu schützen und Zuwiderhandelnde der verdienten Strafe zuzuführen.

Innsbrucker Nachrichten, 5. Juli

***

Dem Vernehmen nach hat der Sieger von Custoza, Se. kaiserl. Hoheit Erzherzog Albrecht, auf die von Sr. Durchlaucht dem Fürsten-Statthalter gestellte

Bitte sich allergnädigst bewogen gefunden, aus den 30.000 von den Piemontesen erbeuteten Gewehren einen großen Teil zur Ausrüstung des Tiroler Landsturms zu überlassen. Der nach einem belgischen Blatte durch Tirol nach Baiern ziehende Garibaldi würde also auch italienische Waffen gegen sich gekehrt finden, und diese Waffen sind, wie die Welschen hoch und teuer versichern, ausgezeichnet.

Innsbrucker Nachrichten, 5. Juli

***

Wo sind die Preußen?
Husar, voll Kampfbegier,
Des Ungarlandes Zier!
Nicht auf dem Feld der Ehre
Setzt sich Dein Feind zur Wehre;
Im Kampf aus Ehrenpflicht,
Dort such' den Preußen nicht.

Wo deutscher Übermut
Schon lechzt nach deutschem Blut,
Wo man mit wilder Lust
Zerfleischt die Bruderbrust,
Wo Lieb' zum Vaterland
Ein Hochverrat genannt;
Am Ort der finstern Macht,
Dort ist die Preußen-Schlacht.

Husar, so flink und kühn,
Mit ewig frohem Sinn!
Nicht wo die Waffen blitzen
Das Vaterland zu schützen;
Im Kampf aus Menschenpflicht,
Dort such' den Preußen nicht.

Wo Frevel frech zerstört
Den heimatlichen Herd,

> Wo Raubgier rings herum
> Verletzt das Eigentum,
> Wo feige Wut mit Tod
> Den Greis, das Kind bedroht;
> Dort führt der Preuße Krieg,
> Dort feiert Er den Sieg!

Kikeriki, 5. Juli

***

Montabaur im Herzogtum Nassau wurde am 28. Juni um 11 Uhr Vormittags von 250 Preußen überfallen, welche die Recepturkasse mit 4500 Gulden wegnahmen und dann Nachmittags wieder abzogen. Andere 250 Mann suchten Bad Ems heim und ließen sich Küche und Keller gut schmecken. Am 29. rückten 50 Mann in Herburg ein, die von Dillenburg kamen, wo sie die öffentlichen Kassen annektierten. An dem ersteren Orte nahmen sie 2366 Gulden weg, auf dem Bahnhof geschah dasselbe und wurde dem Kassier eine Quittung gegeben. Diese Überfälle machen einen widerwärtigen Eindruck auf die Bevölkerung.

Innsbrucker Nachrichten, 6. Juli

***

Von dem baierischen Minister Herrn von der Pfordten erzählt ein Wiener Korrespondent des »Pester Lloyd« ein derbes Wort. Er habe nämlich, da er die Anerbietungen Preußens zurückwies, gesagt: »Wir stehlen weder, noch nehmen wir gestohlenes Gut; am allerwenigsten aber halten wir den Dieben die Leiter.«

Innsbrucker Nachrichten, 6. Juli

***

Aus Unterinntal, 3. Juli, meldet man dem »Tiroler Boten«: Heute Vormittag fuhren mit dem Bahnzuge über 300 Verwundete, aus der Schlacht Custoza, von Innsbruck nach Kufstein. Sie wurden auf allen Bahnhöfen freundlichst begrüßt und vielfältig auch mit Erfrischungen bedient. Johann Kirschner,

Bräuer in Kundl, ließ einen ganzen Eimer edelsten Gerstensaftes auf den Bahnhof bringen, um die mutigen Kämpfer damit zu erquicken. Kufstein dürfte an Wohltätigkeitssinn kaum einer andern Gemeinde nachstehen. In dieser einzigen Gemeinde sollen schon für 100 Verwundete die Lokale bereitet und eingerichtet sein. In jeder Gemeinde Unterinntals gibt es Samaritane, die sich bereit erklärt haben, Verwundete aufzunehmen.

Innsbrucker Nachrichten, 6. Juli

***

Von der piemontesischen Grenze, 2. Juli. Die Garibaldianer haben den Tirolerboden verlassen, auf demselben aber wenig geleistet, wohl aber traurige Erinnerungen zurückgelassen. Nachdem sie am 25. Juni in Gesellschaft von Bersaglieri oder Alpenjäger über den Bach Caffaro nach Lodrone und Darzo vorgedrungen waren, wo das schon bekannte Gefecht stattfand, ist tags darauf eine bei 700 Mann starke Truppe über das Vestinotal nach Bondone und Storo gekommen und besetzte diese beiden Ortschaften mit dem Vorsatze, die Nacht dort zu verbringen. Diese Bande, lauter Garibaldianer, verübte allerlei Exzesse und wollte Kontributionen eintreiben und zwar in Bondone 300, in Storo 2000 Franks. Überdies forderte sie von der Gemeinde unentgeltliche Verpflegung. Unverschämt benahm sich die Horde gegen das weibliche Geschlecht und verursachte viel Ärgernis. Nicht viel weniger brutal zeigten sich die Garibaldianer gegen die Geistlichkeit und benahmen sich in Kirchen höchst unanständig. So haben auch Garibaldianer, welche Weibsbilder mit sich führten, in der Kirche zu Bondone die Orgel gespielt und dazu getanzt.

Die Kontributionen wurden unter Androhung von Erschießen und Abbrennen der Häuser auferlegt. Sie ließen jedoch handeln, denn Bondone hatte nur 80 Frank eingezahlt und Storo erlegte gar nichts. Die Deputierten dieser Gemeinde zeigten sich nämlich bereit, Alles mögliche zu tun, suchten dadurch Zeit zu gewinnen und machten sich schließlich aus dem Staube. Die Garibaldianer, welche in Bondone und Storo übernachten wollten, sind von beiden Orten ganz unvermutet abgezogen und schnell über Darzo und Lodrone auf piemontesischen Boden zurückgekehrt, ohne sich irgendwo aufzuhalten. Wie man sich in Storo erzählt, sollen die Garibaldianer eine österreichische Patrouille von Fort Ampola, welches nicht angegriffen worden ist, auf der Straße gegen Stolo bemerkt haben und so zur Flucht bestimmt worden sein. (Also das bloße Erscheinen einer österreichischen Patrouille reichte hin, die ganze Bande zu verjagen!) Überhaupt scheint ihr Mut nicht groß zu sein, und sie selbst geben zu, dass sie es mit Tiroler-Schützen nicht aufnehmen können.

Volks- und Schützen-Zeitung, 6. Juli

***

Wien, 4. Juli. Die Österreicher sind bis Hohenbruck (1 ¾ Meile östlich von Königgrätz) zurückgedrängt. Ungeheure Verluste. Erzherzog Wilhelm am Kopf verwundet. Der König von Sachsen ist Nachts hier angekommen.
Wien, 4. Juli. Beschleunigter Rückzug der Österreicher. Graf Mensdorff ist ins Hauptquartier abgereist. Es haben diplomatische Verhandlungen der neutralen Mächte begonnen, um dem Blutvergießen Einhalt zu tun. Verhandlungen um vorläufigen Waffenstillstand sind eingeleitet.
Wien, 4. Juli. Die Generale der Nordarmee Clam-Gallas, Henikstein und Krismanitsch sind verhaftet und hierher unterwegs zur Untersuchung. Graf Mensdorff ist mit dem kaiserlichen Flügeladjutanten Tejesvary zur Nordarmee abgegangen, um die militärische Sachlage zu erheben. Verhandlungen mit Frankreich sind, nicht ohne Aussicht auf Erfolg, eingeleitet, um die Herausziehung der Südarmee aus Italien und deren Verwendung im Norden zu ermöglichen.
Wien, 4. Juli, Abends. Feldzeugmeister Benedek ist des Oberbefehls enthoben. Die Generale Henikstein, Krismanitsch und Clam-Gallas sind kriegsgerichtlich vorgeladen. Graf Mensdorff ist nach Reichenberg gereist. Gerüchtsweise vermittelt Frankreich Friedenspräliminarien.

Innsbrucker Nachrichten, 6. Juli

***

Ungebrochen, nach neuen Kämpfen sich sehnend, steht Österreichs Heer im Norden, dürstend darnach, seinen Waffenbrüdern im Süden den stolzen Namen eines nördlichen Custoza triumphierend über die Alpen hinüberzurufen; unerschüttert ist das Vertrauen in den tapfern Feldherrn, der es führt, und der die launenhafte Siegesgöttin dauernd an seine Fahnen mit Gottes

Hilfe fesseln wird; unerschütterlich, ohne Wanken, ist die Hingebung und Treue von Österreichs Völkern, die Alle, vom Palaste des Fürsten bis in die Hütte des Bettlers, wissen und fühlen, was in diesem Kampfe für Österreich auf dem Spiele steht; darum, so gewiss wir dieser Faktoren eines großen Sieges sind: Tapferkeit der Armee, Treue und Opferwilligkeit des Volkes, begeisterte Hingabe Aller für die Sache unseres erhabenen Kaisers und Österreichs, so sicher überzeugt und siegesgewiss rufen wir es heute in die Welt hinaus: Wir werden siegen!

Tiroler Stimmen, 6. Juli

***

Paris, 3. Juli. (Erbitterter Krieg.) Der »Abend-Moniteur« sagt in seinem Kriegsbulletin: Korrespondenzen melden, dass in der Bevölkerung Böhmens Erbitterung gegen die preußischen Truppen herrsche; Details zeigen an, dass der Krieg alsbald in diesem Lande den Charakter einer Leidenschaft annehmen werde, welche gewöhnlich einen Rassenkampf kennzeichnet. Im Rückzuge vor dem Feinde zerstört die tschechische Bevölkerung die Brücken und Alles, was dem Feinde zur Verproviantierung dienen könnte. In Münchengrätz haben die Preußen keine 50 Personen vorgefunden. In Turnau hat sich eine große Anzahl von Bürgern im Kirchturme mit einer solchen Wut verteidigt, dass die Preußen sie nicht anders daraus vertreiben konnten, als dass sie ihren Zufluchtsort mit Kanonen zerstörten. In Nachod hat ein Straßenkampf stattgefunden, bei welchem die Weiber an verschiedenen Orten siedendes Öl auf die Angreifer schütteten. Die Preußen begegnen Bauernbanden, welche mit Gewehren und Sensen bewaffnet sind und ihnen die Verbindung abzuschneiden suchen.

Tiroler Stimmen, 6. Juli

***

In Dresden hat bei der von den Preußen ausgeführten »Zwangsfouragierung« eine Frau einem Feldwebel verraten, wohin ein Metzger aus Furcht seine Waren versteckt hatte; gleichzeitig hatte sie ihm mitgeteilt, eine gegenüber wohnende Frau habe sehr viel Geld, die Preußen möchten nur zu ihr hinaufgehen. Von dieser Verräterei erfuhr das Volk, es fiel erbittert über die

Frau her und diese ist nun an den Folgen der erlittenen Verletzungen gestorben.

Volks- und Schützen-Zeitung, 6. Juli

***

Gitschin, 1. Juli Morgens (Privat-Mitteilung). Die Stadt, als einstiges Besitztum Wallensteins und Ort des Kriegsbeschlusses der verbündeten Fürsten bekannt, ist der Endpunkt eines bereits von mir gemeldeten heftigen Kampfes gewesen. Die Kirche, neben dem Schloss, einst von Wallenstein erbaut, ist mit verwundeten Österreichern angefüllt, ebenso das Gymnasium; das große Schloss liegt voll verwundeter Österreicher und Preußen. Notlazarette befinden sich an den Landstraßen, bis zum Abend, den 30. Juni, wurden noch aufgefundene Verwundete eingebracht. Nicht minder zahlreich sind die Überläufer, welche sich teils aus Furcht vor den Zündnadelgewehren, teils aus Hunger, teils aus Sympathie für Preußen einfinden. Die Transporte derselben gehen abwechselnd mit Vieh-Transporten fast regelmäßig durch Gitschin, auch lässt man die Gefangenen frei umhergehen, da sie nicht daran denken, sich zu entfernen.
Die Österreicher hatten ein ansteigendes Gehölz an der Chaussee mit Infanteriemassen besetzt, deren Gewehrfeuer furchtbar gewesen sein soll. – Die in Schleswig Gewesenen sagen aus, dass es nicht ein annäherndes ähnliches in Schleswig gegeben haben soll. Ebenso erzählte ein österreichischer Offizier, der viele Schlachten mitgekämpft hatte, dass selbst Solferino nichts ähnliches von Kleingewehrfeuer aufzuweisen hatte, wie das der Preußen bei Gitschin. Die vorliegenden Anhöhen waren mit Artillerie besetzt, welche ein gewaltiges Granatfeuer unterhielt. Auf Seiten der Österreicher waren gegen 27.000 Mann im Gefecht, von preußischen Truppen die 5. und 3. Division. Die Palme des Tages gebührt den 48ern, deren Füsilierbataillon allein über 700 Gefangene machte. Das Regiment war von 4 Uhr Nachmittags bis 9 Uhr Abends im Gefecht und eroberte und verteidigte siegreich ein Terrain von ¾ Meilen, einem heftigen Artilleriefeuer ausgesetzt, haben sie sehr gelitten. Erst nach 3 Attacken gelang es, die Österreicher aus ihrer festen Position zu werfen, dann aber ging es rasch vorwärts. Auch das 2. Bataillon des Königs-Grenadierregiment zeigte sich tapfer, indem es eine Zeit lang 2 Brigaden gegenüber stand. Die Verluste der Österreicher und Sachsen

betragen gegen 5000 Mann an Toten, Verwundeten und Gefangenen; in der Stadt sind alle öffentlichen Gebäude, selbst Kirchen, in Lazarette verwandelt, ebenso viele Häuser an der Landstraße. Verwundete und Gefangene bringt man noch immer ein, die Felder waren stellenweise wie besäet mit Tornistern und Gewehren. Die 5. Preußische Division hat 1160 Mann an Toten und Verwundeten verloren, die 3. Division 680 Mann. Die Überlegenheit unserer Waffen ist durch Gitschin mit seinen festen Positionen entschieden, der Krieg muss unter solchen Verhältnissen schnell entschieden sein. Unser schneller Vormarsch bringt uns den österreichischen Festungen immer näher. Der Kronprinz hat sich mit seiner Armee glücklich mit uns vereinigt. Nur die große Hitze und der Umstand, dass die Verpflegung so schnell nicht folgen kann, hält uns noch etwas auf. – Erst um 12 Uhr Nachts nahm das Füsilierbataillon der 48er Gitschin, wo die Österreicher noch aus den Fenstern schossen. Eine Gasse musste von einer Abteilung des Königs-Grenadierregiment vielmals gestürmt werden. Die Stadt ist öde, Nichts zu haben, alle Läden geschlossen. Nur von den Soldaten, die öfters schlachten, kann man Fleisch oder Brot erhandeln. Die Bevölkerung ist borniert und egoistisch, so dass sie ihren eigenen Verwundeten nur auf Befehl Wasser brachten.

Lokomotive an der Oder, 7. Juli

***

Kammenitz, den 1. Juli. Hauptquartier der preußischen Ersten Armee.
Das kleine Schloss Kammenitz nebst dem dazu gehörenden Dorfe gleichen Namens liegt auf dem nördlichen Abhange eines isolierten Hügels, der auf der linken Seite des von Gitschin nach Hösitz führenden Weges auf halbem Wege zwischen beiden Städten emporragt. Diesen Abend hat Prinz Friedrich Karl sein Hauptquartier von Gitschin hierher verlegt.
Der König selbst ist in Gitschin angekommen, um den Oberbefehl über die nunmehr vereinigten beiden Armeen zu übernehmen, denn heute Abend ist die Vorhut des Prinzen Friedrich Karl mit der des Kronprinzen zusammengetroffen und beide haben gemeinschaftlich ein Biwak bezogen.
Der südlich vom Dorfe Kammenitz gelegene Hügel gewährt eine weite Aussicht auf die Ebene, welche, reich angebaut und mit Dörfern und Tannengehölzen besetzt, sich beinahe dreißig Meilen nach Süden hin ausdehnt. In

der Nähe von Kammenitz bezeichnet der Rauch der Biwakfeuer die Position der preußischen Truppen; doch sieht man keine Vorposten und obgleich der Himmel umwölkt war, haben die preußischen Feldwachen keinen Widerschein der Lagerfeuer ihrer Gegner wahrgenommen. Während des heutigen Marsches brach plötzlich ein Gewitter aus und während einer Stunde fiel der Regen in Strömen herab. Der mit Tausenden von Wagen bedeckte Weg war in Folge des Gewühls von Fuhrwerken von tiefen Spalten durchzogen und die mit verwundeten, von ihren zurückweichenden Landsleuten im Stiche gelassenen Österreicher gefüllten Wagen fuhren, in peinlicher Weise hin und her rüttelnd, den in Gitschin für sie eingerichteten Lazaretten zu. Die verwundeten Soldaten hatten in der Tat viel zu leiden, denn bei jedem Schütteln ihrer Wagen öffnete sich irgend eine Wunde aufs Neue, oder eine Bandage verschob sich; doch ertrugen sie Alles mit großer Geduld und ihre Aufseher taten, was in ihrer Macht stand, um den Unglücklichen Linderung zu verschaffen. Die verschiedenfärbigen Besätze der Uniformen bewiesen, dass viele österreichische Regimenter in den jüngsten Gefechten engagiert waren.

Die preußischen Soldaten benehmen sich gut und nirgends ist geplündert worden, wo die Einwohner an Ort und Stelle geblieben sind. In den Städten, wo Niemand zum Verkauf zurückgeblieben war, hat sich das Kommissariat in die Notwendigkeit versetzt gesehen, die Lebensbedürfnisse zu nehmen, denn die anhaltenden Märsche und die von Truppen überfüllten Landstraßen haben es den Proviantzügen unmöglich gemacht, mit der Armee gleichen Schritt zu halten. Trotzdem haben die Soldaten zur Abhilfe ihrer Bedürfnisse nie Gewalt angewendet. Fourage für die Pferde ist aus den Scheunen der großen Grundbesitzer, die ihre Schlösser verlassen haben, genommen worden; was aber die Leute von den Bauern empfangen, haben sie bezahlt. Die Dorfbewohner sind stets freundlich behandelt worden; die Hühnerhöfe wurden respektiert, kein Stück Vieh wurde den Bauern genommen, und obgleich das weibliche Geschlecht in diesem Lande mit äußeren Reizen reichlich ausgestattet ist, hat doch kein böhmisches Mädchen Ursache gehabt, die Invasion Böhmens zu beklagen. Nichtsdestoweniger müssen die Bewohner eines mit Krieg überzogenen Landes stets leiden; Truppen müssen durch das stehende Korn marschieren, Kavallerie und Artillerie die Ernten niedertreten; Weiler müssen besetzt, verteidigt, angegriffen werden, und eine für die kämpfenden feindlichen Truppen bestimmte Bombe steckt nur zu oft, wider den Willen der Schießenden, eine Hütte in Brand und die emporlodernde Flamme teilt sich den anderen Hütten des Ortes mit. So kommt es, dass häufig ein ganzes Dorf zerstört wird. In solchen Fällen haben die ihrer Häuslichkeit Beraubten keine andere Aussicht, als darben zu müssen; denn eine große Armee mit ihren Hunderttausenden von Mägen verzehrt Alles, was in der Gegend vorhanden ist und hat, nachdem ihre eigenen Bedürfnisse befriedigt sind, nur wenig fortzugeben. Die ehemaligen Eigentümer der verbrannten Wohnstätten wandern niedergeschlagen und mutlos in den Feldern umher oder starren mit stumpfen Blicke die Brandstätte an, auf welcher noch vor wenigen Tagen oder Stunden ihr Haus gestanden. Das wenige Geld, welches ihnen von wohltätig gesinnten Offizieren verabreicht wird, mag die Schmerzen des Hungers auf einige Tage fernhalten, doch ist es kein Ersatz für die schweren Verluste der Unglücklichen; denn oft war die Hütte mit ihrem Kuhstall und ihrem kleinen Felde ihre ganze Habe, und da die ersteren beiden zerstört sind und die Ernte vernichtet, ist ihnen nichts übrig geblieben. Sogar die jungen Männer auf dem Lande sind fast sämtlich nach Süden geflüchtet, in Furcht gesetzt durch ein Gerücht, dass die Preußen sie gewaltsam in ihre Armee einreihen würden. Dieses Gerücht war durchaus unbegründet, denn nicht ein einziger Rekrut ist in den von den Preußen besetzten Ländern ausgehoben worden.

An die Lazarett-Hilfsquellen der preußischen Armee sind die höchsten Ansprüche gemacht worden, da eine weit größere Anzahl verwundeter Gefangener eingebracht worden sind, als vorauszusehen war. Jedes disponible Haus und die Kirchen in Gitschin sind in Lazarette verwandelt und dennoch werden noch mehr Räumlichkeiten gebraucht. Auch zeigen die wenigen zurückgebliebenen Einwohner sich keineswegs geneigt, bei der Pflege der verwundeten Soldaten hilfreich einzugreifen. Vergebens verschwendet der Stab Bitten und Drohungen. Die noch in Gitschin anwesenden Stadtbewohner wollen nicht einmal etwas von dem bei ihnen im Überfluss vorhandenen Kaffee den Verwundeten verabreichen, und diese fahren daher schlimm, da die Armee nur spärlich mit Proviant versehen ist. Da sich allmählich die Nachricht im Lande verbreitet, dass die Preußen nicht plündern und morden, so beginnen die Leute in ihre Häuser zurückzukehren. Doch scheinen sie samt und sonders für die Leiden ihrer Landsleute durchaus unempfindlich zu sein. Die in Gitschin gefangenen Ärzte und Lazarettgehilfen arbeiten tüchtig und preußische Offiziere gehen ihnen eifrig zur Hand. Indessen ist das vorhandene Material für die Bedürfnisse so Vieler nicht ausreichend, und obgleich Keiner gänzlich unversorgt bleibt und Niemand vollständig vernachlässigt wird, so würde doch etwas Teilnahme und Eifer von Seiten der Einwohner zur Behaglichkeit und Heilung Vieler sehr wesentlich beitragen.

Die Einwohner entschuldigen ihre Teilnahmslosigkeit damit, dass die eigene österreichische Soldateska sie schlecht behandelt und geplündert habe. Dies scheint jedoch unwahr zu sein, denn an den Häusern sind keine Spuren einer stattgefundenen Plünderung sichtbar, und wäre in der österreichischen Armee das Plündern überhaupt gestattet, so hätten die Gefangenen keine Veranlassung, sich über Mangel an Proviant zu beklagen.

Times, 7. Juli

***

Breslau, 2. Juli. Die Freude über die Siege unserer tapferen Truppen wird getrübt und in Trauer verwandelt bei den sich täglich vor unseren Augen abrollenden ernsten Bildern des Krieges. Täglich bringen die Eisenbahnzüge von Nachod und Trautenau Verwundete, welche, von Mitleidigen gefolgt, durch die Straßen nach den Lazaretten getragen werden, in denen jetzt schon fast kein Raum mehr vorhanden ist, so dass viele in Privathäusern untergebracht worden sind. Ebenso so viel, fast mehr, Österreicher als Preußen. Unter den letzteren befinden sich mehrere, denen nach dem ersten Gefechte bei Trautenau, als unsere Truppen 1 ½ Meile zurückgegangen waren, von böhmischen Weibern die Augen ausgestochen oder mit Messern große Schnittwunden beigebracht worden sind. Es ist diese Tatsache leider die vollständig verbürgte Wahrheit, ich habe sie aus dem Munde des diese Verstümmelten behandelnden Arztes. Das ist kein Preußenhass, das ist Rassenhass. Der Tscheche steht noch auf derselben Kulturstufe wie zur Zeit des 30-jährigen Krieges.

Lokomotive an der Oder, 7. Juli

***

In den Städten Landeshut, Freiburg, Waldenburg, Friedeberg, Nachod, Reinerz, Glatz usw. liegen die Verwundeten dicht gedrängt, ungeachtet der vielen abgesandten Gaben doch noch an Vielem Mangel leidend. Auf den Schlachtfeldern von Nachod sind die Toten bis jetzt noch nicht begraben, und es gehen heute zu diesem Geschäfte 60 Dienstmänner von hier mit mehreren Führern dahin ab. Seit vorgestern sind Gefangene hierdurch nach Glogau, Posen, Danzig usw. transportiert worden, 6 – 7000. Ich habe selbst einen Zug von ca. 1000 Mann gesehen. Der Zug hielt vor der Einmündung in den Freiburger Bahnhof. Völker der verschiedensten Art! Nur wenig Deutsche, und nur diese allein niedergeschlagen und ernst; die Anderen, oft der echteste Typus von Zigeuner-Physiognomien, ausgelassen lustig, Lieder singend, nach Zigarren, Bier ec. hinauslangend und bettelnd. Man konnte wenig Mitleid mit Menschen empfinden, denen es, ihrem Benehmen nach, höchst wohl und behaglich zu sein schien; – aber das Gefühl beschlich um so mehr einen Jeden, wie diese fremdartig und wild aussehenden, in den verschiedensten Zungen, nur nicht in der deutschen, redenden Soldaten hier gehaust haben würden, wenn sie, statt als Gefangene, als Sieger in Breslau eingezogen wären.

Lokomotive an der Oder, 7. Juli

***

(Süd-Armee-Kommando, Bulletin Nr. 15)
Hauptquartier Verona, am 6. Juli 8 Uhr 5 Min. Abends.
Hauptmann Gredler von den Kaiserjägern hat gestern mit 4 Kompagnien gegen 6000 Freischärler, 4 Geschütze und 2 Kanonenboote am Lago d'Idro ein erfolgreiches Gefecht bestanden, den Feind fünf Mal zurückgeworfen und ihm 700 Mann Verlust beigebracht.

Innsbrucker Nachrichten, 7. Juli

***

Paris, 5. Juli. Der »Moniteur« meldet: Ein wichtiges Ereignis ist eingetreten. Nachdem der Kaiser von Österreich die Waffenehre in Italien gewahrt hat, tritt er Venetien an den Kaiser von Frankreich ab und nimmt dessen Vermittlung zur Friedensherbeiführung an. – Kaiser Napoleon beeilte sich dieser Aufforderung zu entsprechen und wendete sich unverweilt an die

Könige von Preußen und Italien zur Herbeiführung eines Waffenstillstandes.

Innsbrucker Nachrichten, 7. Juli

***

Eine telegraphische Depesche Sr. Majestät des Königs an Ihre Majestät die Königin Augusta am 3. Juli Abends lautet wörtlich:
Großer Sieg über die Österreicher, alle 3 Korps 8 Stunden lang im Feuer, Österreicher total geschlagen. Massen von Trophäen. Noch nicht zu übersehen. 20 Geschütze erobert. Unsere Verluste bedeutend. Wir sind Alle wohl. Gottes Gnade walte ferner über uns.
(gez.) Wilhelm.

Lokomotive an der Oder, 7. Juli

***

Berlin, 4. Juli. Die Königin hat wiederholt eingetroffene Blessierte besucht. Vor dem Palais dargebrachte Ovationen des Publikums lohnte die hohe Frau durch wiederholtes Erscheinen auf dem Balkon und huldvolles Grüßen. Berlin ist in Folge des Sieges enthusiastisch erregt. Das Friedrich-Denkmal ist mit Lorbeer umkränzt.

Lokomotive an der Oder, 7. Juli

***

Horzitz, 4. Juli, Abends. Drei Erzherzoge sind verwundet. Der Korps-Kommandant Festetics hat ein Bein verloren. Der Korps-Kommandant Graf Thun erhielt einen Schuss in den Kopf. Oberst Binder und andere Stabschefs sind tot. Die Fürsten Liechtenstein und Windischgrätz sind gefangen. Die Zahl der sonstigen Toten und Verwundeten ist beiderseitig noch unbekannt. Unverwundete österreichische Gefangene sind bisher über 14.000 eingebracht nebst 116 Geschützen. Gablenz ist als Parlamentär eingetroffen.

Lokomotive an der Oder, 7. Juli

***

Kampfbereit standen die Badener, Hessen, Württemberger und Baiern in der Zahl von nahezu 200.000 Mann da. Man lässt die Hannoveraner, gemütlich zuschauend, entwaffnen, man hört ihren Hilferuf nicht, und doch hätte man ihnen nur ein paar Schritte entgegen gehen dürfen; man hört ihren Kanonendonner und ihre Waffenschläge, als sie den Kampf der Verzweiflung kämpften, und doch rührte man sich nicht. Man steht in großer Macht an Böhmens Grenze und sieht die Ströme Blutes der offen als verbündet Erklärten fließen, man späht über die Grenze hinüber, man tut als ob man zu Hilfe eilen wollte, man spricht ein großes deutsches Wort, und doch zieht man sich wieder zurück auf den Platz seiner frühern Ruhe.
Und eben diese Truppen sie rufen: »Wir wollen gehen, führt uns!« Und die Feder der kalten Bismarckianer diktiert gegen den Willen der Völker: »Halt.« – »Ist noch nicht Zeit.« – »Wir wollen nicht.« – Wahr ist's, Preußen jubelt; in Berlin muss der König oft dem siegesbegeisterten Volke sich zeigen, Bismarck muss erzählen, wie viel deutsche Brüder er abgeschlachtet habe, und je mehr Tausende es sind, desto größeres Hurraschreien, desto mehr schwillt der große preußische blutgierige Kamm; aber Bismarck und sein König mögen hinabziehen in die böhmischen Schlachtfelder und zählen alle jene preußischen Söhne und Familienväter, die sie ebenso hingeschlachtet, sie mögen hinausschauen in das ganze deutsche Reich, wie viele Hände trostloser Eltern, Witwen und Waisen den Urheber des Krieges fluchend ihre Hände zum Himmel erheben. Diese werden bezeugen, dass der große Buß- und Bettag in Preußen eine schändliche Heuchelei, eine Gotteslästerung war. Ja, jetzt jubelt Preußen; aber leider (wir können es sagen, ohne Propheten zu sein) wird für Preußen noch ein Jena kommen; man wird dann zu spät erkennen, dass man seine natürlichen Bundesgenossen zerfleischt und sie fast zu Tode geschwächt hat. Man wird nach ihrer Hilfe sich sehnen, aber die besten Kräfte sind nicht mehr da, man hat sie selbst zu Boden geworfen, vernichtet. Nur zwei Auswege sind für Preußen, für Bismarck noch übrig: Entweder von Napoleon geschlagen zu werden oder die klägliche Rolle Cavours in Deutschland zu spielen, d. h. im Namen Napoleons die Statthalterschaft in Deutschland zu führen. Napoleon kann nun sagen: »Deutscher Michel sei hübsch fromm, sonst komme ich.«

Tiroler Stimmen, 7. Juli

***

»Nach dem U kommt gleich das W, das ist die Ordnung im Abc!« sagt der Kapuziner im »Wallenstein« und diese Wochen hat sich der Satz bewährt. Auf den Siegesjubel von Custoza is das Rückzugslamentabel von Nachod, Münchengrätz, Trautenau und Gitschin, der schmerzliche Wehruf von Königgrätz kommen. Da nutzt kein Bleaml-blau mehr, – das österreichische Herz blutet, – aber: Wir sein unerhört geschlagen!
Die Preußen sein uns überlegen durch ihre Zahl, ihre fürchterliche Feuerwaffe, durch die Energie ihrer Führer, die mit einer merkwürdigen Geschicklichkeit sich und ihre Heersäulen ins Land hereingeschmuggelt haben. – Welche Fehler von unsrer Seite geschehen sein, das kann ich nit beurteilen. I bin kein Stratege, unsereins wird gleich aufs Maul geklopft mit den Worten: »Das versteht der Zivilist nit, – man muss Militär sein, um so was zu beurteilen.«
I erlaub' mir auch kein Urteil, nur eine bescheidene Anfrage, nit vom strategischen, taktischen, überhaupt militärischen Standpunkt, sondern nur vom Standpunkt des schlichten Verstandes:
War es notwendig, mit einem Plane so geheim zu tun, der gar nit zur Ausführung kommen ist? War es notwendig, die Preußen über die unwegsamen Pfade des Riesengebirges herabkommen zu lassen, dass sie in unserm Land ohne Widerstand die besten Positionen einnehmen konnten, die wir früher hätten besetzen können und aus denen wir sie mit Verlust von Tausenden nit mehr vertreiben konnten?
Wie gesagt, i versteh' es nit, i bitt' nur um eine Belehrung, um eine Aufklärung.
Als ein reines Hans Jörgl-Stückl stellt sich jetzt das Verbot der Fahnln heraus. Man hat nach dem Beispiel' von Prag auch hier (!!) den Buch- und Kunsthandlungen verboten, auf den Landkarten in den Auslagen mit Fahnln die Orte zu bezeichnen, wo die Österreicher stehen, damit der Feind den Kriegsplan nit erfahrt. Haltet man die Preußen wirklich für so dumm, dass sie erst warten müssen, bis ihnen der Kommis oder Lehrbub' einer hiesigen Buchhandlung durch ein aufgestecktes Fahnl zeigt, wo die Unser'n stehen? Woher weiß es denn besagter Kommis oder Lehrbub'? Jedenfalls aus den Zeitungen. Haben vielleicht die Preußen keine Zeitungen oder können's nit lesen? Können sie sich nit selber auf ihren Landkarten die Fahnln stecken? Müssen's erst auf die Wiener Buchhandlungen warten? Nach Allem was man hört, haben sich die Preußen schon andre Mittel und Wege gewusst, um das zu

erfahren, was sie wissen wollten. Überhaupt sein wir mit unserm geheimnisvollen Kriegsplan gehörig aufgesessen.

Hans Jörgel von Gumpoldskirchen, 7. Juli

***

Die Briefe aus Nordböhmen kommen mit dem Poststempel »Neupreußen« an!! Am End' müssen die Tschechen auch preußisch werden. Da wär's gar mit den tschechischen Zwangsmaßregeln, mit dem Unsinn, dass deutsche Kinder böhmisch lernen müssen. Ein sehr talentierter Realschüler aus einem deutschen Bezirk Böhmens hat aber kein Talent zur Erlernung der böhmischen Sprach'; natürlich nimmt das der böhmische Pan Lehrer schrecklich übel, der junge Mensch bekommt eine zweite Klasse aus dem Böhmischen und muss, obwohl er in allen andern Gegenständen Vorzugsklasse hat, repetieren, was seinen armen Eltern sehr viel Verdruss macht. Die Folge davon ist die, dass in den von den Preußen besetzten Gebieten die Leut' sagen: »Den Trost haben wir wenigstens, seitdem die Preußen da sein, brauchen unsre Kinder nit böhmisch zu lernen.« Nach dem Frieden wird die Regierung wohl auf diesen Umstand Rücksicht nehmen. In der Zeit, die ein deutsches Kind braucht, um böhmisch zu lernen, lernt es auch französisch, italienisch oder englisch, wovon es jedenfalls mehr Nutzen hat als vom Böhmischen. Dass das Böhmische wirklich keine Weltsprach' is, davon werden sich die Tschechen jetzt wohl überzeugen, denn von den 280.000 Preußen, die in Böhmen eingerückt sein, kann gewiss nit ein Einziger böhmisch, während die Herren Tschechen, obwohl sie sonst kein deutsches Wort herausbringen, jetzt auf einmal prächtig Deutsch reden werden.

Hans Jörgel von Gumpoldskirchen, 7. Juli

***

Gelernt haben wir eine Menge in diesem Kriege, vor Allem wissen wir jetzt, was wir von unsern guten Freunden zu halten haben. Die deutsche Einigkeit, von welcher Sänger und Turner so viel gesungen und gejubelt haben, is in dem Blutsee von Königgrätz ersoffen. Die Vorgänge mit den Hannoveranern und Baiern, in Hessen und am Rhein zeigen deutlich, dass der Ausdruck »perfid«, den man gegen Österreich so oft anwendet, auf andere Leut' viel besser passt. – Schön, treu und ehrlich stehen die Sachsen da, die mit uns gekämpft, mit uns geblutet haben. Möge ihre Treue einst den verdienten Lohn finden.

Hans Jörgel von Gumpolskirchen, 7. Juli

***

Der Grund der Judenverfolgungen ist heutzutage nicht im Fanatismus zu suchen. Dieselben lassen sich viel einfacher und natürlicher, wie manche andere gewaltsame Angriffe auch, erklären.
Der Jude produziert in der Regel nicht, er schachert, handelt, leiht Geld, nimmt Provision, hohe Zinsen, Zinseszinsen, spekuliert in Geld und Papier, klagt schnell ein, lässt sich die Nachsicht teuer abkaufen usw. – und wird auf diese Weise reich. Im Mittelalter und später hat der Jude sein Geld verheimlicht, hat arm gewohnt, frugal gelebt, ist schlecht gekleidet einhergegangen usw. – jetzt lassen die Juden ihr Licht leuchten vor den Leuten; – jetzt haben sie in allen großen Städten die schönsten Häuser, sind prächtig gekleidet, leben luxuriös, reisen, helfen armen Leuten mit Geld weniger aus usw. – das erregt Neid, – die Juden fühlen sich frei, werden keck, übermütig und teilweise unverschämt: das reizt das ärmere Volk!
Man möchte das so leicht und wucherisch erworbene Geld ihnen wieder abnehmen.
Ähnliche Motive herrschten bei Aufhebung der Klöster, bei Volksrevolutionen gegen verschwenderische Fürsten, bei Bierkrawallen ec.!

Rosenheimer Anzeiger, 8. Juli

***

Rosenheim, am 2. Juli. Ein schönes patriotisches Fest feierte gestern der Veteranen-Verein in Litzldorf, das Fest der Fahnenweihe, woran sich Volk in Massen aus der Umgebung, die Veteranen-Vereine von Pang und Rosenheim und Landwehr-Offiziere aus Aibling mit einer Begeisterung beteiligten, wie solche nur innige Liebe zu König und Vaterland und unsere ernste, gefahrdrohende Zeit zu erwecken vermögen.
Nachdem auf der großen Festwiese (freundliches Plateau mit weiter Fernsicht hinein in unser schönes Vaterland) die Feldmesse und Zeremonie der Fah-

nenweihe unter den Klängen militärischer Weisen gefeiert, sprach der Herr Bezirksamtmann Christoph mit edler Begeisterung eine längere ernste und tiefergreifende Rede von der Bedeutung des Festes und der furchtbaren Lage, in die Deutschland insgesamt und insbesondere unser engeres Vaterland durch das frevelhafte Vorgehen jener gehassten Regierung, wo »Macht vor Recht gehe« gebracht worden, markierte in beredten Worten: dass es nun gelte, mit aller Kraft und Energie, mit Gut und Blut die Existenz unseres lieben Bayerhauses und unsere Freiheit zu wahren. Das mit Enthusiasmus ausgebrachte Hoch auf unsern allergnädigsten König Ludwig II. und seine tapfere Armee unter dem kriegerischen Accompagnement dröhnender Böllerschüsse und die darauf folgende National-Hymne schlossen die erhebende Feier auf der Festwiese.

Der große militärisch geführte Zug bewegte sich unter Trommelschlag und Musik in den einfach aber passend gezierten Saal des Gasthauses, wo allererst ein großes und reiches Bildnis unsers regierenden Königs die Blicke auf sich zog. Während des einfachen Mahles folgte Toast auf Toast; wir betonen den des Herrn Bezirksamtmannes: »die Huldigung unserm allergnädigsten und innigstgeliebtesten König Ludwig« und den auf segensreiches Gedeihen des Veteranen-Vereines in Litzldorf.

Das Fest verlief in der schönsten Harmonie; die Musik wechselte heitere und ernste Weisen, und in das Lied: »der Kriegs-Gesang« wurde mit einer Kraft und Begeisterung eingestimmt, dass der ganze Saal erdröhnte. Herzlichkeit und Brüderlichkeit, das Gefühl der Zusammengehörigkeit kamen zum edelsten Ausdruck unter diesen biederen Männern, von denen mehrere mit Tapferkeitsmedaillen dekoriert unter den Festteilnehmern sich bewegten, allwo wir neben Greisen, da unsere besten Söhne auf dem Schlachtfeld stehen, die kräftigsten Gestalten sahen, Männer, die eine prächtige Volkswehr versprechen, auf die wir mit Stolz in jeglicher Gefahr vertrauen dürfen.

Rosenheimer Anzeiger, 8. Juli

***

Aus Regensburg, 4. Juli, schreibt der »Nürnberger Korrespondent«:
Nicht allein numerische Überlegenheit und bessere, einheitliche Führung, sondern noch mehr wie dies – die Übermacht der Schusswaffe hat den Preußen in Böhmen zum Sieg verholfen. Österreichische Verwundete sagten

aus: die preußischen Regimenter kamen wie feuerspeiende Berge daher; zu Bajonettangriffen konnte es gar nicht kommen; im Vorstürmen schießen die Preußen, das Gewehr an der Hüfte beigelegt, Schuss auf Schuss; bis der Gegner einmal ladet, hat jener 5- und 6mal geschossen; mit einem Worte: das Zündnadelgewehr wirkt verheerend; ganze Kolonnen stürzen nieder; auch die Kavallerie kann ihnen nicht beikommen. Die Zahl der Verwundeten ist schrecklich; das Tiefschießen der Preußen beim Anrennen lässt die Kugel selten ein Ziel verfehlen; daher auch die meisten Wunden am Unterleibe. Man hat die Vorteile der Preußen weit unterschätzt oder missachtet, obwohl man bei Düppel die Wirkungen ihrer Schießwaffen wohl hatte kennen lernen müssen.

Tages-Post, 8. Juli

***

Die preußische ministerielle »Nordd. Allg. Ztg.« schrieb bereits vor der Schlacht bei Königgrätz – oder wie die Preußen selbe offiziell nennen, vor der Schlacht bei Sadowa: Der Rückzug der Österreicher, wollten sie nicht in der Front und im Rücken angegriffen werden, war nicht aufzuschieben. In den bisherigen Gefechten, in einem verwickelten und koupierten Terrain hat sich die Manövrierfähigkeit der preußischen Truppen, besonders ihre Gewandtheit im zerstreuten Gefechte, weit über alle Erwartungen in glänzendster Weise bewährt. Die große Gewandtheit der preußischen Soldaten, die Beweglichkeit ihrer Abteilungen, die Geschicklichkeit derselben, sich dem Terrain anzuschmiegen, unter Umständen in demselben gleichsam zu verschwinden, das sind die Fähigkeiten, welche die preußische Armee in hohem Maße auszeichnen. Die Intelligenz, welche in ihren Reihen herrscht, indem die allgemeine Wehrpflicht die Blüte aller Stände unter die Fahne ruft, macht die Truppen in dem Augenblicke, wo auch die Führer gefallen sind, nicht wehrlos, denn unter ihnen gibt es noch immer eine große Zahl, welche durch die Gymnastik des Geistes die Fähigkeit erlangt haben, schnelle, den Verhältnissen angemessene Entschlüsse zu fassen, – welche schon wegen ihrer sonstigen Stellung im bürgerlichen Leben gewohnt sind, Befehle zu erteilen, zu führen, zu leiten.

Tages-Post, 8. Juli

***

Rüdesheim, 1. Juli. Bingen ist ganz in der Gewalt der Preußen. Bis Kempten stehen die Vorposten. In der letzten Nacht machte man sich auf einen Überfall von Mainz gefasst. Während des Tages ist der Verkehr zwischen Bingerbrück und Bingen ungehindert. Gestern und heute hatte Bingen einige tausend Mann zu verpflegen. Einquartiert wurden sie aber nicht. Die Speisen mussten nach Bingerbrück geliefert werden, wo stets eine Anzahl kampiert. Die Preußen hoffen, in 8 Tagen in Frankfurt zu stehen! – Käme es in Bingen zum Kampfe zwischen Preußen und Bundestruppen, so könnte das arme Bingen arg mitgenommen werden, da man es vom Rupertsberge aus zusammenschießen könnte. Seit drei Tagen geht dieses Gerücht in Rheinpreußen.

Innsbrucker Nachrichten, 9. Juli

***

Aus Oberösterreich, 3. Juli. Reisende, welche gestern aus Böhmen dahier anlangten, machten uns eine sehr niedergeschlagene Schilderung von der Lage Böhmens. Dieses Land wimmelt von preußischen Spionen; in demselben Waggon, wo die Reisenden waren, befanden sich auch vier preußische Spione, die aber gleich von einem k. k. Offizier erkannt und beim Aussteigen unter militärischer Eskorte abgeführt wurden. – Man bedauert auch hier als großes Unglück die Kapitulation der Hannoveraner und will die Schuld, zum Teil wenigstens, in dem allzu langsamen Vorrücken der baierischen Truppen finden.

Innsbrucker Nachrichten, 9. Juli

***

Wien, 4. Juli, Abends. Die heutige »Wiener Abendpost« schreibt: »Unter dem überwältigenden Eindruck der uns von der Nordarmee zugekommenen tief betrübenden Nachrichten ergreifen wird die Feder, um im Einklange mit der gesamten treuen und loyalen Bevölkerung des Kaiserstaates unsere Trauer über die Unfälle auszusprechen, welche unser tapferes und kriegsmutiges Heer getroffen, dem Schmerze Ausdruck zu geben, welcher uns bei dem Gedanken an eine Wendung der Ereignisse bewegt, wie sie keine Voraussicht erwarten ließ.

Und um so erschütternder lastet dieser Schmerz auf uns, als an der Spitze der Armee ein Mann stand, der von dem vollsten Vertrauen der Bevölkerung und des Heeres getragen wurde, dem Se. Majestät der Kaiser vorzugsweise wegen dieser Einmütigkeit des öffentlichen Urteils in jeder Beziehung die vollkommenste Freiheit seiner Entschließungen und Handlungen gewährt haben. Nicht der mindeste bestimmende Einfluß wurde auf den Armeekommandanten geübt; die Wahl seiner Untergebenen, seine Anordnungen hatten im Vorhinein die kaiserliche Genehmigung. Wir glauben nicht besonders betonen zu müssen, dass sich hiedurch alle Stimmen widerlegen, welche von Beeinflussung des Feldherrn und von der Oktroyierung gewisser Persönlichkeiten sprachen.

Fern sei es von uns, jetzt schon, wo nur die allgemeinsten Umrisse einen Schluss auf das Geschehene gestatten, wo die Größe des Verlustes unseren Blick verwirrt, ein Schuldurteil über bestimmte Personen auszusprechen, obwohl, wie wir vernehmen, an maßgebendster Stelle alle Einleitungen bereits getroffen sind, die Personen, denen ein spezielles Verschulden zur Last fällt, mit der verdienten Strafe zu treffen.

Innsbrucker Nachrichten, 9. Juli

***

Wien, 4. Juli. Über den Rückzug unserer Armee über die Elbe sind die entsetzlichsten Nachrichten eingegangen. Die durch die Verheerung der Zündnadelgewehre in panischen Schrecken geratenen Truppen waren nicht mehr zu halten, stoben nach allen Seiten auseinander, stürzten über die Elbebrücke, wo eine unbeschreibliche Verwirrung entstand. Andere Truppenteile, welche die Brücke nicht erreichen konnten, warfen sich in die Elbe, wo eine große Zahl Soldaten ihren Tod fand. Der Feind drang heftig nach und erbeutete viele Gefangene und Kriegsmaterial jeder Art.

Volks- und Schützen-Zeitung, 9. Juli

***

Gefangene Preußen, welche am 4. ds. in Wien ankamen, ungefähr 250 an der Zahl, lockten eine unendlich zahlreiche Volksmenge auf die Bastei vor der Franz-Josef-Kaserne, in welcher dieselben untergebracht worden waren. Da die Kaserne abgesperrt und der Zutritt dem Publikum nicht gestattet war, so blieb der Verkehr zwischen diesem und den feindlichen Gefangenen ein vollständig indirekter, und die letzteren konnten sich diesmal nicht, wie andere Kriegsgefangene in früheren Jahren, der Leckerbissen, Wein- und Geldspenden erfreuen, welche unzweifelhaft auch ihnen zu Teil geworden wären. Das Publikum erwies sich über die abgesperrten Eingänge ein wenig ungeduldig und ein Soldat, weil er so unvorsichtig war, einige Neugierige, die an das Tor um Einlass gepocht hatten, mit dem Bajonette abwehren zu wollen, hätte beinahe eine ernstere Szene herbeigeführt, wenn der besonnene Teil der Menge nicht aussöhnend nach beiden Richtungen hin interveniert hätte. Bis spät Abends verweilte das Volk vor der Kaserne.
Innsbrucker Nachrichten, 9. Juli

***

In Bingen ließ der kommandierende preußische Major die auf dem Marktplatz versammelten Bürger auffordern, dem König von Preußen ein Hoch zu bringen. Als dies verweigert wurde, kommandierte der Held: »Fällt das Bajonnet!« Unter Lachen zerstreute sich die Menge.
Innsbrucker Nachrichten, 9. Juli

***

Wien, 5. Juli. (Stimmung.) Mit Recht fragte mich gestern ein warmer Patriot, der mir begegnete: »Leben Sie noch, leben Sie wirklich noch?« Wahrhaftig! Nach den Nachrichten, die wir gestern erhielten, kann gefragt werden, ob man so etwas überlebt. Kopflosigkeit über Kopflosigkeit scheint in der Leitung geherrscht, Dummheit und Spitzbüberei im Einzelnen alles verdorben zu haben. Man soll ganze Bataillone hügelan auf eine Entfernung von 1000 Schritten zum Sturmlaufen kommandiert zu haben. Atem- und kraftlos kamen die Soldaten dort an, wo sie angreifen sollten; und dann das furchtbare Feuern der Preußen mit den lange verlachten Zündnadelgewehren! Mannshoch lagen die Gefallenen übereinander. Ein baierischer General war früher hier, um zu erklären, dass Baiern mit Österreich nur zusammengehe, wenn dieses nicht angriffsweise, sondern nur defensiv sich verhalte; und man ging es ein, lag still und wartete, während Baiern erst anfing aus seinem faulen Schlafe allmählich zu erwachen, um wieder zu ruhen. Österreich war hier zu gutmütig, zu vertrauensvoll. Der Verlust der Hannover'schen Armee und manches Andere lastet auf den Schultern der deutschen Bundesgenossen, deren ganze oder halbe Perfidie viel Unheil gebracht hat. Die Montgelas sind noch nicht ausgestorben. Die Zeit wird Vieles aufklären, da im Geheimen Vieles abgekartet wurde.

Tiroler Stimmen, 9. Juli

***

Aus Nassau wird geschrieben: »Unter den Vorgängen der letzten Tage verdient als erfreuliche Wahrnehmung hervorgehoben zu werden, dass bei dem am 30. v. M. stattgefundenen Einfall der Preußen in Montabaur das Volk sich selbst der Eindringlinge erwehrte. Einer dorthin beorderten Kavalleriepatrouille stellten sich nach der »Elberfelder Zeitung« etwa 150 mit Sensen, Dreschflegeln ec. bewaffnete Bauern entgegen. Die Patrouille machte eiligst kehrt. Auch in Haller (in der Gegend von Montabaur) wurden etwa 30 preußische Soldaten von Bauern, die mit Gewehren und Äxten bewaffnet waren, verjagt. In einem Teile des Westerwaldes bildet sich bereits eine Art freiwilliger Miliz gegen die preußischen Einfälle.

Innsbrucker Nachrichten, 10. Juli

***

Innsbruck, 8. Juli. (Kriegsbilder.) Wir leben hier in tiefem Frieden und kennen das Traurige des Krieges nur aus den Berichten und den in unsern Spitälern liegenden Verwundeten. Schrecklich aber ist es an den Orten, wo der Krieg wütet. »Die Preußen kommen, die Preußen kommen«, berichtet ein atemlos daherlaufender Bote in irgend einer Ortschaft. Da werden die Gesichter blass, eilig rafft man das Kostbarste zusammen und flieht, der Ärmere zu Fuß, der Bemittelte zu Wagen. Welch' Jammerbild Greise, Weiber und Kinder mit wenig Habseligkeiten dahinlaufen zu sehen. Nur jene Wenige bleiben zurück, welchen die Flucht rein unmöglich ist. Der Ort ist totenstill und wie ausgekehrt. Der Feind rückt ein, und wenn er nicht reiche Beute, ja oft nicht einmal ein Stückchen Brot oder einen Schluck Wein findet, macht es ihn wütend; er schreitet zu Misshandlungen der Wehrlosen. Bajonette und Pistolen werden auf die Brust gesetzt. Man will Auskünfte über die Aufstellung und Stärke der Österreicher, jedoch die Armen wissen nichts zu sagen. Ungern lässt man sie endlich los. In Trautenau wird der Bürgermeister Dr. Roth, der fest bei den Seinen ausharrte, gebunden nach Preußen abgeführt, weil er mit männlichen Mute sich als Österreicher bekannte und weil ihm Schuld gegeben wurde, dass das Volk von Trautenau sich gereizt gegen die Misshandlungen wehrte. Er soll vor ein Kriegsgericht gestellt und erschossen werden. In Prag herrscht heillose Verwirrung. Alles flüchtet sich; Behörden, Kassen, und wer nur kann, ist auf der Flucht. Nur der wackere Kardinal-Fürstbischof Schwarzenberg haltet aus. Er will seine Schäflein nicht verlassen und den Feind um Schonung bitten. Man flüchtet sich nach Baiern. Wie drängt man sich zu den Eisenbahnstationen, jeder will einen Platz erhalten. Selbst Tierwagen benützt man und ist glücklich nur solch' ein Plätzchen noch erobert zu haben. Man frägt nicht mehr nach der Klasse. Die Bahnkassiere und Konduktuere werden ungeduldig. Silber will man; nur gegen sehr niedern Preis nimmt man endlich die Banknoten. Zurückbleiben heißt das harte Wort, wenn das verlangte Geld fehlt. Wer möchte da die verschiedenen Szenen all' beschreiben, welche auf dem Kriegsschauplatze und in seiner Nähe vorkommen. Wir bedauern nur, dass dem Volke Böhmens nicht auch Waffen in die Hand gegeben wurden. Die Preußen hätten in jedem Böhmen so wie bei uns in Tirol einen Feind gefunden und hätte sich in Einzelkämpfen verbluten müssen. Dazu noch eine wackere Armee. Was die gereizte Volkswut kann, das hat Spanien gegen den großen Napoleon und Tirol Anno Neun bewiesen. Der Kampf um Hab und Gut und Leben und um das teure Vaterhaus ist ein Kampf der Verzweiflung. Man kämpft nicht mehr für eine Idee, für Ruhm, sondern für sein eigenes Sein.

Tiroler Stimmen, 10. Juli

***

Paris. Der »Constitutionel« warnt Preußen in seinem Siegesrausche vor übermütigen Plänen, die Frankreich gefährden könnten. Ähnlich sagt auch die

»France«: »Jetzt, wo Preußen in seiner Siegstrunkenheit den Traum eines deutschen Reiches, welcher eine Chimäre schien, von Ferne erblicken kann, ändert sich die Situation Frankreichs und seine Pflichten beginnen. Der Kaiser hat gesagt, dass er die Verträge von 1815 verabscheue; das Gefährlichste, was diese Verträge für uns geschaffen haben, ist Preußen. Ein Preußen, welches seine Grenzen bricht, würde eine Verschlimmerung dieser Verträge sein. Ein in Deutschland souveränes Preußen, welches den Bundesakt bricht, welches die deutschen Kräfte verschmelzen würde, wäre für Frankreich eine so große Gefahr, dass keine Regierung sie hinnehmen könnte.«

Innsbrucker Nachrichten, 10. Juli

***

Über die Kampfweise der Preußen lässt sich der »Kamerad« von einem Verwundeten der Nordarmee Folgendes schreiben:
Es drängt mich, einige Wahrnehmungen, die ich in dem Feldzuge gegen die Preußen gemacht, mitzuteilen:
1. Wenn ein preußisches Korps eine Stellung genommen, geht es sogleich daran, ein verschanztes Lager aufzuwerfen, was in unglaublich schneller Zeit geschieht; im selben lässt es sämtliche Bagage und geht ganz leicht gekleidet, in Mützen, der Mann ohne Packung, in das Gefecht. – Bei uns dagegen, noch dazu bei der enormen Hitze, geht Offizier und Mannschaft in Tschako, Mänteln, der Mann ganz bepackt, in die Schlacht. Es ist demnach handgreiflich, um wie viel beweglicher die preußischen gegen unsere Truppen sind.
2. Ich sah in keiner Affaire, dass die preußischen Offiziere alle vor die Front getreten wären, um bei einem Bajonettangriff als die ersten in den Feind zu stürzen. Alle bleiben in ihren Abteilungen, verlieren daher nicht so viele, nicht so leicht zu ersetzende Offiziere, und dennoch muss man ihnen das Zeugnis geben, dass sie sich äußerst tapfer schlagen, ohne dass ihre Offiziere sich unnütz exponieren.
3. Ist bei uns die Zahl der berittenen Stabs- und Oberoffiziere bei einem Regimente unverhältnismäßig groß; fast überall sind davon in den Affairen der jüngsten Zeit nahe an zwei Drittel gefallen.
4. Was unsere Kampfweise zwischen Infanterie und Infanterie betrifft, so werden wir, trotz dem Löwenmut unserer Armee, nie etwas ausrichten,

wenn wir gegen die Preußen wie bisher kämpfen, weil uns ihre Infanterie durch die Zündnadelgewehre überlegen ist.
Ich glaube, die Kampfweise müsste viel abgeändert werden; es dürfte notwendig sein, jedem Regimente eine Anzahl Kanonen beizugeben, welche zuerst mit Vollkugeln, dann bei der Annäherung mit Kartätschen gegen den Feind operieren sollten; erst wenn er erschüttert wäre, käme der Bajonettangriff, dem er bisher nicht widerstehen konnte, durch welche Kampfweise ihr Vorteil, den sie haben, ausgeglichen würde.

Innsbrucker Nachrichten, 10. Juli

***

Berlin. Der Staatsanzeiger schreibt: Den preußischen Fahnen, wo sie in Mitten der Königlichen Truppen in den Stunden des Kampfes dieser Tage entfaltet wurden, sind unter Gottes Beistand Siege auf Siege gefolgt und in Preußen ist der Geist heldenmütiger Hingabe für »König und Vaterland« in überwältigender Kraft wieder hervorgetreten.
Unter dem Schlachtenruf: »Mit Gott für König und Vaterland« haben Preußens Söhne aber auch in diesen Tagen für das weitere, für das deutsche Vaterland, für die Zusammenfassung seiner Glieder durch eine nationale Vertretung geblutet, ihr Leben hingegeben.
Wie in vergangenen Zeiten dem gesamten Deutschland zu Gute kam, was Preußen errungen, so wird auch jetzt Deutschlands Wiedergeburt von Preußens Söhnen auf den Walstätten Böhmens begründet werden.
Die Wahrnehmung dieser Opferfreudigkeit befestigt bei unseren norddeutschen Stammgenossen mit jedem Tage immer mehr die Überzeugung, dass Preußen nicht aus Zwecken der Selbstsucht in den Kampf getreten, dass es vielmehr für seine Existenz und für die Sicherung der nationalen deutschen Güter zum Schwerte gegriffen hat.

Lokomotive an der Oder, 10. Juli

***

Die Verfolgung der Österreicher nach der Schlacht [bei Königgrätz] wird von einem Augenzeugen wie folgt beschrieben:
»Bereits seit langen Stunden standen, mit Ungeduld auf den Befehl zur Ver-

folgung des Feindes wartend, zwei Kavallerie-Brigaden (Herzog Wilhelm von Mecklenburg und Gröben) diesseits der Bistritz, bei ihnen die Batterien der Reserve-Artillerie. Der Prinz Friedrich Karl, welcher dem letzten Kampfe in der vordersten Gefechtslinie beigewohnt hatte, sprengt zurück und holt seine Reiter zur Verfolgung. Unter Hurra! trabt Alles vor; man reitet an dem Rande des so schwer erkauften Waldes entlang und die glänzenden Reitermassen ergießen sich in ein weites Feld, dass in der Richtung auf Königgrätz zu sich allmählich zu einer langen Hügelkette erhebt. Dort gehen auch die Batterien im Marsch! Marsch! vor und die Infanterie folgt im Geschwindschritt. Alles ist überdeckt mit toten und verwundeten Feinden, Pferden, Geschützen, Tornistern und Waffen. Und wie mit Sturmesgewalt ergreift es die Massen der siegenden Verfolger und reißt sie unaufhaltsam weiter, als der König in sausendem Galopp angesprengt kommt und selbst seine Reiter vorführt zur Vernichtung der Feinde! Keiner, der das Glück gehabt hat, an diesem Tage mit über das Feld von Sadowa zu gehen, um die geschlagenen Österreicher vor uns herzujagen, wird es je vergessen, wie er den greisen Heldenkönig gesehen hat, seine Truppen anfeuern, ihnen dankend mit Hand und Wort – wie ein tausend- und tausendstimmiges Hurra! Hurra! Hurra! aus den langen Reihen erdonnerte, lauter, kräftiger, als selbst die Stimmen der krachenden Geschütze – wie die Reiter die Säbel schwangen und die Infanterie ihre leichten Mützen, wie die Offiziere sich um den König drängten, um ihm die Hand zu küssen, die er jedem Einzelnen hätte hinstrecken mögen: – das Alles in schnellster, unaufhaltsamer Bewegung über die Trümmer des fliehenden Feindes hinweg vorwärts, vorwärts, dahin, wo die österreichischen Massen sich zurückwälzen, und wo die Bahn frei wird für den preußischen Aar!«

Provinzial-Correspondenz, 11. Juli

***

Von der österreichischen Nordarmee, deren Wiederzusammenziehung wesentlich durch den Grafen Mensdorff geleitet wird, lauten die Nachrichten stündlich günstiger. Überdies wird gemeldet, dass binnen Kurzem die österreichische Flotte in der Lage sein dürfte, eine Fahrt nach dem Norden zu unternehmen (also in der Ostsee der preußischen Flotte und den preußischen Häfen einen Besuch mit Kanonen zu machen).

Innsbrucker Nachrichten, 11. Juli

***

Köln. Der bekannte Abgeordnete Classen-Kappelmamnn in Köln schloss seine Wahlrede mit folgenden Worten: »Zwei Militärmächte haben deutsche Heere geführt. Das deutsche Volk begleitet mit blutendem Herzen die Entwicklung des furchtbaren Kampfes. In unsern deutschen Herzen darf keine Feindschaft, kein Hass gegen die Bruderstämme aufkommen. Wir trauern, wenn das Blut unserer Söhne fließt und beklagen das Blut, welches in den gegenüberstehenden Reihen vergossen wird; denn es ist Bruderblut. Wir müssen trauern, wenn wir unterliegen, und dürfen nicht jauchzen, wenn wir siegen. In diesem Gefühle ein Hoch auf ein bald in dauerndem Frieden und in Freiheit geeinigtes Deutschland, ein Hoch, das durch den Donner der Kanonen hinüberhallt als Brudergruß zum ganzen deutschen Volke».

Innsbrucker Nachrichten, 11. Juli

***

In Wien wird jetzt mit großer Energie die Anfertigung von Hinterladungsgewehren betrieben und zwar nach dem System des Herrn Lindner. Dieses System (wir haben es bei Herrn Lindner selbst kennen gelernt) übertrifft in mancher Beziehung das Zündnadelsystem. Es ermöglicht ein ebenso schnelles als sicheres Feuer. Praktische Versuche haben wir freilich keine gesehen, in der Theorie lässt das Lindner'sche System nicht viel zu wünschen übrig. Wenn man aber glauben sollte, mit Einführung eines neuen Gewehrs sei Alles geschehen, dann wäre es traurig; nicht die Zündnadel am Gewehrlauf allein, sondern vor allem die Zündnadel des wissenschaftlich hoch stehenden preußischen Generalstabs und der höhern Offiziere hat uns die Niederlage beigebracht. – Herr Lindner ist zufällig auch Preuße und brachte seine Erfindung aus Amerika mit, wo er sich längere Zeit aufgehalten hat. – Durch Einführung der Hinterladungsgewehre wird endlich auch einmal der Blödsinn aufhören, dass der Mann dem Gewehre den Ladstock am Leibe nachtragen muss.

Volks- und Schützen-Zeitung, 11. Juli

***

Wien, 10. Juli. Sonderbare Käuze sind die Wiener; denn während die Verwundeten zu Tausenden von den nordischen Schlachtfeldern kommen, haben sie doch am 9. d. M. ihr Praterfest abhalten müssen. Strauß ließ seine Walzer ertönen, Transparente erglänzten an einzelnen Gasthäusern, ein brillantes Feuerwerk entsendete seine Raketen zum wolkenschweren Himmel. Ob auch dabei getanzt wurde, können wir nicht sagen, aber eine große Menschenmenge umwogte das Straußische Musikkorps und drängte sich auf den festlich beleuchteten Hauptalleen auf und ab. Wahrhaftig, diese Genusssucht ist sehr ekelhaft. Wir würden es sehr gerne hören, wenn man statt der Walzer Kriegsmärsche blasen würde und wir sehen würden, wie die Wiener in zahlreichen Scharen ausziehen, um ihre gefallenen Brüder im Norden zu rächen, und wir meinen, dass es für die Damen Plätze genug gäbe an den zahlreichen Schmerzenslagern der Verwundeten. Aber dieser Anblick ist eben ein trauriger; und darum Zerstreuung.
Tiroler Stimmen, 11. Juli

***

»Umstecken«, das ist seit der unglücklichen Schlacht bei Königgrätz die Parole des Tages.
Die Ängstlichen aller Stände beginnen langsam »einzulenken«.
Nachdem wir vorher Alle miteinander den Fehler begangen haben, die Preußen für Hasenfüße zu halten, welche ein rüstiger Deutschmeister nur dutzendweise wegzublasen braucht; nachdem wir uns Alle miteinander in die freilich patriotische, aber dennoch irrige Phrase verrannt hatten, unsere brave Armee könne einmal nicht geschlagen werden; nachdem wir Alle überzeugt gewesen sind, der Feldzeugmeister Benedek sei ein tüchtiger Stratege – beginnen die Ängstlichen jetzt, weil wir geschlagen wurden, in die gewagtesten Extreme zu verfallen.
Nun gelten die Preußen auf einmal als unüberwindlich, sie werden als die unvergleichlichsten Soldaten, ihre Generäle als klassische Köpfe geschildert, man weiß für die Vorgänge in Sachsen allerlei Entschuldigungsgründe aufzubringen, ist auch zu jeder Demütigung vor den heldenmütigen Siegern bereit; man bewirft endlich jenen Mann, dem man vorher alle Eigenschaften des Geistes, des Herzens und die großartigsten Kenntnisse der Kriegskunst

gewidmet hat, nicht bloß mit Steinen, man spart auch kein Schimpfwort für den Feldzeugmeister Benedek, der allerdings seiner Aufgabe nicht gewachsen gewesen, aber gewiss durch das Vertrauen des Volkes zu seiner Ernennung gelangt ist.
Kikeriki wird nicht umstecken, er lenkt nicht ein!
Wir sind nicht den Preußen unterlegen, sondern nur ihrem Zündnadelgewehr! Und was den Heldenmut betrifft, so haben ihn vorerst wohl Jene bewiesen, die dieser mörderischen Waffe entgegenliefen, aber nicht Solche, die sie nur loszudrücken brauchten, um ihren Gegner hundertfach überlegen zu sein.
Und wenn die Preußen heute schon vor Floridsdorf stehen sollten, der Kikeriki wird in keine Lobeshymne für Diejenigen einstimmen, welche die deutsche Treue gebrochen, das Schwert gegen die Bruderbrust gekehrt, Allianz mit dem Todfeinde Österreichs geschlossen, unser Vaterland gebrandschatzt und verwüstet haben.
Und nichtswürdig wäre jener Preuße, welcher vor den siegenden Österreichern seine bisherige Gesinnung an den Nagel hängen könnte.
Der Kikeriki wird daher ein Österreicher bleiben und unter keiner Bedingung aufhören, österreichisch zu empfinden.
Sein Rücken krümmt sich nicht, um den vom Glücke begünstigten Eroberer zu bekomplimentieren, er bindet keine weiße Krawatte um, ihn festlich zu empfangen, er verfertigt keine Jubelgedichte, um die Junker zu versöhnen, er steckt nicht um, er lenkt nicht ein, sondern bleibt, wenn sie auch eine große Niederlage erlitten hat, stolz wie bisher, seiner kaiserlichen Fahne getreu!
Kikeriki hat daher auch gar nichts zu bereuen! Wurde seine Siegesgewissheit getäuscht, so geht es ihm so, wie es Hunderttausenden erging, aber seine Gesinnung, seine Abneigung gegen Hochmut und fremde Diktatur, seine Liebe zum Vaterlande, die lassen sich auch nicht von preußischen Siegen hinwegdisputieren.
Er wird es niemals vergessen, dass die treuesten Söhne des Vaterlandes für eine gerechte Sache fielen, dass die Felder Böhmens gedüngt sind mit dem Blute unserer braven Soldaten, dass Tausende verzweifelnder Mütter die Hände ringen, er wird es niemals verheimlichen können, dass aus Millionen österreichischer Herzen die Bitte um Rache für so viel erlittene Schmach zum Himmel schreit!

Der Kikeriki wird daher niemals die Preußen bewundern, niemals vor ihnen scharwenzeln und sie unter keiner Bedingung umarmen.

Kikeriki, 12. Juli

***

Die »Breslauer Zeitung« schreibt: »Wir gönnen unseren Truppen die glorreich erkämpfte Ruhe, wir wünschen, wie irgend Einer, die Herstellung des Friedens, aber da der Krieg einmal begonnen und so viel Tausende von Opfern gefordert hat, so wünschen wir auch die volle Erreichung des Zweckes des Krieges. Österreich muss aus Deutschland hinaus und Deutschland muss durch Preußen geeinigt werden: das war und ist der Zweck des Krieges, und dieser Zweck allein war des Krieges wert. Unsere Waffen allein haben Italien Venetien verschafft, wenn diese Vermittlung gelingt; sollten nicht unsere Waffen auch Deutschland die Einheit verschaffen? Dass es der Kaiser von Österreich, der Nachfolger der ehemaligen Kaiser von Deutschland ist, welcher Frankreich gegen einen deutschen Fürsten zu Hilfe ruft und Frankreich die längst erwünschte Gelegenheit zur Einmischung in die deutschen Angelegenheiten gibt – auch das wird sich einmal an Österreich rächen.«

Lokomotive an der Oder, 12. Juli

***

Berlin, 10. Juli. Der »Staats-Anzeiger« ist zu der Erklärung ermächtigt, dass Preußen in den bisherigen Kämpfen kein Geschütz verloren habe; wenn trotzdem preußisches Geschütz durch die Straßen Wiens transportiert worden sei, so kann dies nur das von dem König von Preußen dem Kaiser von Österreich zur Zeit des Bündnisses geschenkte gewesen sein.

Lokomotive an der Oder, 12. Juli

***

Wien, 9. Juli. Es hat sich herausgestellt, dass die österreichische Nordarmee bedeutend schwächer war, als man glaube, und namentlich zu schwach war, um Böhmen und Schlesien zugleich zu decken. Dieser Umstand verhinderte auch Benedek, den Angriff auf preußisches Gebiet zu tragen, da er wartete, bis die Bundeskorps gesammelt wären, um in gleichzeitigem Vorrücken Preußen zu zwingen, seine Armee zu teilen und so zu schwächen. Aus diesem Grunde gab Benedek noch ein österreichisches Korps für den Main ab. Es wird erzählt, dass der baierische Generallieutenant v. d. Tann sofort, als er aus Olmütz zurückkehrte, erklärt hat, dass die Österreicher zu schwach seien, um den Preußen zu begegnen. Man hatte also auf anderer Seite schon im Voraus keine Hoffnung auf österreichische Waffenerfolge. Der Korrespondent einer belgischen Zeitung will wissen, Kaiser Franz Joseph habe gleich beim Beginne des Feldzugs von dem König von Baiern 50.000 Mann verlangt, um dieselben aktiv gegen die preußischen Armeen in Böhmen zu verwenden, soll aber aus München nur ausweichende Antworten erhalten haben. Der König von Sachsen habe zwar sein Kontingent dem Kaiser von Österreich zur Verfügung gestellt, dabei aber zur Bedingung gemacht, dass Sachsen in keinem Falle zum Kriegsschauplatz gemacht werden dürfe, was die Operationen Benedek's notwendigerweise beengen musste.

Innsbrucker Nachrichten, 13. Juli

***

Die Furcht vor den Preußen ist nicht nur eine ganz unbegründete, sondern auch eine unnütze und endlich eine des Österreichers unwürdige. Die preußischen Blätter haben die Bevölkerung in Preußen schrecken wollen; sie haben daher unsere Soldaten als Panduren und FZM. Benedek als einen zweiten Trenck dargestellt, der auf Raub und Plünderung ausgehe. Diesem schlechten Beispiele wollen wir nicht folgen, sondern den Tatsachen in ihrer Wahrheit volle Rechnung tragen. Eine Tatsache ist es, dass zwei zivilisierte Staaten miteinander Krieg führen. Wenn es unserer Nordarmee gelungen wäre, in das Land des Feindes einzubrechen, so hätte sie das Privateigentum, die Privatrechte unangetastet gelassen, ja sie geschützt, sie hätte Landwirtschaft, Gewerbe und Industrie – und überhaupt die Arbeit – so viel als nur tunlich ungestört gelassen.

Dasselbe tun die Preußen; sie halten strenge Mannszucht, einzelne Ausschreitungen der Soldateska bestrafen sie nach Gebühr. Dresden, Leipzig, Hannover, Kassel, Reichenberg und jetzt Prag haben erfahren, dass das Privateigentum vollkommen von den Preußen respektiert wird.

Tages-Post, 13. Juli

***

Wenn wir auch vielleicht, schreibt der »Kamerad«, erst in 48 Stunden in der Lage sein werden, ziffernmäßig den vollen gegenwärtigen Stand der Nordarmee unseren Lesern zur Kenntnis zu bringen; was mehr als die Ziffer gilt, können wir heute schon aus der sichersten Quelle mitteilen, dass seit drei Tagen die Armee wieder in vollster geordnetster Kriegsbereitschaft marschiert, dass nur die schmerzlichen Lücken an Offizieren und Mannschaft Zeugnis von den überstandenen verhängnisvollen Kämpfen geben! Der Geist der Armee aber ist nicht nur ungebrochen und kampfersehnend, – nein, die mächtigsten Sporne kräftiger Mannsseelen: der Ehrgeiz, der einen unverdienten Makel so schnell als möglich wegzutilgen glüht; der Rachedurst, der den gefallenen Brüdern und Freunden ein Sühnopfer zu bereiten sich sehnt, haben unsere tapfere Armee mit einem neuen, heiligen, zu dem höchsten befähigenden Geiste erfüllt. Und die Göttin des Sieges wird diesen ihrer Gunst so würdigen Helden gewiss nicht länger grollend gegenüberstehen! Sie kennt Österreichs Fahnen, sie hat sie so oft und so lange umschwebt, sie kann sie nicht auf die Dauer fliehen wollen!

Innsbrucker Nachrichten, 14. Juli

***

Wir Wiener sein verflucht schiefrig, wenn man unsre Verwundeten angreift. Neulich hat eine höchst elegante Dame, jung und schön, zugeschaut, wie Verwundete vom Wagen gehoben worden sein; viele waren noch mit dem Kot des Schlachtfeldes bedeckt und das Blut rieselte aus ihren Wunden. Die Dame, die wohl nie so was gesehen hat, schmiegt sich ängstlich an ihren Gemahl und bricht in die unvorsichtigen Worte aus: »Ach, wie ekelhaft!« Jetzt war's aus. »Was,« haben die Leut' geschrien, »das Blut unsrer braven Soldaten findet eine aufgeputzte Gredl ekelhaft?« usw. Es war höchste Zeit, dass die Dame fortkommen is und dass einige besonnene, vernünftige Männer die aufgeregte Menge besänftigt haben.

Hans Jörgl von Gumpoltskirchen, 14. Juli

***

Die Kriegsfurie muss viele Leut' ganz verwirrt gemacht haben; da is z. B. der hochwürdige Pater Klinkowström, sonst ein recht gescheiter Herr und guter Prediger, der is auf einmal auch unter die Strategen gegangen und hat von der Kanzel herab dem verdutzten P. T. Publikum bewiesen, dass nit der verfehlte Kriegsplan Benedek's, nit dessen Zuwarten, bis es zu spät war, nit die bessern Positionen, die tüchtigen Führer und das Zündnadelgewehr der Preußen uns geschlagen haben, sondern die schwere Hand des Herrgottes allein, weil wir schlechte Bücher und ketzerische Zeitungen lesen, weil wir unmoralische Theaterstücke anschauen und weil unsere Frauen eine freche Tracht haben. Nun muss aber der Herrgott vermöge seiner Allwissenheit, – welche der hochwürdige Pater Klinkowström doch nit in Abred' stellen wird, – doch wissen, dass in Berlin die schlechten Bücher nit bloß gelesen, sondern sogar gedruckt werden, dass die dort erscheinenden Zeitungen alle entschieden antikatholisch sein, dass alle unsere unmoralischen »Stück« dort noch viel dekolletierter aufgeführt werden und im Allgemeinen die Prostitution dort eine Größe, Ungeniertheit und Raffiniertheit erreicht hat, von der wir keinen Begriff haben. Wenn also der Pater Klinkowström den Herrgott ins Spiel zieht, so beschuldigt er denselben offenbar einer Hinneigung zum Protestantismus und die Folge davon is, dass man Briefe bekommt, worin die Leute ganz erbittert schreiben: »Wenn wir uns nach Pater Klinkowström richten, so können wir nix G'scheiteres tun, als protestantisch werden, um den Sieg wieder an unsere Fahnen zu fesseln.« Das sein die Folgen, wenn man in so ernster Zeit sich hinter Gründe verschanzt, die das Volk nit glauben kann. Unsere Sünden sein allerdings an dem Unglück Schuld, aber nit die Sünden, die wir in Wien begangen haben, wie der hochwürdige Pater meint, sondern die Sünden, die im Hauptquartier begangen worden sein, und welche, um mich des kirchlichen Ausdruckes zu bedienen, hauptsächlich Unterlassungs-Sünden waren.

Hans Jörgel von Gumpoldskirchen, 14. Juli

***

In der Hütteldorfer Schwimmschule is das Damenbad vom Herrenbad nur durch eine Bretterwand getrennt und in dieser Wand befinden sich zahlreiche Klumsen, an welchen die badenden Herren wie die Blutegel hängen und hinübergucken. Pfui Teufel! Wenn das der Pater Klinkowström erfahrt, so is es gleich wieder die Ursach' für eine verlorne Schlacht. Der Badhausinhaber, bei dem man sich über diese Schweinerei beschwert hat, soll die Achseln gezuckt haben. Ich sage »soll«, weil i nit glauben kann, dass ihm die strengen Vorschriften der Sittlichkeitspolizei unbekannt sein.

Hans Jörgel von Gumpoldskirchen, 14. Juli

***

Nach einer Kundmachung des »Tiroler Bothen« wird die Straßenstrecke Bozen – Steinach für die Dauer des bevorstehenden Marsches des 5. Armee-Korps, nämlich vom 15. bis inklusive 19. Juli für Frachtfuhrwerke jeden Tag von 3 Uhr Früh bis 3 Uhr Nachmittag gesperrt werden.

Die Truppendurchzüge aus Italien finden vom 16. bis 20. Juli in 5 Abteilungen statt. Die Soldaten haben, wie vorausgehende Briefe versichern, mit der höchsten Kampflust und mit heißer Begierde, die Niederlage ihrer Kameraden im Norden zu rächen, ihren Marsch nach Deutschland angetreten.

Innsbrucker Nachrichten, 14. Juli

***

Ein Gang durch die Wiener Spitäler wird Jeden überzeugen, wie vortrefflich für die Verwundeten gesorgt ist. In solchen Betten ist der Soldat nie gelegen, solche Kost und Pflege hat er nie gehabt. Die ersten Ärzte der Residenz, Männer, die sonst einen Dukaten per Visite bekommen, sein hier unentgeltlich Tag und Nacht bemüht, die Wunden zu verbinden und die nötigen Operationen vorzunehmen. Charpie und Verbandzeug wird in einem Quantum geliefert, dass man fürchten muss, es wird zu wenig, wenn nit fort und fort beim patriotischen Hilfsverein neue Quantitäten eingehen würden. Braten und Wein stärken die Genesenden, und es is eher das Zuviel, als das Zuwenig zu befürchten, denn das Publikum in seiner überschwänglichen Güte steckt den Soldaten starke Weine und fette Speisen zu, die einem Rekonvaleszenten leicht schaden könnten. Es ist Tatsache, dass man Schwerverwundete total betrunken gesehen hat, – das kann den Tod eines solchen Mannes zur Folge haben. Am besten ist's, die Liebesgaben der in jedem

Spitale aufgestellten Verpflegskommission zu übergeben, die für die zweckmäßige Benutzung und Verteilung Sorge tragt.

Besonders rührend is, dass der echte Wiener in seiner Herzensgüte keinen Unterschied zwischen Freund und Feind, zwischen dieser und jener Nation macht. Der Österreicher, der Preuße und Sachse, – der Deutsche, Slawe, Ungar und Italiener werden mit gleicher Liebe und Sorgfalt gepflegt und bewirtet, jedes andere Interesse verschwindet gegenüber dem Genius der Humanität, der hier seine leuchtende Fackel schwingt, und der piemontesische Verwundete, der vor einem Monate noch sein »morte ai Tedeschi!« (Tod den Deutschen!) gebrüllt hat und jetzt mit nassen Augen, mit bleichen Lippen murmelt: »Oh i buoni Tedeschi!« (die guten Deutschen) is auch ein Sieg über das Vorurteil! Noch einmal, was Wien, der Sammelpunkt aller Verwundeten der Nord- und Südarmee, in den letzten 3 Wochen geleistet, verdient einen Ehrenplatz in der Weltgeschichte.

Und von einer solchen Bevölkerung wagen Dummköpfe und Hasenfüße zu behaupten, dass sie – krawallsüchtig sei. Man wagt es, Besorgnisse vor jenen Proletariern zu äußern, welche zu Tausenden herbeieilen, um sich als Freiwillige gegen den Feind anwerben zu lassen und sich viel ruhiger und anständiger benehmen, als die Freiwilligen von Anno 1859. Nein, die Bevölkerung von Wien is nit krawallsüchtig, sie is nur erbittert über Personen und Zustände, welche die tiefe Schmach unseres Vaterlandes herbeigeführt haben, und wenn sich dabei in allen Schichten laut der heiße Wunsch ausspricht, der Kaiser möge für alle Zeiten solche Personen und Zustände unmöglich machen, so beweist das nur, dass das Volk zum Kaiser jenes Vertrauen hat, das er in seinem Manifest von uns verlangt. Den Übelständen abhelfen kann nur der Kaiser, aufdecken kann sie nur eine ehrliche, unparteiische Volksvertretung, die nicht auf Avancement und Orden denkt, sondern nur die Ehre und die Wohlfahrt des geliebten Vaterlandes im Auge und im Herzen hat.

Und wenn die Bevölkerung ihrer Erbitterung über Personen und Zustände mit jener Schärfe Luft macht, die das echte Wiener lose Maul charakterisiert, so soll man die Leut' in Gott'snamen reden lassen, das erleichtert die Brust. Nur ausschimpfen, – das ist gesund. Der Kaiser Franz soll gesagt haben: »Mit dem ersten Bonmot is die Gefahr vorüber!« – na, Gott sei Dank, es regnet bereits Bonmots.

Hans Jörgel von Gumpoltskirchen, 14. Juli

***

Paris, 9. Juli. Das »Memorial Diplomatique« erschien erst heute. Es bringt eine eben so neue als kuriose Polemik gegen die Preußen und ihre Zündnadelgewehre! Es findet nämlich, dass es »unmoralisch« und »völkerrechtswidrig« sei, in einem Duelle, wie der Krieg sei, und worin Alles auf »Ehre« ankomme, einseitig eine so »höllische« Waffe anzuwenden. »Ein Schrei des Entsetzens ging durch Europa bei der Nachricht von einem Siege, der durch ein so infernalisches Mittel und mit solchem Blutvergießen errungen worden.« So das Organ des Fürsten Metternich. (Das »Memorial Diplomatique« scheint neuerdings in einem Irrenhause redigiert zu werden.)

Lokomotive an der Oder, 14. Juli

***

München, 7. Juli. Der »Volksbote« schiebt das zwecklose Hin- und Hermarschieren der Baiern und das unnütz vergossene Blut seiner Landsleute dem Umstande in die Schuhe, dass ein General v. d. Tann Chef des Generalstabs der baierischen Armee sei. Dieser Name allein sage schon genug. Dies bringt der Bote mit fetten Lettern gedruckt. Gar auferbauliche Geschichten bringt der Volksbote über den Prinz Wilhelm, Oberkommandanten des badischen Kontingentes. Dieser führte seine Truppe eigenmächtig von Gießen nach Frankfurt zurück und gehorchte dem Befehle des Prinzen Alexander von Hessen nicht. Und als ihm der Großherzog ausdrücklich befahl, vorwärts zu marschieren und die Truppen vor Ärger ihm die Waffen zu Füßen warfen, sagte er, dass er als einstiger preußischer General nicht gegen seine Freunde marschieren könnte. Der Prinz verließ seinen Stab. Was verdient ein solcher Vaterlandsverräter, fragt der Volksbote. Antwort: Prinz oder nicht Prinz, dieser Wilhelm verdiente eine Kugel vor den Kopf – er ist ein Hundsfötter.

Der König von Baiern ist noch immer im Schlosse Berg am Starnberger See. Er gibt sich ganz der Betrachtung des von ihm bestellten Kaulbachischen Bildes »Tristan und Isolde« hin. Ihn geniert der Kanonendonner nicht, was geht es ihn an, wenn die Preußen in sein Land einbrechen und seine lieben Baiern aus Unterhaltung totschießen.

Tiroler Stimmen, 14. Juli

***

Der Hans Michl Oberlandler an seinen Vetter in der Residenz:
Wertg'schätzter Herr Vetter!
Was is denn dös eigentli mit da Bundesarmee und vor allem mit unsern bayerischen Trupp'n? Da kennt se ja da Teixl net aus; bald hoaßt's a so, bald anders, bald da, bald dort. Die bayerische Zeitung, di i bei unserm Vorstand jetzt eifri lies, hat im Anfang vom Krieg do g'sagt, sie will Alles bringa, ob ang'nehm oda unang'nehm – mit de gleich'n Wort – und jetzt bringts a solches Durchanander, dass sie sö selba glaub nimma auskennt, und die oberste Armeekommandantur kennt sö a nimma aus. Da hat an Freund von mir sei' Sohn einrück'n müss'n und ist, wie er abexerziert war, vom Depot fort zu sein Regiment mit no 12 Andere und an Scherschant'n g'schickt wor'n. Nu schreibt der vor zwoa Tag, dass sie alle Dreizehn scho' seit acht Tag'n hin und her marschier'n und ihr Regiment gar net find'n, a Niemand ihn sag'n kann, wo's denn z'find'n is. Jetzt bitt i Ihna, was is dös für a Wirtschaft! So scheint's is a bei alle G'fecht bisher g'west, Kavallerie hat net g'wusst, wo d' Infanterie, und dö wieda net, wo d' Artillerie steht, da Oberst sein Major und da Major seine Hauptleut und seine Kompagnie net g'fund'n. Kreuzdonnerwetter – da soll ma net fluch'n?! So und so lang zahl'n, schwere Gelder, d' Hälfte von alle Steuern und Staatseinnahmen fürs Militär verwend't, unsre Söhn, unser eignes Blut hergeb'n und in Soldatenkittl g'steckt, 31 Millionen zu alldem no drüba und nach für dös Alles so a – – i derf's gar net niedaschreib'n, was i mir denk, aba denk'n tue i mir's und Sie werd'n sich's a denk'n.
Unsere Soldaten werd'n mitunter grad rein nur ans Messer g'liefert; da reit'ns in an Hohlweg nei, wie auf Parad, ohne weiters und obwohl a Bauer no warnt davor – natürli so a General kann sö do von an oanfälltig'n Bauern nix sag'n lass'n – reit'n nei und werd'n fast ganz z'samm'g'schossen von dö Preuß'n. Kann ma's da dö Soldat'n no vadenken, wenn's Hals üba Kopf davo'rennen wie b'sess'n und 12 bis 15 Stund'n weit ausanandag'sprengt, abg'hetzt und ganz perplex in entlegene Ort ankomma? Wenn i sehat, dass ma mi ins pure Verderb'n nei schickat ohne Sinn und Zweck, rennat i a davo', da hört sich da Mut auf.
Unsere Soldat'n schlag'n sich brav, ausgezeichnet sogar, wie ma allgemein hört, aba was nutzt dös erstens unter an falsch'n – wenn net no schlimmern

– Kommando und zwoat'ns da Übamacht geg'nüba. Ja wohl Übamacht! Was könna dö Unsern geg'n dö Preuß'n mach'n, geg'n Preuß'n, dö dös große, prächtige, schöne, tapfere österreichische Heer so misarabl z'sammg'haut hab'n, dass es 'sAufsteh'n vagisst.
Leben's wohl und wenn d' Preußen nach München komma, na komma's raus zu
Ihrem
anhänglich'n Vetter
Hans Michl Oberlandler.

Rosenheimer Anzeiger, 15. Juli

***

Unsere tapferen bayerischen Truppen haben schon mehrfache Kämpfe mit den Preußen zu bestehen gehabt. Die Nachrichten hierüber lauten jedoch sehr unbestimmt. Über das Gefecht bei Hammelburg erfährt man, dass die bayerischen Streitkräfte daselbst nur aus 5 Bataillonen Infanterie, 6 Geschützen und der Kavalleriereserve bestanden; dieselben hielten hartnäckig Stand, bis sie endlich aus Hammelburg der preußischen Übermacht weichen mussten, welche aus 15 Bataillonen, der 3fach überlegenen Anzahl Geschütze usw. bestand. Unsere Kavallerie, welche im Gebirge ohnehin nicht als kompakter Körper entsprechend verwendet werden kann, hatte wieder Unglück. Sie überritt unsere Jäger und zersprengte sie nach allen Seiten; ein Teil dieser Jäger ist, wie bereits gemeldet, in Würzburg durchpassiert. Die bei Hammelburg engagiert gewesene Artillerie traf gestern Nachmittags in geordnetem Zustande in Würzburg ein, ebenso ein Teil der Kavallerie mit vielen verwundeten Pferden. Hammelburg wurde von den Preußen schrecklich verwüstet, selbst das Spital, auf welchem die weiße Fahne steckte, wurde nicht geschont, sondern in Brand geschossen; Verwundete, denen es die Kräfte noch erlaubten, sprangen aus den Betten; leider mussten viele, welche zu schwer darniederlagen und nicht mehr gerettet werden konnten, darunter ein Offizier, den Flammen überlassen werden und elendiglich umkommen. Das Gefecht soll sich nun bedeutend nordöstlich über Münnerstadt hinausgezogen haben unter wechselseitigen Erfolgen. Der unter Anführung des Feldzeugmeisters Prinz Luitpold im Anmarsch befindliche Sukkurs, aus einer Infanterie-Reserve-Division bestehend, dürfte nun bereits am Kampfe teilnehmen. Gestern Abend trafen dahier die bei Hammelburg über Arnstein retirierten fünf Bataillone Infanterie sowie die Kavallerie-Reserve-Division ein. Erstere wurde hier einquartiert, letztere auf den umliegenden Dörfern. Die Infanterie marschierte Nachts 11 Uhr wieder ab, die Kavallerie heute Morgens. Allgemein hört man die Klage über mangelhafte oberste Führung und Verpflegung; die Truppen sind niemals von der Stellung und Stärke des Feindes unterrichtet, was sie misstrauisch macht.

Ferner vernimmt man: Die 5 bei Hammelburg engagierten Bataillone mit 6 Geschützen und der Kavallerie-Division zogen sich, nachdem Hammelburg in Brand gesteckt und ihre eigene Munition verschossen, in der Richtung über Arnstein, wo viele Verwundete zurückgelassen wurden, nach Würzburg zurück, das sie teils schon in der Nacht, teils heute (12.) Morgen verließen. In Hammelburg ist der Kampf mit großer Erbitterung geführt worden. Preußische Soldaten schossen sogar auf mit Verwundeten beladenen Wägen und auf Hammelburger Einwohner, die sich vor dem Brande aus den Häusern zu retten suchten. An demselben Tage (10.) entbrannte auch ein heftiger Kampf um und bei Kissingen mit besonderer Wut. Die Ufer der Saale, um deren Besitz vielfach gestritten wurde, sollen förmlich mit Leichen bedeckt und in in den Häusern erbittert gekämpft worden sein. In der Stadt selbst wurden mehrere Häuser zusammen geschossen, auch Kirchturm und Rathaus beschädigt. Schließlich zogen sich unsere Truppen nach Schweinfurt zurück, wo sie die Höhen besetzt und mit Kanonen armiert hatten. Die Übermacht der Preußen soll bedeutend gewesen, ihre Verluste sehr groß sein. Sie haben auch vor der Bravour unserer Truppen alle Achtung. Drei unserer Infanteristen, die in einem von Preußen plötzlich besetzten Dorfe 1 ½ Tage lang ohne Nahrung auf einem Heuboden lagen, konstatieren, dass unten im Stall einquartierte und von ihnen belauschte Husaren die Bayern als rabiate Kämpfer schilderten.

Über die Absichten der Preußen munkelt man vieles, doch scheint die Absicht, dass sie sich über Kitzingen der Nürnberger Bahn bemächtigen wollen, um dieselbe als Hauptkommunikationsmittel für eine herzustellende Truppenlinie Mainz – Prag zu benützen, immer mehr Unterstützung zu finden. 24 Stunden fast dauerte der Kampf um Kissingen, wo am 11. um 8 Uhr Morgens noch Bayern waren. Die Brücke über die Saale war verbarrikadiert; sechsmal hatten die von Aschach her von der Höhe herandrängenden Preußen den Übergang zu forcieren gesucht, die Leichname lagen wie ein Wall aufeinander. Hunderte fielen in den Fluss, den Lauf desselben fast stemmend. Ein Augenzeuge, der gestern früh 8 Uhr den schwer heimgesuchten Badeort verließ, erzählte mir: die Brücke und die Umgebung habe einen Schrecken erregenden Anblick geboten. Die Preußen sollen vorgestern über die Höhen in Massen »schwarz wie die Nacht« gegen Hammelburg gezogen sein; man schätzte ihre Zahl auf wohl 40.000 Mann, denen eine bayerische Division gegenüberstand. Die Bayern haben sich furchtbar gewehrt gegen die Übermacht; ein gestern Abends noch angelangter Verwundeter äußerte: wenn sie die Preußen aus einer ihrer Positionen geworfen hatten und gewonnen zu haben meinten, seien plötzlich dreimal so viele Preußen wieder dagewesen!

Rosenheimer Anzeiger, 15. Juli

***

Rosenheim, 15.Juli. Nachdem im Laufe der vorigen Woche die Bahnzüge uns die verschiedensten Gestalten vom südlichen Kriegsschauplatze vorgeführt hatten, denn außer den fast täglich durchziehenden Verwundeten aller Waffengattungen der österreichischen Armee kamen auch beiläufig 3000 gefangene Italiener – Bersaglieri, Lanciers, Infanteristen ec. in sehr bunter Mischung – hier durch, brachte uns diese Woche von dort her hauptsächlich nur mehr Schwerverwundete. Diese traurigen Bilder lassen uns auf das unsägliche Leid schließen, welches den mörderischen Kampf begleitet. Und noch sind die Aussichten so gering, dass diesem Menschenschlachten ein baldiges Ende gemacht werde. Österreichs Völker eilen zu den Waffen, um das Verlorene wieder zu gewinnen, ihren Waffenruhm wieder herzustellen. Ein schon viel genanntes Korps solcher Freiwilligen, die Scharfschützen-Kompagnie Comini, bestehend aus Männern und Jünglingen der besten Familien des Landes und geführt von einem Sprößling des Tirolerhelden Andreas Hofer, passierte vergangenen Dienstag unsere Stadt. Wir bewunderten an diesem Korps die einfache praktische Montierung, die gute Bewaffnung und die treffliche Gesinnung, die diese Vaterlandskämpfer beseelt. Besondere Beachtung verdiente der Fähnrich, ein rüstiger, stattlicher 72jähriger Veteran. Heil und Sieg ihren Waffen!
Heute beginnt der Durchzug zweier österreichischer Armeekorps aus Italien, welche in Folge Abtretens Venetiens an Frankreich, zur Verstärkung der bei Sadowa von den Preußen geschlagenen österreichischen Armee schleunigst

zurückberufen wurden. Drei andere österreichische Armeekorps gehen über Triest nach Wien und ist ein Teil dieser Truppen bereits dort eingetroffen.
Rosenheimer Anzeiger, 15. Juli

***

Buchenstein, 10. Juli. (Italienische Niederträchtigkeit.) Kaum war gestern 8 ½ Uhr Abends die Patrouille von der Schützen-Abteilung, die nach Larzonei verlegt ist, von der Alpe, welche die östliche Grenze zwischen dem Venetianischen und Buchenstein bildet, ins Quartier zurückgekehrt, um von einer anderen abgelöst zu werden, so sprang ein Mann daher mit der Anzeige: Man stehle auf den Alpen droben die Ochsen, die dort auf der freien Weide sind; der Hirt sei nach Andraz gesprungen und habe dieses angezeigt. In der Zeit von drei Minuten war Lieutenant Perkosta, der in Larzonei die Abteilung von 15 Mann befehligt, mit der Hälfte der Mannschaft auf den Weg dorthin, gelangte im Schweiße an die bezeichnete Stelle, fand dort bereits drei Schützen und zwei Landwehrmänner aus Andraz, weil dort früher die Anzeige gemacht wurde. Diese erzählten, der Hirt habe gegen 8 Uhr, während er sein Nachtmahl nahm, die Ochsen, die nicht weit vor seiner Hütte lagerten, heftig brüllen gehört, er ging aus der Hütte, sah zwei Italiener unter den Ochsen herumschlagen, einer ballte gegen den Hirten die Fäuste mit den Worten: Maledetto d' un tedesco anche con te faremo cosi (Verfluchter Deutscher, auch Dir werden wir es so machen!) Der arme Hirt erschrak und lief nach Andraz, seiner Heimat. Die Ochsen wurden nun gezählt, und es fanden sich alle vor – 31 an der Zahl. Lieutenant Perkosta patrouillierte die ganze Nacht auf der Alpe, untersuchte jede Heuschupfe, fand nichts vor, er kehrte um drei Uhr früh nach Larzonei zurück; ließ aber drei Mann bis zur Ablösung auf der Alpe zurück; diese brachten dann um 8 Uhr Morgens die Nachricht, dass von den 31 Ochsen 30 (dreißig) im Bauche mit Messern schwer verwundet sind. Ein Ochs hatte zwei Stiche. Mehrere Ochsen mussten schon heute geschlachtet werden. Welch' eine barbarische und boshafte Tat! Muss nicht selbst jeder Italiener, der nur auf etwas Bildung Anspruch machen will, über eine solche Tat sich entrüsten und schämen, solche Landsleute zu haben, die zu so etwas fähig sind. Kann dagegen von Seite unserer Regierung nichts geschehen?
Tiroler Stimmen, 16. Juli

***

Münnerstadt, 6. Juli. Bei dem Dorfe Hättenhausen zwischen Gersfeld und Schmalnau hat unsere baierische Kavallerie leider eine große Schlappe erlitten. In einer sumpfigen Talschlucht, umgeben von Waldhöhen, postierte man in der Nacht vom 4. auf den 5. Juli 3 Regimenter Kürassiere, 2 Ulanenregimenter und das 5. Chevauxleger-Regiment, nebst einer Batterie, und zwar ohne alle Infanterie! Nachts 11 Uhr schossen die Preußen von den Höhen herab mit Kartätschen auf die Kavallerie. Alles zersprengt! Der ganze Train, die Kriegskasse mit 60.000 fl. wurde von ihnen erbeutet! Um 4 Uhr aber eilten aus der Gegend von Fulda die Österreicher herbei, richteten unter den Feinden ein großes Gemetzel an, retteten noch alles wieder und erbeuteten den preußischen Train.

Innsbrucker Nachrichten, 16. Juli

***

Bei Aussenau (Dorf bei Orb) sind am Dienstag (10. Juli) Mittags die Württemberger, welche dort den Spessartpass mit 4000 Mann und 16 Geschützen besetzt halten, von den Preußen angegriffen worden. Dreimal haben die Preußen gestürmt und dreimal sind sie von den braven Schwaben blutig heimgeschickt worden.

Innsbrucker Nachrichten, 16. Juli

***

Rattenberg, 12. Juli. Über das Gefecht bei Lodrone, an welchem sich die Rattenberger Landesschützen-Kompagnie rühmlichst beteiligte, schreibt ein Schütze unter anderm: Am 7. 3 Uhr Früh ließ der Herr Hauptmann Graf Taxis die Kompagnie antreten und befragte die Schützen, wer freiwillig mit ihm über die Tirolergrenze dem Feind entgegen gehen wolle, welche Frage mit einem einstimmigen Hoch auf unsern Kaiser und den Herrn Hauptmann beantwortet wurde. Wir schlossen uns sodann dem Rekognoszierungs-Kommando unter Hauptmann Gredler an und wurden mit einer Kompagnie Sachsen-Infanterie als Avantgarde bestimmt. Von Lodrone aus empfing uns der Feind mit heftigem Gewehrfeuer, jedoch ohne zu treffen; am Dorfe an-

gekommen wurde zum Sturm geblasen und mit einem Hurra ging's darauf los und nach dem zweiten Sturm war auch das Dorf schon unser. Nachdem wir nach 1 ½ stündigem Kampfe das Dorf vollständig vom Feinde geräumt, wobei unser Herr Hauptmann stets mit gutem Beispiel voran war, und somit unsere Aufgabe gelöst hatten, zogen wir in schönster Ordnung nach Storo zurück. Wir machten dem Feinde bei 50 Mann kampfunfähig und 7 Gefangene, von uns Schützen wurden drei Mann leicht verwundet. Patrouilleführer Johann Radinger machte zwei Gefangene, er schlug denselben die Gewehre aus der Hand und packte sie mutig beim Kragen. Patrouilleführer Peter Lengauer, ein tüchtiger Schütze, erlegte unter acht von ihm gemachten Schüssen fünf Feinde.
Volks- und Schützen-Zeitung, 16. Juli

***

Innsbruck, 16. Juli. Seit vorgestern scheint unsere Stadt in ein großes Feldlager verwandelt zu sein. Die ersten Brigaden der Südarmee sind angekommen. So martialisch wie diese Leute haben wir noch keine hier einziehen gesehen. Die Truppe ist vom fröhlichen Humor, von der besten Zuversicht beseelt. Über ihre Führung sprechen sie sich ebenso günstig, wie über ihre Verpflegung aus. Vom Erzherzog Albrecht sprechen sie wie von einem Vater. Unter den zuerst angekommenen Bataillons befand sich auch jenes Jägerbataillon, welchem jene 3 Mann angehören, die von piemontesischen Soldaten gefangen und in einer Kirche in der unmenschlichsten Weise an den Schnüren ihrer Feldflaschen aufgehängt worden sind. Die Soldaten sind von den hiesigen Bewohnern vielfach auf das gastfreundlichste behandelt worden. Als ein Soldat gefragt wurde, wohin jetzt marschiert werde, sagte er: Um 3 Uhr fahren wir nach Wien und von dort gehen wir nach Berlin.
Volks- und Schützen-Zeitung, 16. Juli

***

Ein Bankier, der Prag letzten Mittwoch verlassen hat und am 12. ds. in Wien eingetroffen ist, berichtet von einer ganz unglaublichen Proklamation, die der König von Preußen an Böhmen und Mähren erlassen hat. In dieser Proklamation sagt der König, er sei gekommen, um auch der nationalen (tschechischen!!) Sache in Böhmen und Mähren, gleichwie in Ungarn zum Siege zu verhelfen!

Innsbrucker Nachrichten, 17. Juli

***

München, 14. Juli. (Auch bei uns in Tirol anwendbar.) Da die Preußen in Baiern eingefallen sind, so fordert der »Volksbote« die Baiern mit folgendem Aufrufe zur kräftigen Gegenwehr auf: »Die Landwehr ist aufgerufen; wer Waffen tragen kann, der greif' dazu! Wenn die Flinten nicht langen, ist jede andere Waffe auch gut. Wo der Feind eindringt, darf er Tag und Nacht keine Stunde Ruh' behalten; wo seine Vorposten sich blicken lassen, schießt sie nieder! Wo er Nachts ruhen will, wenn nicht anders; Schüsse gefeuert, um ihn zu alarmieren! Seine Transporte müssen, wo immer möglich, abgefangen, die Zufuhr ihm abgeschnitten werden; die Bauern und Andere, welche Vorspann zu leisten gezwungen werden, müssen, sowie sie eine günstige Gelegenheit erhaschen, die Stränge abschneiden und auf ihren Rossen im Galopp querfeldein oder in den nächsten Wald sich davon machen. Wo immer man dazu kann, zertrümmert man die Räder der feindlichen Fuhrwerke jeder Art und mache diese selbst möglichst unbrauchbar. Bei sicherer Kunde von Annäherung des Feindes treibe man alles Vieh weit aus dem Wege in die Wälder, damit's nicht geraubt und preußisch verspeist wird. Alle irgend entbehrlichen Lebensmittel und Vorräte schaffe man in sicheres Versteck auf die Seite aus den Dörfern, der Feind darf keine Atzung finden; lieber selber etwas Hunger leiden, als Preußen füttern, die nach Bismarcks bekanntem Spruch doch sonst »nehmen, was sie finden«. Wo's tunlich, lasse man ihnen das leere Nest und berge sich, bis der Feind davon, mit Weib und Kind im Walde. Weiber und Kinder sind gut, den Unsrigen Kundschaft zu bringen. Beim Heranrücken der Feinde läute man die Glocken als Wahrzeichen für benachbarte Ortschaften, bei Nacht Feuersignale auf den Bergen und Höhen! Dazu die Spione kurzweg gepackt! Die Bismärcker müssen's erfahren, wie das baierische Volk in Masse mit dem tapfern Heer geeint, wie ein Mann einsteht für seine Selbstständigkeit und Unabhängigkeit. Gut und Blut fürs Vaterland!«

Tiroler Stimmen, 17. Juli

***

Die Eisenbahn bei Göding ist unfahrbar gemacht, Lundenburg (dieser wichtige Knotenpunkt) besetzt, – Benedek ist nunmehr außer Stande seine bei Olmütz konzentrierten Armee-Korps unter Benutzung der Eisenbahn nach Wien zu schaffen. Sie müssen jetzt über Preßburg und zwar zu Fuß.
Ob diese Korps noch Lust haben werden sich mit voller Energie zu schlagen, muss abgewartet werden. Ich bezweifle es. So erzählte mir noch heute der Kutscher aus Lundenburg, der mich fuhr, er sei eigentlich österreichischer Soldat, habe es aber nach der Flucht von dem Schlachtfelde bei Königgrätz vorgezogen, sich heimlich vom Regimente zu entfernen und lieber bei seinem Vetter als Knecht in Dienst zu treten, statt sich nutzlos für den Kaiser von Österreich, der es Einem doch nicht danke, tot schießen zu lassen. So wie er hätten es aber schon viele seiner Kameraden gemacht, und noch eine größere Zahl würde es tun, sobald sie nur Gelegenheit dazu fände. Der gänzliche Mangel an Patriotismus, das Fehlen einer nationalen Begeisterung zeigt sich überhaupt bei der großen Menge der österreichischen Soldaten in diesem Kriege in einem bedauernswerten Lichte. Die einzelnen Offiziere kämpfen großenteils tüchtig und pflichtgetreu, ja, viele mit dem größten Heldenmute, und es sind öfters Fälle vorgekommen, dass Offiziere lieber freiwillig den Tod suchten, als dass sie ihre Niederlage überleben wollten; aber der großen Menge der gemeinen Soldaten ist der Ausgang der Schlachten ziemlich gleichgültig, und das fernere Schicksal des Reiches Österreich, von dem Viele überhaupt gar keine Ahnung haben, ist ihnen vollständig einerlei. Gerade aus diesem geistigen Stumpfsinn der Mannschaften in der kaiserlich-königlichen Armee rührt die verhältnismäßig so äußerst große Zahl von Gefangenen her, welche 1859 die Franzosen in Italien, wie auch jetzt wir wieder in Böhmen und Mähren bei jeder Gelegenheit gemacht haben.
Die große Anzahl von Gefangenen, die Österreich in seinen letzten beiden Kriegen, auch schon in seinen Kämpfen gegen das erste »Empire« verloren hat, lässt sich freilich kaum anders erklären, als es vorstehend geschieht; Vieles hängt eben nur lose an der habsburgischen Monarchie und wünscht eher ihre Zertrümmerung als ihren Fortbestand. Dennoch würde man fehlgehen, wenn man alles Geschehene aus diesem Gesichtspunkt ansehen und überall ein anti-österreichisches Gefühl oder auch nur eine allgemeine In-

differenz voraussetzen wollte. Nicht nur in seinen deutschen Kernprovinzen, auch in den west- und südslawischen, in den polnischen und selbst in den italienischen Landesteilen verfügte der Kaiser über loyale Untertanen, und es gebrach diesen Elementen nur an einer Organisation, um für uns bedrohlich und selbst bedenklich zu werden. Das Landvolk erhob sich bereits, insonderheit auf dem Terrain zwischen der Ober-Elbe und der schlesischen Grenze, und schon am 14. Juli sah sich der Kommandeur der 12. Division, General von Prondzynski (der zur Einschließung der Festungen Josephstadt und Königgrätz zurückgeblieben war) zu folgender Proklamation genötigt: »Es haben sich zehn Bauern und Knechte in der Gegend von Königgrätz erfrecht, auf königlich preußische Truppen heimtückisch zu schießen, wobei sie ergriffen und nunmehr vor dem Kriegsgericht in Pardubitz abgeurteilt werden. Bei dieser Gelegenheit warne ich die Bevölkerung davor, ihre bisherige ruhige Haltung zu verlassen und mache hiermit bekannt, dass jede Zivilperson, die mit den Waffen in der Hand ergriffen wird, die Todesstrafe erleidet und dass für jeden königlich preußischen Blessierten und Getöteten ein dem Orte benachbartes Gehöft niedergebrannt wird. Wird aus einem Orte auf königlich preußisches Militär geschossen, so haften, wenn die Täter nicht ermittelt werden, sämtliche Mitglieder der Gemeinde für die Tat, und die Ortschaft wird nach Umständen niedergebrannt.«
Die zehn Bauern und Knechte, von denen in dieser Proklamation die Rede ist, wurden (wenn die uns gemachten Angaben zuverlässig sind) wirklich erschossen; in Skalitz fand eine gleiche Exekution statt; aber all diese Maßregeln blieben wirkungslos; namentlich in der Nähe von Königinhof drängten sich die Fälle, wo von Zivilpersonen auf einzelne Soldaten und auf kleinere Trupps geschossen war. Man glaubte unsrerseits, wenigstens zu Anfang, noch von »Räubergesindel« sprechen zu dürfen, bald aber musste man sich überzeugen, dass hier nicht von »Gesindel«, sondern von »Landsturm« die Rede war und dass man es im Großen und Ganzen mit patriotischen Männern zu tun hatte, die für ihren Kaiser, ihre Kirche und ihren Herd zu den Waffen griffen. – Dies zur Einschränkung der Ansichten, wie sie oben im Texte, in dem Briefe aus Brünn, ausgesprochen sind.
Der interessanteste Überfall der Art war wohl der folgende: »Am 16. Juli (so erzählt ein Unteroffizier vom leichten Feldlazarett des Garde-Korps) kamen wir nach Müglitz (Böhmisch Mohelnice, Stadt von 3400 Einwohnern, Kreis Olmütz, an der March) und blieben dort über Nacht. Am 17. ritten wir

nach dem von der Stadt nur 5 Minuten entfernten Dorfe Großbeutel, um dort einen Wagen zu requirieren. Ich war eben im Begriff, den Wagen fortzufahren, als mein Gefreiter angesprengt kam und meldete, dass außerhalb des Dorfes eine bewaffnete Menge Zivilisten preußische Infanterie in ihrer Mitte hätten und sie nach der Stadt führten. Dies kam uns Beiden verdächtig vor; wir jagten in einer verdeckten Allee ihnen nach. Als sie uns plötzlich gewahr wurden, gaben sie Feuer auf uns und trieben die drei Infanteristen, die sich in ihrer Mitte befanden, mit Kolbenstößen vor sich her. Wie ein Blitz hatte ich meinen bei Königinhof erbeuteten Revolver zur Hand und der Gefreite seine Pistole. Mit lautem Hurra stürzten wir auf den Trupp, der aus 12 bewaffneten Bauern bestand; nochmals begrüßten sie uns mit einer Salve, zwei schoss ich nieder, einen schlug der Gefreite zu Boden. Die drei von ihnen gefangenen Infanteristen, einer vom 4., einer vom 5., einer vom 45. Regiment, zur Armee des Kronprinzen gehörig, waren durch unsern Angriff plötzlich befreit und halfen uns wacker, trotzdem sie keine Gewehre hatten. Zwei Bauern baten um Pardon, wurden aber ohne Gnade niedergeritten. Unsere drei befreiten Gefangenen waren ganz schrecklich mit Schrittschüssen bedeckt, und wir mussten machen, dass wir sie in Sicherheit brachten, denn aus dem Dorfe kamen eine Menge Leute mit Sensen, Flinten, Beilen, Stöcken, sogar Frauen und Kinder waren dabei beteiligt. Wir waren solcher Übermacht nicht gewachsen und wollten uns schnell ihren Kugeln entziehen. Beim Angriff war ich glücklich davongekommen, jetzt aber beim Rückzuge schoss mir einer der Bauern eine Kugel durch die Schulter und eine zweite streifte mich am Halse. Der Gefreite hatte schon vorher einen Axthieb in den Fuß bekommen. Ich verbiss den Schmerz und so schnell es unsre Wunden erlaubten, versuchten wir zu entkommen. Mit wahrer Todesangst schlichen wir durch die Wälder und Berge, jede Straße vermeidend. Nach fünfstündigem mühseligem Marsche stießen wir endlich auf preußische Truppen. Ich machte Mitteilung von dem Geschehenen und sofort rückte eine Eskadron Garde-Kürassiere und eine Kompagnie vom Kaiser Franz-Regiment nach dem genannten Dorfe ab, um die Schuldigen einzufangen.«

Theodor Fontane, Der deutsche Krieg von 1866

***

Aus Tirol schreibt man dem »Kameraden«: Als ganz authentisch melde ich Ihnen folgende Tatsache, welche mit mehr als 1000 Pfingstzungen dafür spricht, mit was für »Kanaillen« sich das arme Österreich herumbalgen muss. Hören Sie! Ein garibaldischer Arzt sieht einen verwundeten Kaiserjäger am Abhange liegen. Er nähert sich demselben, und da der Verwundete sich zwischen der Schusslinie beider Kämpfenden, also auf neutralem Boden befindet, der avancierende Gegner außerdem ein Arzt, mithin durch das Kriegsrecht geschützt ist, so schießt unsererseits Niemand auf ihn. Er macht sich denn auch alsbald um den Blessierten zu tun, als wolle er eine Menschenpflicht erfüllen, plötzlich aber zieht er in nicht zu verkennender Absicht einen Revolver. Ein Arzt unserer Jäger sieht dies erbärmliche Attentat, er ruft einen Jäger an, welcher sich dann auf den schändlichen Feind mit ein paar Sprüngen hinstürzt und demselben, bevor er noch mit seinem Revolver fertig werden kann, den Hirnschädel einschlägt. Ich wiederhole, dass diese Schandtat mir als amtlich konstatiert, mit der Berechtigung selbe zu veröffentlichen, mitgeteilt wird.

Innsbrucker Nachrichten, 18. Juli

***

Die italienische Hauptarmee scheint gegen Padua vorzurücken. Gerüchten zufolge sollen die italienischen Vorposten bereits in Cittadella, in der Richtung gegen Bassano stehen, was mir aber fast unglaublich vorkommt, da sie dann außer der Etsch und dem Bontiglione auch die Brenta bereits überschritten haben müssten; Flüsse, deren Übersetzung nicht so leicht bewerkstelligt werden kann. Wahrscheinlich dürften es, wenn überhaupt etwas Wahres an der Sache sein sollte, was ich jedoch, ich wiederhole es, nicht glaube, Insurgenten sein, die die Entblößung der Provinzen Padua und Vicenza von österreichischen Truppen benützend, sich dortselbst gebildet haben und die Grenzgebirge gegen Tirol zu erreichen bestrebt sind. Denn, dass das venezianische Flachland nach dem Rückzuge unserer Truppen bald aufstehen werde, ist wohl nicht zu bezweifeln, und es fragt sich jetzt jedermann hier ob wir durch das Opfer der Abtretung Venetiens an Frankreich uns irgend einen Vorteil erworben haben. Leider hat es bis jetzt den Anschein, als müsste diese Frage verneint werden; denn der erwartete Waffenstillstand zur Zusammenziehung unserer im Norden wie im Süden zerstreuten Kräfte wird allem Anscheine nach uns weder von den Preußen noch von den Italienern zugestanden, und es kann daher auch nicht Tirol, Kärnten, Krain und das Küstenland der vordringenden italienischen Armee widerstandslos preisgegeben werden. Außer den Provinzen Padua und Vicenza, deren Räumung von den k. k. Truppen und Behörden heute bereits amtlich hierher mitgeteilt worden sein soll, scheint ein Gleiches auch hinsichtlich der Provinz Belluno geschehen zu sein, und es wird daher Tirol, das an diese drei Provinzen stößt, von allen Seiten arg gefährdet sein.

Volks- und Schützen-Zeitung, 18. Juli

***

Aus München wird der »Allg. Ztg.« geschrieben: Ein fauler Frieden wird unser Los besiegeln und uns die Gelegenheit rauben, durch ein energisches Eintreten für unsere Sache gut zu machen, was bis jetzt in unglückseliger Säumnis verloren gegangen ist. Die öffentliche Meinung in Baiern hat gewiss unter den obwaltenden Umständen nicht nach Frieden gerufen, und die herrschende Missstimmung richtete sich nicht gegen den Krieg, sondern gegen die bisherige unverantwortliche Führung desselben.

Innsbrucker Nachrichten, 19. Juli

***

Über das Vorrücken der Preußen gegen Znaim erhalten wir folgenden Bericht: Am 13. Juli, mit Tagesanbruch, rückten die feindlichen Vorposten, welche in der Nacht Mährisch-Budweis besetzt hatten, langsam gegen Znaim vor und es entwickelte sich auf der ganzen Linie ein ziemlich heftiges Tirailleurfeuer. Unsere Truppen zogen sich gemäß der erteilten Disposition auf Znaim zurück. Der Feind rückte nur sehr langsam nach. An einem Punkte, in der Nähe bei Hadersdorf, wo sich die Preußen etwas zu nahe wagten, wurden sie von dem Regimente Hessen-Kassel-Husaren übel zugerichtet und zurückgeworfen; der Feind verlor viele Gefangene. Unsererseits sollen einige Mann und zwei Offiziere (unverbürgt Rittmeister Graf Lichtenberg und Lieutenant Fürst Windischgrätz) verwundet worden sein.

Innsbrucker Nachrichten, 20. Juli

***

Aus Böhmisch-Rudoletz, einem kleinen Orte bei Iglau, kam folgender Bericht an eine Wiener Zeitung:
Heute (13.) kann ich »aus unserem verborgenen Winkel« Interessantes nach der Residenz berichten. Vorigen Montag rückten 300 feindliche Husaren in Iglau ein, denen Dienstag schon gegen 10.000 aus verschiedenen Regimentern folgten. Die Bestürzung war hier, obwohl 4 Meilen von Iglau entfernt, doch sehr groß. Mittwoch nachmittags kamen 300 preußische Husaren nach Teltsch, verlangten 200 Zentner Heu, 200 Zentner Hafer, 10 Eimer Wein, 10 Eimer Branntwein, 5000 Zigarren, – Alles bis ins nächste Wäldchen an der Straße gegen Triesch hingestellt. Kaum hatten die Preußen diese Naturalien in Empfang genommen, wurden sie von unsern Husaren überfallen und alle 300 bis auf 5 niedergemacht. Wohin dann unsere Husaren zogen, darf ich als österreichischer Bürger nicht schreiben.

Innsbrucker Nachrichten, 21. Juli

***

Die Straße gegen Znaim ist voll von preußischen Spionen; es werden zwar täglich einige aufgegriffen und erschossen, aber ihre Zahl will, dank den preußischen Dukaten, nicht abnehmen. In dem Lager bei Jetzelsdorf wurden, wie ein Husaren-Rittmeister erzählte, in einer Nacht drei erschossen.

Innsbrucker Nachrichten, 21. Juli

***

Zirl (bei Innsbruck), 16. Juli. Die unglücklichen Nachrichten vom nördlichen Kriegsschauplatze haben auch uns schmerzlich getroffen. Man hatte geglaubt, eine österreichische Armee, von Benedek geführt, könne nicht geschlagen werden; an Verrat mochte man natürlich nicht denken und auch nicht an die Unfähigkeit untergeordneter Führer. Um so unerwarteter kam der Schlag. Aber nicht die Niederlage bei Königgrätz verursachte den größten Schmerz, sondern das allmählich und immer mit größerer Bestimmtheit auftauchende Gerücht, Venedig sei abgetreten. Wer am Abende jenes Tages, der uns nach einem Pariser Blatte zuerst diese Botschaft gebracht, durchs Dorf wanderte, bekam scharfe Reden zu hören. So, hieß es, »Venedig verschenkt, und vor einigen Wochen hieß es, Österreich könne es um keinen Preis weggeben. Was wird der Erzherzog Albrecht sagen, der Sieger bei Custoza; was unsere Jäger und alle, welche da mitgeschlagen und geblutet! Also bloß, um die militärische Ehre Österreichs zu retten, hätten wir die besten unserer Söhne nach Italien geschickt; wir hätten wahrlich nicht geglaubt, dass Österreichs militärische Ehre noch einer Rettung bedurfte.« Wer wird es dem Volke verargen, wenn es in die bittersten Ausdrücke männlichen Unwillens ausbrach. Wenn doch die Wiener im Rausche der Vergnügungen Mut und Kopf nicht eingebüßt hätten! Jetzt heißt es aushalten. Bereits steht unsere Jungmannschaft an der Grenze, die Hochwacht zu halten; der Mann, welcher sonst gewohnt war, die Waffen des Friedens, Pflugschar und Sense, zu führen, prüft den Stutzen, und zwar nicht zum Zeitvertreibe; denn nicht die Scheibe mit dem harmlosen Schwarze ist sein Ziel, sondern eine Menschenfigur, Garibaldi oder Kossuth geheißen, sucht der erfahrne Schütze an tödlicher Stelle zu durchbohren. Der silberlockige Greis und sein bartloser Enkel sind beschäftigt, die Büchse zu putzen, denn auch sie wollen dabei sein, wenn's gilt. Der Tiroler hat noch Mut, denn er besitzt auch noch Glauben. Die Kraft des Herrn wirft die Völker nieder, wenn sie stolz und ungläubig geworden, richtet sie aber auch wieder auf, wenn sie sich gebessert haben. Darum greift hier Alles zur Waffe des Gebetes, nach jeder Messe wirft sich die gläubige Menge auf die Knie, um in der Anbetung des Allerheiligsten Trost zu finden und der kämpfenden Armee den Sieg zu erflehen. Unsere Sache ist gerecht, darum darf man auch um den Sieg derselben bitten; das Recht geht nicht unter, darum werden uns verlorne Schlachten beugen, aber nicht brechen. Kaum war neulich die erste Betäubung vorüber, erschien schon der Vorsteher der Gemeinde im Pfarrhofe, um einen Kreuzgang auf den Kalvarienberg zu bestellen, damit der Gott der Schlachten uns gnädiger sei. Auf den Kalvarienberg aber geht der Zirler nie, ohne bestimmte Hoffnung kommender Hilfe.

Tiroler Stimmen, 21. Juli

***

Der militärische Korrespondent der »Times« im Hauptquartier unserer Nordarmee erzählt als Nachtrag zur unglücklichen Schlacht von Königgrätz:

das Eindringen der Preußen in die Lücken unserer Schlachtlinie sei in der Tat von einem Offizier bemerkt worden, welcher dies sogleich dem Generalstabe habe melden wollen, doch sei er von einem höheren Offizier des Letzteren wegen unziemlichen Sichvordringens abgewiesen worden.

Innsbrucker Nachrichten, 21. Juli

***

Wien, 17. Juli. Der Statthalter von Niederösterreich erlässt im Allerhöchsten Auftrage an die Niederösterreicher und zwar zunächst in den bei den an dem rechten Donau-Ufer gelegenen Landesvierteln Unter- und Ober-Wiener-Wald den Aufruf, sich mit dem ganzen Aufgebote aller ihrer Kräfte an der gerechten und heiligen Sache des gegenwärtigen Krieges lebhaft zu beteiligen und sich zu diesem Behufe der tapferen Heldenschar der steierischen Alpenjäger kampfesmutig anzureihen. Die Organisierung dieses Aufgebots haben Se. Majestät dem Kommandanten des steierischen Alpenjägerkorps Arthur Grafen v. Mensdorff allergnädigst zu übertragen geruht. »Wer nur immer die Waffen zu tragen vermag, möge hierin schon die dringende Aufforderung finden, dem Allerhöchsten Rufe zu folgen.«

Innsbrucker Nachrichten, 21. Juli

***

Vielgeliebter Herr Schwager!
Zu dem vielen Pech, das unsere gegenwärtige, an Misserfolgen so reiche Regierung hat, kommt auch noch das hinzu, dass jeder Erlass ans Volk in einer so gagelbamernen Sprach', in einer so bureaukratisch-unverständlichen Form geschrieben is, dass die Leut' meistens das Gegenteil von dem verstehen, was die Regierung eigentlich will. Haben's denn gar Niemand, der deutsch schreiben kann?
Was war das wieder für eine Aufregung im Publikum diese Wochen, wie der Aufschrei zur Bildung des Landsturmes kommen is. Muss man, wenn man das lest, nit glauben, dass jedermann, alt oder jung, zum Gewehr greifen oder Sensen, Heugabel, Dreschflegel nehmen muss und dass die Weiber siedendes Öl und geschmolzenes Pech herabschütten werden; muss man nit fürchten, dass eine solche Kriegführung den Feind erbittern und ihn zum

Plündern usw. verleiten kann? Wie aber die erschrockene Landesvertretung sich angefragt hat, wie auch der Herr Bürgermeister, haben sie von der Statthalterei die Aufklärung erhalten, dass von einem Landsturm in diesem Sinne keine Red' is, sondern dass es nur eine Aufforderung an wehrfähige Männer is, als Freiwillige in die Reihen der steierischen Alpenjäger einzutreten. Na, wer aus jenem Aufruf das herausgefunden hätt', das müsst' ein feiner Diplomat gewesen sein. Ja, freilich is es viel leichter, diejenigen, die schreiben können, zu konfiszieren, als selbst zu schreiben.
Hätt' i den Auftrag zu machen gehabt, i hätt' halt so gered't, wie schon Anno 1645 in der Schwedenzeit die Regierung zum Volke gesprochen hat; der Sinn war ungefähr folgender:
Es wird eine Donauschutzwache errichtet, in dieselbe kann freiwillig Jeder eintreten, der gesund und kräftig is und die Waffen führen kann; am tauglichsten sein Förster, Forstjungen, Jagdfreunde und Schützen aller Art, selbst Wildschützen. Sie kennen jeden Weg und Steg im Gebirg' und in den Auen an der Donau, sie kennen den Strom, seine Tiefen und gefahrvollen Stellen, sie können dem vorgehenden Militär ungemein nützen, indem sie es auf gedeckten, sichern Wegen so weit als möglich vorführen, und bei einem Rückzug wissen sie, wie man am leichtesten und schnellsten sich der Verfolgung entzieht. Diese Donauschutzwache oder Donauwehr hätte also einen entschieden militärischen Charakter und könnte von geschickten Korpskommandanten weit besser benützt werden, als die rohe, schwer zu lenkende Masse, die man »Landsturm« nennt und die beim ersten Kartätschenschuss davonlauft, wie der ungarische Landsturm Anno 1848 in der Schlacht bei Schwechat.

Wien gleicht einem Feldlager. Tausende kommen und gehen, Regimenter, die man in Wien nie gesehen, tauchen auf und verschwinden wieder. Alles wurlt durcheinander wie ein Ameisenhaufen und geht doch still und geheimnisvoll seinen vorgezeichneten Weg. Auf der Schmelz, im Prater usw. wird biwakiert und die Wiener haben die schönste Gelegenheit, ihre Anhänglichkeit an die tapfere Armee, ihre Gemütlichkeit und Herzlichkeit zu zeigen. Das Heft würde mir zu klein, wenn i alle diese rührenden Züge von Gemütlichkeit und Freigebigkeit erzählen wollte, die da vorkommen. Nur Eins kann i nit übergehen. Am Josefstädter Exerzierplatz, nächst dem Cafè Hagen, sind zwei Kompagnien von einem siebenbürgischen Regiment gestanden, die ganz erschöpft waren. Doch die Stammgäste vom Hagen haben rasch den Entschluss gefasst, die müden Soldaten zu bewirten. Im Nu waren beisammen: 6 Eimer Bier, 600 Zigarren, riesige Schaffeln mit Würsten und Körbe voll Semmeln, welche von den Wienern und einer schönen Wienerin gespendet wurden. Die Soldaten waren ganz paff, – man kann sich mit den Rumänen zur Not verständigen, wenn man italienisch kann, und so hab' i denn von den Soldaten gehört, dass sie noch nie so was Gutes gegessen und getrunken haben und dass sie bedauern, den braven Wienern nit deutsch danken zu können. Wie sie aber endlich abmarschiert sein, war das ein Vivatrufen, das nie enden wollte.

Ein Freund der Soldaten schreibt mir, dass er auf einem Besuch im Lager auf dem Weg von Jedlersee durch die Au zur Nußdorfer Überfuhr eine Gesellschaft gefunden hat, die auf einem feschen Zeugel ein Fass Schwechaterlager gehabt und damit die Soldaten traktiert hat. Zarte Damenhände spendeten den Kriegern den braunen Labetrank, besonders ein wunderliebes blondes Lockenköpferl hat sich dabei hervorgetan, wie auch beim Austeilen von Zigarren. Der Zuschauer hat gefragt, wer diese Herren und Damen sein und hat erfahren, dass der Arrangeur des Ganzen, der mit feuchten Augen am Wagen gelahnt is, der Wirt Moretti aus der Weißgärbervorstadt is, der mit seinen Stammgästen diesen Zug ins Lager ausgeführt hat. Bravo!

Die sächsische Armee, die jetzt fast vollzählig in Wien und Umgebung liegt, macht den besten Eindruck, die Wiener sein entzückt über diese netten, bescheidenen, intelligenten, höflichen Männer, die sich an der Seite unsrer Soldaten so tapfer geschlagen haben. Die sächsischen Soldaten werden von unsern Urwienern völlig abgefangen und bewirtet. Es gefallt den Sachsen auch bei uns ganz außerordentlich, und mir selber hat Einer gesagt: »Hören Sä, die Geschichte mag nun ä Ende finden, wie sä will, das Enne aber kann ich Sie sagen, – däs bleibt: 's gibt nur ä Kaiserstadt, 's gibt nur ä Wien.«

Hans Jörgel von Gumpoldskirchen, 21. Juli

***

Wien, 18. Juli. Se. Majestät der König von Sachsen wird sich in Begleitung Ihrer Majestät der Königin, welche in einigen Tagen aus Baiern hier erwartet wird, nach Innsbruck begeben und daselbst Sr. Majestät dem Kaiser Ferdinand einen Besuch abstatten.

Innsbrucker Nachrichten, 21. Juli

***

»Wolkersdorf (bei Wien), den 21. Juli.
… Du wirst den Vormarsch unsrer drei Armeen verfolgt haben: die Zweite Armee ging zunächst auf Olmütz, die Erste auf Brünn, die Elb-Armee auf Znaim; wir (die Elb-Armee) hatten also wieder den rechten Flügel. Unser Weg führte uns auf der großen Kaiserstraße. Es war dies nicht die Straße, auf der im Wesentlichen die österreichische Armee ihren Rückzug bewerkstelligte. Sie war mehr östlich gegen Olmütz zurückgegangen. Den vor uns stehenden Kavallerie-Regimentern des Feindes, welche unter Edelsheims Kommando unseren Vormarsch beunruhigen und aufhalten sollten, war wenig Abbruch zu tun, da sie sich immer nur aus weiter Ferne zeigten und bei unsrem Vorrücken rasch zurückwichen. So gelang es unsrer Avantgarde nur selten, ihre Kavallerie an den Feind zu bringen.
Ebenso rasch wie Böhmen wurde Mähren durcheilt; nirgends versuchte der Gegner einen ernsteren Widerstand. Von Znaim aus betrat die Elb-Armee das Erzherzogtum Österreich und damit wieder Gegenden deutscher Zunge, die in Böhmen und Mähren nur sporadisch vertreten ist. Am 16. aus Znaim abmarschiert, steht jetzt, seit gestern, dem 20., die Armee in der unmittelbaren Nähe Wiens. Die Avantgarde auf den Höhen bei Wolkersdorf sieht die stolze Kaiserstadt mit dem hervorragenden Stephans-Turm zu ihren Füßen liegen. Jubelnd wurde dieser Anblick von unsern Soldaten als herrliche Belohnung der anstrengenden Märsche seit Königgrätz begrüßt. Klar lag das Häusermeer Wiens in der Ferne, genau die Hauptgebäude und das Schloss von Schönbrunn erkennen lassend. Dahinter in dunkler Masse der Wiener Wald, vorne die Ebene des Marchfeldes, im Osten am Horizont die Höhen der Karpaten. Im Marchfelde mit seinen reichen Saaten und freundlichen Dörfern erkennt man Wagram, Aspern, Eßling. Rechts erhebt sich auf dem linken Ufer der Donau der Bisam-Berg, der auch vom Feinde verschanzt sein soll, weiterhin das Ober-Österreichische Bergland. Es war ein herrliches Panorama, bis jetzt noch von keiner preußischen Armee geschaut;

das fühlen auch unsre Soldaten um so stolzer, und Jeder wird Alles daran setzen, das nächste große Ziel zu erreichen: Wien.«

Theodor Fontane, Der deutsche Krieg von 1866

***

Bei den Sammlungen für die Verwundeten hat das reiche Olmützer Domkapitel mit seinen glänzend dotierten Domherren nit mehr als 2000 fl. gegeben. Überhaupt scheinen unsre reichen geistlichen Herren nit von Hergebsheim am Rhein, sondern von »Nimes« in Frankreich zu sein. Das wär ein Thema, das ich dem hochwürdigen Pater Klinkowström für eine seiner nächsten Predigten dringend empfehlen kann.

Ja, über den Luxus und die Mode schimpfen, das is freilich leichter, als was hergeben. I hab' vergebens einen frommen Herrn gesucht, der etwas Ähnliches getan hat, wie der Modewaren-Händler Anton Müller »zum goldenen Schwan«, der mit noch vier wackeren Freunden so viel Geld zusamm'gelegt hat, dass davon 54 Stück neue Unterhosen und 36 Stück neue Hemden gekauft werden konnten, die sofort dem patriotischen Hilfsverein zugeschickt worden sein. Das was die Wiener für die Verwundeten tun, geht in die Hunderttausende; es is unbegreiflich, dass dieses durch »schlechte Bücher«, »ketzerische Zeitungen« und »unmoralische Theaterstücke« verdorbene Volk noch immer ein so treffliches, edles Herz hat und eine Menge Leut' beschämt, die alle Tag' drei Seidel Weichbrunn auf sich hinauf spritzen, dem Soldaten aber kein Seidel Bier zahlen.

Da lob ich mir den Erzherzog Albrecht, der hat's verstanden, für seine Soldaten zu sorgen, Offiziere und Gemeine sein' des Lobes voll; – an Tagen, wo die Strapazen groß waren, ist zweimal gekocht, zweimal Wein ausgeteilt worden; die Marketender waren immer hinter der Truppe, am Abend hat die Banda gespielt, es is gesungen und getanzt worden bis um 10 Uhr und in der Früh waren wieder alle mit Tagesanbruch schlagfertig. Kein Brotmangel, keine Proviantstockung, nichts von all' dem, wie's wo anders war. Dem Erzherzog ist auch etwas gelungen, was sehr zu bewundern is, – er hat den Soldaten den Branntwein abgewöhnt, der in der Glühhitze Italiens immer größeren Durst, Ermattung und Betäubung erzeugt; statt dessen haben die Soldaten in ihren Feldflaschen kalten schwarzen Kaffee mit sich getragen, der bekanntlich in der Hitze am meisten erfrischt. Die Ungarn und Polen haben vom Freund Slibowitz schwer sich getrennt, aber endlich haben's doch eingesehen, dass es so besser ist und mancher brave Soldat is auf diese Weise erhalten worden, der sonst vielleicht zu Grund' gegangen wär.

Hans Jörgel von Gumpoldskirchen, 21. Juli

***

Der Vetter in der Residenz an Hans Michl Oberlandler:
Lieber Vetter Hans!
Mit wirklich traurigem Herzen gehe ich diesmal daran, Dir lieber Vetter zu schreiben. Die Frage: »Was gibt's gut's Neu's?« könnte man in unseren Zeiten und in unserer Lage ganz gut so umwandeln: »Was gibt's schlecht's Neu's?« Der Feind ist in unserm eigenen Land, von dem ein großer und schöner Teil bereits der Schauplatz blutiger Kämpfe gewesen, der verwüstet und für lange Zeit ruiniert ist. Söhne unseres Landes Bayern sind schon als Opfer des unseligen Krieges gefallen, viele, viele andere liegen in Schmerz und Not in den Spitälern. Es ist ein arger Jammer und Du wirst mir diese wehmütigen und fast trostlosen Zeilen schon zugutehalten müssen, ehe ich darangehe, Dir eine zusammenhängende Erzählung der letzten schrecklichen Ereignisse aufzuschreiben.
Vor Allem noch ein Kurzes über die vielbesprochene Befreiungs-, respektive Nichtbefreiungsangelegenheit der von den Preußen eingeschlossenen Hannoveraner durch die bayerische Armee. Darüber ist viel herumgestritten worden, aber als Endresultat lässt sich die leidige Tatsache, dass es von Seite des bayerischen Oberkommando's dazu an gutem Willen gefehlt hat, nicht mehr leugnen. Ein hannoverischer Archivrat, Herr Dr. Ono Klopp, hat in der Allgem. Ztg. eine ausführliche Erklärung veröffentlicht, wonach er selbst im bayerischen Hauptquartier um Hilfe für die Armee seiner Landsleute nachsuchte und Alles dafür Notwendige genauestens angab, aber – nur tauben Ohren predigte. Das bayerische Oberkommando hat sich auf diese Erklärung nicht verantwortet, es wird schon wissen warum. Darüber wäre überhaupt ein Lied zu singen und hier in München wird darüber – zwar nicht gesungen, aber ordentlich Fraktur geredet. Ich möchte nicht niederschreiben, was man hier alle Tage auf öffentlicher Straße hören kann; ich verdenk's den Leuten auch nicht; man opfert Alles, Gut und Blut – buchstäblich! – und der Lohn dafür? Die Soldaten, unsere Landessöhne, werden

durch schlechte Führung in den sicheren Tod gehetzt und ein Stück Land nach dem andern geht verloren! Kein Mensch weiß bei unserem Militär, wo aus oder an, ob – um grob aber deutlich zu sprechen – hott oder wist! Dass bei einem der letzten Gefechte Ulanen die eigenen Jäger niedergeritten haben, wird Dir schon aus den Zeitungen bekannt sein; es ist zwar widersprochen worden, aber ganz gewiss doch wahr. Ich las erst gestern den Brief eines Soldaten vom 12. Infanterie-Regiment, der auch schreibt, dass sein Bataillon plötzlich zwischen drei Feuern, von denen zwei aus bayerischen Gewehren kamen, gestanden sei. Was sind das für Sachen? [...]

Am 9. Juli kam es zu einem Zusammenstoß zwischen Brückenau und dem als Badeort in ganz Europa berühmten Kissingen, der jedoch nicht sehr bedeutend und mehr ein Vorpostengefecht war. Nun zog sich aber die bayerische Armee am linken Ufer der Saale bei Kissingen, das an beiden Seiten dieses Flusses in einem ziemlich engen Tale liegt, zusammen, und am 10. Juli begannen die Preußen den Angriff auf diesen von den Bayern aufs hartnäckigste verteidigten Ort. Das war das erste große Gefecht, bei welchem die Bayern beteiligt waren, und alle Berichte, selbst preußische, stimmen darin überein, dass sich die bayerischen Soldaten, besonders Infanterie und Artillerie, ganz vorzüglich gehalten hätten. Die preußischen Zeitungen heben ausdrücklich hervor, dass das Zündnadelgewehr, mit dem die Österreicher ein so großes Wesen gemacht, die Bayern wenig geniert hätte. Ich freue mich sehr, dass sich die Unsern so gut herausgebissen und bedauere aber auch doppelt, dass was die Gemeinen gut gemacht, Alles von oben 'runter verpfuscht und verdorben worden ist. Die Kerl sollten hinein gegangen sein ins Treffen, wie die Löwen, die Altbayern mit Juhschrei'n wie zur Kirchweih, die Artilleristen arbeiteten in fast fröhlichem Humor mit ausgezogenen Röcken an ihren Geschützen. Am schlechtesten hat sich die Kavallerie bewährt, und es würde einem unbegreiflich, wie man dieses kostspielige Militär, das bei unserer heutigen Kriegführung anerkanntermaßen zu fast gar nichts weiter mehr, als zur Deckung und Verfolgung nutz ist, im Gefecht selber aber, wie wiederholt bewiesen, nur irr macht und geniert, bei uns so massenhaft aufstellt und bevorzugt, wenn uns nicht ein Blick ins Militärhandbuch zeigen würde, dass – höchster und hoher Adel die Offiziersstellen bei dieser Waffe vorzugsweise inne hat. Das wird jetzt wohl anders werden, wie überhaupt die ganze Soldatengeschichte eine kuriose Abänderung baldigst erleben dürfte.

Aber um wieder weiter zu erzählen, so haben unsere Leute trotz ihrer Bravour bei Kissingen der Übermacht der Preußen weichen müssen. Am andern Tag (den 11.) wurden zwar die Preußen in fortgesetztem Kampfe noch einmal geworfen, allein es ging da wie in Böhmen, sobald ein Teil der Preußen geschlagen oder zusammengeschossen war, standen wie durch Zauberschlag plötzlich doppelt so viele wieder da. Die ausgezeichnete Kriegführung der Preußen allein hat ihnen alle Siege gewonnen und das – fast hätte ich gesagt feige Geschwätz vom Zündnadelgewehr ist nachgerade fast abgeschmackt geworden. Man darf nur den ganzen Plan der Preußen betrachten, der sicher längst vorher gemacht und wirklich ausgezeichnet ausgeführt wurde. Offenbar ist die ganze Aufstellung der Preußen von Krakau bis an den Rhein eine Schlachtordnung, deren linker Flügel in Böhmen mit der Schlacht von Sadowa-Königgrätz den Hauptstoß gegen Österreich führte. Der Angriff gegen die Bayern soll diese im eigenen Lande festhalten, damit sie nicht das preußische Zentrum in Sachsen und Böhmen gefährden. Der äußerste rechte Flügel der Preußen bei Frankfurt und Umgebung soll die Bundestruppen des 8. Armeekorps in Schach halten, damit diese nicht die Verbindung von Rheinpreußen mit Altpreußen gefährden: Alles vortrefflich gedacht und noch vortrefflicher ausgeführt. Wahrhaftig – aber Du darfst's nicht weiter sagen – mir ist oft schon, wenn ich so die meisterhafte Kriegführung der Preußen verfolgte, der Gedanke aufgestiegen, was die gesamte deutsche Bundes-Armee unter solcher Oberleitung leisten könnte: dann brauchten wir wahrlich keinen mehr zu fürchten; sei's der Franzos oder gar der Russ: Aber, aber – schöne Hoffnung und fast weiter Nichts!

Nach der Besetzung Aschaffenburgs durch die Preußen fühlte sich auch der Bundestag in Frankfurt nicht mehr recht geheuer und zog mit Sack und Pack nach Augsburg. Das interessante Institut, dessen Tage wohl gezählt sein dürften, noch in den letzten Zügen anzusehen, wäre wohl der Mühe wert und ich lade Dich ein, wenn Du Zeit hast, mit mir nach Augsburg zu fahren, wo jetzt vom Gasthof zu den drei Mohren herab die schwarzrotgoldne Fahne weht. Übrigens hatte der Bundestag höchste Zeit, denn schon zwei Tage darauf rückten die Preußen in Frankfurt ein, wahrscheinlich um nie mehr herauszugehen.

Aber auch ich habe die höchste Zeit, den Brief endlich zu schließen. Vor dem Preußisch-Werden habe ich vorläufig noch keine Angst und auch Du brauchst keine zu haben, warum nicht – darüber das Nächstemal.

Einstweilen verbleibe ich
Dein
noch gut und hoffentlich bleibend
bayerischer Vetter R. G

Rosenheimer Anzeiger, 22. Juli

***

Mainz, 19. Juli. Die regelmäßige Belagerung der Festung hat begonnen. Schiffe passieren nicht mehr, der Eisenbahnverkehr ist eingestellt.
Heidelberg, 19. Juli. Der Herzog von Nassau ist von Mannheim kommend, heute Vormittag hier durchgereist. Das Betriebsmaterial der Main-Neckarbahn ist hierher geflüchtet worden.
Stuttgart, 20. Juli. Morgen oder übermorgen werden 6000 Mann Preußen hier einrücken. Sämtliches württembergisches Militär zieht sich nach der Festung Ulm zurück, wohin auch die Bundeskasse von Frankfurt, sowie die württembergische Haupt- und Staatskasse gebracht wurde.

Innsbrucker Nachrichten, 23. Juli

***

Contre-Admiral Graf Tegetthoff telegraphiert aus Spalato, 20. Juli 11 Uhr 50 Minuten Abends, angekommen 21. Juli früh 3 Uhr 40 Minuten durch Dampfer »Station« nach Spalato:
»Heute Vormittag wurde unter Lissa die feindliche Flotte, 23 Schiffe stark, darunter »Affondatore« und 11 andere Panzerschiffe, angetroffen. Im Verlaufe des Kampfes mit der Panzerfregatte »Erzherzog Max« wurde eine große feindliche Panzerfregatte in den Grund gerammt und eine andere in die Luft gesprengt. Von beiden konnte Niemand gerettet werden. Linienschiff »Kaiser«, von 4 feindlichen Panzerschiffen umgeben, rannte eines an und verdrängte sie alle, verlor Fockmast, Bugsprit, 22 Tote, 82 Verwundete.
Von der Mannschaft, mit Ausnahme jener des Linienschiffes, 10 Tote und 42 Verwundete. Die Verwundeten auf dem Flaggenschiffe größtenteils vom Kleingewehrfeuer der sinkenden Fregatte. Beschädigungen sind, mit Ausnahme jener des Linienschiffes, sehr gering.

Die Escadre ist vollkommen kampffähig. Die Mannschaft ist vom besten Geiste beseelt. Nach zweistündigem Kampfe wurde der Feind verdrängt und Lissa entsetzt.«

Innsbrucker Nachrichten, 23. Juli

***

Malga d'Arno, 17. Juli. Seit 8 Tagen steht ein Zug unserer (Studenten)-Kompagnie unter Herrn Lieutenant Ficker auf dieser Hochalpe und bewacht und beherrscht von da aus das Seitental Preguzzo. Das Wetter ist schön und da wir bereits gewohnt sind, ein Bett nicht mehr zu den gewöhnlichen Bedürfnissen des Lebens zu zählen, so lässt es sich hier schon aushalten. Nur bilden Milch und Polenta gar zu sehr den Mittelpunkt der Verpflegung. Als unser Zug hierher kam, war es unseres Kommandanten erste Sorge, das ganze Tal abzuklettern und nach allen Richtungen zu erforschen. Ficker ließ nun nach seinen gewonnenen Erfahrungen eine ganz andere Aufstellung nehmen, da die frühere nur einen Weg durch das Tal kannte, während sich ergab, dass zwei Wege durch dasselbe führen. Auch scheint die frühere Aufstellung unter der Voraussetzung geschehen zu sein, dass jeder von uns statt der zwei Augen zwei Fernröhre im Kopfe habe.

Unser Zug liegt 8 Stunden von der Kompagnie, weshalb wir keinen Sold bekommen können. Gestern erst kamen unsere ausgeschickten Leute zurück, welche uns Brot und Fleisch brachten, worauf wir 8 Tage lang verzichten mussten. Hie und da kam zwar ein Marketender, welcher uns Brot und Schnaps brachte, aber Brot war für alle zu wenig, und an den Schnaps kann ich mich trotz alles Fleißes nicht gewöhnen. Mir und allen geht es trotzdem ganz gut, nur bin ich, wie viele andere, von Gelsen und Mücken jämmerlich zerstochen. Unsere Nasen sehen aus wie Erdäpfel, die Lippen sind hoch aufgeschwollen und die Wangen, der Hals und die Hände meist voll Blut. Wenn uns die Bestien nur Blut abzapften, so wäre dies noch zu ertragen, aber sie sind noch so unverschämt und undankbar und lassen Beulen zurück. Zu unserer Schönheit trägt das begreiflicherweise nicht viel bei. Nun in Gottes Namen; ist man schon bereit fürs Vaterland zu sterben, so kann man sich's auch gefallen lassen, für dasselbe gebissen zu werden.

Der Dienst ist sehr streng und keiner kann sich rühmen, je einmal eine ganze Nacht geschlafen zu haben. Wir haben drei Posten zu versehen; einen auf der Alpe Magiasone, von welcher man bei Tage auf die Spitze des Monte die Frate und Monte Risoltes, von wo aus man das Daone-Tal übersehen kann, steigen muss, um auf die Roten zu passen. Der Monte di Frate, oder wie man ihn hier nennt »Monte Fra«, ist ein Seitenstück zu unserer Frau Hütt. Felsig und hoch wie sie, stellt er am Gipfel einen Kapuziner mit der Kapuze vor. – Als wir hierher beordert wurden, um den 1. Zug unter Oberlieutenant Pfaundler abzulösen, mussten wir im Walde übernachten und kamen erst 3 Uhr Morgens auf die Alpe. Eine halbe Viertelstunde ober der Alpe stehen unsere Hütten aus Tannenästen. Einmal war ich auf den Jöchern (Monte Fra und Risoltes), wo wir ziemlich gefährlich über Schneelawinen steigen und dann hinabfahren mussten. Ich hatte dabei auch das Pech, in den Arno zu stürzen, der mich auch einige Schritte fortriss, bis es mir gelang, einen Strauch zu erreichen und mich herauszuwutzeln. Ich hatte mich hiebei an einem Steine ein wenig blutig gestoßen. Die Kleider trockneten an meinem jungen Leibe bald wieder.

Gestern hörten wir den ganzen Tag Kanonendonner. Zwischen Lardaro und Condino gab es ein hitziges Gefecht zwischen 15.000 Garibaldinern und 6-7000 Österreichern. Im Feuer war ein Bataillon Jäger, ein Bataillon Hessen, 3 Bataillone Sachsen, 1 Batterie und einige Trani-Ulanen. 600 tote Garibaldiner bedeckten das Schlachtfeld, das der Feind räumen musste, 400 Gefangene wurden gemacht. Sie wurden durch Roncone geführt. Zwei entsprangen in die Berge. Pillmair (vom 3. Zug), der gerade drunten war, um einzukaufen, lief ihnen nach, schlug den einen mit dem Gewehrkolben nieder, den andern brachte er gefangen zurück.

Von Garibaldinern haben wir auf Malga d'Arno bisher nichts zu sehen bekommen. Dafür macht ein vierfüßiger Garibaldiner, ein Bär, die Alpe unsicher. In Ermanglung anderer Feinde hätten wir so gerne auf ihn Jagd gemacht, der Bär lässt sich jedoch bei Tage nicht sehen und in der Nacht kann, da der Mond seine Laterne geschlossen hält, gegen diesen Garibaldi nicht manövriert werden. Die Hirten, welche, nebenbei bemerkt, gegen uns sehr gefällig sind, da wir ihnen gegen die Freischärler das Vieh hüten, haben durch den Bären einige Schafe verloren.

Volks- und Schützen-Zeitung, 23. Juli

***

An den Schaufenstern der Unterberger'schen Kunsthandlung betrachteten viele Vorübergehende das Bild, welches den Heldenmut der Wienerbürger darstellt, wie sie 1683 die Löwelbastei gegen die Türken verteidigten. – Das ist die längstvergangene Zeit, bemerkte Jemand und ging weiter. Jetzt sind freilich die Basteien nicht mehr, und der Mut von damals ist auch nicht mehr, und der alte Geist ist längst verschwunden. Seit Jahren meldeten die Wiener Zeitungen Selbstmorde, Unzucht, Betrug und die unsinnigste Unterhaltungswut, so dass selbst Blätter, die gewiss keine überstrenge Moral haben (die beiden Pressen), darüber nachdenklich wurden. Jetzt im Augenblicke der entsetzlichsten Gefahr, im furchtbarsten Momente der Entscheidung gehen dort Theater, Possen, Ballet, Tänze fort, wie im tiefsten Frieden. Die sittliche Fäulnis, die großartige Korruption in Wien hat Leichtsinn und Stumpfheit erzeugt. Es wurde in Wien eine Bürgerwehr errichtet. Zuerst hieß es 20.000 Mann, dann wohl nur 1000, und selbst darüber kam der mehr als slawischen Sinnlichkeit der bange Schrecken, es könnte diese Mannschaft gar noch gegen den Feind verwendet werden. Es wurde daher dringlich um eine Erklärung gebeten und dieselbe in ängstlicher Besorgnis abgegeben, dass diese Bürgerwehr ja nichts dem Feinde in den Weg zu legen habe. Wien bat, dass es als offene Stadt angesehen werde. Gut; man kann das leicht passieren lassen, besonders wenn Wien hinzugefügt hätte, dass es 20.000 Mann ins Lager nach Floridsdorf schicken wolle, etwa um jenen Schandflecken gut zu machen, dass Wien vor nicht gar so langer Zeit mit 80.000 Mann sich gegen die kaiserlichen Heere zu verteidigen suchte. (Man denke an die blutigen Kämpfe: Jägerzeile, Burgtor, Alservorstadt ec. im »Revolutions«-Jahre 1848.) Der Wiener Gemeinderat verlangte aber vom Kaiser den Reichsrat. In solcher Zeit, wo in Böhmen, Mähren und Österreich der Feind steht, einen Reichsrat zu begehren, ist mehr als Dummheit. Selbst das Lager in Floridsdorf ist dem entnervten Wiener Geschlechte zu nahe, man möchte es hundert Meilen weit weg wünschen, um sich die sybaritischen Nächte nicht stören zu lassen. Am 13. Juli war wieder Gemeinderatssitzung und da wurde eine Adresse an den Kaiser beraten, welche eine Änderung des Ministeriums und die Einberufung des Reichsrats neuerdings begehrt; eine freisinnige Politik und ein liberales Ministerium könne jetzt helfen. Man will einen Druck auf den schwergeprüften Kaiser ausüben. Von erzwungenen Errungenschaften will man die Tatkraft Wiens abhängig machen. »Niemals hat die Treue der Bürger gewankt«, sagt die Adresse; aber die Geschichte sagt anders. (Denn wo sind die Oktobertage von 1848?) Jetzt in der höchsten Gefahr solche Adressen wie die des Wiener Gemeinderates zeigen eine Armseligkeit, eine Verkennung der Lage, die an Wahnsinn grenzt. Wir hoffen von unserer Regierung, dass sie solche Demonstrationen ein für allemal kräftigst niederschlägt. Judenblätter, Ballettänze und abgepauster Liberalismus retten das Reich nicht. Waffen, Waffen ruft Tirol. Reichsratsreden, Reichsratsreden ruft Wien. Ja noch mehr. Der Kaiser ruft in den zwei Vierteln an dem rechten Donau-Ufer, in Steiermark, Kärnten und Krain den Landsturm auf. Was Landsturm! rufen die Wiener wieder; das Volk abschlachten lassen, Aufklärung wollen wir hierüber! Und man muss die erschreckten Wiener damit beruhigen, dass man sagt: Nicht ein allgemeiner Landsturm soll es sein, sondern nur Werbestationen für Freiwillige sollen errichtet werden, die sich den steirischen Alpenjägern anzuschließen hätten. Wird nicht es am Ende noch dazu kommen, dass die Wiener auch uns Tirolern diktieren, wir sollen die für unsern Kaiser ergriffenen Waffen niederlegen und uns gutwillig von unseren grimmigsten Feinden, den Italienern und Preußen, die Hände binden lassen? Gut, dass Wien nicht Österreich ist, sonst würde der altehrwürdige Schild der erhabenen Habsburger zerbrochen den Preußen zu Füßen gelegt werden. Dass es dazu nicht komme, dafür wird unsere begeisterte Armee, werden die Kronländer, werden vorzüglich wir Tiroler durch einen Krieg bis ans Messer sorgen. Politische Abrechnung dann zwischen den allzeit getreuen (?) Wienern und uns Tirolern zu halten, überlassen wir dann getrost unserem lieben Kaiser.

Tiroler Stimmen, 23. Juli

***

Die »Köln. Ztg.« meldet: Bei Aschaffenburg sind 1500 Österreicher gefangen genommen und 800 Mann tot und verwundet. Die Bundestruppen sind vollständig entmutigt; auf Wunsch der Baiern besteht zwischen diesen und den Preußen eine Art Waffenruhe.
In Frankfurt haben die Preußen 24 Zeitungs-Redakteure verhaftet, das »Frankf. Journ.« dagegen ist zum offiziell preußischen Blatt auserwählt. Die tüchtigsten Mitarbeiter der »Neuen Frankfurter Ztg.« hatten schon vorher Frankfurt verlassen.
Der »Köln. Ztg.« wird aus Frankfurt gemeldet, dass beim Einzuge der Preu-

ßen die Straßen gedrängt voll Menschen waren, aus mehreren Häusern Tücher wehten und die Volksmenge wiederholt Hurrarufe erschallen ließ.
Innsbrucker Nachrichten, 24. Juli

***

Aus Jamnitz wird der »Ostdeutschen Post« berichtet: Unser Pöbel glaubte den Umstand, dass die kaiserlichen Behörden sich einen Tag vor der preußischen Okkupation von hier flüchteten, zu einer Judenplünderung benützen zu sollen. Er fiel in die Häuser der zahlreichen hier ansässigen Israeliten, nahm, was wertvoll und transportabel war mit und zerschlug das Andere. Viele Familien sind auf diese Art noch vor dem Einzuge der Preußen Bettler geworden. Auch der Tempel wurde geschändet und beraubt.
Innsbrucker Nachrichten, 24. Juli

***

Wien, 22. Juli. Von heute Mittag an tritt eine fünftägige Feindseligkeitseinstellung zwischen den österreichischen und preußischen Truppen ein. Der österreichische Gesandte Graf Karolyi, Baron Brenner, dann Feldzeugmeister Degenfeld sind ins preußische Hauptquartier zur Erfüllung einer Mission abgegangen.
Innsbrucker Nachrichten, 24. Juli

***

Die preußischen Propositionen, worüber der Wiener Hof sich zu entscheiden hat, sind, wie aus Paris geschrieben wird, folgende: Preußen beansprucht kein österreichisches Gebiet; es annektiert die Elbeherzogtümer und Geestemünde, reguliert seine Grenzen nach dem Maß der Notwendigkeit, übernimmt die militärische und diplomatische Führung bis zum Main. Baiern, Württemberg, Baden, Darmstadt, Nassau, Frankfurt bilden einen neuen Bund. Letzterer kann mit Österreich Konventionen schließen. Preußen rechnet die Hälfte seiner Kriegskosten an, und diese Hälfte wird auf Österreich und Süddeutschland repartiert.
Innsbrucker Nachrichten, 24. Juli

***

In Mainz, wo's auch an preußischen Spionen nicht fehlt, fragte ein solcher einen baierischen Soldaten, wie stark ein baierisches Regiment sei? Der Soldat hob den Arm und fällt den Frager mit einem gewaltigen Faustschlag zu Boden, mit den Worten: »Sichst's, so stark bin i alloan, itzt kannst's dir ausrechne, wie stark a ganz's baierisch's Regiment ist!«

Innsbrucker Nachrichten, 24. Juli

***

Von der Rhön erhält die »Baier. Ztg.« ein Schreiben, worin die folgende Äußerung eines preußischen Offiziers über das Treffen bei Kissingen mitgeteilt wird: »Das Treffen bei Kissingen war ein außerordentlich hartnäckiges und blutiges, so dass die Erstürmung der Düppeler Schanzen im Vergleiche zu ihr nur mehr ein Kinderspiel zu nennen ist. Unser Verlust war ein enormer, in runder Summe 5000 Mann an Toten und Verwundeten, während die Baiern kaum den dritten Teil obiger Summe an Mannschaft verloren haben dürften. Selten verfehlte ein baierischer Schuss sein Ziel. Unsere Leute waren meist durch die Brust oder Stirn getroffen. Die preußische Mannschaft fürchtet die baierische Schusswaffe, welche sich in der Schlacht bei Kissingen vortrefflich bewährt hat. Obwohl wir 15.000 Mann nur gegen 6000 Baiern kämpften, war der Rückzug der letzteren nach der Schlacht ein vollkommen geregelter und wir zur Verfolgung unfähig. Jeder Baier war ein Held. Ohne unsere bedeutende Übermacht wären wir total geschlagen worden.« Diese Worte finden ihre Bestätigung in den übereinstimmenden Aussagen von Augenzeugen, welche der Schlacht von Kissingen mit angewohnt haben.

Innsbrucker Nachrichten, 25. Juli

***

Der »Kölner Zeitung« teilt man über das Gefecht bei Aschaffenburg Folgendes mit: Die Division Goeben rückte weiter vor und traf am folgenden Tage (Sonnabend) auf ein vereinigtes Korps von Österreichern (10.000 Mann, frühere Besatzung von Mainz, Rastatt und Frankfurt, darunter viele

Italiener und oberhessische Truppen). Diese Truppen hatten sich in und um Aschaffenburg, welches mit einer alten hohen Mauer umgeben ist, festgesetzt und die österreichische Artillerie bei einer Mühle vor Aschaffenburg aufgefahren. Unsere Truppen stellten ihre Artillerie, hinter einem Hügel verdeckt, etagenförmig auf und brachten das feindliche Geschütz bald zum Schweigen. Nachdem die Umgebungen der Stadt und die vor der Mauer liegenden Gärten eine Zeit lang stark von unseren Geschützen beschossen waren, gingen unsere Truppen vor und vertrieben den Feind nach heftigem Kampfe aus seiner festen Stellung. Da der fliehende Feind durch Aschaffenburg zurückweichen musste, welches nur 2 Tore hat, so entstand eine Stopfung, welche dazu führte, dass unsere Truppen zugleich mit dem Feinde in die Stadt drangen und 1300 Gefangene, darunter viele Italiener, machten. Letztere gingen nicht direkt über, verteidigten sich aber auch ohne Energie, legten sich dagegen mit Vorliebe in Gräben, Gartenhäusern ec. Aschaffenburg hat durch die Beschießung ziemlich gelitten.

Teltower Kreisblatt, 25. Juli

***

Die Stadt Frankfurt hatte sich seit langer Zeit durch feindselige und gehässige Kundgebungen gegen Preußen hervorgetan und sich zum Mittelpunkt preußenfeindlicher Wühlereien hergegeben; in Frankfurt waren gleich beim Beginn des gegenwärtigen Krieges völkerrechtswidrige Verletzungen preußischen Eigentums und der Personen preußischer Staatsangehörigen vorgekommen. Die preußische Regierung hat deshalb, während sie sonst überall in der schonendsten Weise gegen die Bevölkerung besiegter Staaten verfährt, keinen Anstand genommen, die Stadt Frankfurt nach erfolgter Besitzergreifung die Schwere des Kriegszustandes empfinden zu lassen und derselben erhebliche Kriegsleistungen (6 Millionen Gulden als Kriegs-Kontribution) aufzuerlegen.

Provinzial-Correspondenz, 25. Juli

***

In den letzten Tagen sind in Berlin große Partien Gewehre und sonstige Waffen, Schanzzeug, Tornister und anderes Feldgerät, welche Gegenstände von unsern Truppen teils erbeutet, teils auf den Schlachtfeldern aufgelesen wurden, auf der niederschlesisch-märkischen Bahn angekommen und auf großen Wagen nach dem Zeughause gefahren worden. Unter den erbeuteten Gegenständen verschiedenster Art befindet sich auch ein vollständiger Regiments-Feld-Altar eines österreichischen Infanterie-Regiments, derselbe besteht aus einem großen Kasten, welcher die vollständigen katholisch-kirchlichen Geräte, zum Teil sehr wertvoll, für den gottesdienstlichen Gebrauch im Felde enthält.

Teltower Kreisblatt, 25. Juli

***

Wien, 22. Juli. Ein fünftägiger Waffenstillstand, von heute Mittags zwölf Uhr an gerechnet, ist mit Preußen abgeschlossen worden.
Wir wissen nicht, ob mit Abschluss dieses Waffenstillstandes auch Friedenspräliminarien unterzeichnet wurden. Gott gebe, dass dies nicht der Fall ist! Unsere Nordarmee hat durch unverantwortliche Leitung eine Schlacht verloren, nachdem wenige Tage zuvor die Südarmee unter der vortrefflichen Führung einen glänzenden Sieg errungen. Österreich hat Venedig weggegeben, um dem siegreichen Feinde im Norden die entsprechende Macht entgegenstellen zu können; Neu-Italien hat trotzdem, gebunden durch den Raubvertrag mit Preußen, den Kampf fortgesetzt, aber die italienische Macht erwies sich ohnmächtig selbst gegen die Minderzahl der Kämpfer, welche Österreich ihr entgegenstellt; die täglich und stündlich gegen Tirol unternommenen Stürme des an Zahl so sehr überlegenen italienischen Heeres werden von der kleinen Schar unserer dort Wache haltenden regulären Truppen und von den mit Löwenmut und altbewährter Treue und Aufopferung kämpfenden Landesverteidigern stets glänzend zurückgeschlagen. Die italienische Flotte, der Stolz des neuen, zusammengestohlenen Königreiches, ist von der bisher mit Hohnlächeln betrachteten winzigen österreichischen Eskadre beinahe zerschmettert worden – und jetzt sollte Österreich Frieden schließen? das kann, das darf nicht sein!
Die Armee ist stark genug, voll Kampfbegier und ungebrochenen Mutes, und sollte die Übermacht uns zu erdrücken drohen, so möge doch endlich das Zauberwort erschallen, welches den Sturm der Begeisterung für den Kampf um Österreichs Recht und Freiheit bei allen seinen Völkern bis an

die äußersten Grenzen des Reiches hervorrufen und Hunderttausende von seinen Bürgern die Waffe ergreifen lassen wird.
Innsbrucker Nachrichten, 26. Juli

***

Valsugana, 22. Juli. Der Feind rückte in großer Stärke vor. Die Landecker Schützen hielten sich mit den ihnen zugeteilten 20 Mann Rainer-Infanterie sehr tapfer. Hauptmann Wachter und Lieutenant Seiler kämpften voll Todesverachtung. Sie wollten nicht vom Platze weichen, bis endlich der strengste Militärbefehl sie zwang. Der allerletzte beim Rückzug war Kaplan Anton Schönherr, der an der Seite des Hauptmanns, dem Kugelregen trotzend, fortwährend zum Kampfe ermunterte.
Innsbrucker Nachrichten, 26. Juli

***

Die Wiener »Presse« schreibt über den herrlichen Sieg unserer Flotte bei Lissa folgendes:
»Zu den Lorbeeren, welche Erzherzog Albrecht, der Sohn des Siegers von Aspern, bei Custoza errungen, gesellen sich jetzt die, welche Admiral Tegetthoff bei Lissa davongetragen. Die Italiener sind zu Land und zu Wasser, obwohl in großer Überzahl kämpfend, von den Unsern bis zur vollen Flucht geschlagen worden. Der Sieg von Lissa berechtigt Österreich, ohne Überhebung die Herrschaft über die Adria zu beanspruchen. Admiral Tegetthoff hat bewiesen, dass Österreich die Mittel und Kräfte besitzt, um eine den Italienern, wenn auch nicht an Zahl, doch an Material und Führung überlegene Kriegsflotte zu gründen und zu erhalten. Es ist bekannt, dass die Italiener wenig Vertrauen in ihre Landarmee setzten; sie hielten wenigstens tatsächlich unsere tapferen Soldaten den ihren weit überlegen, wenn sie auch öffentlich das Gegenteil behaupteten. Umso größeren Wert legten sie auf die Flotte, und die italienische Regierung hat seit 1859 alle ihre Kräfte angestrengt, um jener das Übergewicht über die unsere zu sichern. Millionen auf Millionen sind auf die italienische Kriegsmarine verschwendet und in der Tat eine Flotte geschaffen worden, von der angeblich ein Schiff (der »Affondatore«) genügte, es mit dem ganzen österreichischen Geschwader

aufzunehmen. Bei uns dagegen zweifelte man sehr, dass Österreich die Mittel besäße zu einer kriegsmaritimen Entwicklung. Die öffentliche Meinung hielt unsere Flotte für ein mehr oder weniger luxuriöses Produkt und wünschte im Interesse der Gesundung unserer Finanzen eine Sparsamkeit, welche die Flotte als das Stiefkind Österreichs erscheinen ließ. Admiral Tegetthoff hat den Beweis geführt, dass diese Sparsamkeit, so berechtigt sie schien, eine übertriebene war; wäre unser Panzergeschwader mit schweren gezogenen Gussstahlgeschützen ausgerüstet gewesen, die italienische Flotte würde vor Lissa vernichtet worden sein.

Volks- und Schützen-Zeitung, 27. Juli

***

Am 22. Juli ging aus dem Bezirke Meran eine Adresse an Se. Majestät ab. Sie ist von mehreren Herren Pfarrern, Gemeindevorstehern und Sturmoffizieren unterfertigt und lautet wie folgt:
Eure k. k. Apostolische Majestät!
Allergnädigster Kaiser und Herr!
Die erschütternden Ereignisse, die in diesen Tagen an uns vorüber gezogen sind, haben bei uns nicht minder, als bei den nächst betroffenen Provinzen die ernstesten Besorgnisse für die Machtstellung der Monarchie und für den Bestand unsers engeren Vaterlandes hervorgerufen. Überall von Feinden bedroht und von Freunden getäuscht, waren diese Ereignisse allerdings dazu angetan, Österreich und Tirol an den Rand des Verderbens zu bringen, wenn wir nicht wüssten, dass die göttliche Vorsehung, die uns mehr als einmal vom Untergang gerettet hat, auch heute wieder über uns wacht. – Dieses Gottvertrauen ist in Tirol unerschütterlich und dieses ganz allein hat ihm zu allen Zeiten Kraft und Mut und Sieg verliehen.
Darum Eure Majestät haben uns so sehr die Worte im Allerhöchsten Manifeste erfreut, worin Eure Majestät dieselbe Überzeugung auszusprechen geruhen, und wir fühlen uns gedrungen Euer Majestät zu sagen, dass es keinen echten Tiroler gäbe, der in diesen Tagen den Mut verlor, wenn auch näher und immer näher ein feindliches Kriegsheer gegen unsere Grenzen zieht. Darum Euer Majestät rufen auch wir: Keinen Frieden, sondern Krieg, Krieg bis die Ungerechtigkeit und Gottlosigkeit zu Boden geworfen; und Tirol wird in diesem Kriege seinen glorreichen Erinnerungen nicht untreu werden.

Um aber dieser Aufgabe gerecht werden zu können, legen wir heute wieder wie im sturmbewegten Jahre 1848 die einzige Bitte vor dem Throne Euer Majestät nieder: Waffen, Eure Majestät, und nichts Anderes verlangen wir, Waffen und was dazu gehört. Mögen Eure Majestät geruhen das treue Volk von Tirol ausreichend mit Waffen zu versehen, mögen Eure Majestät die zur Unterstützung der Landesverteidigung entsprechende Besatzung unseren Tälern lassen und dem armen Lande die materiellen Mittel zur Verteidigung gönnen, deren es entbehrt. Mögen Eure Majestät in Allerhöchstdero väterlicher Fürsorge die politischen Grenzen Tirols mit den strategischen vereinbaren; mögen Eure Majestät uns in diesem Kampfe unterstützen und verteidigungsfähig machen. Dann Eure Majestät werden wir ungebrochenen Mutes kämpfen und werden auch zu sterben wissen, wie wir gelebt haben – treu der alttirolischen Devise:
Für Gott, Kaiser und Vaterland!
(Folgen 38 Unterschriften.)

Tiroler Stimmen, 27. Juli

***

Aus dem nahen Trient folgen sich heute Hiobsbotschaften und Flüchtlinge in beängstigender Abwechslung. Die k. k. Kassen und deren Beamte verließen die Stadt. Mitglieder der J. Seiser'schen Buchdruckerei brachten folgende nähere Daten über das, was Trient seit gestern zu befürchten hat, hierher nach Deutschtirol: »Die italienischen Truppen seien seit gestern massenhaft im Anmarsche durch Valsugana nach Trient und stünden dermal bereits in Pergine (zwei Stunden östlich von Trient). Wer nicht in die Hände der Italiener fallen will, flüchtet in voller Hast. Bis auf die k. k. Post seien alle Ämter geräumt. Unsere Verteidigungskräfte, obwohl das Äußerste leistend, um das feindliche Vordringen aufzuhalten, dürften der Übermacht kaum länger gewachsen sein.

Innsbrucker Nachrichten, 27. Juli

***

Bozen, 21. Juli. In Tirol, dem Land der Treue, bereitet sich ein wahrer Vernichtungskampf gegen die Feinde vor.

Der Bauer, welcher bis jetzt auf seine Berge bauend, darüber lachte, dass der Feind eindringen wolle, ist durch die wiederholten Kämpfe an der Grenze erwacht und nun von einer wahrhaft fanatischen Wut gegen den Feind durchdrungen.

Es wurde in den Dörfern bekannt, dass die Rothemden an der Grenze den Bauern das Vieh erschossen hätten und es ihnen Ernst sei, einzudringen. Nun ist Alles rührig, an allen Orten krachen die Stutzen und die von der Regierung verteilten Gewehre werden eingeschossen. Die Zahl der Mannschaft, welche zu den Landsturmkompagnien eingeschrieben, ist schon um die Hälfte vermehrt, und die Folge wird beweisen, das Niemand, auch die Weiber nicht zu Hause bleiben, um den Feind nicht etwa hinauszutreiben, nein! damit ist der Tiroler nicht zufrieden, sondern hier im Lande die Eingedrungenen zu vernichten. Sie sagen: »Sollen nur kommen in unsre Berge, hinaus geht aber keiner mehr.«

Innsbrucker Nachrichten, 28. Juli

***

Trient, 21. Juli. Um 7 Uhr Abends fuhren gestern verwundete und gefangene Piemontesen (Reguläre von Custoza her) mit dem aus Verona kommenden Zuge nach Bozen. Es waren 19 Offiziere und 102 Mann. Sie sahen alle sehr wohl und vergnügt aus. Die Offiziere waren mit allen möglichen Bequemlichkeiten luxuriös ausgestattet; es zeigten sich sehr feine Leute unter ihnen, besonders fiel ein Oberstlieutenant von der Artillerie durch vorteilhaftes Exterieur und gute Manieren auf. Unser Stadtkommandant, dem er sich vorstellte, unterhielt sich in freundlichster Weise mit dem blessierten Gegner, wie denn überhaupt das anwesend gewesene militärische Publikum voll Zuvorkommenheit den ehemaligen Feinden von Custoza begegnete.

Innsbrucker Nachrichten, 28. Juli

***

Wien, 25. Juli. Gestern Früh neun Uhr waren unter Laa drei Brigaden vom neunten Korps (Südarmee) zur feierlichen Verteilung von Medaillen ausgerückt. Se. Majestät der Kaiser erschienen in Begleitung der Kronprinzen von Hannover, Sachsen und Württemberg, mehrerer Generale fremder Puissancen und des Hauptquartiers der operierenden Armee, Se. Kaiserliche Hoheit der Erzherzog-Marschall Albrecht an der Spitze. Se. Majestät hielten eine feierliche Ansprache an die Offiziere und verteilten die großen goldenen und silbernen Medaillen höchsteigenhändig an die beglückten Tapfern. Das Aussehen der Truppen ist ein im hohen Grade erfreuliches, Kraft und Frische ist durchwegs ausgeprägt, und wer diese herrliche Kriegerschar anblickt, muss staunen, dass sie sich nach den großen und schweren Strapazen, wie sie jeder italienische Feldzug bietet, so schnell und so prächtig erholt hat. Und angesichts solcher Truppen soll man an einen Frieden denken, der doch nie und nimmer für den Staat günstig ausfallen könnte?!

Innsbrucker Nachrichten, 28. Juli

***

Privatbriefen aus Wien nach zu schließen, herrscht dort eine heillose, kaum glaubliche Konfusion. Ein Dekret jagt und verdrängt das andere. Bald wird der Landsturm aufgeboten, bald wieder abbestellt. Jeder neue Tag bringt eine neue Ministerliste, als ob damit die Preußen aus dem Lande hinausgezaubert werden könnten, und während sich diese dem rechten Donau-Ufer näherten, ließ das Wiener Kriegsministerium auf dem linken wissenschaftliche Versuche mit verschiedenen Hinterladungs-Gewehren anstellen. Die guten Wiener hörten in den letzten Tagen zum Frühstück und Abendbrot nichts als Kanonendonner, bald vom Norden, bald vom Süden, bald von den Bergen, bald vom Marchfeld herüber. Dazu die Teuerung der Milch (deren Ausbleiben im Oktober 1848 schon den Mut der Wiener gegen Windischgrätz erschüttert hatte) und die Angst, dass der König von Preußen am Ende vielleicht doch Wien nicht als offene Stadt betrachten werde – kein Wunder, dass sie den Kopf verloren haben. Scharenweise flüchten die Reichen in die oberösterreichischen Gebirge, während die Leute vom flachen Lande in Wien Rettung suchen. Als hätten sie nicht aus Prag und Brünn erfahren können, dass die Preußen keine Kinder schlachten und sich als Eroberer recht glimpflich benehmen!

Lokomotive an der Oder, 28. Juli

***

Lundenburg, 23. Juli. Hierher kommt folgende Meldung: In der Nähe von Preßburg ist es gestern zu einem Gefecht gekommen. Die preußische 7. und 8. Division stießen auf ein Korps von 30 – 40.000 Österreichern und griffen dieselben an. Das Gefecht musste um Mittag, als die Nachricht von der gegenseitigen fünftägigen Waffenruhe eintraf, eingestellt werden, nachdem man preußischerseits die Österreicher zurückgedrängt, mehrere Hundert Gefangene gemacht, mehrere Kanonen genommen hatte und Vorbereitungen traf, die Stadt Preßburg selbst zu besetzen.

Lokomotive an der Oder, 28. Juli

***

Prag, 23. Juli. Wann dieser Brief in Ihre Hände gelangen wird, weiß ich nicht. Man muss immer abwarten, bis Jemand verreist, dem wird dann ein Brief mitgegeben, um denselben dann irgendwo auf einem beliebigen Postamte in Baiern oder Österreich in den Schalter zu werfen. Wir leben hier vorläufig wie im Weingeist aufbewahrte und hermetisch abgeschlossene Individuen. Von unserem südlichen Österreich ganz abgeschlossen, leben wir hier von alten Telegrammen, die zur Hälfte unwahr, von Gerüchten und schlechter Stimmung. Böhmen ist auf Jahre ruiniert, ausgeleert wie ein Sack, aus dem erst wenn man noch recht schüttelt und rüttelt vielleicht hie und da ein Körnchen herausfallt. Es ist traurig, die Folgen eines Krieges mit ansehen zu müssen, zumal wenn der Krieg recht unglücklich geführt wurde. Auf dem Lande ist eine fürchterliche Stimmung, man spricht von Volkes-Auflehnungen gegen den gegenwärtigen Usurpator, und dennoch findet man dies noch erträglich, wenn man mit einem vernünftigen preußischen Soldaten spricht. So hatte ich neulich wieder Gelegenheit, preußisches Elend in seiner vollen Blöße kennen zu lernen. Es sagte mir nämlich ein preußischer Sergeant, dass in Berlin nicht ein Haus sei, wo nicht ein Familienvater in der Armee diene; er selbst habe schon dreimal einen Blutsturz gehabt, seine Frau sei ihm aus Gram und Kummer gestorben, zu Hause habe er eine unversorgte Familie und dies Alles, sagte er, muss ich leider für einen – Schurken, den Grafen Bismarck, erdulden. Denken Sie sich, so spricht ein Soldat einer siegreichen Armee. Mit welcher Stimmung, frage ich, mögen also diese Leute ins Feld gegangen sein; und dennoch schlugen sie unsere kampfesmutige Armee aus dem Felde. Es ließe sich ein Buch schreiben über das, was man hier miterlebte. Ich habe nur eine Frage, nämlich die, wo waren unsere Soldaten, unsere unzählbaren Freischaren, von denen die Zeitungen schrieben? Es ist, als ob wir nie welche hatten. Und denke ich an mein armes Tirol, so möchte mir das Herz bluten. Wo ist unsere hilfreiche Armee. Ich glaube, obwohl ohne alle Nachrichten von Tirol, dass das Land ganz nur auf seine eigenen Kräfte angewiesen sei und dass die Armee, welche dem Reiche keinen Schutz zu gewähren im Stande war, auch der Provinz keinen biete. Jetzt, nachdem Venetien abgetreten, wie sollen wir den ganzen Stoß auszuhalten vermögen? Wer soll das östliche italienische Tirol verteidigen, wer wird uns vor einem Einfall in Valsugana schützen? Und wenn Alles günstig ausfallen sollte, was dann? ... Wir werden hinausschauen nach einem fremden Lande, das da heißt: Norddeutsche und süddeutsche Union. Deutschland wird in drei Jahren den Krieg verschmerzt haben, und wir werden in 10 Jahren erst begreifen anfangen, was wir erlitten, was wir verloren.

Volks- und Schützen-Zeitung, 29. Juli

***

Meran, 25. Juli. Trotz der furchtbar drohenden Besorgnisse leben wir wie in tiefem Frieden. Fast Tag für Tag durchziehen dilettierende Vagabunden unser Städtchen. Heute ist's ein Bärenführer, morgen eine melodische Drehorgel. Übermorgen tönt wie zum Hohn das ohrzerreißende schnarrende Gequäcke eines Dudelsackes, von einem sogenannten neapolitanischen Piforaro gehandhabt, der von einem tanzenden Knaben begleitet wird. Ob diese Leute nur da sind, uns aufzuheitern und für etliche Kreuzer ein harmloses Vergnügen zu bereiten oder ob sie spionieren, genug, sie sind mit Pässen von der k. k. Statthalterei versehen. Man darf ihnen nichts in den Weg legen und lässt sie unbehelligt weiterziehen. Anderwärts würde man geschwind aufräumen. Auch wir hoffen in Zukunft von solchem überflüssigen Gesindel verschont zu werden.

Tiroler Stimmen, 29. Juli

***

Riva, 25. Juli. Die zwei österreichischen Kanonenboote »Wildfang« und »Scharfschütz« hatten am 20. ds. Abends bemerkt, dass der feindliche Dampfer »Benaco« bestimmt war, Lebensmittel und Garibaldianer zu verführen. Sie verfolgten ihn bis nahe an den Hafen von Gargnano, wo eine Batterie errichtet war. Unsere zwei Kanonenboote pulverten wacker nach Gargnano hinein, mussten jedoch wegen schlechter Witterung und eintretender Nacht sich zurückziehen. Aber schon Morgens 4 Uhr früh standen die 2 Kanonenboote vor dem Hafen und feuerten so entsetzlich, dass die Bedeckung des Ufers sich hinter die Mauern der Gärten flüchten musste. Während dem stieß ein österreichisches Boot mit unerhörter Kühnheit von nur 6 Mann gerudert ab, schnitt die Taue des Benaco entzwei und fuhren mit ihm lustig davon, während die Italiener gar verdutzte Gesichter machten und nachsahen. 20 Häuser wurden in Asche gelegt. Kommandant war Monfroni, ein gebürtiger Tiroler. Es ist dieser Sieg ein würdiges Seitenstück zu dem herrlichen Seesiege bei Lissa, wo unsere kleine Flotte die so große und als unüberwindlich ausgeprahlte italienische Flotte unter Tegetthoff so glänzend schlug. Was würde erst geschehen sein, wenn unser Reichsrat mit unserer Marine nicht so geknausert hätte?

Tiroler Stimmen, 30. Juli

***

Am 26. ds. wurde während der Messe der Widum von St. Peter in Ellbögen, höchst wahrscheinlich von einem italienischen Bahnarbeiter, ausgeraubt; an barem Gelde wurden 100 Gulden entwendet. Seit einigen Tagen werden manche italienische Bahnarbeiter verdächtiger als je. Sonst aber sieht man wieder täglich viele derselben in kleinen Gruppen ihrer Heimat zuwandern.

Innsbrucker Nachrichten, 30. Juli

***

In Trient wurde am 26. Juli folgende Proklamation des GM. Baron Kuhn veröffentlicht:
»Sowie ich Trient mit aller Macht gegen den Einfall der feindlichen Truppen verteidigen muss, so sind mir die Tapferkeit, der Mut und die Ausdauer meiner Soldaten eine Bürgschaft, dass der Feind in die Mauern dieser Haupt-

stadt des italienischen Tirols, welche so das Bollwerk gegen das feindliche Vorschreiten auf tirolischem Boden bilden wird, nicht eindringen werde. Ich fordere die Bewohner von Trient auf, sich während des Kampfes ruhig zu verhalten, den es würde ohne Rücksicht mit der ganzen Strenge der Kriegsgesetze gegen wen immer vorgegangen werden, der es wagen würde, die Ruhe und Ordnung zu stören. Von nun an ist jeder Glockenstreich verboten und es wird sowohl der Austritt als Eintritt in unsere Stadt streng überwacht. Bei anbrechender Dämmerung muss der erste Stock eines jeden Hauses beleuchtet sein.«

Innsbrucker Nachrichten, 30. Juli

***

Berlin, 26. Juli. Der »Staats-Anzeiger« führt als Rechtfertigungsgründe für das Verfahren gegen Frankfurt folgendes an: Systematische Feindschaft der Frankfurter Regierung gegen Preußen, Zulassung von Beleidigungen gegen den König, Verletzung der Verträge, Beschädigung preußischen Eigentums, Teilnahme an dem Krieg der österreichischen Koalition gegen Preußen.

Innsbrucker Nachrichten, 31. Juli

***

Heute kam ein junger Kaufmann aus Frankfurt hier an, der die Reise auf der Eisenbahn bis Lohr und von da stellenweise per Extrapost, bis er wieder die Bahn benützen konnte, zurücklegte. Er schildert die Stimmung in Frankfurt als im höchsten Maße erbittert gegen die Preußen. Man ist dort entschlossen, lieber das Äußerste über sich ergehen zu lassen, als die Kontribution von 25 Millionen zu zahlen. Freiherr v. Rothschild soll geäußert haben, wenn die Preußen Frankfurt zusammenschießen, so werde er es wieder neu aufbauen. […]
Rothschild ist gegenwärtig der populärste Mann in Frankfurt, man vergleicht ihn mit dem alten Bethmann am Anfang dieses Jahrhunderts, der mit gleicher Standhaftigkeit bei ähnlicher Veranlassung Napoleon entgegentrat. Die Preußen, die mit Vorliebe die schönsten Pferde Frankfurts requirierten, nahmen auch der Tochter Rothschild's ihr Lieblingspferd im Werte von

etwa 1000 fl. weg und gaben dasselbe nicht heraus, als ihnen eine Entschädigung von 6000 fl. angeboten wurde.

Einem Bürger, aus dessen Fenster von weiblicher Hand den abziehenden Österreichern einige Blumensträuße zugeworfen waren, wurden zweihundertfünfzig Mann Einquartierung zugelegt.

Dass Bismarck den satanischen Willen hat, Frankfurt zu Grunde zu richten, ist nicht mehr zu bezweifeln.

Innsbrucker Nachrichten, 31. Juli

***

In der »Times« wird für die außerordentlich strenge Behandlung Frankfurts durch die Preußen folgende seltsame Erklärung gegeben: Die Gereiztheit des Grafen Bismarck gegen diese Stadt und namentlich gegen deren Presse, von der er fortwährend angegriffen wurde, war so groß, dass er in einem Momente, als der König, von den Erfolgen der preußischen Politik und seinen Waffen entzückt, ihm einen Wunsch freistellte, sich als einzige Belohnung erbat, mit Frankfurt nach seinem Belieben verfahren zu dürfen.

Innsbrucker Nachrichten, 31. Juli

***

Der gegenwärtige deutsche Krieg schneidet tief in alle gesellschaftlichen Verhältnisse ein, nicht nur allerwärts im Volke, sondern auch in hohen und allerhöchsten Kreisen. Einen in die Augen springenden Beleg hiefür gibt die Spaltung, welche in Folge des Kriegsausbruches in der Familie der Königin von England eingetreten ist. Ihr ältester Schwiegersohn, der Kronprinz von Preußen, steht im Felde gegen ihren Vetter, den König von Hannover; ihre beiden Schwiegersöhne, eben der preußische Kronprinz und der Prinz Ludwig von Hessen-Darmstadt, ziehen als Feinde gegen einander in den Kampf. Die Gemahlin des obigen hessischen Prinzen, Alice, geborne Prinzessin von England, Tochter der Königin Viktoria, ist soeben auf der Flucht vor dem Gatten ihrer Schwester, der Kronprinzessin von Preußen.

Innsbrucker Nachrichten, 31. Juli

***

Trient, 28. Juli. Die Stadt Trient sieht gegenwärtig aus oder kommt mir wenigstens vor wie eine Festung, die in die Luft gesprengt werden soll und da denke ich mir dabei, diese Stadt hat es wohl verdient. Ich erinnere mich jetzt doppelt schmerzlich, wie im Jahre 1848 mein Töchterchen, ein deutsches Mädchen, welches ich italienisch zu lernen hierher geschickt hatte, von der betreffenden Familie, die als sehr angesehen galt, gezwungen worden ist, Pflastersteine unter das Dach hinaufzutragen, um sie auf die Köpfe der »Deutschen« herabzuschleudern, während wir in Deutschtirol die uns anvertrauten und mit den unsern ausgewechselten italienischen Kinder wie unsere eigenen behandelten. Doch das wäre längst vergessen, wenn uns die Trientiner nicht so oft an jene Zeit durch neue »patriotische« Gesinnungsäußerungen und Taten daran erinnert hätten, wenn nicht unsere eigene Regierung durch sehr übel angebrachte Großmütigkeit das Welschtum, d. h. das Piemontesentum gehegt und gepflegt hätte. Jetzt aber ist die Zeit der Entscheidung gekommen. Es sind die umfassendsten Vorbereitungen zur Verteidigung der Stadt getroffen, und darin liegt auch die Strafe für ihre schlechte Gesinnung. Viele Tore und Türen wurden vermauert, Barrikaden und Gräben aufgeworfen, alle Wohnungen an der Außenseite der Stadt zu Verteidigungszwecken in Beschlag genommen, Geschütz- und Munitionswägen fahren auf und zu, Militär marschiert ein und aus, alle Höhen ringsum werden besetzt. »Jede Gasse, jedes Haus soll verteidigt werden«, sagte General Kuhn, und was dieser Mann sagt, das ist, wie hier die Italiener wissen, nicht leicht zu nehmen. Die Proklamation des Kommandierenden hat aber auch wie Eiswasser auf die brennenden Köpfe gewirkt, und kaum Etwas hätte die Sympathien für den König Ehrenmann und Garibaldi mehr abkühlen können, als die Maßregeln zur Verteidigung der Stadt, in der man sich den Einzug der Piemontesen und Rothemden nicht anders vorstellte, als die Rückkehr eines Schwesterchens aus dem Institut der englischen Fräulein in das väterliche Haus. – Der Waffenstillstand hat zwar Kanonen und Büchsen verstummen gemacht, allein Alles deutet darauf hin, dass ein mörderischer Kampf beginnen wird, sobald der Termin des Waffenstillstandes abläuft. – Vor einigen Tagen sind drei Mann von Rainer Infanterie, welche gefangen worden waren, wieder zurückgekehrt. Sie hatten den italienischen Soldaten, der sie eskortierte, mit seinem eigenen Gewehre tot geschlagen und wussten glücklich zu entrinnen.

Volks- und Schützen-Zeitung, 1. August

***

Vorgestern brachte uns der Tirolerbote einen telegraphischen Hilferuf der Etschländer, wodurch diese uns Nordtiroler dringend baten, dass wir ihnen doch schleunigst zu Hilfe kommen sollen; denn es sei für sie die höchste Gefahr. Worin diese höchste Gefahr bestehe, ob die Garibaldianer vielleicht schon über den Nonsberg und die Mendola gegen Kaltern im Anzug sind, ob das Cialdinische Korps vielleicht über das Gebirge in das Fassa- und Cembratal gerückt ist und so die Stellung von Trient gefährdet hat, oder ob gar schon Trient genommen sei, ist nicht gesagt; mit ein paar Worten hätte dies angedeutet werden können und wir wären nicht im mystischen Dunkel, sondern wären der Sache gewiss gewesen. »Das schöne Rebenland mit seinen herrlichen Schlössern über Etsch draußen in Gefahr« oder »der Feind droht über die Gebirge nach Neumarkt hereinzubrechen« – oder »Trient ist für die Unsrigen nicht mehr haltbar, sie sind in höchster Gefahr umzingelt zu werden« – diese Winke hätten genügt, um wie ein zündender Funke in die Herzen der Inntaler zu fallen und sie aus ihrer Waffenruhe-Vertrauensseligkeit aufzuschrecken und schleunigst zu den Waffen zu greifen; denn wir Nordtiroler kennen ja unser Tiroler Paradies, wir lieben unsere Brüder an der Etsch und Passer, wir wissen, dass von dort heraus, als wir im Jahr 1809 bedrängt waren, die Männer mit den weitkrempigen Hüten, Lederhosen und Lodenjoppen ihre Stutzen über den Brenner herausgetragen und auf dem Berg Isel das Zentrum der Befreiungsschlacht bildeten, wir wissen, dass unsere Söhne, Jäger und Landesschützen in Gefahr sind von einem übermächtigen Feinde erdrückt zu werden; wir können nicht mehr gleichgültig zusehen, wenn diese in Gefahr sind abgefangen oder abgeschlachtet zu werden. Darum schade, dass uns nicht gesagt worden ist; was ist. Doch jedenfalls ist unser liebes Vaterland in höchster Gefahr; nicht nur die Etschländer, wir, auch wir sind in Gefahr; uns geht es auch an; das Etschland ist ein Teil unseres Tirolerleibes, und zwar der fruchtbarste schönste Teil, seine Bewohner gehören zum Kernvolke Tirols, wie können wir es dulden, dass man sie von uns abreiße, wie können wir es überhören, wenn sie uns flehend um Hilfe bitten? Auf unsere Stammburg Tirol sollen wir die italienische Trikolore wehen sehen? Das kann ein Tirolerherz nicht ertragen. Und wie können wir erwarten, dass ein siegreich eindringender Feind, nachdem er die blühendsten Täler unseres Landes zertreten, ausgesogen und unsere Brüder entwaffnet hat, stehen bleibt? War nicht immer der Ruf: »Italien bis an den Brenner und Finstermünz!« Schickten sie ja uns die Karte Neuitaliens, und der italienische Grenzpfahl war hinauf auf den Brenner und bis Finstermünz gesteckt; das Pustertal mit unserer Bischofsstadt wäre von uns abgetrennt, das ohnedies kleine Land in zwei Hälften geteilt, wir müssten über sardische Zoll- und Grenzschranken wandern, um unseren Bischof zu sprechen und unsere Priester weihen zu lassen; jene, die mit uns so eifrig um die Glaubenseinheit beteten und kämpften, würden von uns aufgegeben; das Inntal wäre Tirol; wahrhaftig, dieser schmale Streif Landes wäre nicht mehr Wert ein Land oder wohl gar das Land Tirol genannt zu werden! Tirol hätte aufgehört zu sein, und spöttisch könnten uns unsere Feinde sagen: »Dies also das einst so hoch gepriesene strenggläubige biedere Tirol, dies das Vaterland des Sandwirtes?« Ja wenn es so wäre, dann edler Hofer, steige herab von deinem marmornen Standbilde; zertrümmere deinen Stutzen, zerreiße deine Fahne mit dem Wahlspruche: »Für Gott, Kaiser und Vaterland«, werfe weg deine dir umgehängte goldene Kette mit des Kaisers Brustbild; rufe über Berg und Tal hinaus deinen Nachkommen zu: Entartete Söhne meines Vaterlandes, ich kenne euch nicht mehr! Kein Tropfen meines Blutes wallt in euern Adern mehr.

Doch nein, nein! so weit ist es noch nicht gekommen, wenn auch manches fremde Gift man uns einzuimpfen versucht hat, wenn auch mancher Wühler mit teuflischer Bosheit die Flamme der Gottesfurcht, der Anhänglichkeit ans Kaiserhaus und der Vaterlandsliebe auszulöschen sucht. Wir kennen unsere Landsleute, sie murren wohl, wenn da und dort der Schuh sie drückt, aber seine Heimat, sein Tirol, seine Wiege liebt der Tiroler wie kein anderes Volk in Europa; wird diese ihm streitig gemacht, soll sie ihm verkümmert werden, und das droht jetzt, da bricht er hervor, wie ein gereizter Löwe, die Feinde vor sich niederwerfend, die nicht für ihr höchstes Gut, nicht für Recht, Religion und ihren heimatlichen Boden, sondern für ein eitles Trugbild, für einen Räuberkönig kämpfen.

Ja diese Feiglinge, deren ganzes Sein sich nur auf fremden Arme (Napoleons) stützt, diese Maulhelden, obwohl hundertmal geschlagen, und je mehr geschlagen, mit Franken-Hilfe nur noch kecker gemacht und kühner fordernd, diese italienischen Bramarbas sie sollen nur kommen. – Darum Landsleute auf, schleunig auf! Das Vaterland, euer Haus, euer Herd, eure Viehherden, eure Saaten, eure Familie, eure Altäre sind in Gefahr!

Kikeriki vom 2. August 1866

Hinaus aus unseren deutschen Landen mit den Rothemden und Knebelbärten, ihr steht nun auf euerem Boden, Fremdlinge aus dem fernen Süden wollen ihn betreten und euch ihre Ketten anlegen, ihr schweres Joch aufbürden und von eurem Schweiße sich mästen. Auf! Nehmet eure Felsen und schleudert sie hinab auf die Feinde, welche unsere Schluchten durchbrechen und sengend und brennend sich über unsere Täler ausgießen wollen, stellt auch auf in den euch wohlbekannten Verstecken und sendet herab euer sicheres, vernichtendes Blei, verteidiget Fuß für Fuß der deutschen Tiroler Erde, und mag der Feind zahlreich wie Heuschreckenscharen immer und immer heranstürmen, so stehet fest wie die Felsen, wanket nicht! Ja an unseren Felsen soll sich der hohle Übermut der Feinde brechen. Die Ströme ihre Blutes, die hinabgeschwemmten Leichen in der Etsch und in dem Eisackflusse sollen ihren Brüdern im Süden verkünden, welch' blutiges Schauspiel oben an den Felsentoren Tirols vorgeht; soll ihnen beweisen, was ein gereiztes Volk, was das kleine Ländchen Tirol vermag! – Auf!
Tiroler Stimmen, 2. August

***

Retz, 26. Juli. (Halt Preuße!) Heute Früh kam ein feindlicher, beiläufig 30 Mann starker Reitertrupp unter Anführung eines Offiziers in unseren Ort gesprengt, und ohne sich erst an die Ortsbehörde zu wenden, drangen die Soldaten in die Kaufläden und Stallungen, nahmen was zu nehmen war und ließen auch nicht ein Stück Vieh zurück. An ein Verbergen der Habseligkeiten konnte Niemand denken, denn die Preußen waren so orientiert, dass sie ohne Führung das fanden, was ihnen zusagte. Als diese Plünderung vollzogen war, wurde Alles auf Wagen geladen, Pferde und Kühe zusammengekoppelt und der Raubzug setzte sich in Bewegung. Da ertönten plötzlich Signale, Pferdegetrappel drang an unser Ohr und wie eine Hilfe vom Himmel erschienen unsere Husaren. Sie hatten die Preußen umzingelt und nach kurzem Kampfe mussten sich diese samt ihrer Beute ergeben. Der feindliche Offizier, dessen Pferd erschossen wurde, suchte sich durch die Flucht zu retten, wurde aber ebenfalls gefangen. Während des Kampfes kamen einige Jäger von den steirischen Freiwilligen mittelst Vorspann gegen das Wirtshaus gefahren, in welches sich mehrere Preußen geflüchtet hatten, die nun auf die Angekommenen eine Salve gaben, von der wohl keiner der

Jäger getroffen, aber ein Mädchen getötet wurde. Die Jäger drangen in das Haus, es entspann sich ein kurzer Kampf, der mit der Gefangennahme der Preußen endete.

Tiroler Stimmen, 3. August

***

Seregnano, 28. Juli. Die gemeine Bevölkerung im Valsugana ist von der allerbesten Gesinnung, sie hat die zahlreichsten und eklatantesten Beweise geliefert. Selbst den flüchtigen österreichischen Soldaten liefen die guten Leute mit Wein und anderen Erquickungen nach. Ein Bauer hat drei Mann unserer Kompagnie mit Lebensgefahr aus den Händen der Piemontesen gerettet. Sie standen bei einer Alarmstange auf Vorposten und waren bereits abgeschnitten. Da kam ein Bauer keuchend zu ihnen, machte sie auf die Gefahr aufmerksam und führte sie auf Umwegen zu ihrer Truppe. Verdient so ein Mann nicht eine Medaille? Wenn ich zu befehlen hätte, ich ließe den Bauern in Welschtirol für ihre Haltung auf 10 Jahre die Steuer nach und dieselbe dafür die durchaus piemontesisch gesinnten Stadtleute zahlen. Etwas politisch Korrekteres könnte es kaum geben.

Volks- und Schützen-Zeitung, 3. August

***

Mag auch der kommende Friede hinter unsern berechtigten Hoffnungen zurückbleiben, eine wichtige Grundlage für die völlige Einheit Deutschlands unter preußischer Führung ist jetzt gelegt, das ist der Respekt vor dem Namen Preußen. Wir können es uns nicht versagen, von den vielen erfreulichen Beweisen Einen herauszugreifen, um zu zeigen, wie das so missgünstige England jetzt über uns denkt. Die Times sagt: »Preußen, dessen Prätensionen durchaus nicht nach englischem Geschmack klangen, hat dieselben durch Taten gerechtfertigt, welche seinen Worten gleich sind. In Allem, überall und in jeder Weise hat es die nationale Überlegenheit über seinen großen Rivalen dargetan. Es hatte Pläne, Österreich nicht; es begegnete dem sprichwörtlichen Zaudern Österreichs mit sofortiger Entschlossenheit; auf ein Wort, das Wort des Kommandos, waren seine Streitkräfte überall auf dem Marsche. Es nahm in 24 Stunden vier Hauptstädte weg, welche Österreich gegen dasselbe hätte verteidigen können. Es marschierte durch Defilees, welche Österreich einen Tag früher hätte besetzen sollen. Von außen vorrückend, bewirkte es die Vereinigung seiner Heere, als Österreich aus dem Zentrum seines eigenen Reiches vordrang. Seine Soldaten sind besser bewaffnet, besser diszipliniert, besser genährt, besser gepflegt, besser befehligt, besser geführt und sind offenbar zuversichtlicher und herzlicher bei ihrer Sache. Seine Generale sind intelligenter, folgsamer und prompter. Seine Soldaten marschieren besser und fechten besser. In den Schilderungen unseres Militärkorrespondenten ist der Preuße, welches auch die Verhältnisse sind, immer der überlegene Mann. Er handhabt sein Gewehr besser, und seine Überlegenheit liegt nicht in seinem Gewehr. Das preußische Schwert schlägt die österreichische Lanze und die preußische Lanze das österreichische Schwert. Im Anprall des Kavallerie-Angriffs wirft der preußische Reiter seinen Gegner nieder; denn Mann und Pferde sind beide stärker. Wenn die Preußen ihren Weg durch Böhmen erkämpfen mussten, so ist ihr Marsch durch Mähren ohne Widerstand vor sich gegangen. Sie haben vorwärts gedrängt, immer nach dem Feinde suchend und stets siegesgewiss.«

Lokomotive an der Oder, 3. August

***

Innsbruck, 6. August. Die Tiroler Stimmen wurden von mehreren Seiten angefeindet, weil sie den Wienern in einer Korrespondenz etwas scharf zu Leibe gingen. Es wurde uns geradezu Verleumdung und Schmähung zum Vorwurfe gemacht. Wir haben das gute Herz den Wienern nie abgesprochen und haben ihre Wohltätigkeitsakte gegen die Verwundeten und ihre Beihilfe zur Bildung der zwei Wiener-Tiroler-Freiwilligen-Kompagnien ec. selbst in unserem Blatte angeführt. Was wir ihnen zur Schuld legten, war leichtsinniger Unterhaltungsdrang und Mangel an tatkräftigen österreichischen Patriotismus; ein gutes Herz ist ganz etwas anderes als ein starkes Herz. Man scheint in Wien zu ignorieren, dass wir Tiroler in Pflege der Verwundeten verhältnismäßig gleichviel, wo nicht mehr geleistet haben als Wien. Und was wir zur Pflege und guten Aufnahme der von Süden kommenden Truppen getan haben, möge man diese Truppen selbst fragen; und doch stehen wir nebenbei mit den Waffen in der Hand sturm- und kampfbereit bis auf den letzten Mann da und baten nicht den Kaiser, er möchte uns als offenes Land be-

Kikeriki vom 9. August 1866

trachten. »Waffen, Waffen«, riefen wir, wir wollen unser Land bis auf die letzte Scholle verteidigen. Mit Phrasen schlägt man uns nicht tot. Wir sagen auch wie unser Kaiser: »Nicht von heldenmäßigen Worten, sondern von Taten möchten wir hören, dann wollen wir gerne vor unserer alten Reichshauptstadt wieder ehrfurchtsvoll den Hut abnehmen und sie uns zum Muster nehmen. Nebenbei bemerkt erlauben wir uns zu sagen, dass ein Wiener Korrespondent der »Augsburger Zeitung« am 4. August unter der Aufschrift: »Aus dem Wiener Leben« folgende Ausdrücke gegen Wien entschlüpfen lässt: Er nennt es das leichtlebige, genusssüchtige Wien; dann setzt er noch die Bemerkung mit hinein: »Die behäbigen Hausherren zeigten keine große Lust eine Muskete anzurühren, und die Zahl der Bürgersoldaten ist sehr klein.« Diese Ausdrücke gehen fast auf dasselbe hinaus, was unser Wiener Korrespondent sagte. Wir sagen zum Schlusse nur noch, dass wenn die Stadt Wien und alle Kronländer so kampfbereit und mutig dagestanden wären, wie wir Tiroler dastanden und noch dastehen, die Preußen ihren Weg in ihr Pommerland gefunden hätten und wir nicht einen jedes österreichische Herz so tief kränkenden Frieden zu beklagen hätten.

Tiroler Stimmen, 7. August

***

Bozen, 9. August. Unsere Scharfschützen-Kompagnie der vier Gerichte Rattenberg, Kitzbichl, Hopfgarten und Kufstein befindet sich seit gestern Nachmittag in Bozen ganz gesund und voll Kampfeslust nach dem Süden blickend. Etwas niederdrückend auf uns wirkte in Brixen die Nachricht vom Abschluss eines vier wöchentlichen Waffenstillstandes mit Italien. Ewig schade, hieß es allgemein, wenn wir uns nicht mit den Garibaldinern schlagen können.

Volks- und Schützen-Zeitung, 13. August

***

Als unlängst der preußische König in Görlitz ankam, wurde ihm und ebenso dem Prinzen von jungen Damen ein Lorbeerkranz überreicht. Als auch dem Bismarck ein Lorbeerkranz dargeboten wurde, sagte er: »Mein gnädiges Fräulein, ich verdiene diese Ehre nicht. Ich bin nicht im Kampfe gewesen und habe an den Siegen keinen Anteil!« Die jugendliche Spenderin wurde durch die unerwartete Antwort augenblicklich aus dem Text gebracht, wusste sich aber zu helfen und replizierte: »Aber Euer Exzellenz haben doch den Krieg angefangen!« – Bismarck nahm ihr nun lachend den Kranz ab.

Volks- und Schützen-Zeitung, 16. August

***

Seregnano, 28. Juli. Unsere (Landecker)-Kompagnie ist wieder schlagfertig beisammen. Wir haben am 22. Juli einen ernsten Kampf bestanden. An diesem Tage um die Mittagszeit kam ein Ulane angesprengt mit der Meldung, dass der Feind anrücke. Es wurde sofort Alarm geblasen, und um 12 Uhr marschierten 60 Mann unserer Kompagnie und eine Abteilung von Rainer Infanterie unter Kommando des Herrn Lieutenants Domaschnian ab. Dem erhaltenen Auftrage gemäß ging der Marsch nach Tezze. Wir hörten bald Kanonendonner und mehrere Wägen kamen bereits retour gefahren. Nach Befehl stiegen wir auf den Berg Rosta alta, welcher rechts an der Straße, Tezze gegenüber liegt. Nach dreistündigem beschwerlichen Marsche waren wir an der venetianischen Grenze angekommen. Da stieß unsere aus 6 Mann bestehende Avantgarde auf den Feind, auf welchen sie sogleich feuerte und uns die Meldung brachte. Da wir keine gute Stellung hatten, so mussten wir uns auf die nächste Anhöhe zurückziehen. Wir lösten uns sofort in eine Kette auf und jeder schoss nun darauf los, was er vermochte. Der Feind drückte in schiefer Richtung von oben herab gegen uns und zwar in einer Stärke von wenigstens 6facher Übermacht. Gewiss ist, dass es eine Masse war, die wir mit unsern Stutzen nicht fehlen konnten. Wir schossen zuerst auf eine Entfernung von 300 und zuletzt von 40 Schritten. Das Gefecht dauerte 1 ½ Stunden. – Unser Häuflein hielt durch diese lange Zeit ohne zu wanken die furchtbare Übermacht auf und verhinderte so den Feind weiter vorzudringen und die durch die Talsohle laufende Straße zu besetzen und abzuschneiden. Auch haben wir durch dieses Gefecht redlich dazu beigetragen, den Feind in seinem Marsche auf das von ihm ins Auge gefasste Trient aufzuhalten.

Der Kampf war ein eigentümlicher. Wir standen im Gebüsch, so dass die wenigsten einander sehen konnten, der Feind stand in furchtbarer Kette uns gegenüber. Alle unsere Leute kämpften in erster Linie und wie hartnäckig dies geschah, geht wohl am besten daraus hervor, dass der Feind, welcher uns mit seinen Kugeln nicht verdrängen konnte, mit Steinen auf uns herabwarf, so dass mehrere Leute von uns durch Steinwürfe verwundet wurden. Die meisten konnten nämlich leidlich hinter Steinen sich decken, daher auch von den Verwundeten verhältnismäßig wenige nur leicht verwundet sind. Hat sich auch Mann für Mann tapfer verhalten, so müssen doch Hauptmann Wachter, Lieutenant Seiler und Kaplan Anton Schönherr besonders hervorgehoben werden. Lieutenant Seiler, seit der Schlacht von Solferino mit der Tapferkeitsmedaille geziert, bewies, dass er diese Auszeichnung mit vollster Berechtigung trage. Todesmutig und keiner Kugel achtend stand er frei da im Feuer, fest wie eine Mauer, fortwährend seine Schützen aufmunternd. Dasselbe tat unser allgemein verehrte Kaplan, der unweit von mir auf einem Eck und ebenfalls frei im Feuer stand und uns fortwährend zurief: haltet aus Schützen! oder: vorwärts Schützen im Namen Jesu! Von Zeit zu Zeit ging der Kaplan durch das Gebüsch, suchte die einzelnen Schützen auf und ermunterte sie zum Vorgehen. Drei blutjunge Bürschchen, denen es zu stark wurde, wollten sich aus der Feuerlinie entfernen. Da ging ihnen Kaplan Schönherr nach, ermunterte sie zu neuem Kampfe und kam mit ihnen zurück. Die drei jungen Leute schossen aber dann auch mit größter Tapferkeit und unausgesetzt fort. Alle drei sind auch glücklich davon gekommen. Unsern Kaplan sah ich nicht ein einzigesmal eine Deckung suchen. Er stand zur Verwunderung Aller während des ganzen Gefechtes frei da, während die Kugeln, wie ich selbst sah, oft vor und neben ihm einschlugen. Einer so großen Macht gegenüber war es aber unmöglich länger sich zu halten. Lieutenant Domaschnian, gewiss ein tapferer und umsichtiger Mann, rief zum Rückzug. Aber wir wollten das Äußerste tun und hielten noch fest, als die Abteilung Infanterie bereits den Kampfplatz verlassen hatte. »Nicht zurück, nein, vorwärts« riefen unser Hauptmann und Lieutenant Seiler. Ersterer, ein ausgezeichneter Scheibenschütz, ließ sich von einem Schützen fortwährend das Gewehr laden und schoss mit wahrer Meisterschaft die Bersaglieri weg. Einigemale streckte er mit einem Schuss zwei Feinde nieder. Die Schützen hatten aber auch eine solche Passion zu schießen, dass einige sich sträubten, dem Hauptmann ihr Gewehr zu leihen. Jeder wollte selbst in den Feind feuern. Hauptmann Wachter war über das Resultat seiner Schüsse oft selbst so erfreut, dass er, wenn wieder ein Bersaglieri fiel, den Schützen zurief: »Seht, so müsst ihr's machen.« Auch Lieutenant Seiler, ebenfalls ein treffsicherer Scheibenschütz, schoss mit großem Erfolg. Die

Verwundeten ergaben sich mit wahrhaft heroischem Mute in ihr Schicksal. Der Kaplan hatte uns aber vor dem Kampfe einen Trost in die Herzen gegossen, wie ihn nur die tiefste Religiosität zu geben vermag. Bei Manchen zeigte sich im heißesten Feuer ein Humor, der sich durch keine Kugel verdrängen ließ. Als der Schütze Walter am Ohr durch eine Kugel verwundet wurde, rief ihm Einer zu: »Nu Walter, die hast do gwiß singa gheart.« Walter lachte dazu. Das lebhafte und sichere Feuer imponierte dem Feinde so sehr, dass er es lange nicht wagte, seine Stellung zu verlassen. Erst nach anderthalbstündigem Kampfe rückte er mit seiner ganzen Kraft zum Angriffe vor und da erst, als wir seine Geduld durch übermäßige Kühnheit auf die Probe stellten. Hauptmann Wachter rief nämlich dem Hornisten Ladner zu: Sturm blasen! Kaum aber blies der Hornist Ladner und der zweite Hornist am andern Flügel zum Sturm, da blies der Feind beinahe im selben Augenblick ebenfalls zum Sturm und die Bersaglieri stürmten – gewiss in der Zahl von ein paar Tausend Mann herab. Jetzt war es aber die höchste Zeit die Segel zu streichen. Wer noch einen Schuss im Lauf hatte, schoss ihn ab, worauf der Rückzug begann.

Der Feind muss einen bedeutenden Verlust erlitten haben, was er namentlich dem Umstand zu danken hat, dass er zwar mit großem Hurrageschrei, aber nur langsam vorrückte. Jeder von uns hatte von seinen 60 Patronen bis auf 12 oder 18 Stücke alle verschossen. Einige hatten nur noch 3 – 6 Patronen im Kartusch. Wir machten also an dritthalb Tausend Schüsse und schossen um so sicherer und wirksamer, als uns die Masse des Feindes das Treffen sehr erleichterte. Der letzte, der vom Kampfplatz ging, war der Hauptmann mit dem Kaplan, welcher letzterer durch einen Sturz noch aufgehalten und nur durch ein besonderes Glück noch gerettet wurde.

Als wir in Grigno ankamen, trugen uns die Bauern Wein zu, wir waren aber alle so erschöpft, dass wir wie die Hölzer herumlagen. Viele erreichten vor Mattigkeit das Dorf nicht mehr, sondern sanken ohnmächtig hin. Da kamen aber die braven Bewohner, bestrichen sie mit Wasser, gossen ihnen Wein ein und führten die wieder zu Leben gekommenen Schützen ins Dorf und trugen ihnen die Gewehre. Trotzdem rafften wir uns noch einmal auf, uns zur Wehr zu setzen, als es hieß, dass der Feind anrücke.

Volks- und Schützen-Zeitung, 16. August

***

(Von dem Berichterstatter der Times bei der preußischen Armee.)
Prag, den 24. August.

Man glaubt hier mit Bestimmtheit, dass der Friede zwischen Österreich und Preußen endgültig vereinbart sei, doch ist noch keine amtliche Bekanntmachung darüber erlassen worden. Das gänzliche Aufhören aller interessanten Vorgänge hier und eine günstige Gelegenheit, die sich mir darbot, veranlasste mich, der Linie einen Besuch zu machen, auf welcher der Kronprinz mit der Zweiten Armee von Schlesien aus nach dem Schlachtfelde von Königgrätz vorangegangen ist. Der Zug fuhr ohne Aufenthalt an der Station von Königgrätz vorüber, die sich in kurzer Entfernung von den Außenwerken der Festung befindet und wo eine Wache der österreichischen Garnison neben ihren zusammengestellten Waffen stand. Dann passierten wir Josephstadt, dicht unter den Geschützen der Bastionen. Die Bahnlinie ist nach den Bedingungen des Waffenstillstandes für preußische Transporte benutzbar, doch wird keinem Preußen gestattet, den Bahnzug, sei es bei Königgrätz oder Josephstadt, zu verlassen. Bei der Ankunft in Königinhof fanden wir eine große Anzahl Lazarettzelte mit Leuten angefüllt, die bei Nachod, Skalitz oder in der großen Schlacht verwundet worden waren; preußische und österreichische Soldaten lagen ohne Unterschied neben einander, alle befanden sich unter der Obhut preußischer Ärzte, doch wurden sie gleichzeitig von vielen preußischen Damen und barmherzigen Schwestern gepflegt. Viele der österreichischen Soldaten waren Polen und Italiener, die Letzteren sprachen kein Deutsch und mussten sich auf die preußischen Damen verlassen, welche als Dolmetscher zwischen ihnen und den Ärzten fungierten. Eine große Anzahl der Verwundeten befand sich bereits auf dem Wege der Genesung, in einem Zelte lagen jedoch Einige, deren Wunden keine Hoffnung auf Wiederherstellung gestatteten. Ein armer Mensch, ein österreichischer Artillerist, der beide Beine verloren hat, lag auf seiner Matratze und bewegte den Kopf schwach aber rastlos hin und her. »Der muss sterben,« flüsterte der Arzt, »er kann nicht darüber hinwegkommen.« Dessenungeachtet beugte er sich über den Leidenden hin und strich sanft mit der Hand über seine Stirn. Als der Doktor sich von ihm hinwegwandte, begann der Kranke, der aus der Gegenwart des Arztes einige Hoffnung geschöpft zu haben schien, mit leiser Stimme zu ächzen; eine Dame, die in seiner Nähe saß, ging zu ihm hinüber, glättete sein Kopfkissen und beruhigte ihn durch einige freundliche Worte. Mit kindlicher Folgsamkeit schloss der arme Mensch die Augen und versuchte einzuschlafen, während seine Pflegerin sich vor das Bett setzte, jeden Augenblick bereit, die Fliegen zu verscheuchen, welche den kurzen Schlummer des Patienten zu stören drohten.

In einem anderen Zelte fanden wir eine Anzahl Rekonvaleszenten. Hier verteilte die Baronin von Seydlitz reichliche Portionen von Zigarren und Tabak, die von den Leuten mit freudiger Dankbarkeit angenommen wurden. Die Letzteren sind größten Teils noch außer Stande, von ihrem Lager aufzustehen, und ihre abgemagerten weißen Hände verraten nur zu deutlich, wie viel Schmerzen und Krankheit sogar durch die kleinen Kugeln des Zündnadelgewehrs verursacht werden können. Die soeben genannte edle Dame hatte zwei Söhne in der preußischen Armee, welche beide den Feldzug mitgemacht haben. Im Anfange des Krieges wurde sie zur Vorsteherin einer der vielen Gesellschaften preußischer Damen gemacht, welche zu dem wohltätigen Zwecke, die Verwundeten zu pflegen, zusammengetreten sind und sie ist jetzt mit ihrer Abteilung von Wohltäterinnen in den Lazaretten bei Königinhof stationiert. Glücklicherweise sind ihre eigenen Söhne aus allen Schlachten unverletzt hervorgegangen; wenn aber jeder verwundete Soldat, dem sie ihre Pflege angedeihen ließ, ihr eigenes Kind gewesen wäre, sie hätte nicht größere und liebevollere Fürsorge für ihn entfalten können, als sie Allen erwiesen hat. Die preußischen Verwundeten hatten uns bereits von der Liebe und Achtung erzählt, deren sie sich erfreut, bevor wir in dem Lazarettzelte mit ihr zusammentrafen, und wenn wir einen Slawen, Polen oder österreichischen Italiener fragten, wer ihm irgend eine kleine Delikatesse, die wir an seinem Bette stehen sahen, gegeben habe, so wussten sie Deutsch genug für die Antwort: »Die gute Frau von Seydlitz.«

General von Löwenfeld, der auf seinem Wege zur Besichtigung des Schlachtfeldes von Nachod, wo er mit sechs Bataillonen die ungestümen Angriffe von 25.000 Österreichern zurückgewiesen hatte, soeben Königinhof passierte, besuchte die Lazarette und sprach mit bewunderungswürdiger Beredsamkeit und liebevoller Freundlichkeit mit allen Patienten. Viele der Österreicher, welche in den schattigen Zelten lagen, waren durch seine eigenen Kanonen oder durch das tödliche Feuer seiner Infanterie bei Nachod oder Skalitz verwundet worden; dessen ungeachtet hegten sie keinen Groll gegen den preußischen General. Die preußischen Krankenträger, Ärzte und Damen haben alle Feindseligkeit beseitigt, welche die verwundeten Österreicher vollkom-

men naturgemäß gegen einen siegreichen Feind gefühlt haben möchten. Alle wurden gefragt, wie lange sie auf dem Schlachtfelde gelegen hatten. Einige vier Stunden, Andere zehn, noch Andere sogar sechsunddreißig, denn ein vorrückender Feind hat wenig Zeit zur Entfernung solcher Massen von Verwundeten, wie bei Nachod und Skalitz fielen. Ein jetzt wieder ganz heiterer österreichischer Soldat von 18 Jahren sagte uns, er sei während der Schlacht bei Königgrätz in dem Gehölz von Maslowed verwundet worden und wäre dort, von den Bäumen verborgen, hilflos liegen geblieben; er habe durch Hunger und Durst schrecklich gelitten, bis er nach drei Tagen von einem preußischen Soldaten gefunden worden. Ein amputierter Fuß zeigt, dass seine Wunde wirklich sehr schlimm gewesen ist, doch ist es wahrscheinlich, dass seine schrecklichen Leiden ihm die Zeit, welche er in jenem qualvollen Zustande zubrachte, viel länger erscheinen ließ, denn die Wälder wurden durch die preußischen Krankenträger am Tage nach der Schlacht durchsucht, obgleich es durchaus nicht unmöglich ist, dass ein einzelner Verwundeter in jenem dichten Gebüsche lange unbemerkt geblieben und vielleicht gänzlich übersehen wurde. Niemand, der nicht das Land, in welchem die Schlachten dieses Krieges stattgefunden haben, gesehen hat, vermag sich von den riesenhaften Anstrengungen der preußischen Krankenträger beim Zusammensuchen der Verwundeten eine Vorstellung zu machen. Man muss sich erinnern, dass jedes Stück aufsteigenden Bodens mit dichtem Gehölz oder hochgewachsenem Korn bedeckt war und dass den Bächen entlang das hohe Gras und Schilf in der ganzen Üppigkeit des Sommers dastand. Die Krankenträger mussten daher jeden Zoll Bodens zwischen der Bistritz und der Elbe durchsuchen und über diesen ganzen ausgedehnten Flächenraum vermittelst der Ambulanz viele Tausend von verwundeten Österreichern und Preußen hinwegtragen. Wenn man nun bedenkt, dass die Gesamtzahl dieser Krankenträger bei allen preußischen Armeen zusammengenommen nur 1900 beträgt, so wird man den Umfang ihrer Anstrengungen ermessen können.
Die gewöhnliche Antwort auf die Frage: wer war der Erste, der Ihnen nach der Schlacht Hilfe brachte? lautete dahin, dass ein preußischer Soldat dem Verwundeten unmittelbar nach dem Aufhören der Schlacht aus seiner Wasserflasche zu trinken gab und dass bald darauf zwei preußische Soldaten mit einer Tragbahre erschienen und ihn auf derselben nach dem provisorischen Lazarett brachten. »Haben böhmische Bauern Ihnen nicht geholfen?« Eine

von einer Verwünschung begleitete Verneinung war stets die Antwort auf diese Frage, und wenn auch nur die Hälfte wahr ist von dem, was die Verwundeten über die von den böhmischen [tschechischen] Bauern verübten Abscheulichkeiten erzählen, so müssen die Letzteren ein verworfeneres Geschlecht sein, als man auf den von Kannibalen bewohnten Inseln findet, denn viele der Verwundeten behaupten feierlich, dass in der Nacht nach der Schlacht die Bauern der Nachbarschaft auf das Schlachtfeld kamen und nicht nur die Toten, sondern auch die Verwundeten, nicht nur die Preußen, sondern auch sogar die unglücklichen Menschen ausplünderten, welche dort in der Verteidigung ihres eigenen Vaterlandes gefallen waren, und dass sie, um sich die Mühe zu ersparen, die Ringe von den angeschwollenen Händen verwundeter Offiziere abzuziehen, die Finger abgeschnitten hätten!

ANHANG

ZEITTAFEL

1806
6. August: Franz II. legt die Deutsche Kaiserkrone nieder und ist von nun an als Franz I. nur noch Kaiser von Österreich. Die Neuordnung Europas durch Napoleon und die damit verbundene Gründung des »Rheinbundes« hat das (Erste) Reich der Deutschen obsolet gemacht.

1815
8. Juni: Mit der »Deutschen Bundesakte« wird im Rahmen des Wiener Kongresses der »Deutsche Bund« gegründet, ein Staatenbund von (vorerst) 35 selbständigen deutschen Einzelstaaten und den vier freien Reichsstädten Frankfurt am Main, Bremen, Hamburg und Lübeck. Österreich ist Präsidialmacht dieses neuen Bundes, der vielen als zeitgemäßer Ersatz für das aufgelöste alte Deutsche Kaiserreich gilt.

1832
27. Mai: Auf dem »Hambacher Fest« wird von 30.000 Menschen aller Stände die Volkssouveränität und ein einiges und freies Deutschland gefordert. Daraufhin drängt der österreichische Staatskanzler Fürst Metternich den Bundestag in Frankfurt zu einer energischeren Umsetzung reaktionärer und repressiver Politik in den Mitgliedsstaaten des Deutschen Bundes. Diese werden auch zum Einschreiten mit Waffengewalt gegenüber revolutionären Bewegungen verpflichtet.

1848
Revolutionäre Aufstände in Frankreich, Deutschland und Österreich.
17. Mai: Kaiser Ferdinand I. flüchtet mit seiner Familie nach Innsbruck.
18. Mai: Erste Sitzung der deutschen Nationalversammlung in der Frankfurter Paulskirche.
29. Juni: Erzherzog Johann, ein Enkel der Maria Theresia, wird als provisorisches deutsches Reichsoberhaupt zum »Reichsverweser« ernannt.
2. Dezember: Kaiser Ferdinand I. dankt ab und übergibt das Regierungsamt sowie die österreichische Kaiserwürde seinem 18jährigen Neffen Franz Joseph.

1850

1. September: Nachdem sich das monarchische Herrschafts- und Mehrstaatenprinzip gegenüber den revolutionären Idealen und Zielen behauptet, tritt der »Deutsche Bundestag« unter Federführung Österreichs in Frankfurt wieder zusammen.

29. November: Mit der »Olmützer Punktation« muss Preußen Österreich gegenüber klein beigeben und auf seine Unionspläne in Deutschland verzichten. Die »Schmach von Olmütz« ist ein Stachel im politischen Denken Bismarcks und wird von den Preußen spätestens am 3. Juli 1866 bei Königgrätz gerächt.

1859

24. Juni: Beim oberitalienischen Solferino erleidet die österreichische Armee unter dem Oberkommando des Kaiser Franz Joseph eine kriegsentscheidende Niederlage gegen die verbündeten Heere Frankreichs und Sardinien-Piemonts. Das deutsche Volk fordert, dass Österreich gegen die »Welschen« militärisch unterstützt werden müsse. Das dem habsburgischen Kaiserstaat gegenüber weniger wohlwollend gesinnte Preußen weicht solchen Forderungen so lange aus, bis die Sache ohnehin zu Ungunsten Österreichs entschieden ist. Österreich verliert die Lombardei.

1861

18. Oktober: Nach dem Ableben des durch Krankheit schon länger in seinem Herrscheramt behinderten Friedrich Wilhelm IV. wird dessen jüngerer (63jähriger) Bruder als Wilhelm I. in Königsberg zum preußischen König gekrönt.

1862

24. September: Otto von Bismarck wird preußischer Ministerpräsident.

1863

17. August: Eröffnung des Fürstentages in Frankfurt am Main unter dem Vorsitz von Kaiser Franz Joseph. Österreich macht Vorschläge zur dringend notwendigen Reform des Deutschen Bundes. Mit Ausnahme Preußens wird der weitere Führungsanspruch Österreichs in Deutschland von den Mitgliedsstaaten nicht in Frage gestellt. Auf Anraten Bismarcks bleibt Wilhelm I.

dem Fürstentag fern und verhindert damit ein umsetzbares Ergebnis dieser höchstrangig besetzten Zusammenkunft deutscher Regenten.
1. Oktober: Ankündigung der Bundesexekution gegenüber Dänemark zu Gunsten von Holstein und Lauenburg.
Truppen des Deutschen Bundes rücken zu Weihnachten in das (»dänische«) Herzogtum Holstein ein.

1864

1. Februar: Kriegserklärung Österreichs und Preußens an Dänemark (deutsch-dänischer Krieg). Die neue dänische Verfassung soll auch im Herzogtum Schleswig durchgesetzt werden. Dieses Vorhaben, initiiert von den nationalistischen »Eiderdänen«, gefährdet den deutschen Charakter Schleswigs, deshalb treten hier die »Schutzmächte« Österreich und Preußen auf den Plan.
6. Februar: Österreichische Truppen schlagen die Dänen bei Oeversee und Veile (Vejle).
18. April: Das dänische Festungswerk der Düppeler Schanzen wird von den Preußen gestürmt.
9. Mai: Österreichische und dänische Kriegsschiffe liefern sich vor Helgoland ein heftiges Seegefecht. Admiral Tegetthoff, der spätere Sieger von Lissa, kommandiert das österreichische Geschwader.
30. Oktober: »Frieden von Wien«. Das dänische Staatskorsett bleibt den Schleswigern erspart, sie sind und bleiben Deutsche.

1865

14. August: »Vertrag von Gastein« (Gasteiner Konvention). Die Unterzeichnung dieses von Bismarck und Graf Blome im malerischen Gebirgsdorf Gastein ausgehandelten Vertrages erfolgt durch die Monarchen Österreichs und Preußens am 20. August in der Stadt Salzburg. Holstein wird von Österreich und Schleswig durch Preußen verwaltet. Österreich erhält eine finanzielle Entschädigung für Lauenburg, das nun in den Besitz Preußens übergeht. Vor allem die deutschen Mittelstaaten fühlen sich in der Frage der Elbherzogtümer durch Preußen und Österreich übergangen.

1866

26. Januar: Preußen beschuldigt Österreich der Aufwiegelung in Holstein. Österreich weist preußische Einmischungsversuche in diesem von ihm verwalteten norddeutschen Territorium energisch zurück.

Bismarck erkennt für Preußen die Gelegenheit, unter Zuhilfenahme der schleswig-holsteinischen Frage die Rhetorik gegen den Rivalen Österreich zu verschärfen, mit dem Ziel, einen Krieg gegen den Kaiserstaat vom Zaun zu brechen.

28. Februar: In Berlin berät der preußische Kronrat über einen möglichen Krieg gegen Österreich.

März: Die Kontrahenten beginnen zu rüsten. Die folgenden Wochen sind von gegenseitigen Schuldzuweisungen geprägt, an der Rüstungsspirale zu schrauben und somit den Weg in den Krieg zu beschreiten.

8. April: Unter Federführung des Ministerpräsidenten Otto von Bismarck schließt Preußen mit Italien ein Offensivbündnis gegen Österreich ab (Govonevertrag).

21. April: Mobilisierung der österreichischen Südarmee.

27. April: Mobilisierung der österreichischen Nordarmee

3. Mai: Beginn der Mobilisierung in Preußen.

Auch die auf Österreichs Seite stehenden deutschen Staaten Hannover und Sachsen machen mobil.

7. Juni: Preußische Truppen unter General Manteuffel rücken im österreichisch verwalteten Holstein ein.

11. Juni: Im Bundestag zu Frankfurt stellt Österreich den Antrag auf Bundesexekution gegen Preußen.

12. Juni: Geheimvertrag zwischen Frankreich und Österreich bzgl. der französischen Neutralität und der Abtretung Venetiens.

14. Juni: Auf Antrag Österreichs und Bayerns beschließt der Bundestag die Mobilmachung eines Teiles der Bundesarmee.

Preußen erklärt die Bundesakte für gebrochen und tritt aus dem Deutschen Bund aus.

15. Juni: Berlin stellt Ultimaten an Hannover, Sachsen und Kurhessen.

17. Juni: Kriegsmanifest von Kaiser Franz Joseph I.

Preußische Truppen besetzen Hannover. Der Krieg um die Vorherrschaft in Deutschland beginnt.

18. Juni: Kriegsmanifest von Wilhelm I.

Preußische Truppen besetzen Dresden.

19. Juni: Pickelhauben in Kassel.

20. Juni: Italien erklärt an Österreich den Krieg.

24. Juni: Österreichs Südarmee unter Erzherzog Albrecht schlägt das zahlenmäßig deutlich überlegene italienische Heer bei Custoza im Großraum Verona.
Die Tiroler wehren sich mehrere Wochen lang erfolgreich gegen das Eindringen der Freischaren (Rothemden) Garibaldis.
26. bis 29. Juni: Drei preußische Armeen rücken in Böhmen vor. Kriegserfolge der preußischen Elbarmee und der Ersten Armee bei Hühnerwasser, Podol, Münchengrätz und Gitschin. Die Zweite Armee, die Streitmacht des Kronprinzen Friedrich Wilhelm, besiegt den österreichischen Feind bei Nachod, Skalitz und Schweinschädel. Einziger nennenswerter Sieg der Österreicher bei Trautenau.
29. Juni: Kapitulation der Armee Hannovers.
3. Juli: Schlacht bei Königgrätz-Sadowa. Verheerende Niederlage der k. k. Nordarmee unter Feldzeugmeister Benedek.
Bis 22. Juli: In mehreren Heeressäulen marschiert die preußische Armee durch Böhmen und Mähren in Richtung Donau und Wien. Am 22. Juli letztes Gefecht bei Blumenau nahe Preßburg.
Mainfeldzug: Bundestruppen wehren sich gegen die vordringenden Preußen bei Würzburg, Aschaffenburg und an anderen Orten entlang des Mains. Die Freie Stadt Frankfurt am Main wird am 17. Juli von der preußischen Armee besetzt.
26. Juli: Präliminarfrieden (Vorfrieden) von Nikolsburg zwischen Österreich und Preußen.
23. August: Friede zu Prag (Österreich und Preußen): Österreich stimmt der Auflösung des Deutschen Bundes zu und akzeptiert die Neugestaltung Deutschlands ohne Österreich. Auch die Annexion Hannovers, Kurhessens, Nassaus und Frankfurts durch Preußen und die Einverleibung dieser Territorien in das Königreich des Wilhelm I. wird von Österreich unter dem Druck der Verhältnisse anerkannt. Außerdem fallen Schleswig und Holstein an das siegreiche Preußen.
3. Oktober: Der Friede zu Wien (Österreich und Italien) bestätigt Venetien als italienischen Besitz, und Österreich erkennt Italien als souveränen Staat an.

Was ist des Deutschen Vaterland?

Der mit aller Leidenschaft das Ideal eines vereinten Gesamtdeutschland (»Großdeutschland«) vertretende politische Schriftsteller und Dichter Ernst Moritz Arndt (1769–1860) verfasste im »Aufbruchsjahr« 1813, als die Macht Napoleons unübersehbar zu bröckeln begann, den patriotischen Liedtext »Was ist des Deutschen Vaterland?«
»So weit die deutsche Zunge klingt« – sollte das von der französischen Knechtschaft befreite neue Deutschland reichen. Die Frage, wie und in welcher Form dieses Ideal erreicht werden könnte, beschäftigte die Deutschen vom Südtiroler Salurn bis Flensburg in Schleswig nun jahrzehntelang. Nachdem die Einigungsfrage auch in Momenten fabelhafter Gelegenheiten (1815: Wiener Kongress, 1848/49: Revolution, Paulskirchen-Parlament) nicht zu lösen war, zerschlug Bismarck mit dem Krieg von 1866 diesen »gordischen Knoten« und schuf das »Kleindeutsche Reich«. Dennoch (oder auch deshalb) blieb die Frage nach »Des Deutschen Vaterland« für Millionen Menschen noch weiter offen.

1. Was ist des Deutschen Vaterland?
Ist's Preußenland? Ist's Schwabenland?
Ist's, wo am Rhein die Rebe blüht?
Ist's, wo am Belt die Möwe zieht?
O nein, nein, nein!
Sein Vaterland muss größer sein!

2. Was ist des Deutschen Vaterland?
Ist's Bayerland? Ist's Steierland?
Ist's, wo des Marsen Rind sich streckt?
Ist's, wo der Märker Eisen reckt?
O nein, nein, nein!
Sein Vaterland muss größer sein!

3. Was ist des Deutschen Vaterland?
Ist's Pommerland? Westfalenland?
Ist's, wo der Sand der Dünen weht?
Ist's, wo die Donau brausend geht?
O nein, nein, nein!
Sein Vaterland muss größer sein!

4. Was ist des Deutschen Vaterland?
So nenne mir das große Land!
Ist's Land der Schweizer? Ist's Tirol?
Das Land und Volk gefiel mir wohl.
Doch nein, nein, nein!
Sein Vaterland muss größer sein!

5. Was ist des Deutschen Vaterland?
So nenne mir das große Land!
Gewiss, es ist das Österreich,
An Ehren und an Siegen reich?
O nein, nein, nein!
Sein Vaterland muss größer sein!

6. Was ist des Deutschen Vaterland?
So nenne mir das große Land!
Ist's, was der Fürsten Trug zerklaubt?
Vom Kaiser und vom Reich geraubt?
O nein! nein! nein!
Das Vaterland muss größer sein!

7. Was ist des Deutschen Vaterland?
So nenne endlich mir das Land!
So weit die deutsche Zunge klingt
Und Gott im Himmel Lieder singt:
Das soll es sein! Das soll es sein!
Das, wackrer Deutscher, Nenne dein!

8. Das ist des Deutschen Vaterland,
Wo Eide schwört der Druck der Hand,
Wo Treue hell vom Auge blitzt
Und Liebe warm im Herzen sitzt.
Das soll es sein! Das soll es sein!
Das, wackrer Deutscher, nenne dein!

9. Das ist des Deutschen Vaterland,
Wo Zorn vertilgt den welschen Tand,
Wo jeder Franzmann heißet Feind,
Wo jeder Deutsche heißet Freund.
Das soll es sein! Das soll es sein!
Das ganze Deutschland soll es sein!

10. Das ganze Deutschland soll es sein!
O Gott vom Himmel sieh darein
Und gib uns rechten deutschen Mut,
Dass wir es lieben treu und gut!
Das soll es sein! Das soll es sein!
Das ganze Deutschland soll es sein!

Bibliographie

Bossi-Fedrigotti, Anton: Kaiser Franz Joseph I. und seine Zeit, Zürich-München 1978

Bremm, Klaus-Jürgen: 1866. Bismarcks Krieg gegen die Habsburger, Darmstadt 2016

Craig, Gordon A.: Königgrätz, 1866 – Eine Schlacht macht Weltgeschichte, Wien 1997

Drimmel, Heinrich: Franz Joseph. Biographie einer Epoche, 3. Auflage, Wien-München 1992

Drimmel, Heinrich: Gott erhalte. Biographie einer Epoche, Wien-München 1985

Fesser, Gerd: Königgrätz – Sadowa. Bismarcks Sieg über Österreich, Berlin 1994

Fontana, Josef: Geschichte des Landes Tirol, Band 3: Vom Neubau bis zum Untergang der Habsburgermonarchie (1848–1918), Bozen 1987

Fontane, Theodor: Der deutsche Krieg von 1866, Berlin 1870

Franzel, Emil: Geschichte des deutschen Volkes. Von den Germanen bis zur Teilung nach dem Zweiten Weltkrieg, Mannheim 1985

Generalstabs-Bureau für Kriegsgeschichte: Österreichs Kämpfe im Jahre 1866. Nach Feldacten bearbeitet, 5 Bände, Wien 1867–1869

Geiss, Immanuel (Hrg.): Chronik des 19. Jahrhunderts, Dortmund 1993

Görlich, Ernst Josef / Romanik, Felix: Geschichte Österreichs, 2. Auflage, Innsbruck 1977

Haidinger, Martin: Franz Josephs Land. Eine kleine Geschichte Österreichs, Wien 2016

Heer, Friedrich: Der Kampf um die österreichische Identität, 3. Auflage, Wien-Köln-Weimar 2001

Holler, Gerd: … für Kaiser und Vaterland. Offizier in der alten Armee, Wien-München 1990

Kleindel, Walter: Österreich. Daten zur Geschichte und Kultur, Wien 1978

Krug von Nidda, Roland: 1866. Königgrätz. Zwei Auffassungen von Deutschland, Wien-München-Zürich 1966

Maser, Werner: Deutschland. Traum oder Trauma, München 1984

Meisner, H. O.: Kaiser Friedrich III., Tagebücher 1848–1866, Leipzig 1929

Österreich Edition: Die Schlacht bei Königgrätz, Wien o. J.

Pleticha, Heinrich (Hrg.): Deutsche Geschichte, Band 9: Von der »Restauration«

bis zur Reichsgründung (1815-1871), Gütersloh 1987

Preil, Arndt: Österreichs Schlachtfelder, Band 4, Graz 1993

Schweinitz, Hans Lothar von: Denkwürdigkeiten des Botschafters General von Schweinitz. Herausgegeben von seinem Sohn Wilhelm von Schweinitz, 2 Bände, Berlin 1927

Stüber, Fritz: Der deutsche Bruderkrieg 1866. Königgrätz – die Katastrophe im tragischen Weg Österreichs seit 1815, Eckartschriften – Heft 18, Wien 1966

Vatke, Theodor: Mein Sommer unter den Waffen. Aufzeichnungen und Erinnerungen aus dem Böhmischen Feldzuge im Jahre 1866, Berlin 1867

Venohr, Wolfgang: Dokumente deutschen Daseins 1445–1945, Königstein/Ts. 1980

Wachenhusen, Hans: Tagebuch vom Oesterreichischen Kriegsschauplatz 1866, 3. Auflage, Berlin 1866

Weiß, C. F.: Interessante Berichte und Schilderungen vom Kriegsschauplatz. Eine Zusammenstellung der in der Times enthaltenen, von ihren Berichterstattern nach eigener Anschauung entworfenen Schilderungen der Operationen der preußischen und österreichischen Armeen während des soeben beendeten Krieges. Aus dem Englischen übersetzt. Lieferung 1, Berlin 1866

Whiteside, Andrew G.: Georg Ritter von Schönerer. Alldeutschland und sein Prophet, Graz-Wien-Köln 1981

Winder, Simon: Kaisers Rumpelkammer. Unterwegs in der Habsburger Geschichte, Reinbeck bei Hamburg 2014

Zeitungen

Andreas Hofer, Innsbruck
Bothe für Tirol und Vorarlberg, Innsbruck
Bukowina, Czernowitz
Das Vaterland, Wien
Die Presse, Wien
Fremden-Blatt, Wien
Hans Jörgel von Gumpoltskirchen, Wien
Innsbrucker Nachrichten, Innsbruck
Kikeriki, Wien
Klagenfurter Zeitung, Klagenfurt

Lokomotive an der Oder, Oels (Niederschlesien)
Militär-Zeitung, Wien
Neue Freie Presse, Wien
Neues Fremden-Blatt, Wien
Provinzial-Correspondenz, Berlin
Rosenheimer Anzeiger, Rosenheim
Tages-Post, Linz
Teltower Kreisblatt, Teltow
Times, London
Tiroler Grenzbote, Kufstein
Tiroler Stimmen, Innsbruck
Volks- und Schützen-Zeitung, Innsbruck
Vorarlberger Volks-Blatt, Bregenz
Wiener Zeitung (Wiener Abendpost), Wien
Znaimer Wochenblatt, Znaim

Die verwendeten Zeitungen befinden sich in den Archivbeständen folgender Bibliotheken:
Staatsbibliothek zu Berlin, Preußischer Kulturbesitz
Österreichische Nationalbibliothek, Wien
Bibliothek des Tiroler Landesmuseum Ferdinandeum, Innsbruck

Ein Brief über die Schlacht bei Königgrätz

Theure unvergeßliche Eltern!

Gerade angekommen, ergreife ich zum ersten Male wieder die Feder, um euch liebe Eltern und Geschwister zu benachrichtigen, wie mir die liebe Muttergottes und der liebe Jesus in der großen Schlacht bei Clum nehen Königgrätz geholfen hat. Am 2. Juli war unsere Brigade »Mangel von Kirchsberg« im Felde bei Lipa nicht weit weg von der Festung Königgrätz gelagert. Als der Morgen vom 3. Juli anbrach – hörten wir auf einmal den Kanonendonner und Alarm blasen auf allen Seiten. Plötzlich marschirten wir ab zur Haupttruppe; das Wetter war sehr schlecht, den ganzen Tag und solange die Schlacht dauerte regnete es vom Himmel, was es nur konnte, so daß ich bis aufs Hemd durchnäßt war. Nach einem zweistündigem Marsche mußten wir in die Kette gehen und bis auf 400 Schritte den Feinden entgegengehen. Wir ließen uns gleich im Weizenfeld nieder und schossen auf sie. Die Kugeln kamen wie der Regen – und die Leute fielen auch wie die Blätter von den Herbstbäumen. Was war aber mein Glück: Ich kniete nicht ganz eine Stunde im Weizen und feuerte, da schlug plötzlich eine Kugel rechts neben meine Brust, gab mir einen starken Stoß und fiel dann auf den Boden. Ich erschrak, denn ich glaubte, die Kugel habe mich tödtlich getroffen; ich griff wie der Blitz schnell mit der Hand an die Brust rechts, weil ich glaubte, daß gleich Blut kommen werde. Als ich schaute, hatte ich nicht die geringste Blessur und hob die Kugel auf und steckte sie in den Sack als Angedenken, habe sie aber leider in einem Freilager vor Wien verloren. Es ist mir unmöglich, die Erlebnisse dieses Tages zu beschreiben; nur kann ich sagen, daß wir gegen 4 Uhr Nachmittag retirierten; zwei Stunden liefen wir im größten Laufschritt, damit wir nicht von den Preußen gefangen würden; denn sie kamen von drei Seiten – wie die Maikäfer daher. Wir mußten zuletzt bei der Festung Königgrätz über die Elbe in sechs Theilen hinüberwaten, Offiziere wie Gemeine, und das Wasser ging uns nicht ganz bis auf den Hals und wir mußten dann noch in sechs Abtheilungen ganz naß die ganze Nacht mit dem ganzen Armeekorps marschiren. Wir haben Durst und Hunger gelitten. Nicht einmal ein Stück Brod konnte ich bekommen. Nun bitte ich halt, liebe Mama und Papa, mir drei heilige Messen lesen zu lassen bei einem Muttergottesaltar, zwei Messen zu Ehren der lieben Muttergottes, da sie mir so wundervoll geholfen hat und eine Messe für die armen Seelen im Fegfeuer, denn ich habe es versprochen noch in der Schlacht. Zum Schlusse füge ich noch bei, daß ich nicht mehr Kadett, sondern zum Lieutenant ernannt bin; gewiß für mich ein großes Glück, da ich erst ein halbes Jahr Soldat bin und nur 17 Jahre zähle. Die Herren Offiziere sorgten gleich für meine Equipirung als Lieutenant.

Fort (bei Krems in Unterösterreich), 17. Juli 1866.
Euer Sohn Franz